Karin Jurczyk / Thomas Rauschenbach / Wolfgang Tietze /
Lis Keimeleder / Kornelia Schneider / Marianne Schumann /
Susanne Stempinski / Karin Weiß / Anne Zehnbauer

Von der Tagespflege zur Familientagesbetreuung

Karin Jurczyk / Thomas Rauschenbach / Wolfgang Tietze /
Lis Keimeleder / Kornelia Schneider / Marianne Schumann /
Susanne Stempinski / Karin Weiß / Anne Zehnbauer

Von der Tagespflege zur Familientagesbetreuung

Zur Zukunft öffentlich regulierter
Kinderbetreuung im Privathaushalt

Beltz Verlag · Weinheim und Basel

BELTZ

Ihre Wünsche, Kritiken und Fragen richten Sie bitte an:
Verlagsgruppe Beltz, Fachverlag Frühpädagogik
Werderstraße 10, 69469 Weinheim.

Das Gutachten wurde erstellt im Auftrag und mit Mitteln des
Bundesministeriums für Familie, Senioren, Frauen und Jugend.

Gesamtverantwortung:
Prof. Dr. Thomas Rauschenbach
Prof. Dr. Wolfgang Tietze

Projektleitung:
Dr. Karin Jurczyk

AutorInnen:
Karin Jurczyk (Kap. 1)
Lis Keimeleder (Kap. 4, 7, 8)
Kornelia Schneider (Kap. 9)
Marianne Schumann (Kap. 2, 3)
Susanne Stempinski (Kap. 10, 11, 12)
Wolfgang Tietze (Kap. 6, 13)
Karin Weiß (Kap. 5, 6)
Anne Zehnbauer (Kap. 9)

**mit Unterstützung
durch Expertisen von:**
Angelika Diller (Kap. 9)
Eveline Gerszonowicz (Kap. 2)
Wolfgang Tietze (Kap. 5)
Matthias Schilling (Kap. 12)
Iris Vierheller (Kap. 10)
Claudia Weinkopf (Kap. 11)

unter Mitarbeit von:
Claudia Vorheyer

Sachbearbeitung:
Birgit Plöchinger

ISBN 3-407-56295-0

Alle Rechte vorbehalten

© 2004 Beltz Verlag · Weinheim und Basel
1. Auflage 2004

04   05   06   07   08   5   4   3   2   1

Das Werk und seine Teile sind urheberrechtlich geschützt. Jede Nutzung in anderen
als den gesetzlich zugelassenen Fällen bedarf der vorherigen schriftlichen Einwilligung
des Verlages. Hinweis zu § 52a UrhG: Weder das Werk noch seine Teile dürfen ohne
eine solche Einwilligung eingescannt und in ein Netzwerk eingestellt werden. Dies gilt
auch für Intranets von Schulen und sonstigen Bildungseinrichtungen.

Planung/Konzept: Ulrike Bazlen, Weinheim
Herstellung: Anja Kuhne, Weinheim
Grafische Gestaltung: Pur pur, Konzeption und Gestaltung, München
Satz: Markus Schmitz, Büro für typographische Dienstleistungen, Münster
Fotos inkl. Umschlagfotos: Heidi Velten, Leutkirch; Jochen Fiebig, München;
Hartmut Kasten, München; Gundula Büchle, Pfedelbach
Druck und Bindung: Druckhaus »Thomas Müntzer«, Bad Langensalza/Thüringen
Umschlaggestaltung: glas ag, Seeheim-Jugenheim
Printed in Germany

Weitere Informationen finden Sie im Internet unter http://www.beltz.de

Inhalt

Vorworte
S. 6

01 Impulse für eine zukunftsorientierte Tagespflege
S. 11

02 Formenvielfalt
S. 53

03 Gesetzliche Grundlagen
S. 79

04 Angebot und Nutzung
S. 107

05 Bildung und Erziehung als Herausforderung
S. 141

06 Qualität – Aufbau, Sicherung, Feststellung
S. 165

07 Tagespflege online
S. 201

08 Infrastruktur und Netzwerke
S. 217

09 Kooperation mit Tageseinrichtungen
S. 243

10 Arbeitsstatus und soziale Absicherung
S. 267

11 Potentiale neuer Arbeitsmarktinstrumente
S. 297

12 Kosten und Finanzierung
S. 315

13 Von der Tagespflege zur Familientagesbetreuung
S. 343

Literatur
S. 358

Vorwort der Bundesministerin für Familie, Senioren, Frauen und Jugend

Die Erziehung, Bildung und Betreuung in der frühen Kindheit ist in den vergangenen Jahren zu einem bedeutenden gesellschafts- und familienpolitischen Thema geworden. Wie notwendig dies war, zeigt bereits ein Blick ins Ausland. Sieht man von der guten Versorgung mit Betreuungsplätzen in den neuen Ländern ab, bildet Deutschland in Europa bei der Kinderbetreuung das Schlusslicht. Die Folgen sind fatal: Der Förderbedarf vieler Kinder bleibt unbeachtet, die Vereinbarkeit von Familie und Beruf ist erheblich beeinträchtigt und in der Folge die Geburtenrate eine der niedrigsten in der Welt.

Diese Schlaglichter mögen genügen, um zu untermauern, welche Bedeutung der von der Bundesregierung angestrebte quantitative und qualitative Ausbau der Kinderbetreuung hat. Zu diesem Zweck stellt die Bundesregierung zum einen für die Betreuung von Schulkindern zwischen 2003 und 2007 insgesamt 4 Mrd. € zur Verfügung. Dadurch entsteht eine Vielzahl neuer Ganztagsschulen.

Zum anderen unterstützt die Bundesregierung die Betreuung, Bildung und Erziehung von Kindern unter 3 Jahren ab 2005 mit jährlich 1,5 Mrd. Euro durch eine Entlastung der Kommunen von insgesamt 2,5 Mrd. Euro. Zu diesem Ausbau soll die Tagespflege einen wichtigen Beitrag leisten: 30 % der bis 2010 neu entstehenden ca. 228.000 Plätze sollen öffentlich geförderte Tagespflegeplätze sein.

Warum mehr Tagespflege, werden manche nun fragen. Einfach deshalb, weil Eltern keine Einheitslösung brauchen und wollen. Dafür sind die Bedarfe der Familien viel zu unterschiedlich. Eltern wollen Alternativen, aus denen sie das für sie passende Angebot für ihr Kind und für sich aussuchen können.

Ein Teil der Eltern zieht die Tageseinrichtung vor. Für einen anderen Teil der Eltern ist die Tagespflege genau das richtige Angebot. Sie suchen eine familienähnliche, individuelle Betreuung. Sie finden es gut, wenn ihr Kind in einer kleinen Gruppe spielt. Sie schätzen die Flexibilität der Betreuungszeiten, die Einrichtungen nicht bieten können. Und dort, wo die nächste Einrichtung weit entfernt liegt, hilft Tagespflege, lange Bring- und Abholzeiten zu vermeiden.

Bundeskanzler Gerhard Schröder hat in seiner Regierungserklärung vom 25. März 2004 vor dem Deutschen Bundestag die Richtung abgesteckt: „Und wir werden dafür sorgen, dass unsere Initiative zum Ausbau der Kinderbetreuung gemeinsam mit den Kommunen und Ländern zu einem Erfolg wird.

Wir setzen dabei nicht nur auf Einrichtungen, sondern auch auf die individuelle Betreuung durch Tagesmütter. Daher wollen wir die wichtige Aufgabe von Tagesmüttern weiter stärken und damit das Betreuungsangebot verbreitern."

Allen, die sich mit der Tagespflege befassen, ist klar: Die Chancen dieser Betreuungsform sind groß. Aber diese Chancen werden nicht überall eingelöst. Das liegt auch daran, dass sich die Tagespflege zwar etabliert hat, die Grundstruktur – einschließlich der damit verbundenen Probleme – sich aber seit den 70er Jahren nur punktuell wirklich weiter entwickelt hat. Die Tagespflege kann jedoch die Bedürfnisse auf Seiten der Kinder und Familien nur abdecken, wenn sie strukturell und inhaltlich auf der Höhe der Zeit ist. Es war mir deshalb ein besonderes Anliegen, die Tagespflege und alle mit ihr verbundenen offenen Fragen untersuchen zu lassen mit dem Ziel, vorhandene Probleme aufzuzeigen und Lösungsvorschläge zu erarbeiten.

Ich freue mich, dass das Deutsche Jugendinstitut diese Aufgabe übernommen hat. Denn gerade das DJI hat sich durch die Verantwortung für den damaligen Modellversuch zur Einführung der Tagespflege in Deutschland um diese Betreuungsform verdient gemacht und über die Jahre hinweg wichtige Kompetenzen aufgebaut.

Das vorliegende Gutachten ist ein Baustein in der Strategie der Bundesregierung, unser Kinderbetreuungssystem zu modernisieren. Es ergänzt das ebenfalls von mir in Auftrag gegebene Gutachten von Prof. Fthenakis, das im vergangenen Jahr unter dem Titel „Auf den Anfang kommt es an! Perspektiven zur Weiterentwicklung des Systems der Tageseinrichtungen für Kinder in Deutschland" erschien. Beide Gutachten zusammen decken das gesamte Feld der familienunterstützenden Erziehung, Bildung und Betreuung von Kindern ab. Das Gutachten gibt aus meiner Sicht einen guten Überblick über alle Felder der Tagespflege und nennt dabei Fakten, die bislang nur bei Fachleuten bekannt waren. Es behandelt die überaus wichtige Frage der Qualifizierung von Tagesmüttern ebenso wie die Sicherung einer Infrastruktur, die ein Schlüssel für die Qualität in der Tagespflege ist. Gleichzeitig zeigt das Gutachten Lücken auf, etwa hinsichtlich des Mangels an statistischen Daten oder auch der Forschung auf dem Gebiet der Tagespflege. Es macht Vorschläge, in welche Richtung sich die Tagespflege zukünftig entwickeln könnte. Dabei spielen arbeitsmarktpolitische Fragen eine wichtige Rolle. Von besonderer Bedeutung ist ferner die Kooperation von Tagesmüttern mit Tageseinrichtungen – hier wünsche ich mir eine verstärkte Zusammenarbeit, damit beide Einrichtungsformen mit ihren je spezifischen Vorteilen zu einem wirklichen Netz zusammenwachsen, von dem Kinder und Familien profitieren.

Die vorliegenden Vorschläge werde ich gründlich prüfen lassen, dabei werden wir auch fragen, ob das Wünschbare auch machbar ist. Die Bundesregierung ist bereit, das ihr Mögliche zu tun, und sie hat bereits gehandelt. Die den Kommunen ab 2005 zugesagte Entlastung steht, und sie eröffnet die nötigen Spielräume, Investitionen und den Ausbau der Kinderbetreuung. Das Tagesbetreuungsausbaugesetz, das Anfang 2005 in Kraft treten soll, ist auf den Weg gebracht. Eine der wichtigen Stoßrichtungen dieses Gesetzes, nämlich der qualitative Ausbau der öffentlich geförderten Tagespflege zu einem den Tageseinrichtungen gleichwertigen Angebot, sehe ich durch das Gutachten bestätigt. Denn das Gesetz verbessert die Qualität der Betreuung in der Tagespflege und macht sie attraktiver für Eltern und potenzielle Tagesmütter. Genau dies fordert das Gutachten ein.

Ich sehe uns deshalb in der Betreuung, Bildung und Erziehung von Kindern auf einem guten Weg. Ich fordere die anderen Akteure, insbesondere in den Ländern und Gemeinden sowie bei den Verbänden auf, mitzuziehen. Das vorliegende Gutachten kann uns dabei Hilfestellung geben.

Renate Schmidt

Vorwort der Autorinnen und Autoren

Gutachten haben, wenn sie denn gut sind, eine Orientierungsfunktion. Wie Landkarten geben sie Hinweise auf die Lage am Startpunkt, also der Ausgangslage, auf die möglichen Zielorte, vielleicht auch auf die zusätzlichen ins Auge gefassten Wunschziele, und sie geben Hilfestellungen bei der notwendigen Entscheidung zwischen den prinzipiell denkbaren Wegen. Wenn man dann noch den zusätzlichen Informationsgehalt von Kürzeln und Symbolen zu entschlüsseln in der Lage ist, entstehen eine Vielzahl von unterschiedlich verknüpfbaren Informationen, die einen mit guten Gründen sich für den einen Weg und gegen andere entscheiden lassen.

Das Gutachten „Von der Tagespflege zur Familientagesbetreuung. Zur Zukunft öffentlich regulierter Kinderbetreuung im Privathaushalt" im Auftrag des Bundesministeriums für Familie, Senioren, Frauen und Jugend sah sich demgegenüber mit einem zusätzlichen, ungewöhnlichen Umstand konfrontiert. Seine Entstehung fiel in eine Phase heftiger und in ständiger Veränderung begriffener Debatten um die Gestaltung des quantitativen und qualitativen Ausbaus der Betreuung, Bildung und Erziehung für Kinder unter drei Jahren.

Fast gegen Ende der Fertigstellung des Rohentwurfs legte das Ministerium einen Referentenentwurf zur Änderung des Kinder- und Jugendhilfegesetzes vor, der im Kern den quantitativen und qualitativen Ausbau der Kindertagesbetreuung in Deutschland zum Ziel hat. Dies ist in finanziell schwierigen Zeiten ein zweifellos mutiger, in familienpolitischer Hinsicht bitter notwendiger und aus fachlicher Sicht wichtiger Schritt in die richtige Richtung. Gleichwohl wird es für die Fertigstellung eines Gutachtens nicht einfacher, wenn sich mitten in der Schlussphase vielfältige neue Optionen und Restriktionen abzeichnen, neue Zielmarken ins Spiel gebracht werden, bislang scheinbar unproblematische Wege durch Umwege an Attraktivität verlieren, geplante Fertigstellungen neuer Wegstrecken sich verzögern.

In der Summe erweist sich der angestrebte Ausbau als ein Prozess, der in längerfristiger Perspektive gesehen werden muss und der komplexe gesellschafts-, sozial- und arbeitsmarktpolitische Dimensionen hat. Dennoch wirft er aber hier und heute aktuellen Innovationsbedarf auf bezüglich neuer rechtlicher Regelungen, qualitativer Standards, verbesserter Kommunikation und Information sowie, nicht zuletzt, einem konsequent beginnenden Prozess neuer Fachlichkeit. Hierbei dürfen Fragen des Bedarfs, von Angebot und Nachfrage ebenso wenig außer Acht gelassen werden wie Fragen der Kosten und der Finanzierung.

In diesem Sinn haben wir einerseits Bilanz gezogen zum gegenwärtigen Stand der Tagespflege, andererseits aber – und hierauf lag der Schwerpunkt – Wege in die Zukunft aufgezeigt. Die Tagespflege ist gegenwärtig, im Schnitt gesprochen, ein Betreuungsangebot mit deutlichen Stärken und noch mehr Schwächen. Sie bewegt sich noch immer in einem Niemandsland zwischen privater Betreuung in den Reihen von Verwandtschaft und Nachbarschaft auf der einen Seite und einem ebenfalls unterentwickelten Angebot an institutioneller Kindertagesbetreuung auf der anderen Seite. Soll sie zu einem öffentlich verantwortbaren Bestandteil zukünftiger Kinderbetreuung in Deutschland werden, so bedarf es eines konsequenten Systemwechsels, der die Tagespflege systematisch in öffentliche Regulierungen einbindet. Im Sinne des Kindeswohls, der Verlässlichkeit von Angeboten für Familien und des Anspruchs von Kindern auf Bildung und Förderung muss es primär um Aufbau und Sicherung von Qualität in der Familientagesbetreuung gehen, damit diese zu einer den Kindertageseinrichtungen gleichwertigen Betreuungsform werden kann. In Verbindung hiermit gilt es, die Bedarfe einer passgenauen und verlässlichen Kinderbetreuung aus der Perspektive von Eltern zu berücksichtigen, die sich aus der zunehmenden und flexiblen Erwerbstätigkeit ergibt. Und schließlich markieren auch die bislang eher prekären Arbeitsbedingungen der Tagesmütter einen erheblichen Änderungsbedarf, damit die für einen Ausbau erforderliche Zahl zusätzlicher Tagesmütter überhaupt gewonnen werden kann. Zu diesen und anderen Themenfeldern finden sich Analysen und Empfehlungen im vorliegenden Gutachten.

Das breite Themenspektrum wurde von einer AutorInnengruppe innerhalb und außerhalb des Deutschen Jugendinstituts intensiv diskutiert und bearbeitet, ergänzt durch zusätzlich eingeworbene Expertisen zu wichtigen Spezialfragen. Im Kern ruhte die Erstellung des Gutachtens auf dem vom BMFSFJ geförderten, laufenden DJI-Projekt „Kinderbetreuung in Tagespflege. Auf- und Ausbau eines qualifizierten Angebotes" das von Lis Keimeleder, Marianne Schumann, Susanne Stempinski und Karin Weiß durchgeführt wird. Allen, die auf und hinter der Bühne zum Gelingen dieses kurzfristigen Unternehmens mit einem knappen zeitlichen Rahmen beigetragen haben, gilt unser ganz herzlicher Dank. Dies gilt für diejenigen, die in Wort und Schrift das Vorhaben unterstützt haben ebenso wie für die Sachbearbeiterin des Tagespflegeprojektes, Birgit Plöchinger, und vor allem auch Katharina Gerwens, die unermüdlich die Manuskriptvorlagen redaktionell bearbeitete.

Nicht zuletzt danken wir dem Bundesministerium für Familie, Senioren, Frauen und Jugend für die finanzielle Förderung des Gutachtens und für den argumentativen Austausch sowie Frau Bazlen vom Beltz-Verlag für die unkomplizierte und professionelle Begleitung beim Prozess der Veröffentlichung.

Wir hoffen sehr, mit dem vorliegenden Gutachten einen Beitrag dazu zu leisten, dass die Tagespflege fachlich weiterentwickelt und in das System öffentlicher Kinderbetreuung integriert werden kann. Gemeinsames Ziel muss es sein, dass Kinder in Deutschland auch in Tagespflege von Anfang an die Möglichkeit zu einer zukunftsfähigen Förderung und Betreuung erhalten. Eine künftige qualifizierte Familientagesbetreuung muss nicht nur den fachlichen Ansprüchen an eine kindgemäße Forschung standhalten, sondern auch familienbedarfsgerecht unterstützen. Nur dann hat sie eine legitime und legitimierbare Chance als Beitrag zu einem kinderfreundlichen Deutschland.

München, Juni 2004

Impulse für eine zukunfts-orientierte Tagespflege

Gesellschaftlicher Wandel als Kontext

01

Impulse für eine zukunftsorientierte Tagespflege

Gesellschaftlicher Wandel als Kontext

Warum heute ein Gutachten zur Tagespflege? Im Rahmen der Diskussion um den Ausbau der Kinderbetreuung in Deutschland rückt die Tagespflege derzeit ins Zentrum von Tagespolitik und Fachöffentlichkeit sowie der Medien. So haben innerhalb weniger Monate alle Bundestagsparteien Anträge zur Tagespflege eingereicht, die sich nur in Teilaspekten voneinander unterscheiden: Die CDU/CSU fordert den Ausbau und auch finanzielle Förderung der Tagespflege (Bundestagsdrucksache 15/2651 vom 9.3.2004), die FDP „Faire Chancen für jedes Kind – Für eine bessere Bildung, Betreuung und Erziehung von Anfang an" (Bundestagsdrucksache 15/2697 vom 11.3.2004), und die Regierungsparteien selber bringen einen Antrag ein zum „Ausbau von Förderungsangeboten für Kinder in vielfältigen Formen" (Bundestagsdrucksache 15/2580 vom 3.3.2004). Zudem gibt es seit wenigen Wochen einen Referentenentwurf zu einem „Tagesbetreuungsausbaugesetz", in dem auch die Tagespflege neu geregelt werden soll.[1] Heftige politische Kontroversen zwischen Bund, Ländern und Kommunen entzünden sich derzeit vor allem an den von den Kommunen vorgebrachten Zweifeln, ob die für einen Ausbau der Kindertagesbetreuung erforderlichen hohen Beträge überhaupt aufgebracht werden können. In der Fachöffentlichkeit positionieren sich aktuell die großen Wohlfahrtsverbände und machen Vorschläge zum Aufbau einer lokalen, fachlich begleiteten Infrastruktur der Tagespflege (vgl. AWO 2004; BAGFW 2004). Dagegen wird in der Tagespresse und den großen Wochenzeitschriften in einer Weise diskutiert, die teilweise an alte ideologische Grabenkämpfe des Pro und Contra zu Familie und Kindertageseinrichtung erinnert. Das Gutachten präsentiert sich demnach zu einem Zeitpunkt, der hohe Aufmerksamkeit für das Thema verspricht.

Die Anfänge der Tagespflege fanden keine so breite Öffentlichkeit. Gleichwohl sorgten sie in der damaligen Zeit für einigen Wirbel. Vor über 30 Jahren, zu Beginn der 70er Jahre, entstanden die ersten Initiativen im Bereich der Tagespflege, damals unter der Überschrift „Tagesmütter" und assoziiert mit einem Aufruf der Zeitschrift „Brigitte". Im Rückblick wird deutlich, dass, hätte „Brigitte" damals, als es einen Boom bei den Arbeitsplätzen für Frauen und gleichzeitig einen eklatanten Mangel an Kinderbetreuungsplätzen gab, einen Artikel veröffentlicht: „Berufstätige Mütter suchen Zugehfrauen für Kinderbetreuung", – die Resonanz äußerst gering geblieben wäre. Stattdes-

---

[1] Vgl. Referentenentwurf, zitiert als „Entwurf eines Gesetzes zum qualitätsorientierten und bedarfsgerechten Ausbau der Tagesbetreuung und zur Weiterentwicklung der Kinder- und Jugendhilfe" (Kürzel: TAG), BMFSFJ-51, 2.4.2004. Es ist wichtig, darauf hinzuweisen, dass dieses Gutachten in seinen Grundzügen vor Bekanntgabe des Entwurfs entstand.

sen wurde als „Aufhänger" eine Reportage über die schwedischen „Dagmamas" gewählt, die den programmatischen Titel trug: „Wir fordern einen neuen Beruf: Tagesmutter". Daraufhin gab es eine Flut von Leserinnen-Briefen, es bildeten sich über 50 Initiativen von Frauen, die versuchten, den Beruf „Tagesmutter" durchzusetzen. In den Initiativen engagierten sich sowohl Frauen, die selbst Tagesmütter werden wollten, als auch Mütter, die ihre Kinder von Tagesmüttern betreuen lassen wollten. Die große öffentliche Resonanz führte schließlich dazu, dass das damalige Bundesministerium für Jugend, Familie und Gesundheit das Modellprojekt „Tagesmütter" initiierte und dem Deutschen Jugendinstitut die wissenschaftliche Begleitung von 1974 bis 1978 übertrug (vgl. Blüml u. a. 1980).

Die Tagespflege etablierte sich in den folgenden Jahren, von der Fachöffentlichkeit wenig beachtet, im Schatten ihrer großen Schwester, der institutionellen Kinderbetreuung. Obgleich sie offiziell – im Gesetz, in der finanziellen Förderung und in der Statistik – lange Zeit ein Nischendasein führte, wurde sie, will man Schätzungen Glauben schenken, in ihrer Gesamtbedeutung, also in all ihren auch privat regulierten Varianten, zahlenmäßig für die Betreuung der unter Dreijährigen doch fast genauso relevant wie die institutionellen Angebote für Kinder im Krippenalter.[2]

Auch wenn sich die Diskussionen um die Kinderbetreuung generell seit den 70er Jahren intensivierten, blieb die Tagespflege aus zwei Gründen ein Stiefkind: Zum einen wurde sie aus professionell-pädagogischer Sicht als die qualitativ weniger gute und deshalb eher ab- als auszubauende Form der Kinderbetreuung bewertet, zum anderen verblieb die Tagespflege zu überwiegenden Anteilen in einem Graubereich zwischen Privatheit und Öffentlichkeit, Familienselbsthilfeinitiativen, Vereinen, Jugendamt und Markt. Deshalb verbergen sich hinter dem alltagssprachlich verwendeten, sachlich aber dringend präzisierungsbedürftigen Wort „Tagespflege" sehr unterschiedliche Betreuungsvarianten von weitestgehend informeller bis zu öffentlich vermittelter, regulierter und finanzierter Betreuung. Aufgrund dieser Diffusität hatte die Tagespflege keine starke Lobby.

Die Forderung nach einem „Beruf Tagesmutter" ist heute unvermindert aktuell, die Ausgangslage und auch die Chancen einer Weiterentwicklung der Tagespflege haben sich jedoch deutlich geändert. Hierfür gibt es mehrere Gründe: vor allem die steigende Müttererwerbstätigkeit, flexiblere Erwerbsarbeit, sinkende Kinderzahlen, erhöhte Anforderungen an Förderung und Bildung schon im Kleinkindalter sowie knapper werdende öffentliche Gelder. Diese Veränderungen des gesellschaftlichen Kontextes üben einen erheblichen

---

2 Es ist ausdrücklich darauf hinzuweisen, dass die Datenlage zur Tagespflege bislang völlig unzureichend ist und häufig auf Schätzungen beruht (vgl. Kap. 4). Eine verbesserte statistische Erfassung und Dokumentation ist dringend erforderlich.

Druck aus auf den Ausbau der öffentlichen Kinderbetreuung. Dabei wird die Weiterentwicklung des familiennahen Systems „Tagespflege" insbesondere für die unter Dreijährigen zu einem wichtigen Baustein dieses Ausbaus.

Auch der europäische Vergleich zeigt, dass Deutschland hier Nachholbedarf hat. Die Beispiele Frankreichs und einiger skandinavischer Länder belegen, dass es besser möglich ist als gegenwärtig in Deutschland, Müttererwerbstätigkeit mit einer steigenden Geburtenrate zu verbinden – unter der Voraussetzung einer ausgebauten öffentlichen Kinderbetreuung, zu der in einigen Ländern explizit auch ein fortschrittlich weiterentwickeltes Tagespflegesystem gehört (vgl. Kap. 3; Bertelsmann 2002; Rürup/Gruescu 2003; Sleebos 2003). Und bezüglich frühkindlicher Förderung und Bildung hat zuletzt die PISA-Studie gezeigt, dass es gelingen kann, die Perspektive des Kindeswohls neben der Perspektive einer zunehmenden Arbeitsmarktintegration von Müttern zu verfolgen, auch hier unter der Bedingung guter öffentlicher Kinderbetreuung (vgl. Baumert u. a. 2001).

Die mit dem gesellschaftlichen Wandel zusammenhängenden Probleme haben unterdessen im familien- und kinderpolitischen Diskurs der Bundesrepublik Deutschland zunehmende Beachtung gefunden. Die rot-grüne Regierungskoalition hat für ihre zweite Legislaturperiode (2002–2006) einen paradigmatischen Wandel in der Kinder- und Familienpolitik angekündigt und in Teilen auch bereits eingeleitet: In eindeutiger Abkehr von einer bislang eher abwartenden Haltung in der Kinderbetreuungspolitik beabsichtigt die Bundesregierung, das Angebot öffentlicher Kinderbetreuungseinrichtungen über das gesamte Kindesalter hinweg zu verbessern, und zwar durch den Ausbau der Kinderbetreuung für unter Dreijährige, der Ganztageskindergärten sowie der Nachmittagsbetreuung im Grundschulalter, u. a. in Form von Ganztagsschulen. Zu diesem Zweck sollen den Ländern und Kommunen, die für diese Aufgaben zuständig sind, zum einen bis zum Jahr 2007 insgesamt 4 Mrd. Euro für den Ausbau von Ganztagsschulen und zum anderen ab 2004 jährlich weitere 1,5 Mrd. Euro für eine bessere Betreuung durch Krippen und Tagesmütter bereitgestellt werden (vgl. Koalitionsvertrag 2002: 25). Dezidiert bildet der Ausbau der öffentlichen Betreuung der unter Dreijährigen einen Schwerpunkt dieser Politik; die Tagespflege soll dabei voraussichtlich 30 % des bis 2010 angepeilten Ausbaus eines bedarfsdeckenden Platzangebots für diese Altersgruppe abdecken.

Ziel des Gutachtens ist es, auf der Basis fundierten Wissens Anregungen zu geben für den quantitativen und qualitativen Ausbau der Tagespflege im Gesamtzusammenhang öffentlicher, marktlicher und privater Kinderbetreuung für unter Dreijährige. Für diese Altersgruppe soll die Tagespflege ein eigenständiges Betreuungsangebot innerhalb des Privathaushaltes oder in dessen unmittelbarem Umfeld mit spezifischem Profil werden, das die Stärken der Tagespflege nutzt und ausbaut und zugleich die bisherigen Schwächen korrigiert.

Dabei müssen drei Perspektiven gleichermaßen Beachtung finden: die Perspektive der Kinder, die der Eltern und die der Tagespflegepersonen. Im Gutachten werden diese Perspektiven unter den Aspekten Bedarfs-, Fach-, Sach- und Arbeitsmarktgerechtigkeit diskutiert. Für eine abschließende Einschätzung und die praktische Umsetzung auf lokaler und überregionaler Steuerungsebene wird entscheidend sein, dass diese Perspektiven nicht nur jeweils für sich, sondern im Zusammenhang, d.h. auch in ihrer potentiellen Konflikthaftigkeit zueinander, betrachtet werden. Dabei führen die nachfolgenden Darstellungen in den einzelnen Kapiteln über die gegenwärtige Ist-Analyse der Tagespflege hinaus, indem Empfehlungen und Gestaltungsoptionen zur Weiterentwicklung der Tagespflege als einer bezahlten Kinderbetreuung in Privathaushalten in kurz-, mittel- und langfristiger Perspektive formuliert werden.

1.1 Die Betreuung kleiner Kinder in Deutschland: Familie versus Institutionen, Tagespflege versus Tageseinrichtung?

Es kann als Konsens von Entwicklungspsychologie, Pädagogik und Anthropologie angesehen werden, dass insbesondere kleine Kinder auf verlässliche Zuwendung, Versorgung, Erziehung und Betreuung für die optimale Entwicklung ihrer Potentiale angewiesen sind (vgl. Kap. 5 sowie Bornstein 2002; Thompson 1998). Diese materiellen und immateriellen Leistungen für Kinder können familial, informell, professionell oder ehrenamtlich erbracht werden.

Bis heute ist in Deutschland eine starke Tradition der Familialisierung und Feminisierung von „Care" – im Sinne einer umfassenden Betreuung und Versorgung, Erziehung und Bildung[3] – insbesondere für kleine Kinder wirksam, deren Wurzeln ins 18. Jahrhundert zurückreichen. Dies hängt zusammen mit einer engen Konnotation von Weiblichkeit mit Mütterlichkeit, dem Ausschluss von Frauen aus der Öffentlichkeit und einer entsprechenden moralischen Aufwertung des Binnenraums von Familie als „richtiger" Lebenswelt für Mütter und Kinder (vgl. Hausen 1976; Paterak 1999). Entlang der Ausbildung typischer Geschlechtscharaktere repräsentierten im bürgerlichen Familienmodell demgegenüber Väter die Außenwelt. Die Verantwortung für Betreuung und Erziehung kleiner Kinder wurde in Deutschland auf die Kernfamilie übertragen; Bildung wurde erst vom Grundschulalter an in den Fokus gerückt und dann im Wesentlichen an die Schule delegiert. Care wurde

---

3 Care bezeichnet allgemein die gesellschaftlich notwendige Tätigkeit der materiellen und immateriellen Fürsorge und Versorgung, die sich aus der ontologischen Gegebenheit zwischenmenschlicher Abhängigkeiten ergibt (vgl. Brückner 2003). Um die Einbeziehung der spezifischen Perspektive „Erziehung" zu betonen, wird inzwischen auch von „educare" gesprochen.

im Verlauf dieser Entwicklung zur individuellen, privaten Aufgabe jeder einzelnen Mutter.

Auch zu Beginn des 21. Jahrhunderts prägt die Betreuung in einer Familie den Alltag von kleinen Kindern[4]. Für nur 9% der unter dreijährigen Kinder (3% in West- und 37% in Ostdeutschland; vgl. Statistisches Bundesamt 2004: 25) stehen Krippenplätze zur Verfügung. Diese Platz-Kind-Relation für unter Dreijährige ist insbesondere in Westdeutschland seit 1990 faktisch unverändert (vgl. Abb. 1.1).

Abbildung 1.1: Platz-Kind-Relationen bei Krippenplätzen (1990/91 bis 2002)

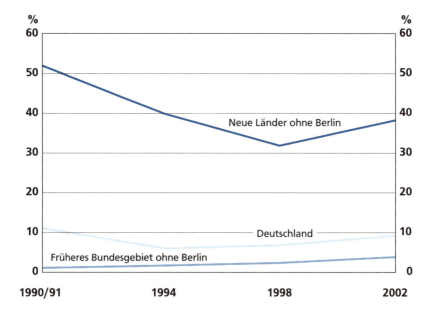

Quelle: Statistisches Bundesamt (2004: 25)

Kinderbetreuung in Deutschland erweist sich heute als deutlich zweigeteilt. Seit der Wiedervereinigung 1990 treffen hier zwei sehr unterschiedliche gesellschaftliche Logiken der Organisation von Care aufeinander. Neben das westdeutsche Muster von familialisierter Kinderbetreuung bei Teilzeiterwerbstätigkeit der Mütter tritt das ostdeutsche Muster einer institutionenba-

---

4 Lediglich ein sehr geringer Teil der Kinder lebt in außerfamilialen Settings. Die Unterbringung in Pflegefamilien und anderen Formen der stationären Erziehungshilfe (Heime, Wohngruppen) ist seit 1991 rückläufig. Im Jahr 2002 befanden sich 0,16% (absolut: 3.642) der unter Dreijährigen in Vollzeitpflege und 0,04% (absolut: 909) in einem Heim, so dass insgesamt nur 0,2% (absolut: 4.551) der 0- bis 3-Jährigen außerhalb der eigenen Herkunftsfamilie aufwachsen (vgl. Pothmann 2004, eigene Berechnungen nach Zahlen des Statistischen Bundesamts).

sierten Kinderbetreuung bei hoher Vollzeit-Müttererwerbstätigkeit, obgleich die Familie auch in der DDR eine Lebenswelt von besonderer Bedeutung für Kinder war (vgl. Szymenderski 2004).[5]

Entgegen dem Mythos der Einkindfamilie als Normalfall wachsen jedoch immer noch etwa 75 % aller Kinder gemeinsam mit Geschwistern oder Halbgeschwistern auf (vgl. Engstler/Menning 2003 a: 27). Allerdings verändern Familien zunehmend ihre Gestalt: Sie werden fragiler, wobei auch die familiale Umwelt von Kindern in West- und Ostdeutschland sehr unterschiedlich aussieht. Im Westen Deutschlands lebt – wenn auch mit abnehmender Tendenz – nach wie vor der überwiegende Teil (71 %) der Kinder bis zum 18. Lebensjahr mit den leiblichen verheirateten Eltern in einem gemeinsamen Haushalt. In Ostdeutschland sind das nur mehr 46 % (vgl. Alt 2003: 236 ff.).

Die familialen Verhältnisse befinden sich seit einigen Jahrzehnten in einem rasanten Veränderungsprozess. Besondere Aufmerksamkeit verdient der wachsende Anteil der Alleinerziehenden an den Familientypen mit Kindern unter 18 Jahren (15,4 %, davon 85,5 % Frauen; vgl. Engstler/Menning 2003 a: 39): Keine andere Lebensform weist eine solche Entwicklung auf. Von Bedeutung ist auch die Zunahme nichtehelicher Paare mit Kindern (vgl. Alt 2003; Marbach 2003: 157). Vor allem durch die wachsende Zahl von Scheidungen (37,2 % aller Ehen), von denen minderjährige Kinder bei knapp der Hälfte der Scheidungen betroffen sind (vgl. ebd.: 83), zeichnet sich eine zunehmende Instabilität der Bedingungen des Aufwachsens ab. Solche Veränderungen können nicht nur das subjektive Wohlbefinden der Kinder beeinträchtigen; oft verändern sich durch die neuen Lebensumstände auch die Betreuungskonstellationen, insbesondere dadurch, dass allein erziehende Mütter häufiger erwerbstätig sind als Mütter in Partnerschaft.[6]

Kinder erfahren demnach verstärkt Umbrüche ihrer Familienform: Im Westen erlebt inzwischen jedes dritte Kind eine oder mehrere Veränderungen im Lauf seiner Kindheit, im Osten mehr als jedes zweite Kind mit insgesamt mehr als drei Veränderungen (vgl. Alt 2003: 242). Die aktuellen Veränderungsprozesse in der Situation von Kindern und ihren Familien sind Ergebnis deutlich werdender gesellschaftlicher Widersprüche zwischen öffentlichen Idealisierungen (Familienzentrierung, Mütterlichkeit) und tatsächlichen Gegebenheiten (Müttererwerbstätigkeit, Bildungsexpansion), die sich in den

---

5 Auch wenn die Quoten für Scheidungen, nichteheliche Kinder und Alleinerziehende in der DDR höher lagen als in der alten Bundesrepublik, bedeuteten sie keine De-Institutionalisierung von Familie. Die Versuche des Staates, das private Leben zu steuern, haben das Gewicht der Familie eher gestärkt (vgl. Meulemann 1998).

6 Allein erziehende Mütter sind deutlich häufiger (zu ca. zwei Dritteln) erwerbstätig als Frauen, die mit einem Partner zusammenleben, und sie arbeiten häufiger Vollzeit. Haben sie jedoch Kinder unter sechs Jahren, gehen 52 % keiner Berufstätigkeit nach, 24 % arbeiten Vollzeit und etwa genauso viele Teilzeit (vgl. Bertelsmann 2002: 26).

vergangenen Jahrzehnten sukzessive verstärkt haben. Im Resultat passen die Strukturen von (Arbeits-)Markt, Familie, Staat und intermediären Instanzen nicht mehr zueinander. Die aufbrechenden Widersprüche beeinträchtigen nicht nur das Alltagsleben von Eltern und Kindern, sondern sie erhöhen vor allem massiv die Anforderungen an eine Kinderbetreuung, die nicht mehr nur von den Eltern selbst erbracht werden kann, soll und will. Dies führt zu einer Betreuungskrise, die potentiellen Eltern zunehmend den Mut zu Kindern nimmt (vgl. Abschnitt 1.2.3).

Im Zusammenhang mit der wachsenden Fragilität von Familie verstärkt sich seit den 90er Jahren das Postulat einer stärkeren öffentlichen Verantwortung für das Aufwachsen von Kindern. Thematisierte der 5. Familienbericht (1994) unter dem Aspekt der „strukturellen Rücksichtslosigkeit gegenüber der Familie" die Unterstützungsbedarfe von Familien, so formulierte der 11. Kinder- und Jugendbericht (2001) die These vom „Aufwachsen in öffentlicher Verantwortung". Gesellschaft, Staat und Familie werden gemeinsam als zuständig für Bildung, Betreuung und Erziehung der Kinder gesehen; diese Gemeinsamkeit ist jedoch eine gesellschaftliche Aufgabe, die es erst zu gestalten gilt. Bislang ist – als typisch deutsches Phänomen – die Debatte zu familialer und institutioneller Betreuung und Erziehung stark ideologisch sowie professionslogisch geprägt und durch wechselseitige Vorbehalte gekennzeichnet, die oft das eigentliche Ziel, das Kindeswohl, aus dem Blick verlieren. Es wird deshalb künftig darum gehen, unterschiedliche Orte des Aufwachsens nicht gegeneinander in Konkurrenz zu setzen, sondern im Interesse einer guten Betreuung und Erziehung von Kindern dazu beizutragen, dass diese sich mit ihren jeweiligen Stärken ergänzen und so zugleich ihre Schwächen kompensieren.

Diese neue, integrative Form der Kooperation hat Gründe. So hat sich – einerseits – der vertraute Rahmen emotional basierter, verlässlicher und überschaubarer Beziehungen in der Familie, die nicht nach den Regeln von Zeit- und Kostenökonomie funktionieren, als besonders geeignet für die Entwicklung kleiner Kinder erwiesen. Familie ist somit ein Lern- und Lebensort besonderer Art, in dem Raum ist für die Entwicklung persönlicher Bindungen und für die Entfaltung individueller Eigenheiten. Zugleich kann sich – andererseits – dieser Strukturvorteil von Familie rasch durch misslingende Beziehungen zwischen Eltern und Kindern, durch Vernachlässigung, Gewalt und Missbrauch in sein Gegenteil verkehren. Aber auch bereits der Mangel an ökonomischem, sozialem und kulturellem Kapital, die latente Fragilität von Familien sowie das – gemessen an den heutigen Möglichkeiten – geringe Anregungspotential durch kleinfamiliale Haushalte erfordern ergänzende Unterstützungen von außen, u.a. in Form professioneller Kinderbetreuung.

Es gibt deutliche Hinweise darauf, dass unter den Bedingungen einer fortgeschrittenen Modernisierung des Familienlebens Kinder in qualitativ guten Tageseinrichtungen Lernmöglichkeiten haben, die ein durchschnittlicher Familienalltag so nicht mehr ohne Weiteres gewährleisten kann (vgl. Tietze 2004). Hinsichtlich bestimmter Kompetenzen etwa im sprachlich-kognitiven Bereich weisen sie Entwicklungsvorteile gegenüber Kindern, die ausschließlich in der Familie betreut werden, auf; andererseits kann die Entwicklung sozialer Kompetenzen in institutionellen Settings durchaus defizitäre Züge aufweisen. Ein weiterentwickeltes System der Tagespflege eröffnet – abhängig von seiner konkreten Ausgestaltung – die Chance, die Vorteile familialer mit denen professioneller Betreuung innerhalb und außerhalb von Institutionen zu verbinden.[7] Auch hier zeigen Länder wie Schweden, Dänemark, Österreich und Frankreich, dass Familie und Professionen, institutionelle Kinderbetreuung und Tagespflege nicht in Konkurrenz stehen müssen, sondern ihre Angebote systematisch miteinander verknüpft werden können, bis hin zur Entwicklung gemeinsamer Ausbildungsmodule (vgl. Karlsson 1995; Veil 2003).

1.2 Impulse zur Weiterentwicklung der Tagespflege im Kontext gesellschaftlicher Veränderungen

1.2.1 Steigende Müttererwerbstätigkeit als Anforderung an mehr Kinderbetreuung

Elterliche Erwerbstätigkeit ist eine wichtige Rahmenbedingung für den Alltag von Kindern: Sie entscheidet darüber, ob und wann die Eltern zu Hause sind, und damit auch über die Notwendigkeit von nichtelterlicher Betreuung.

Da vor allem Frauen für Betreuung und Erziehung der Kinder zuständig sind, ist es die steigende Müttererwerbstätigkeit, die Konsequenzen für neue Betreuungsbedarfe mit sich bringt. Sie sieht – trotz einiger Annäherungen – nach wie vor in Ost- und Westdeutschland sehr unterschiedlich aus (vgl. Tabelle 1.1).

---

[7] Einen entsprechenden Hinweis auf die entwicklungsfördernde Funktion der Kindertageseinrichtungen geben auch die Befunde der IGLU-Studie, derzufolge Kinder, die einen Kindergarten besucht haben, deutlich bessere Untersuchungsergebnisse aufweisen als die vergleichbaren Kinder ohne Besuch des Kindergarten (vgl. Bos u. a. 2003). So weisen die AutorInnen der IGLU-Studie explizit auf den fördernden Einfluss des Kindergartens hin, der mit der Dauer der Kindergartenzeit signifikant zunimmt. Selbst bei den Kindern der 4. Klasse ließ sich noch ein positiver Zusammenhang zwischen Kindergartenbesuch und dem jeweiligen Kompetenzniveau in allen vier Kompetenzbereichen nachweisen – und dies noch einmal verstärkt, sofern die Bildungsphase Kindergarten länger als ein Jahr dauerte. „Alle Kinder scheinen also in ihrer Entwicklung vom Besuch eines Kindergartens oder einer vorschulischen Einrichtung zu profitieren" (ebd.: 128).

Tabelle 1.1: Erwerbsbeteiligung von Müttern mit unter dreijährigen Kindern (Deutschland, westliche und östliche Bundesländer; absolut [in tausend] und in % aller Mütter mit unter dreijährigen Kindern; 1991–2001)

	Deutschland			Westliche Bundesländer			Östliche Bundesländer		
	Erwerbstätige Frauen mit ≥1 Kind <3 Jahre (inkl. vorübergehend Beurlaubte)	darunter:		Erwerbstätige Frauen mit ≥1 Kind <3 Jahre (inkl. vorübergehend Beurlaubte)	darunter:		Erwerbstätige Frauen mit ≥1 Kind <3 Jahre (inkl. vorübergehend Beurlaubte)	darunter:	
		aktiv erwerbstätig (ohne Beurlaubte)[1]	≥36 Std. Wochenarbeitszeit (ohne Beurlaubte)		aktiv erwerbstätig (ohne Beurlaubte)[1]	≥36 Std. Wochenarbeitszeit (ohne Beurlaubte)		aktiv erwerbstätig (ohne Beurlaubte)[1]	≥36 Std. Wochenarbeitszeit (ohne Beurlaubte)
Erwerbstätige Mütter mit Kindern unter drei Jahren (absolut x 1.000 und in %[3])									
1991	1.065	–	–	699	–	–	366	–	–
	45,2%	–	(26,8[2])%	37,3%	–	(17,3[2])%	75,9%	–	(63,5[2])%
1996	853	522	224	751	454	177	102	69	45
	43,1%	26,4%	11,3%	42,4%	25,6%	10,0%	49,3%	33,5%	22,0%
2001	957	611	210	815	502	149	142	109	61
	48,6%	31,0%	10,7%	47,9%	29,5%	8,8%	53,2%	40,8%	22,8%
Mütter mit Kindern unter drei Jahren (absolut x 1.000)									
Jahr	Deutschland			Westliche Bundesländer			Östliche Bundesländer		
1991	2.356			1.874			482		
1996	1.979			1.772			206		
2001	1.968			1.701			267		

1 Personen, die ihre Erwerbstätigkeit vorübergehend nicht ausüben, weil sie sich z. B. in Elternzeit befinden (erstmals gesondert erhoben im Mikrozensus 1996).
2 Hierbei handelt es sich um alle erwerbstätigen Frauen mit einer Arbeitszeit von 36 und mehr Stunden, also auch inklusive derjenigen, die vorübergehend beurlaubt sind.
3 Anteil erwerbstätiger Mütter mit Kindern unter drei Jahren an allen Müttern mit Kindern unter drei Jahren.

Quelle: Statistisches Bundesamt: Leben und Arbeiten in Deutschland. Ergebnisse des Mikrozensus 2001, Wiesbaden (2002: 71); eigene Berechnungen auf der Basis einer Sonderauswertung des Mikrozensus von Engstler (1998: 115).

Demnach waren im Jahr 2001 bundesweit 611.000 Frauen (31,0%) mit mindestens einem Kind unter drei Jahren aktiv erwerbstätig, zuzüglich 346.000 Frauen (17,6%), die vorübergehend beurlaubt waren.[8] Und immerhin 210.000 Frauen (10,7%) gingen trotz eines Kindes unter drei Jahren einer Beschäftigung von 36 Stunden und mehr nach. Sofern man unterstellt, dass bis zu 8% dieser Mütter[9] noch ein zweites Kind unter drei Jahren hatten (Zwillinge oder z. B. ein einjähriges und ein dreijähriges Kind), hieße das, dass bundesweit rund 227.000 unter Dreijährige eine ganztägige Betreuung aufgrund einer ganztägigen Erwerbstätigkeit ihrer Mütter benötigten.[10]

8 Hierbei gibt es deutliche Spannbreiten bei den entsprechenden Erwerbstätigenquoten der einzelnen westlichen Bundesländer.
9 Errechnet anhand des Mikrozensus für das Jahr 1999.
10 Hierzu sind jedoch drei Anmerkungen zu machen:
   1. Hinzu addiert ist hierbei noch nicht der – sicherlich nicht hoch zu veranschlagende – Anteil an Männern, die als alleinerziehende Väter einer Erwerbstätigkeit nachgehen. Von diesen müssen dann aber

Auch in diesem Punkt zeigen sich wiederum ausgeprägte Ost-West-Differenzen: Lag die Quote der aktiv erwerbstätigen Mütter mit Kindern unter drei Jahren 2001 insgesamt bei 31%, so waren dies 40,8% (109.000 Frauen) im Osten gegenüber 29,5% (502.000 Frauen) im Westen Deutschlands. Der deutlich geringere Anteil tatsächlich erwerbstätiger Mütter mit Kindern unter drei Jahren im Westen (d. h. ohne die beurlaubten Mütter) erklärt sich dadurch, dass viele zumindest zeitweilig vom staatlichen Angebot der „Elternzeit" Gebrauch machten. Auch wenn also immer noch relativ deutlich mehr Mütter in Ost- als in Westdeutschland mit Kindern unter drei Jahren aktiv erwerbstätig sind, ist doch auch in Westdeutschland ihr Anteil gestiegen (von 25,6% im Jahr 1996 auf 29,5% im Jahr 2001); allerdings arbeiten diese Mütter überwiegend in Teilzeit. Oder anders formuliert: Folgt man den Mikrozensusdaten, dann arbeiten im Westen lediglich rund 30% aller aktiv erwerbstätigen Mütter mit mindestens einem unter dreijährigen Kind Vollzeit (absolut: 149.000 Frauen), d. h. 36 Stunden und mehr pro Woche; dies sind 8,8% aller Mütter mit Kindern unter drei Jahren.

In Ostdeutschland hingegen scheint die (vollzeit-)berufstätige Frau und Mutter eines oder mehrerer Kinder, die Beruf und Familie aufgrund gesicherter Kinderbetreuung ohne größere innere und äußere Konflikte vereinbaren kann, nach wie vor Leitbild und Praxis zu bleiben, wenn auch aufgrund hoher Arbeitslosigkeit und z. T. alternativlos gewordener Teilzeitarbeit mit deutlich abnehmender Tendenz: Gingen 1991 vermutlich noch fast 60% der Mütter mit mindestens einem unter dreijährigen Kind einer Vollzeiterwerbstätigkeit nach (das wären in etwa 280.000 Frauen), so waren dies zehn Jahre später, 2001, nur noch knapp 23% bzw. 61.000 Frauen.[11]

wiederum jene Mütter rechnerisch abgezogen werden, bei denen der Vater sich um die familieninterne Betreuung der Kinder kümmert, solange die Mutter einer Vollzeiterwerbstätigkeit nachgeht, vermutlich eine ebenfalls zahlenmäßig nicht hoch zu veranschlagende Gruppe. Unter dem Strich dürften sich diese beiden Gruppen gegeneinander aufheben.
2. Unberücksichtigt bleibt hierbei ebenso die Frage, ob eine Vollzeiterwerbstätigkeit auch automatisch eine „Vollzeitabwesenheit" nach sich zieht. Wenn man an Berufe denkt, bei denen ein Teil der Arbeitszeit nicht an die Anwesenheit am Arbeitsplatz gebunden ist (z. B. Wissenschaft, Schule, Journalismus, freie Berufe, Telearbeitsplätze), dann reduziert sich vermutlich der tatsächliche Bedarf an einer Ganztagsversorgung bei der Gruppe der vollzeiterwerbstätigen Mütter mit kleinen Kindern. Allerdings bedeutet berufliche Arbeit zu Hause nicht automatisch Verfügbarkeit für Kinderbetreuung, sondern erfordert diverse Balanceakte (vgl. Behringer/Jurczyk 1995). Auch hieraus ergibt sich die Notwendigkeit einer differenzierten Betrachtung von Bedarfen.
3. Es kann jedoch umgekehrt nicht automatisch davon ausgegangen werden, dass Mütter, die sich in Elternzeit befinden, keinen Bedarf an Kinderbetreuung haben. Zu den Betreuungsbedürfnissen von Eltern ist dringend Forschung notwendig. Erwerbstätigkeit ist lediglich als besonders nahe liegender Kern zur Bestimmung objektiv anerkannter Betreuungsbedarfe anzusehen.
11 Aufgrund der fehlenden Angaben über die vorübergehend Beurlaubten im Jahr 1991 kann dieser Wert nicht genauer beziffert werden. Da aber Vollzeiterwerbstätigkeit in der DDR auch bei Frauen mit Kindern die Regel war – und „bezahlte" vorübergehende Beurlaubung in Form von „Elternurlaub/Elternzeit" damals in der Übergangsphase noch nicht sehr verbreitet gewesen sein dürfte, ist davon auszugehen, dass der Mikrozensuswert von 63,5% für alle Mütter mit einem Kleinkind in Ostdeutschland bei gleichzeitiger Vollzeiterwerbstätigkeit nur unwesentlich unterschritten worden, die Zahl der Beurlaubungen 1991 mithin noch relativ gering gewesen sein dürfte.

Tabelle 1.2: Realisiertes Erwerbsmuster in Paarhaushalten mit Kindern unter sechs Jahren (1998; in %)

Tatsächliche Erwerbsmuster	in %
Mann Vollzeit – Frau Vollzeit	15,7
Mann Vollzeit – Frau Teilzeit	23,1
Mann Vollzeit – Frau nicht erwerbstätig	52,3
Andere Konstellationen	8,9

Quelle: Bertelsmann (2002: 25 ff.)

Für die Betreuungssituation der Kinder sind jedoch nicht nur die Müttererwerbstätigkeit und die dadurch bedingte zeitliche Abwesenheit von Bedeutung, sondern das elterliche Arbeitsteilungsmuster insgesamt, das sich zusammensetzt aus unterschiedlichen Anteilen von Vollzeit-, Teilzeit- und Familientätigkeit beider Eltern. Immer mehr Familienhaushalte sind auf zwei Einkommen angewiesen. In Gesamtdeutschland ist das Modell des (männlichen) Einverdienerhaushalts jedoch noch immer das am häufigsten anzutreffende Erwerbsmuster von Paarhaushalten mit Kindern unter sechs Jahren. Der Anteil an Haushalten, in denen die Frau nicht erwerbstätig ist, gehört zu den höchsten im internationalen Vergleich (vgl. Tabelle 1.2).

Für Kinder bedeutet dies, dass ihre Väter in der Regel (vollzeit-)erwerbstätig sind, da Vaterschaft nicht zu einer Reduzierung der Arbeitszeit von Männern führt. Im Gegenteil: Je mehr Kinder in der Familie sind, desto eher und länger arbeiten Väter (vgl. Engstler/Menning 2003 a: 114). Hierbei gibt es kaum Ost-West-Unterschiede. Trotz der neuen Elternzeitregelung sind Väter auch bei Kindern unter drei Jahren vollzeiterwerbstätig; nur ein knappes Zehntel reduziert seine Arbeitszeit, und nur 5 % der Väter nehmen Elternzeit in Anspruch (vgl. Bertelsmann 2002: 33). Ursache hierfür sind zu hohe Einkommensverluste, wenn sich Männer für die Elternzeit entscheiden, da Elternzeitbezüge keine Lohnersatzleistungen sind und Männer in der Regel mehr verdienen als Frauen. Väter versuchen vielmehr durch berufliche Anstrengungen die Einkommensdefizite der Familie zu kompensieren, die entstehen, wenn Mütter Elternzeit in Anspruch nehmen.

Hinzu kommt, dass Karrieremuster hohen beruflichen Einsatz gerade im Lebensjahrzehnt zwischen 30 und 40 erfordern, in dem aufgrund des gestiegenen Alters bei erster Elternschaft[12] Kleinkindbetreuung meist anfällt. Trotz weit verbreiteter egalitärer Wünsche zu Beginn der Partnerschaft folgt hieraus eine fortbestehende stabile Zuordnung von Care in einem umfassenden Sinn zu Frauen. Die Re-Traditionalisierung der elterlichen Arbeitsteilung mit der Geburt von Kindern hat für die Partnerschaftsqualität, die Beziehungs-

---

12 In Westdeutschland werden Frauen heute im Durchschnitt im Alter von 29 Jahren erstmals Mütter (vgl. Engstler/Menning 2003 a: 76), Männer mit 33 Jahren erstmals Väter (vgl. Tölke/Diewald 2003: 367).

stabilität und die Verfügbarkeit auch des Vaters für die Kinderbetreuung teilweise hohe Kosten (vgl. Fthenakis 2002). Dies widerspricht sowohl den Zielen der Geschlechtergerechtigkeit als auch den Vorstellungen von Kindeswohl (vgl. Kindler 2002). Es zeigt sich konsequenterweise, dass die derzeit realisierten Erwerbskonstellationen deutlich von der von Eltern gewünschten Aufteilung von Erwerbs- und Familienzeit abweichen (vgl. Tabelle 1.3).

Tabelle 1.3: Gewünschtes Erwerbsmuster in Paarhaushalten mit Kindern unter sechs Jahren (1998; in %)

Gewünschtes Erwerbsmuster	in %
Mann Vollzeit – Frau Vollzeit	32,0
Mann Vollzeit – Frau Teilzeit	42,9
Mann Vollzeit – Frau nicht erwerbstätig	5,7
Andere Konstellationen	19,4

Quelle: Bertelsmann (2002: 25 ff.)

Führt bereits heute die Diskrepanz zwischen faktischer elterlicher Erwerbstätigkeit und nicht ausreichenden öffentlichen Kinderbetreuungsmöglichkeiten zur Betreuungskrise, so erhöhen die gewünschten Erwerbsmuster der Eltern sowie der sich voraussichtlich ebenfalls verstärkende Bedarf der Wirtschaft an qualifizierten erwerbstätigen Frauen den Druck auf den Ausbau des öffentlichen Betreuungsangebots.

Zu differenzieren ist jedoch diese Notwendigkeit eines „Mehr" an Kinderbetreuungsplätzen im Hinblick auf das deutlich bevorzugte Erwerbsmuster von Eltern mit kleinen Kindern in Form des „Zuverdienerin-Modells" –, und zwar in West *und* Ost. Allerdings entspricht dabei Zuverdienst durch Teilzeitarbeit weder in der Realität noch als Wunsch der „klassischen" Halbtagstätigkeit. Der größte Anteil der aktiv erwerbstätigen Mütter mit Kindern unter drei Jahren in Westdeutschland arbeitete 2001 weniger als 20 Wochenstunden, der kleinste 21 bis 35 Wochenstunden, und ein knappes Drittel arbeitete 36 Wochenstunden und mehr. In Ostdeutschland war dies umgekehrt: Mehr als die Hälfte der erwerbstätigen Mütter arbeitete mehr als 36 Wochenstunden, der kleinste Teil weniger als 20 Wochenstunden und nur ein kleinerer Teil zwischen 21 und 35 Wochenstunden (vgl. BMFSFJ 2003: 18). Fragt man genauer nach den gewünschten Arbeitszeiten, so überwiegt als Zielvorstellung in Deutschland wie auch in den meisten anderen europäischen Ländern eine 30-Stunden-Woche (vgl. Bielenski/Bosch/Wagner 2002). Diejenigen mit mehr als 36 Wochenstunden möchten eher kürzer, diejenigen mit weniger als 20 Wochenstunden eher länger arbeiten (vgl. Baethge u. a. 2004).

1.2.2 Entgrenzte Erwerbsarbeit als neue Anforderung an flexiblere Kinderbetreuung

Zu den Bedarfen an mehr Kinderbetreuung tritt zusätzlich der Bedarf an flexibler Kinderbetreuung aufgrund einer den Eltern immer mehr Flexibilität abverlangenden Erwerbswelt. Vor allem die zeitliche und räumliche Dimension der Entgrenzung ist hier von Bedeutung (vgl. Jurczyk 2004). Der neue, zugespitzte Idealtypus des „Arbeitskraftunternehmers" (vgl. Voß/Pongratz 1998) beschreibt den tief greifenden Wandel der Erwerbswelt, bei dem der „verberuflichte" Arbeitnehmer, derjenige also, der sich in der Modernisierungsphase der Industrialisierung zum Leittypus entwickelt hat – mit klarem Bildungsverlauf, Berufsbild und Erwerbsstatus, mit festgelegten Arbeitszeiten, -orten und -aufgaben, mit einer kontinuierlichen Erwerbsbiographie, die im Risikofall sozial abgesichert ist –, seine dominante Bedeutung verliert. Mit fortschreitender Flexibilisierung (vgl. Sennett 1998) lösen sich diese Standardisierungen tendenziell auf. So genannte „Normalarbeitszeiten" existieren zwar weiter, aber ihre normative und faktische Bestimmungskraft wird deutlich relativiert. Versteht man unter „Normalarbeitszeit" eine Vollzeitbeschäftigung mit einer wöchentlichen Arbeitszeit zwischen 35 und 40 Stunden, die sich über fünf Tage verteilt, in der Lage nicht variiert und montags bis freitags tagsüber ausgeübt wird, so zeigt die repräsentative Arbeitszeitstudie des ISO-Instituts in Köln für das Jahr 1999, dass nur noch 15 % aller abhängig Beschäftigten in der Bundesrepublik solche „normalen" Arbeitszeiten haben (vgl. Groß/Munz 2000), – gegenüber immerhin noch 27 % vor ca. 15 Jahren (vgl. Groß/Prekuhl/Thoben 1987). Die anderen 85 % der ArbeitnehmerInnen leisten

- Schicht- und Nachtarbeit (18 %),
- Wochenendarbeit (Sonntagsarbeit 16 % und Samstagsarbeit 35 %),
- regelmäßige Überstunden (56 %),
- sind zu 20 % teilzeitbeschäftigt (davon 87 % Frauen),
- arbeiten zu 83 % in Gleitzeit
- und sind zu 37 % in verschiedenen Formen von Arbeitszeitkontenmodellen tätig.

Insbesondere Arbeitszeitkontenmodelle, die auch in Form von Blockfreizeiten und Sabbaticals genutzt werden können, nehmen zu (vgl. Groß/Munz 2000). Eine wichtige Entwicklungslinie ist darin zu sehen, dass selbst Formen hochflexibler Arbeitszeitkontingentierungen nicht mehr auf Führungspositionen beschränkt sind, sondern zunehmend auf Angestellte und Arbeiter ausgeweitet werden (vgl. Promberger u. a. 2002). Dabei besteht allgemeiner Konsens darüber (vgl. Baethge u. a. 2004: 60 ff.; Eberling u. a. 2004), dass diejenigen, die ihre Arbeitszeit weitgehend selbst bestimmen können (z. B. in so genannter „Vertrauensarbeitszeit"), länger arbeiten als zuvor. Mitbedacht werden muss die seit 1990 um ca. ein Drittel zunehmende Anzahl Selbständiger (vgl. Baethge u. a. 2004: 53), die in besonderem Ausmaß zeitlich extensiv und flexibel arbeiten.

Auch die Teilzeitarbeit von Müttern, die lange, zumindest in Westdeutschland, nachgerade als Garantie für die Vereinbarkeit von Beruf und Kinderbetreuung galt, hat eine andere Gestalt bekommen: Immer weniger entspricht sie dem Bild der typischen Vormittagstätigkeit, die es ermöglicht, neben dem Beruf noch die Bring- und Holdienste hinsichtlich der Kinder zu übernehmen und zu Mittag zu kochen. Teilzeiterwerbstätige Mütter arbeiten oft über den Mittag hinaus, am Nachmittag und auch am Abend (vgl. Eberling u. a. 2004; Stöbe-Blossey 2004). Dabei müssen ihre Arbeitszeiten zunehmend an dem nur begrenzt vorab kalkulierbaren Bedarf des Arbeitgebers ausgerichtet werden.

Infolgedessen verflüchtigen sich die zeitlichen Trennlinien zwischen beruflichem und familialem Bereich. Arbeitszeiten geben immer weniger klare Strukturen für die Alltagsorganisation von Berufs- und Privatleben vor. Grundsätzlich steht zunehmend zur Disposition, wann, wie lange, in welchem Rhythmus und Tempo gearbeitet wird. Das betrifft nicht nur Beginn und Ende der täglichen Arbeit sowie die zeitliche Feinstruktur der Arbeit, sondern greift immer mehr auch auf Woche, Monat und Jahr sowie auf die Rhythmisierung des Arbeitslebens insgesamt über. Zeitliche Ordnungen wie Feierabend und Wochenende, Jahresurlaub, Lebensarbeitszeiten verlieren ebenso an Verbindlichkeit als Taktgeber für die Beschäftigten und ihre Familien wie die bislang getrennten Phasen von Berufsausbildung und Berufsausübung. Hinzu kommt, dass Erwerbstätige zunehmend unterwegs sind, beispielsweise bedingt durch Außendienstarbeit, dass die Wege zwischen Wohn- und Arbeitsort länger werden und Pendelmobilität zunimmt (vgl. Kramer 2004).

War die Vereinbarkeit von Beruf und Familie schon unter den Bedingungen des Normalarbeitsverhältnisses kompliziert, so wird sie unter den Bedingungen der sich flexibilisierenden Erwerbswelt zum prekären Balanceakt. Eine von den Eltern mitbestimmbare zeitliche und räumliche Flexibilität der Arbeitswelt kann zwar Vereinbarkeit erleichtern und ist insofern auch von ihnen gewünscht; aufgenötigte und nicht gestaltbare Flexibilität ist jedoch eine Belastung. Auf jeden Fall aber sind die Systeme der Kinderbetreuung in ganz neuer Weise gefordert, auf die sich ausbreitende zeitliche Flexibilität und räumliche Mobilität der Eltern zu reagieren. Tagespflege eröffnet im Vergleich zum bislang überwiegend starren und enger limitierten Betreuungsangebot in Institutionen potentiell die Chance, in Abstimmung mit den Tagespflegepersonen hierfür passendere, auf die Bedarfe der Eltern zugeschnittene, flexibilisierte Formen der Betreuung zu bieten. Ob dies in befriedigender Weise gelingen kann, hängt allerdings von etlichen Rahmenbedingungen ab, die durch eine Weiterentwicklung der Tagespflege zu gewährleisten wären.

1.2.3 Sinkende Kinderzahlen als Anlass für ein verbessertes System der Kinderbetreuung

Die Tagespflege als Teil eines verbesserten Systems der Kinderbetreuung ist auch im Kontext sinkender Geburtenraten zu betrachten, die in engem Zusammenhang mit der Müttererwerbstätigkeit stehen. Es kann als Konsens der international vergleichenden Forschung angesehen werden, dass eine verbesserte Balance von Beruf und Familie als notwendige, wenn auch nicht als hinreichende Voraussetzung für die Erhöhung der Geburtenrate anzusehen ist (vgl. Spieß 2003). An dieser Stelle können sich die Interessen der Wirtschaft an einer verstärkten Nutzung des qualifizierten weiblichen Arbeitskräftepo-

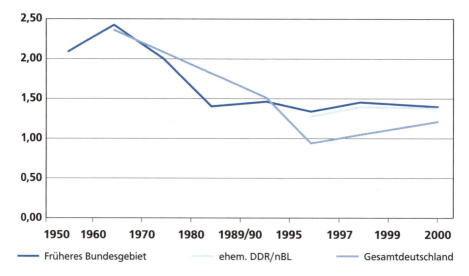

Abbildung 1.2: Zusammengefasste Geburtenziffer je Frau der 15- bis 44-jährigen Frauen

Quelle: Engstler/Menning (2003a: 71), eigene Darstellung

tentials mit denen der Gesellschaft an einer hinreichenden Zahl von Kindern, der Bildungssysteme an guter Qualität auch in der frühen Kindheit sowie denen der Mütter und Väter an Geschlechtergerechtigkeit treffen.

Gegenwärtig ist davon auszugehen, dass die Anzahl der Kinder und der relative Anteil der nachwachsenden Generation an der Gesamtbevölkerung auch in den nächsten Jahrzehnten weiter schrumpfen werden.[13] Diese Entwicklung hängt mit demographischen Faktoren wie einer niedrigen Fertilitätsrate, steigender Lebenserwartung und dem Mobilitätsverhalten zusammen. So hat etwa die Anzahl der Geburten pro Frau bereits seit einigen Jahrzehnten den

---

13 Vgl. zu den folgenden Ausführungen Olk (2004).

Wert unterschritten, der erforderlich wäre, um die Bevölkerung durch die nachwachsende Generation in ihrer Struktur zu erhalten (vgl. Abb. 1.2).

Die Geburtenrate pro Frau liegt in Deutschland bereits seit einigen Jahrzehnten bei 1,4 Kindern.[14] Mit dieser Geburtenrate liegt Deutschland im Vergleich zu anderen Industrieländern im unteren Drittel; geringere Fertilitätsraten haben nur noch Österreich, die Russische Föderation und Italien (vgl. Bertelsmann 2002; Sleebos 2003). Steigende Lebenserwartung und niedrige Geburtenraten haben bereits in der Vergangenheit dazu geführt, dass der Anteil der Kinder an der Gesamtbevölkerung in der Zeitspanne von 1950 bis 2001 von 27,8 % auf 18,7 % abgenommen hat. Demgegenüber ist der Anteil der über 65-Jährigen im gleichen Zeitraum von 9,5 % auf 17,1 % gestiegen. Diese Entwicklung wird sich in den kommenden Jahrzehnten verstärkt fortsetzen. Bevölkerungsprognosen gehen davon aus, dass der Anteil der Kinder von derzeit 18,7 % (2001) innerhalb der kommenden 50 Jahre auf ca. 14,4 % im Jahr 2050 fallen wird (vgl. Deutscher Bundestag 2002).[15]

Obwohl die Relation zwischen Geburten- und Sterberaten bereits seit den 1970er Jahren kontinuierlich negativ ausfällt[16], ist die hiermit angesprochene Entwicklung bislang durch die geburtenstarken Jahrgänge sowie durch eine bis in die 1990er Jahre anhaltend hohe Zuwanderung verdeckt worden. Da diese Bedingungen in Zukunft voraussichtlich nicht gelten werden, wird die Bevölkerung insgesamt zunächst langsam, dann aber ab 2020 beschleunigt schrumpfen, wobei der Rückgang der Bevölkerung im erwerbstätigen Alter bereits früher einsetzen und noch gravierender verlaufen wird (vgl. Fuchs/ Thon 1999).

Hinter diesen Entwicklungen verbergen sich strukturelle Veränderungen im Geburtengeschehen. So ging der säkulare Geburtenrückgang in der ersten Hälfte des 20. Jahrhunderts hauptsächlich auf eine Reduzierung der Anzahl der geborenen Kinder pro Paar zurück, während der Anteil der verheirateten Paare sogar noch leicht zunahm. Bei den nach 1950 Geborenen ist dagegen ein deutlicher Rückgang der Heiratshäufigkeit, verbunden mit einer gravierenden Zunahme des Anteils der lebenslang kinderlos bleibenden Frauen, zu beobachten. Betrug der Anteil der lebenslang kinderlos gebliebenen Frauen bei den Geburtsjahrgängen der 1930er Jahre 10 %, so lag er beim Geburtsjahrgang 1950 bereits bei 16 % und stieg bis zum Geburtsjahrgang 1970 so-

---

14 Zur Reproduktion der Bevölkerung in der gegebenen Struktur durch nachwachsende Generationen wäre eine Geburtenrate von ca. 2,1 Kindern pro Frau erforderlich. Die tatsächliche Geburtenrate führt also dazu, dass – lässt man die Zuwanderung außer Acht – jede nachfolgende Generation um ca. ein Drittel kleiner ausfällt als die vorhergehende.
15 Berichtet werden hier die Zahlenangaben aus der Variante 2 der Bevölkerungsprognose. Diese Prognose geht von konstant 1.400 Kindern je 1.000 Frauen aus. Die Lebenserwartung Neugeborener des Jahres 2050 wird für Jungen mit 78,1 und für Mädchen mit 84,5 Jahren angesetzt.
16 Wegen des Geburtenrückgangs ergab sich im Jahre 1972 erstmals in Friedenszeiten ein Überschuss der Sterbefälle gegenüber den Geburten (vgl. Schwarz 1993).

gar auf prognostizierte 33 % an (vgl. Birg/Flöthmann 1993; Dorbritz/Schwarz 1996). Der Anteil der kinderlos Bleibenden fällt bei den hoch qualifizierten Frauen überdurchschnittlich hoch aus. So werden etwa von den zwischen 1962 und 1966 in Westdeutschland geborenen Frauen mit einem Hochschul- oder Fachhochschulabschluss 42 % ihr Leben lang kinderlos bleiben, während dieser Anteil für alle Frauen dieser Gruppe bei 28 % liegt (vgl. Grünheid 2003).[17]

Dass sich hinter dieser Entwicklung komplexe Prozesse des Abwägens und der biographischen Entscheidungsfindung verbergen, belegen Studien zu den Kinderwünschen jüngerer Menschen. Folgt man den Ergebnissen empirischer Befragungen, so wünscht sich eine große Mehrheit junger Menschen unter 30 Jahren in Deutschland nach wie vor zwei und mehr Kinder (vgl. Brähler/ Stöbel-Richter 2002). Dieser Sachverhalt lässt darauf schließen, dass es sich in vielen Fällen um Prozesse des Aufschiebens des Kinderwunsches handelt, die dann später in „gewollte" Kinderlosigkeit münden. Offensichtlich hat sich in Deutschland eine wachsende Diskrepanz zwischen subjektiven Wünschen nach einem Zusammenleben mit Kindern einerseits und den hierfür als notwendig gesehenen wirtschaftlichen, politischen und sozialen Realisierungsbedingungen andererseits herausgebildet.

Neben Regelungen wie etwa der gemeinschaftlichen steuerlichen Veranlagung der Ehepartner im Ehegattensplitting, der Mitversicherung von Familienangehörigen in der Kranken- und Pflegeversicherung wirken vor allem die enormen Defizite im öffentlich verantworteten System der Kindererziehung und -betreuung als stark ausgeprägte negative Anreize zu einer Ausweitung mütterlicher Erwerbstätigkeit (vgl. Dingeldey 2002). Umgekehrt bedeutet dies bis heute, dass diejenigen Mütter, die sich gegen diese Anreizwirkungen für eine Kombination von Kindererziehung und Erwerbstätigkeit entscheiden, eine Vielzahl alltagspraktischer und finanzieller Widrigkeiten auf sich nehmen müssen, um ein solches Familienmodell leben zu können.

Nachdem in der Familienpolitik auch unter der Maßgabe eines Anreizsystems zur Geburtenförderung[18] lange Geldleistungen dominierten, rücken nun, wie in anderen europäischen Ländern auch, Infrastrukturmaßnahmen und dabei familienbezogene Dienstleistungen in den Mittelpunkt. Die Devise „Dienste statt Geld" markiert einen Schwerpunktwechsel der Politik (vgl. auch Elfter Kinder- und Jugendbericht 2001), was zu einer neuen Aufmerksamkeit für die spezifischen Potentiale der Vertrauensdienstleistung Tagespflege führt.

---

17 In Ostdeutschland ist diese Differenz deutlich weniger ausgeprägt; allerdings zeigen die Prognosen, dass auch in den neuen Bundesländern eine entsprechende Entwicklung wie im übrigen Bundesgebiet in Gang kommt (vgl. Grünheid 2003).
18 Solche Anreizsysteme wurden allerdings in der Tradition eines bevölkerungspolitisch sensibilisierten Nachkriegsdeutschlands immer zurückhaltend und ambivalent thematisiert.

1.2.4 Frühkindliche Förderung als Herausforderung für den Ausbau der Kinderbetreuung

Bedarfe für den Ausbau einer qualifizierten Betreuung kleiner Kinder ergeben sich jedoch aus ganz unterschiedlichen Gründen: Neben den oben genannten, eher indirekten Motiven wie dem Rückgang der Kinderzahlen, steigender Müttererwerbstätigkeit und flexibler Erwerbsarbeit gibt es ein Motiv, das direkt die Kinder zum Bezugspunkt nimmt: ihr Anspruch auf gute Bildung und Förderung. Deshalb liegt ein weiterer Motor für die Weiterentwicklung der Tagespflege in der neu bzw. wieder entdeckten Bedeutung der frühkindlichen Förderung. Mit diesem Zugang zu Kinderbetreuung zeichnet sich ein entscheidender Wandel von der zuvor für (West-)Deutschland typischen einseitigen Familienzentrierung ab. Denn Kinderkrippen und Tagespflege wurden hier noch bis vor kurzem unter ideologischen Gesichtspunkten gegenüber einer Erziehung in der eigenen Familie tendenziell eher als „Notfalleinrichtung" denn als Bereicherung eingestuft, woraus sich die für diese Altersgruppe typischen unterentwickelten Versorgungsquoten ableiten. In der ehemaligen DDR gab es im Vergleich hierzu zwar ein ausgebautes System öffentlicher Kinderbetreuung; Gründe hierfür waren jedoch weniger das Recht von Kindern auf optimale Entwicklung, sondern die hohe Müttererwerbstätigkeit zum einen und die Interessen des Staates an konformer sozialistischer Erziehung zum andern.

In den vergangenen Jahren wurde in nationalen und internationalen Untersuchungen die Bedeutung frühkindlicher Bildung für eine optimale Entwicklung von Kindern betont (vgl. BMFSFJ 2003; NICHD 2003 a; Rauschenbach u. a. 2004; Tietze 2004). Dabei wurden auch die lang anhaltenden und kaum modifizierbaren Effekte der Prägungen durch die Bedingungen des Aufwachsens „von Anfang an" deutlich, insbesondere auch unter dem Aspekt der Perpetuierung sozial ungleicher Chancen für die Entwicklung unterschiedlicher kognitiver Kompetenzen (vgl. Baumert u. a. 2001), die eng verbunden sind mit Kompetenzen der Lebensbewältigung. Unter dem gesellschaftlichen Aspekt der Notwendigkeit qualitativ und quantitativ ausreichenden „Humankapitals" als Wettbewerbsfaktor im Zeitalter der Globalisierung muss Bildung zudem als entscheidende Investition in die Zukunft einer Gesellschaft gesehen werden.

Aus diesen Ergebnissen folgt, dass allgemein Betreuung von Kindern und insbesondere von kleinen Kindern nicht auf den Aspekt der Aufbewahrung reduziert werden darf und dass dabei im Speziellen die Qualität der unterschiedlichen Lernorte in den Blick genommen werden muss. Angestrebt werden muss nicht eine riskante Aufbewahrung oder eine zufällige Qualität der Betreuungsform, sondern eine systematische zukunfts- und PISA-fähige Qualität von Betreuung, Bildung und Erziehung. Dies gilt für Familie, öffentliche Einrichtungen und Tagespflege gleichermaßen und markiert damit für alle drei

Orte hinsichtlich Qualitätssicherung und -feststellung erheblichen Entwicklungsbedarf. Ein wichtiger neuer Impuls für den bundesrepublikanischen familienpolitischen Diskurs ist, dass damit auch die Risiken und die strukturell gegebenen Grenzen einer auf die Kernfamilie beschränkten Erziehung und Betreuung von Kindern unter nichtideologischen Gesichtspunkten betrachtet werden können.

Erwartungen an die spezifischen Potentiale der Tagespflege richten sich dementsprechend insbesondere auf eine einerseits familienähnliche Betreuungskonstellation, die Kindern einen altersgemäßen Alltag in kleinen Gruppen, mit hinreichend Zeit und individueller Zuwendung prinzipiell ermöglicht, dabei aber über das eigene familiale Umfeld der Kinder hinausgeht. Diese positiven Erwartungen werden jedoch andererseits dadurch konterkariert, dass die gegenwärtig vorherrschenden Rahmenbedingungen der Tagespflege die Gewährleistung insbesondere ihrer pädagogischen Qualität nicht sicherstellen. Es ist deshalb zu diskutieren, inwieweit es möglich ist, Vorteile dieser spezifischen Betreuungsform zu nutzen und ihre Mängel so weit wie möglich zu beheben.

1.2.5 Knappe Kassen als Anlass für den Ausbau der Tagespflege

Derzeit steht die Familienpolitik in einem besonderen Dilemma: Einerseits wird sie durch Maßnahmen und Vorhaben der Regierung aufgewertet; sie ist ein zentrales Thema der politischen „Agenda 2010" der Bundesregierung. Andererseits lastet auf allen öffentlichen Haushalten ein stärkerer Sparzwang als noch vor einigen Jahren. Bund, Länder und Kommunen ringen derzeit um angemessene Lösungen. Das föderale System der Bundesrepublik Deutschland mit der Zuständigkeit der Länder für Bildungs- und Schulpolitik und der Kommunen für die Ausgestaltung der örtlichen Kinderbetreuung verkompliziert die Situation erheblich, wenngleich es bei den unterschiedlichen Akteuren einen Konsens über die Notwendigkeit der politischen Förderung und der Unterstützung der Gebiete „Familie" und „Bildung" gibt.

Nicht zuletzt mit der Weiterentwicklung der Tagespflege wird die Hoffnung verbunden – dies zeigen auch die aktuellen Aktivitäten der im Bundestag vertretenen Parteien –, die öffentliche Kinderbetreuung ausbauen zu können, jedoch kostengünstiger als mit den herkömmlichen institutionellen Angeboten der Kinderkrippe oder der altersgemischten Gruppe. Dies macht jedoch Tagespflege zur Ersatzlösung, wobei übersehen wird, dass Tagespflege für die Eltern in der Regel ohnehin die teurere Betreuungsform ist und auch auf die Kommunen bei einem Ausbau erhebliche Mehrkosten zukommen.

Diese problematische Sichtweise resultiert aus mehreren Aspekten der gegenwärtigen, relativ unübersichtlichen Situation der Tagespflege:

- Tagesmütter arbeiten bis heute zu einem sehr geringen Stundensatz;
- sie sichern sich eigenständig bzw. über ihren Ehemann ab;
- ihrer Tätigkeit geht keine aufwendige Qualifizierung voraus;
- sie nehmen kaum fachliche Beratung und Begleitung in Anspruch;
- es bedarf keiner Investitionen in Arbeitsplatz und Raumausstattung.

Es ist allerdings mehr als fraglich, ob der allenthalben konstatierte vermehrte Betreuungs- und Bildungsbedarf tatsächlich zu diesen Konditionen in ausreichendem Maß und entsprechender Qualität zu haben sein wird. Aus fachlicher Sicht ist eindeutig zu konstatieren, dass die Ausbauziele nur erreichbar sind durch eine verbesserte Finanzausstattung und vermehrten ökonomischen Mitteleinsatz. Betrachtet man Tagespflege als gleichwertiges Segment eines Gesamtsystems der Kinderbetreuung, so erfordert dies auch eine Finanzierung in ähnlichen Größenordnungen wie beim institutionellen Angebot bei vergleichbarer finanzieller Entlastung der Familien (vgl. BMFSFJ 2003). Deshalb ist parallel nach neuen Finanzierungsmodi für Tagespflege zu suchen.

1.3 Tagespflege als Segment im gegenwärtigen Betreuungsmix

Es ist deutlich geworden, dass ein quantitativer und qualitativer Ausbau der Kinderbetreuung für unter Dreijährige aufgrund unterschiedlicher gesellschaftlicher Impulse mehr als notwendig ist. Die Tagespflege kann aufgrund ihres spezifischen Profils als bezahlte Kinderbetreuung im Privathaushalt hierzu einen wichtigen Beitrag leisten. Dafür müssen jedoch die Besonderheiten, Stärken und Schwächen dieser Betreuungsform im Kontext weiterer Betreuungsformen unter gegenwärtigen Bedingungen näher beleuchtet werden. Hieraus ergeben sich entscheidende Anregungen für ihre Weiterentwicklung.

1.3.1 Betreuungsmix: die Vielfalt der Kinderbetreuung der unter Dreijährigen

Die Tagespflege ist ein Segment im Betreuungsmix bezüglich kleiner Kinder, das in seiner Größenordnung mit gegenwärtig schätzungsweise 1 bis 3 % – je nachdem, wie die Berechnungen vorgenommen werden – zumindest zeitweilig betreuter Kinder nicht allzu weit entfernt sein dürfte von der institutionellen Betreuung in Tageseinrichtungen (vgl. Kap. 4). Dies gilt zumindest für die alten Bundesländer. In den neuen Bundesländern dürfte der Anteil der Kinder in Tagespflege angesichts einer relativ bedarfsdeckenden institutionellen Betreuung niedriger liegen. Im Hinblick auf alle Zahlenangaben ist jedoch angesichts der gegenwärtig äußerst mangelhaften Forschungslage große Vorsicht geboten.

Tagespflege befindet sich in einer wenig transparenten und fließenden Übergangszone zwischen privater und öffentlicher Kinderbetreuung (vgl. Abschnitt 1.3.2). Sie hat derzeit vor allem diffuse Schnittmengen mit informellen oder erweiterten Betreuungsnetzwerken wie etwa Initiativen, teilweise aber auch mit öffentlich regulierter Betreuung (vgl. Kap. 2). Als weitere Segmente der Kinderbetreuung in Deutschland stellen – angesichts einer Unterdeckung des Bedarfs durch Kindertageseinrichtungen – neben der Betreuung durch die Eltern (d.h. fast immer die Mutter) verwandtschaftliche und andere Netzwerke entscheidende Ressourcen dar. Ordnet man Tagespflege in ihren zudem durchaus heterogenen Formen (vgl. Kap. 2) ein in das Gesamtsetting öffentlicher und privater Bildung, Erziehung und Betreuung von Kindern, so lässt sie sich in einer nur teilweise regulierten Übergangszone zwischen privater und öffentlicher Betreuung positionieren (vgl. Abb. 1.3).

Abbildung 1.3: Formen der Betreuung von unter Dreijährigen

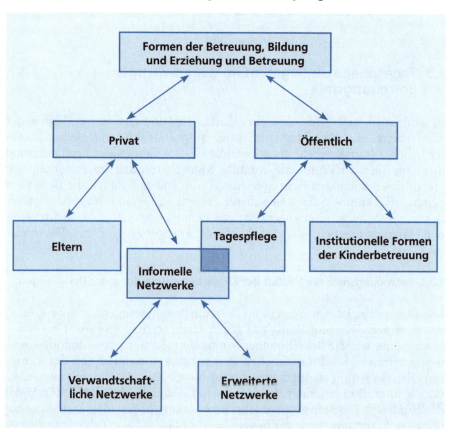

Betreuung durch die Eltern (Mütter)

Die quantitativ deutlich überwiegende Form der Betreuung der unter Dreijährigen durch ihre Mütter hängt zum einen mit der staatlichen Regelung der Elternzeit zusammen, die Eltern bzw. ein Elternteil für die Betreuung ihrer Kinder im Falle vorhergehender Erwerbstätigkeit für bis zu drei Jahre „beurlaubt". Genutzt wurde diese Regelung unmittelbar in den ersten sechs Monaten nach der Geburt eines Kindes im Jahr 2000 von 93 % der Eltern (West 92 %, Ost 100 %): Zumindest ein Elternteil (zu 95 % die Mutter) war ganztags bzw. zeitweilig[19] mit dem Kind zu Hause (vgl. Engstler/Menning 2003 a: 115). Die Zahl der Eltern, die ihre Kinder auch nach diesen sechs Monaten ausschließlich selber betreuen, verringert sich jedoch sukzessive. Ostdeutsche Mütter kehren dabei schneller und häufiger ins Erwerbsleben zurück als westdeutsche. Ist das Kind ein Jahr alt, so befindet sich noch rund die Hälfte der westdeutschen und nur mehr ein gutes Drittel der ostdeutschen Mütter in Elternzeit (vgl. ebd.: 117). Insgesamt sind 19 % der westdeutschen und 12 % der ostdeutschen Frauen mit einem jüngsten Kind unter drei Jahren im Haushalt im Jahr 2000 in Elternzeit beurlaubt (vgl. ebd.: 111)[20].

Zum andern wird aber ein weiterer, auffallend großer Teil der unter Dreijährigen von Müttern betreut, die generell nicht erwerbstätig sind: 50 % der Mütter in Westdeutschland sind „Hausfrauen" zuzüglich 3 % Erwerbsloser, in Ostdeutschland sind dies 35 % „Hausfrauen" zuzüglich 13 % Erwerbsloser (vgl. ebd.). Dies bedeutet, dass für ungefähr die Hälfte der Kinder in Ost- und Westdeutschland zumindest zeitlich die Betreuung durch die eigenen Mütter faktisch abgedeckt ist. Ob dies insgesamt mit den Bedarfen von Kindern und Müttern übereinstimmt, ist eine andere Frage.

Betreuung in Tageseinrichtungen

Für 8,5 % der unter Dreijährigen stand bundesweit Ende 2002 ein Platz in einer Kindertageseinrichtung (Krippe oder altersgemischte Einrichtung) zur Verfügung[21], davon für 2,7 % der Kinder in Westdeutschland und immerhin 37 % der Kinder in Ostdeutschland (vgl. Statistisches Bundesamt 2004: 99); dabei gibt es auch zu beachtende Unterschiede zwischen den einzelnen Bundesländern.[22] Bei diesen Plätzen handelte es sich in Westdeutschland zu 72 %

---

19 Gestattet ist parallel zur Elternzeit eine Teilzeitarbeit bis 30 Wochenstunden. Realisiert wird diese Option jedoch nur von 5,8 % während des Bezugs von Erziehungsgeld, d. h. in den ersten zwei Jahren (vgl. Engstler/Menning 2003: 116).
20 Der Anteil derjenigen Mütter, die nicht mehr als zehn Stunden wöchentlich erwerbstätig sind, lässt sich aus den relativ groben Zahlen der Datengrundlage nicht rückschließen.
21 Dabei ist die Platz-Kind-Relation („Versorgungsquote") von der faktischen Nutzung („Besuchsquote") zu unterscheiden, da es sowohl Unterausnutzungen als auch „Doppelbuchungen" von Plätzen gibt.
22 So beträgt etwa das Platzangebot in den alten Bundesländern für die unter Dreijährigen in Stadtstaaten Hamburg und Bremen 13,1 % bzw. 10 %, in Hessen immerhin 3,7 %, in Nordrhein-Westfalen, Bayern und Baden-Württemberg jedoch lediglich 2,0 %, 2,1 % bzw. 2,3 %.

und in Ostdeutschland zu 98% um Ganztagsplätze. Dennoch sind die Öffnungszeiten[23] der entsprechenden Einrichtungen nicht so organisiert, dass sie die faktischen elterlichen Abwesenheiten aufgrund von Erwerbsarbeit, deren Flexibilisierung sowie der damit zusammenhängenden Wegezeiten automatisch abdecken. Ein Problem stellt sich damit insbesondere für die 10% vollzeiterwerbstätigen Mütter mit Kindern unter drei Jahren.

Eine besondere, zahlenmäßig jedoch kaum ins Gewicht fallende Variante der institutionellen Betreuung, die die elterliche Arbeitszeit stärker berücksichtigen kann, sind dabei die Tageseinrichtungen für Kinder von Betriebsangehörigen (vgl. dazu auch Hagemann/Kreß/Seehausen 1999). Diese Variante findet sich meist nur in Großbetrieben; dort werden dann allerdings bisweilen Öffnungszeiten an 365 Tagen im Jahr von 6 bis 22 Uhr täglich angeboten. Die amtliche Einrichtungsstatistik für das Jahr 2002 weist von bundesweit insgesamt 272 „Tageseinrichtungen für Kinder von Betriebsangehörigen" lediglich 46 aus, die von Wirtschaftsunternehmen betrieben werden (vgl. Statistisches Bundesamt 2004: 8).

Verwandtschaftliche, erweiterte und informelle Betreuungsnetzwerke

Diese öffentlichen Angebote kompensieren bei weitem nicht die bestehenden Betreuungslücken; sie werden deshalb durch verwandtschaftliche, erweiterte und informelle Betreuungsnetzwerke ergänzt.[24] Ein knappes Drittel der Kinder unter drei Jahren wird von Verwandten betreut (vgl. Büchel/Spieß 2002); am wichtigsten sind hier die Großeltern, vor allem die Großmütter.[25] Möglich wird dies dadurch, dass Familienmitglieder relativ nah beieinander wohnen (vgl. Lange/Lauterbach 1998). Allerdings gibt es keine Daten darüber, ob die Kinder sich im großelterlichen oder im elterlichen Haushalt aufhalten. Die Dichte des verwandtschaftlichen Netzes variiert erheblich nach Größe

23 Auch in dieser Hinsicht gibt es eine große regionale Bandbreite bei den Regelangeboten sowie zahlreichen, aber vereinzelten innovativen Modellen (vgl. DJI 2002a sowie Kap. 9).
24 Insbesondere bei kleineren Kindern zeigt sich ein eklatanter Mangel an Untersuchungen, die den Tagesverlauf der Kinder genauer verfolgen. Man hat deshalb nur Informationen über Betreuungssegmente, aber nicht für die Gesamtheit des Betreuungsmix und die Vielfalt von Betreuungswechseln. Eine Ausnahme ist die frühe „Münsteraner Betreuungsstudie" (vgl. Tietze/Roßbach 1991), die bereits in der zweiten Hälfte der 80er Jahre erstellt wurde. Auch die neue Zeitbudgetstudie des Statistischen Bundesamtes beginnt eine differenzierte Erfassung erst für Kinder ab zehn Jahren, das Kinderpanel des DJI für Kinder ab fünf Jahren. Fendrich/Schilling (2004) haben für die in der Zeitbudgetstudie erfassten Kinder eine aktuelle Auswertung bezüglich informeller Betreuungssettings vorgenommen.
25 Dies belegt die Annahme, dass die Stärke familialer Beziehungen auch zwischen den Familienmitgliedern, die nicht in einem Haushalt wohnen, relevant für den kindlichen Alltag ist und deshalb eine haushaltsorientierte Definition von Familie zu kurz greift (vgl. vor allem Familiensurvey DJI; Bien 1994). Familie ist zu verstehen als ein Netzwerk, das aus der Kernfamilie mit gemeinsamem Haushalt sowie aus den an anderen Orten und in anderen Haushalten wohnenden Verwandten besteht. Auch eine andere Studie zeigt, dass
– zu 6,9% zwei verschiedene Familienhaushalte unter einem Dach wohnen,
– 20% der Familienhaushalte in einer nachbarschaftlich-räumlichen Distanz leben und
– 30 bis 40% der Verwandtschaft sich im Umfeld von ca. einer Autofahrstunde befinden (vgl. Fuchs 2003).

der Wohngemeinde (vgl. Fuchs 2003: 93). Auch ältere Geschwister, so vorhanden, und andere Verwandte übernehmen Kinderbetreuung, allerdings in zeitlich geringem Umfang.

Daneben gibt es Graubereiche privat und informell organisierter Kinderbetreuung, die sich in ihrem Umfang und Ort nur schwer quantitativ schätzen lassen, tendenziell aber eher von kürzerer Dauer sind und vor allem Randzeiten abdecken. So werden kleine Kinder im Rahmen von Familienselbsthilfeinitiativen, Nachbarschaftshilfen sowie Au-pairs und so genannten „Kindermädchen" betreut, die oft als halblegale Migrantinnen in den Familien „schwarz" arbeiten.

Tabelle 1.4: Betreuung von Kindern unter drei Jahren (Familiensurvey DJI 2000)

	Betreuungsquote der unter Dreijährigen in %	Durchschnittliche Dauer der Betreuung in Stunden pro Woche	%-Anteil der zusätzlich in Einrichtungen betreuten Kinder
Betreuung durch ...			
ältere Schwester	1,1	16,0	–
älteren Bruder	1,0	8,8	–
Großmutter	24,4	10,3	10
Großvater	9,7	9,9	13
andere Verwandte	4,6	14,5	10
Tagespflege durch ...			
Tagesmutter	3,0	14,2	15
andere nicht-verwandte Personen	2,5	18,0	5
Keine weitere Betreuungsperson	67,7	–	5
Institutionelle Betreuung	7,0	27,3	–

Quelle: DJI (2002: 159), Übersicht 62 (nur für 0- bis 3-jährige Kinder)[26]

1.3.2 Besonderheiten der Tagespflege heute: Kurzbeschreibung[27]

Tagespflege ist vor allem in Städten und größeren Gemeinden verbreitet; in Ostdeutschland gibt es sie aufgrund des hohen Versorgungsgrades mit Krippen deutlich seltener; eine Ausnahme bildet allerdings Mecklenburg-Vorpommern (vgl. DJI 2002: 154).

Die Tagespflege bewegt sich zwischen privater und öffentlicher Kinderbetreuung. Schätzungen besagen, dass sie nur zu einem geringen Anteil (ca. 1/4) öffentlich organisiert und reguliert ist, während sich der deutlich größere Teil (3/4) mit den informellen und halbprivaten Netzwerken überschneidet (vgl.

---

26 Mehrfachnennungen waren möglich. Die Angaben zur Tagespflege können vermutlich als relativ hoch gerechnet gelten. Zudem stellt die Kategorie Tagespflege aufgrund anderer nicht-verwandter Personen (mit weiteren 2,5 %) eine Unschärfe dar. Aktuelle Angaben finden sich bei Fendrich/Schilling (2004) auf der Basis der Daten der Zweiten Zeitbudgetstudie.
27 Genauere Ausführungen finden sich in den folgenden Kapiteln des Gutachtens.

ebd.: 151 ff.).[28] Dies ist im Wesentlichen darauf zurückzuführen, dass seit der Neuregelung des § 44 des Kinder- und Jugendhilfegesetzes Anfang der 90er Jahre eine Pflegeerlaubnis durch das Jugendamt erst ab dem vierten Kind notwendig ist.

Das deutlich größere informelle, privat regulierte und arrangierte Segment der Tagespflege unterliegt deshalb nur wenigen äußeren Vorgaben, ihre Einhaltung ist kaum überprüfbar. Der problematische Sonderstatus der Tagespflege bedeutet auch, dass es bislang weder verbindliche Kriterien für die Eignung von Tagesmüttern und nur z. T. formalisierte Formen der Vermittlung und der Vertretung gibt. Nach wie vor dienen oft persönliche, zufällige Kontakte als Quellen zur Rekrutierung von informellen Betreuungspersonen; eine Qualifizierung von Tagespflegepersonen ist nicht verpflichtend (vgl. Kap. 6). Damit ist die Qualität der Betreuung von Tagespflegekindern keinesfalls gesichert, was sowohl für Eltern als auch für Kinder ein Problem darstellt.

Dies gilt umso mehr, je mehr Bildung und Förderung anstelle einer bloßen Betreuung im Vordergrund einer verbesserten Kinderbetreuung stehen soll. Auch für die Tagesmütter selbst ist der Zwischenstatus der Tagespflege zwiespältig: Sie erhalten zwar ein Entgelt, das sich jedoch mit durchschnittlich 3 Euro (bei einer Spannbreite von 1,90 bis 4 Euro) pro Stunde im Niedrigstlohnsektor bewegt (vgl. Kap. 10). Andererseits finden sie auf diese Weise häufig einen Kompromiss zwischen einer regulierten erwerbsförmigen und einer selbständigen Tätigkeit, die gewisse Freiräume lässt. Für einen erheblichen Teil der Tagesmütter stellt Tagespflege eine erste Stufe des Wiedereinstiegs in formalisierte Erwerbsarbeit nach bzw. während der Erziehungszeit eigener Kinder dar; bisweilen ist sie auch ein Betätigungsfeld für arbeitslos gewordene Kinderpflegerinnen und Erzieherinnen.

Dieser problematische, zwiefältige Sonderstatus der Tagespflege verknüpft sich unter den gegebenen Bedingungen dennoch mit einer Attraktivität der Tagespflege als besonderer Betreuungsform, die für Eltern, Kinder und Tagespflegepersonen jeweils unterschiedliche Gründe hat. Sie ist eine familiennahe und familienähnliche Betreuungsform, in der ein oder mehrere Kinder von einer Tagesmutter, oft gemeinsam mit deren eigenen Kindern, regelmäßig betreut werden. Diese Betreuung findet im Privathaushalt der betreuenden Frau („Tagesmutter") oder im Familienhaushalt des Kindes (so genannte „Kinderfrau")[29] oder aber – in seltenen Fällen – in angemieteten Räumen (so genannte „Tagesgroßpflege") statt[30] (vgl. Kap. 2). Die Anbindung der Tagespflege an einen Privathaushalt und der oft informelle Status der Tagesmüt-

---

28 Die öffentliche Organisation verläuft über die Jugendämter, Tagespflege ist im SGB VIII geregelt.
29 Der Begriff „Kinderfrau" ist als diskriminierend abzulehnen. Es wird vorgeschlagen, dass an seine Stelle der Begriff „Kinderbetreuerin" bzw. „Kinderbetreuer" tritt.
30 Tagesgroßpflege wird an einigen Orten jedoch auch als Tagespflege ab vier Kindern im Haushalt der Tagesmutter definiert (vgl. Kap. 2 und 3).

ter ermöglichen es, dass Eltern ihren Betreuungsbedarf individuell aushandeln können. Die begrenzte Gruppengröße sowie die ausgesprochen familiäre Umgebung und Atmosphäre im Alltag der Tagespflege können prinzipiell als positiv für Entwicklung und Lernen der Kinder angesehen werden; auf die Eigenheiten der Kinder kann jeweils eingegangen werden.

Sowohl aus der Perspektive der Kinder und der Eltern als auch aus der der Tagesmütter ist die Tagespflege unter den gegenwärtigen Bedingungen deshalb als ambivalent einzuschätzen. Dass Tagespflege in Westdeutschland dennoch eine vermutlich so verbreitete Form der Kinderbetreuung für die unter Dreijährigen ist wie die in Tageseinrichtungen, hat drei Gründe:

- Zum Ersten entspricht sie eher einem traditionellen westdeutschen Familienideal, demzufolge Familialität als unabdingbar für das Aufwachsen von Kindern angesehen wird; und im gelingenden Fall bietet sie hierfür auch tatsächlich günstige Bedingungen.
- Zum Zweiten füllt sie – auch jenseits von Qualität – eine unverkennbare Lücke an fehlenden Kinderbetreuungsangeboten.
- Zum Dritten eröffnet sie durch eine höhere zeitliche Flexibilität bessere Möglichkeiten, individuell vor allem die Rand- und Mehrzeiten erwerbstätiger Eltern abzudecken. Solange allerdings keine Vertretungsregelungen existieren und Tagesmütter bei erhöhter Belastung auch Grenzen gegenüber den Ansprüchen von Eltern ziehen, ist Tagespflege aus Elternperspektive keine gesicherte und verlässliche Form der Betreuung.

Die Weiterentwicklung der Tagespflege ist deshalb aus vielen Gründen dringend geboten, wenn sie – wiederum aus der dreifachen Perspektive von Eltern, Kindern und Tagespflegepersonen – ein gleichwertiges Angebot zur institutionellen Betreuung werden soll, wie dies politisch derzeit beabsichtigt ist.

Darüber hinaus ist jedoch auch genauer in den Blick zu nehmen, welche zeitlichen Betreuungsbedarfe nach Dauer und Lage die Tagespflege gegenwärtig überhaupt abdeckt. In den letzten Jahren betrug die durchschnittliche Zeit, die Kinder von Tagesmüttern betreut wurden, mit 14 Wochenstunden signifikant weniger als die in Krippen, die 27 Stunden betrug (vgl. DJI 2002: 159). Dabei liegt die Betreuungszeit allerdings laut vereinzelten Untersuchungen häufiger in anderen Zeitfenstern als den Kern-Betreuungszeiten der Tageseinrichtungen zwischen 8 und 16 Uhr. Es verwundert daher nicht, dass Kinder in Tagespflege mit 15 % zugleich häufiger als alle anderen Kinder (5 %) zusätzlich auch in einer Krippe betreut werden (vgl. ebd.: 160). Dies bedeutet, dass Tagespflege auch komplementär zur einrichtungsbezogenen Tagesbetreuung in Anspruch genommen wird. Zu vermuten ist, dass solche Betreuungskombinationen insbesondere von Familien mit vollzeiterwerbstätigen Müttern bzw. mit atypischen Arbeitszeiten realisiert werden, da diese unter Umständen einen deutlich höheren und anders gelagerten Betreuungsbedarf haben, als öffentlich organisiert zur Verfügung steht.

Insgesamt weist damit zwar die Tagesbetreuung der unter Dreijährigen in öffentlichen Einrichtungen die längste tägliche außerhäusliche Betreuungszeit auf. Nimmt man die eher kürzeren Betreuungszeiten in privaten Arrangements hinzu (insgesamt 11,5 Stunden pro Woche; vgl. DJI 2002: 158), so drängt sich das Bild der „Stafettenbetreuung" mit täglich mehrmaligen Betreuungswechseln auf: Etwa jedes vierte Kind unter drei Jahren wechselte so bereits in den 80er Jahren zwischen wenigstens zwei die elterliche Erziehung ergänzenden Betreuungssettings (vgl. Tietze 1990: 182). Dieser Betreuungsmix hat sich bis heute kaum verändert (vgl. Alt 2004; Fendrich/ Schilling 2004).

Dies bedeutet unter dem Strich, dass auch die Tagespflege ganz unterschiedlichen Bedarfen gerecht werden muss und deshalb im Zuge ihrer Weiterentwicklung möglicherweise in drei Formen angeboten werden sollte:

- als *Vollzeitangebot* und Alternative zu den institutionellen Betreuungsangeboten, was vor allem angesichts der besonderen Familiennähe für einen Teil der Eltern von Interesse sein dürfte, sowie dann, wenn ein entsprechendes institutionelles Angebot fehlt oder sich für die Eltern die Betreuung aufgrund mehrerer kleiner Kinder im eigenen Privathaushalt anbietet;
- als *Teilzeitangebot* und Ergänzung zur institutionellen Betreuung im Falle der Vollzeiterwerbstätigkeit oder einer zeitlich nur geringfügigen außerhäuslichen Beschäftigung der Mutter;
- als *Bedarfs-* bzw. *Randzeittagesangebot*, das eher in Richtung einer guten Kurzzeitpädagogik bzw. eines punktuellen Back-up-Systems für kurzfristige, untypische bzw. unregelmäßige Betreuungsbedarfe geht.

Diese Pluralität von Angeboten gilt es angesichts eines modernisierten Familien- und Erwerbslebens sowie eines erhöhten Bildungsbedarfs auch von unter Dreijährigen künftig zu gewährleisten. Allerdings sollte dabei zweierlei beachtet werden: Zum einen darf unter familienpolitischen Gesichtspunkten nicht eine einseitige Anpassung der Familie an die sich flexibilisierende Erwerbswelt erfolgen; vielmehr gilt es eine wechselseitige Balance zwischen Interessen der Wirtschaft und der Familien zu gestalten. Zum andern sind die Grenzen der Belastbarkeit von Kleinkindern durch zu häufige und zu kurzzyklische Betreuungswechsel zu beachten. Anzustreben sind im Prinzip eher regelmäßige Betreuungsdauern[31] und konstante Orte sowie Betreu-

---

31 In der Stellungnahme der GEW wird eine anzustrebende durchschnittliche Betreuungsdauer von ca. sechs Stunden gefordert (vgl. GEW 2004). Diese Dauer deckt sich auch mit den Zeitforderungen teilzeiterwerbstätiger Mütter, die Wegezeiten und kleine Zeitpuffer mit einrechnen.

ungspersonen, wobei fest verankerte normative Vorstellungen darüber, was kleinen Kindern „zugemutet" werden kann, durchaus genauer überprüft werden sollten.

1.3.3 Tagespflege als Arbeitsfeld zwischen Mütterlichkeit und Fachlichkeit

Die Diffusität der Tagespflege zwischen privater und öffentlicher Kinderbetreuung korrespondiert mit einem unscharfen Kompetenzprofil von Tagesmüttern zwischen Mütterlichkeit und Fachlichkeit (vgl. Andres 1989). Auch in aktuellen Werbestrategien zur Rekrutierung von Tagesmüttern wird nicht etwa nach Eignung und Qualifikation gefragt, sondern danach, ob potentielle Tagesmütter „Freude" an der Betreuung kleiner Kinder haben (vgl. Süddeutsche Zeitung 30.3.2004: 2). Qualifizierungsprogramme für Tagesmütter wurden zwar entwickelt (vgl. Weiß u. a. 2002) und werden von einigen Trägern auch angeboten, sind jedoch bislang keineswegs verpflichtend für die Aufnahme einer Tagespflegetätigkeit.

Dahinter steht eine problematische Vorstellung „natürlicher" Befähigung von Eltern, insbesondere von Müttern, zur Erziehung, Betreuung und Bildung ihrer Kinder, die im Fall der Tagespflege auch gleich noch stillschweigend auf die Fähigkeit zur Erziehung fremder Kinder übertragen wird. Sicherlich kann man darüber streiten, ob Eltern in jedem Fall einen so genannten „Elternführerschein" erwerben sollten, der ihnen bestimmte grundlegende Erziehungskompetenzen gezielt vermitteln soll, wie dies Liegle (2003) vorschlägt. Gleichzeitig gibt es aber gute Gründe dafür anzunehmen, dass solche Erziehungskompetenz im Kontext gesellschaftlichen Wandels immer wichtiger wird, zugleich aber das hierfür benötigte Erfahrungswissen durch kleiner werdende familiale Netzwerke weniger selbstverständlich vorausgesetzt werden kann. Deshalb sollte es zumindest geregelte Angebote geben, damit Eltern sich für ihre Elternschaft qualifizieren können. Hierfür haben sich seit geraumer Zeit Angebote vor allem im Rahmen von Familienbildungsstätten etabliert, die von Geburtsvorbereitungskursen über Erziehungsberatung bis zu „Empty-Nest"-Kursen gehen.

Die Debatte um die natürliche Befähigung zur Elternschaft ist jedoch nur scheinbar geschlechtsneutral. Bis heute sind es nicht nur faktisch überwiegend Frauen, die die Erziehungsarbeit übernehmen; darüber hinaus ist eine gesellschaftliche Norm wirksam, die Frauen qua angeborene Mütterlichkeit auch ein angemessenes Kompetenzprofil zum Umgang mit Kindern unterstellt. Ein Blick in die Geschichte genügt jedoch, um diese Naturalisierung von Mütterlichkeit als Konstrukt einer ganz bestimmten Phase der Industrialisierung, die mit der Verhäuslichung von Frauen und Kindern einherging, in Frage zu stellen (vgl. Honegger 1991). Die moderne hierarchische Ordnung der Geschlechter umfasste die Erfindung der Mütterlichkeit (vgl. Badinter 1981), die auf das mächtigste und scheinbar unhinterfragbarste aller Argumente, ihre „Natürlichkeit", zurückgriff. Sie war und ist eng verknüpft mit einer allgemeinen gesellschaftlichen Abwertung des Weiblichen und weiblicher Tätigkeiten, unabhängig vom Ort, an dem sie erbracht werden.

Die Problematik einer solchen Naturalisierung von Mütterlichkeit tritt heute auch in empirischen Untersuchungen über Erziehungsprobleme von Müttern bis hin zu Kindervernachlässigung und Gewalt gegen Kinder deutlich hervor (vgl. Bryk/Siegel 2001). Für den Kontext Tagespflege ist vor allem relevant, dass diese – solange ihre Basisqualifikation in einer „natürlichen Mütterlichkeit" gesehen wird – alle Defizitmerkmale weiblicher Tätigkeiten transportiert: Sie sind assoziiert mit Privatheit, sie sind nicht sichtbar und entsprechend nicht wertgeschätzt, sie sind konnotiert mit Nicht- bzw. Niedrigqualifikation und werden verbunden mit Niedrigbezahlung. Die Trennung gesellschaftlicher Sphären im Prozess der Modernisierung in eine öffentliche, eine Erwerbs- und eine Privatsphäre schlägt negativ auf alle Tätigkeiten des dem weiblichen Geschlecht zugeordneten Caring zurück. Die gesellschaftliche Relevanz von Care als zentraler Versorgung und Fürsorge, als Bildung, Betreuung und Erziehung der nachwachsenden Generation führt nicht zu ihrer gesellschaftlichen Anerkennung und zur Anerkennung derjenigen, die sie erbringen.

Die Geringschätzung von Care verlängert sich bis in die verberuflichten Formen von Betreuung und Erziehung hinein; dies signifikanterweise umso ausgeprägter, je jünger, d. h. je familiennäher, Kinder sind (vgl. Rauschenbach/Schilling 2001). Zwischen Müttern und Erzieherinnen gibt es keine scharfe Trennlinie, sondern ein Kontinuum zwischen einer latenten Abwertung bei Familiennähe und einer latenten Aufwertung bei Nähe zur Beruflichkeit (vgl. Rabe-Kleberg 1993).

Trotz der Gemeinsamkeiten gibt es aber deutliche faktische Unterschiede zwischen der Tätigkeit einer Mutter und der einer Tagesmutter. Die Fähigkeiten von Tagesmüttern müssen neben allgemeinen sozialen und kommunikativen Kompetenzen etliche zusätzliche Aspekte umfassen (vgl. Stempinski 2003):

- Auswahl eines „passenden" Tagespflegekindes,
- Zusammenarbeit mit den Eltern,
- Gestaltung des Arbeitsplatzes im eigenen oder im fremden Haushalt,
- vertragliche und finanzielle Regelungen,
- Umgang mit einer Gruppe von Kindern,
- Ausbalancieren von Nähe und Distanz zum eigenen und zum fremden Kind,
- gezieltes pädagogisches Wissen über kindliche Entwicklungsphasen und potentielle Störungen.

Solche Fähigkeiten können Tagesmütter im optimalen Fall zwar mitbringen, sie können jedoch nicht umstandslos und als natürliche Ressource vorausgesetzt werden. Und selbst wenn sie in Ansätzen vorhanden sind, bedürfen sie einer Vertiefung sowie einer Transformation von einem personengebundenen Erfahrungs- zu einem verallgemeinerbaren und situationsunabhängigen Expertenwissen. Tagesmütter haben Verantwortung nicht nur für eigene, sondern auch für die ihnen anvertrauten fremden Kinder. Sie übernehmen damit einen Teil gesellschaftlicher Erziehungsaufgaben.

In einer Neuformatierung der gemeinsamen privaten wie öffentlichen Verantwortung für das Aufwachsen von Kindern sowie einem Perspektivwechsel von einer vorrangig betreuenden zu einer immer auch bildenden Aufgabe ist die pädagogische Verantwortung von Tagesmüttern neu zu bestimmen. Soll Tagespflege künftig tatsächlich gleichgestellt werden mit einer guten institutionellen Kinderbetreuung, so ist auch deren Professionalisierung trotz und gerade angesichts ihrer Besonderheiten unabdingbar.

1.4 Zielsetzung: Neuordnung der Tagespflege als Segment öffentlicher Kinderbetreuung

Auf der Basis der bisherigen Ausführungen wird die Zielperspektive zur Weiterentwicklung der Tagespflege deutlich, die in den folgenden Kapiteln im Hinblick auf die unterschiedlichen Aspekte detailliert herausgearbeitet wird. Im Ganzen geht es darum, die beschriebenen Unbestimmtheiten und Mängel der Tagespflege zu beheben, ihren diffusen Zwischenstatus zu klären und sie zu einem Segment öffentlicher Kinderbetreuung zu machen. Hierfür bedarf es nicht nur der Veränderung und der Verbesserung einzelner Aspekte der Tagespflege, sondern ihrer Neuordnung als Gesamtsystem, in dem die einzelnen Teilsysteme der Angebots- und Nachfrageseite, d. h. der Tagespflegepersonen, der Eltern und der Kinder, sowie die Teilsysteme der lokalen und überregionalen Steuerung eine gleichermaßen große Beachtung finden müssen. Nur durch die Überführung der Tagespflege aus ihrem ambivalenten und intransparenten Sonderstatus in die öffentliche Verantwortung kann sie auf Dauer – wie dies zur Zeit politisch angestrebt wird – zu einer mit den institutionellen Formen qualitativ gleichwertigen, wenn auch nicht gleichartigen Form der Kinderbetreuung werden. Sie soll im Interesse des Kindeswohls, der Familie und der Tagespflegepersonen zu einer eigenständigen Form öffentlicher Kinderbetreuung ausgebaut werden, die an den Stärken einer familiennahen Tagespflege ansetzt, jedoch zur Sicherung ihrer Qualität und zur Optimierung ihrer Potentiale öffentlich verantwortet, organisiert und reguliert wird (vgl. Abb. 1.4).

Abbildung 1.4: Neuordnung öffentlich regulierter Tagespflege im System der Betreuung von Kindern

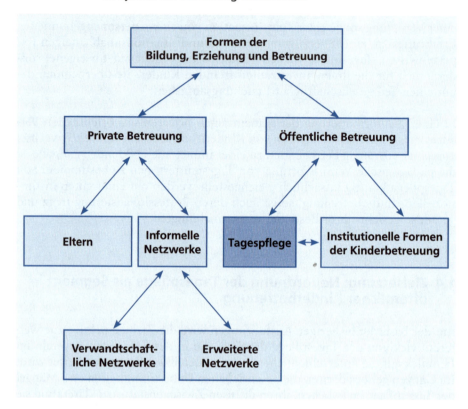

In diesem Zusammenhang der Neuordnung der Tagespflege und ihrer Integration in das System öffentlich regulierter Kinderbetreuung wird vorgeschlagen, einen Begriffswechsel vorzunehmen. Problematisierung und Neuformulierung des Begriffs „Tagespflege" sind nicht neu; sie finden sich bereits im „Tagesmütter Handbuch" (vgl. BMFSFJ 1996): Das Wort „Pflege" assoziiere mehr den bewachenden und pflegerischen Aspekt, der im englischen Begriff „Custodial" enthalten ist. Betreuung dagegen, zumindest so, wie sie heute interpretiert wird, schließe im Sinn des umfassenderen englischen „Care"[32] bzw. „Educare" (im mehrfachen Sinn von physischer, psychischer und mentaler Fürsorge und Versorgung) Pflege, Erziehung und auch Bildung ein. Der gebräuchliche englische Begriff des „family day care" für „Tagespflege" ist somit näher an der Komplexität der tatsächlich im Rahmen von Betreuung stattfindenden Interaktionen. Weil über Sprache immer auch Inhalte transportiert werden, scheint aus den oben genannten Gründen anstelle von „Tagespflege"

---

32 Die Multidimensionalität und die Komplexität des Care-Konzeptes, das sowohl über Pflege als auch über raum-zeitlich gebundene Betreuung deutlich hinausgeht, wird z. B. für den Bereich Familie in Sevenhuisjen (2002) und in demokratietheoretischer Perspektive von Tronto (2000) erläutert.

der präzisere Begriff der „Familientagesbetreuung" für Kinder wesentlich geeigneter, die im Folgenden ausgeführten notwendigen Weiterentwicklungen zu erfassen und auch begrifflich zu markieren. Die betreuenden Personen hießen – wie gehabt – Tagesmütter und Tagesväter oder auch Tageseltern; der im SGB VIII verwendete Begriff „Tagespflegepersonen" bleibt der juristische Fach- und Oberbegriff. Da dieser längere, vielleicht auch umständlichere Begriff der „Familientagesbetreuung" für Kinder jedoch derzeit noch nicht etabliert ist, wird im Folgenden das umgangssprachlich gewohnte „Kindertagespflege" bzw. „Tagespflege" zunächst weiter verwendet.

Bei der Realisierung der zukunftsorientierten Weiterentwicklung der Tagespflege sind vier Perspektiven zu beachten, die miteinander in ein stimmiges Verhältnis zu setzen sind[33]:

1. *Bedarfsgerechtigkeit* im Sinne eines bedarfsdeckenden Angebots,
2. *Fachgerechtigkeit* im Sinne einer fachlich angemessenen Qualität der Tagespflege,
3. *Arbeitsmarktgerechtigkeit* im Sinne einer arbeitsmarktadäquaten und geschlechtergerechten Beschäftigungsperspektive für die Tagesmütter,
4. *Sachgerechtigkeit* im Sinne einer angemessenen Organisation der Tagespflege.

1.4.1 Quantitativer Ausbau: Ziel Bedarfsgerechtigkeit

Sowohl unter dem Blickwinkel einer verbesserten Balance von Familie und Arbeitswelt als auch im Lichte des konstatierten Geburtenrückgangs sowie der veränderten Fördernotwendigkeiten auch im frühen Kindesalter ist der Bedarf an mehr Kinderbetreuungsplätzen verstärkt zu berücksichtigen. Die für 2010 angestrebte Bedarfsdeckung an Betreuungsplätzen für Kinder unter drei Jahren – davon zwischen 20 % bzw. 30 % in Tagespflege –, wäre eine spürbare Annäherung der alten Bundesländer an die weitaus höheren Kind-Platz-Relationen in den neuen Bundesländern, aber auch eine Annäherung an andere EU-Länder. Ob damit bereits der zu diesem Zeitpunkt vorhandene reale Bedarf an öffentlicher Kinderbetreuung gedeckt werden kann, ist eine andere Frage und kann zum jetzigen Zeitpunkt nicht abschließend beantwortet werden.

Jenseits der reinen Versorgungsquote wären dabei allerdings zugleich unterschiedliche Bedarfe bezüglich Lage und Dauer der Betreuungszeiten zu beachten. Und schließlich muss der Bedarf dabei in Bezug gesetzt werden zu den öffentlichen und privaten Kosten, die mit der Tagespflege verbunden sind.

---

33 Die einzelnen Kapitel des Gutachtens ordnen sich diesen Gerechtigkeitsperspektiven unterschiedlich zu; etliche liegen quer dazu wie beispielsweise die Kapitel 2, 3 und 12 zu Formen, rechtlicher Gestaltung sowie Kosten, in denen alle Perspektiven von Bedeutung sind.

Dies ist aus der Elternperspektive, aber auch aus der Perspektive der öffentlichen Hand ein wichtiger Aspekt.

Die hier angesprochenen Aspekte werden schwerpunktmäßig in den Kapiteln 4, 11 und 12 behandelt.

1.4.2 Verbesserung der Qualität: Ziel Fachgerechtigkeit

Qualitative Anforderungen an die Tagespflege haben vor allem ihre Fachlichkeit zu fördern. Kindertagespflege muss von einer möglicherweise riskanten Betreuung von Kleinkindern, die nur der Aufbewahrung dient, zu ihrer gezielten Förderung und Bildung weiterentwickelt werden. Dies muss zwangsläufig eine verstärkte Qualifizierung und Professionalisierung von Tagespflege auf den unterschiedlichen Ebenen zur Folge haben, die an den bisherigen Bemühungen um die Qualifizierung von Tagesmüttern ansetzen kann (vgl. Weiß u. a. 2002), diese jedoch konsequent ausbaut und in der Zielperspektive Tagespflege auch in verberuflichter Form ins Auge fasst.

Zudem bedarf es – erst recht, solange Tagespflege kein geregelter Beruf ist – der Verbesserung der fachlichen Begleitung von Tagespflegepersonen, etwa durch Festlegung von Eignungsprüfungen, Verfahren der Qualitätsfeststellung und der Qualitätssicherung. Fachgerechtigkeit bedarf infolgedessen auf Dauer nicht nur einer formalen Gleichstellung von Tagespflege und institutioneller Kinderbetreuung, sondern auch einer systematischen Integration der Tagespflege in das System der öffentlichen Kinderbetreuung. Lokale und überregionale Steuerungssysteme müssen entsprechend weiterentwickelt werden.

Die hier angesprochenen Aspekte werden schwerpunktmäßig in den Kapiteln 5 und 6 behandelt.

1.4.3 Verbesserung des Arbeitsstatus: Ziel Arbeitsmarktgerechtigkeit

Der Arbeitsstatus von Tagesmüttern bedarf dringend einer Aufwertung mit Blick auf ihre Bezahlung und Absicherung sowie das dafür notwendige Qualifikationsprofil. Da überwiegend Frauen Tagespflege übernehmen und diese bislang den typisch minderwertigen Status von privater und professioneller Frauenarbeit hat, bedeutet Arbeitsmarktgerechtigkeit in diesem Sinne gleichzeitig auch einen Beitrag zu mehr Geschlechtergerechtigkeit.

Arbeitsmarktgerechtigkeit kann sich teilweise verbinden mit dem arbeitsmarktpolitischen Ziel der Schaffung neuer Arbeitsplätze. So könnten aufgrund des sich abzeichnenden Bedarfs an Betreuungsplätzen für die unter Dreijährigen in den nächsten Jahren eventuell bis zu 40.000 zusätzliche Arbeitsplätze für Tagesmütter in öffentlich finanzierter Tagespflege entstehen, wenn man von einem 30%-Anteil der Tagespflege am Ausbau der Kinderbetreuung sowie zwei Kindern pro Tagesmutter ausgeht (vgl. Kap. 12). Diese müssen jedoch so beschaffen sein, dass die Tagespflege als Tätigkeitsfeld hinreichend attraktiv wird, um die anhaltenden Probleme der Gewinnung und der kurzen Verweildauer von Tagesmüttern zu mindern, gleichzeitig jedoch im Sinne des Kindeswohls qualitativ hochwertiges Personal zur Verfügung sttehen kann. Tagespflege als ein qualifiziertes, stabiles und anerkanntes Tätigkeitsfeld lässt sich langfristig nicht unterhalb des Niveaus einer sozial abgesicherten, bei Bedarf existenzsichernden und dauerhaften Berufstätigkeit etablieren. Die gegenwärtige Lage kann in dieser Hinsicht nur eine Übergangslösung sein.

Die hier angesprochenen Aspekte werden schwerpunktmäßig in den Kapiteln 10, 11 und 12 behandelt.

1.4.4 Verbesserung der Organisationsstrukturen: Ziel Sachgerechtigkeit

Zielsetzung einer Weiterentwicklung der Tagespflege muss sein, diese in das System der öffentlichen Kinderbetreuung einzubinden und zu einer verbesserten Trägerprofessionalität durch klare Qualitätsmaßstäbe bei der Erbringung der Fachaufgaben beizutragen. Gleichzeitig soll so Verlässlichkeit der Betreuung gewährleistet und Vertrauen in die Betreuungsqualität bei Eltern geschaffen werden. Zur Gewährleistung der Trägerqualität wäre auch an ein Gütesiegel für die Anbieter von Tagespflege zu denken; hierdurch könnte mittelfristig eine Qualitätssicherung bzw. -steigerung eher gewährleistet werden.

Zur Sachgerechtigkeit gehört auch, das Zusammenspiel zwischen einrichtungsbezogenen und familiennahen Kinderbetreuungsangeboten zu verbessern, die Vernetzung von öffentlichen und freien Trägern effektiver zu organisieren und zukunftsweisende Kooperationsmodelle zwischen unterschiedlichen Anbietern von Kindertagesbetreuung zu entwickeln, wobei auch privatwirtschaftliche Unternehmen – etwa in Form von Public-private-partnership-Modellen – einzubeziehen wären.

Die hier angesprochenen Aspekte werden schwerpunktmäßig in den Kapiteln 7, 8, und 9 behandelt.

1.4.5 Fazit: Systematisierungsaspekte bei der Weiterentwicklung der Tagespflege zur Familientagesbetreuung

Es ist deutlich geworden, dass die Notwendigkeiten und die Zielrichtungen einer zukunftsorientierten Entwicklung der Tagespflege zur Familientagesbetreuung als spezifischer Form von Kinderbetreuung im Privathaushalt nicht allein aus einer immanenten pädagogischen und jugendhilfepolitischen Binnensicht dieser Betreuungsform erschlossen werden können. Ansatzpunkte für ihre Neugestaltung müssen vielmehr im Kontext des gesellschaftlichen Wandels von Familie, Arbeitsmarkt, Geschlechterverhältnissen und Bildung gesehen werden. Anknüpfend an die Impulse zum qualitativen und quantitativen Ausbau der Tagespflege, die sich aus gewandelten gesellschaftlichen Anforderungen ergeben (steigende Müttererwerbstätigkeit, flexiblere Erwerbsarbeit, sinkende Kinderzahlen, mehr Förderung von Kindern schon im Kleinkindalter, knappe öffentliche Gelder), lassen sich für die Neuordnung einer zukunftsorientierten Familientagesbetreuung fünf zentrale inhaltliche Eckwerte formulieren.

Inhaltliche Eckwerte

- Zentraler übergeordneter Eckwert ist die Neuordnung der Familientagesbetreuung als konturiertes Segment im System öffentlich verantworteter und regulierter Kinderbetreuung. Dies bedarf einer Weiterentwicklung ihrer rechtlichen Regelungen. Wenn die Gleichstellung der Familientagesbetreuung als gleichwertiges Angebot realisiert werden soll, hat dies Auswirkungen auf mehrere ganz unterschiedliche Regelungsbereiche, die in ihrer Passfähigkeit zueinander betrachtet werden müssen (z. B. Finanzierung, Qualitätssicherung durch verbindliche Standards, Gewinnung neuer Tagespflegepersonen) und zu großen Teilen in der Verantwortung der überregionalen Steuerungssysteme des Bundes und der Länder liegen.
- Unabdingbar hierfür sowie für die Notwendigkeit, für einen Ausbau der Familientagesbetreuung neue Tagespflegepersonen gewinnen zu müssen, ist insbesondere unter frauenpolitischen Gesichtspunkten eine höhere Attraktivität der Familientagesbetreuung als Tätigkeitsfeld. Die entscheidende Rahmenbedingung hierfür ist eine Verberuflichung der Familientagesbetreuung, was bedeutet, dass diese Existenzsicherung, soziale Absicherung und Anschluss an andere pädagogische Berufe bieten muss. Es muss hierdurch deutlich werden, dass sich das Qualifikationsprofil von Tagespflegepersonen von Mütterlichkeit zu Fachlichkeit mit den entsprechenden Implikationen bewegt.
- Im Hinblick auf die Gleichwertigkeit des Betreuungsangebots bedarf es vor allem der Transformation der Familientagesbetreuung von einer riskanten zu einer qualitativ gesicherten Betreuungsform. Dies erfordert im Rahmen öffentlicher Verantwortung einen systematischen Qualitätsaufbau, Qualitätsentwicklung und -sicherung durch ein integriertes System der fachlichen Begleitung und der notwendigen Infrastrukturen. Neben die Gewährleistung von Strukturqualität und die Durchsetzung von verbindlichen Mindeststandards für die Qualifizierung von Tagespflegepersonen müssen Qualitätsfeststellungsverfahren sowohl bei der einzelnen Tagespflegestelle als auch bei den Trägern treten, damit pädagogische Qualität von fachlicher Seite überprüfbar wird und von der Nachfrageseite systematisch vorausgesetzt werden kann.

- Qualität auf der Nachfrageseite der Eltern bedeutet darüber hinaus, dass deren Bedarfe an Kinderbetreuung in verlässlicher Weise gedeckt werden. Dies bedeutet angesichts einer sich flexibilisierenden Erwerbswelt nicht nur genügend Betreuungsplätze, sondern auch passgenaue Betreuung zum richtigen Zeitpunkt. Qualifizierte Beratung und Vermittlung, Planungssicherheit, Bezahlbarkeit und ein funktionierendes Vertretungssystem sind neben pädagogischer Qualität zentrale Bestandteile von Qualität aus Elternsicht.
- Die angestrebten Verbesserungen sind nicht realisierbar ohne Optimierungen auch auf der Ebene der fachlichen Organisation des Angebots und der Trägerstrukturen. Die öffentliche Kinder- und Jugendhilfe am Ort kann zwar Dienste delegieren, bleibt jedoch auf lokaler Ebene in der Verantwortung für eine bedarfs- und qualitätsgerechte Organisation des Angebots an Familientagesbetreuung und der Regelung eines ausgeglichenen Verhältnisses von Angebot und Nachfrage. Dies schließt eine verstärkte Kooperation mit anderen Anbietern von Kinderbetreuung ebenso ein wie einen gezielten Einsatz des Internets zur Information der Eltern und der interessierten Tagespflegepersonen.

Systematische Perspektiven

Sollen diese Eckwerte für die Neuordnung des gesamten Systems der Familientagesbetreuung realisiert werden, muss deutlich sein, dass sich die jeweiligen Ausgangspunkte und die Interessen an der Weiterentwicklung der Tagespflege durchaus unterscheiden und deshalb auch in Widerspruch zueinander geraten können. Bei der Umsetzung muss deshalb auf die Ausgewogenheit folgender Perspektiven als strukturierender Merkposten geachtet werden:

- Gerechtigkeitsperspektiven: Bedarfs-, Fach-, Sach- und Arbeitsmarktgerechtigkeit;
- Perspektivenunterschiede der unmittelbar Beteiligten: Kinder, Eltern und Tagespflegepersonen;
- Heterogenität der Familientagesbetreuung im Hinblick auf ihre Formen von Tagesmutter, KinderbetreuerIn sowie Großtagespflege;
- Heterogenität der Familientagesbetreuung bezüglich ihrer Dauer von Vollzeit-, Teilzeit- und Randzeittagesbetreuung;
- plurale Steuerungssysteme, z. B. auf kommunaler, Länder und Bundesebene, sowie Vielfalt der beteiligten privaten, öffentlichen, gewerblich-kommerziellen und bürgerschaftlichen Akteure.

In Anbetracht dieser vielfältigen Perspektiven, Akteure und Zielsetzungen – dies wird allen klar sein, die die gegenwärtigen Rahmenbedingungen der Tagespflege kennen – stellt die Weiterentwicklung zur qualifizierten Familientagesbetreuung im Rahmen öffentlicher Kinderbetreuung in Deutschland eine große Herausforderung dar, die sich nur in Etappen vollziehen kann. Die Transformation von der heutigen Situation zu einer allen vier Gerechtigkeitsperspektiven entsprechenden Familientagesbetreuung wird eine große Anstrengung bedeuten, die passender Steuerungsinstrumente bedarf, wobei die einzelnen Schritte jeweils daraufhin überprüft werden müssen, ob sie in kurz-, mittel- und langfristiger Zeitperspektive anfallen werden bzw. realisierbar sein können. Unabdingbar für eine qualifizierte und bedarfsgerechte Weiterentwicklung ist auch die Bearbeitung der erheblichen Forschungslücken, zuallererst hinsichtlich verlässlicher und umfassender Daten über Häufigkeit, Dauer, Ort und Qualifiziertheit der Familientagesbetreuung. Bei der Umsetzung wird es zunächst sicherlich darum gehen, Minimalstandards zu formulieren und zu etablieren; andere, weitergehende Schritte müssen aber zugleich festgehalten, vorbereitet und erprobt werden, soll der gegenwärtige Schub des Ausbaus der Kinderbetreuung einer Weiterentwicklung der Tagespflege zugute kommen.

Zusammenfassung

Die Tagespflege taucht in der Diskussion um den Ausbau der Kinderbetreuung in Deutschland derzeit vehement wieder auf. Sie steht im Zentrum von Tagespolitik, Fachöffentlichkeit und Medien. Sie ist Gegenstand aktueller Anträge aller Bundestagsparteien sowie des Referentenentwurfs der Regierung zu einem „Tagesbetreuungsausbaugesetz".

Seit den Anfängen der Tagespflege zu Beginn der 1970er Jahre etablierte sie sich im Schatten der institutionellen Kinderbetreuung. Obgleich sie offiziell – im Gesetz, in der finanziellen Förderung und in der Statistik – lange Zeit ein Nischendasein führte, wird geschätzt, dass sie in ihrer Gesamtbedeutung, d. h. in all ihren Varianten, privat regulierten, zahlenmäßig für die Betreuung der unter Dreijährigen fast genauso relevant wurde wie die institutionellen Angebote für Kinder im Krippenalter.

Die Tagespflege verblieb überwiegend in einem Zwischenbereich von Privatheit und Öffentlichkeit, Familienselbsthilfeinitiativen, Vereinen, Jugendamt und Markt. Deshalb verbergen sich hinter „Tagespflege" sehr unterschiedliche Betreuungsvarianten mit fließenden Übergängen von weitestgehend informeller bis zu öffentlich vermittelter, regulierter und finanzierter Betreuung. Dabei haben sich unterschiedliche Formen der Tagespflege – im Haushalt der Tagesmutter oder der Eltern sowie in angemieteten Räumen – ausgebildet. Auch die Dauer der Betreuung scheint außerordentlich heterogen zu sein. Kritisch wurden im Verlauf der Entwicklung der Tagespflege immer ihre pädagogische Qualität, ihr zwischen Mütterlichkeit und Fachlichkeit schwankendes Profil, die Verlässlichkeit für die Eltern und ihr schlechter Status gesehen.

Heute haben sich die Ausgangslage – ein traditionelles Verständnis von Betreuung als Aufgabe von Familie und Frauen – und damit auch die Chancen einer Weiterentwicklung der Tagespflege deutlich geändert; Gründe sind vor allem die steigende Müttererwerbstätigkeit, flexiblere Erwerbsarbeit, sinkende Kinderzahlen, erhöhte Anforderungen an Förderung und Bildung schon im Kleinkindalter sowie knapper werdende öffentliche Gelder.

Diese Veränderungen des gesellschaftlichen Kontextes üben einen erheblichen Druck aus auf den Ausbau der öffentlichen Kinderbetreuung, bei dem ein weiterentwickeltes System „Tagespflege" insbesondere für die unter Dreijährigen ein wichtiger Baustein wird. Die gegenwärtig erheblichen Betreuungslücken zwischen Eltern und Kindertageseinrichtungen werden zurzeit durch einen aufwendigen und intransparenten Betreuungsmix „gelöst", der für alle Beteiligte, auch die Kinder, nicht als optimal anzusehen ist. Es wird beschrieben, warum und in welcher

Richtung die Tagespflege ein eigenständiges Betreuungsangebot innerhalb des Privathaushaltes oder in dessen unmittelbarem Umfeld mit spezifischem Profil bleiben bzw. werden soll, das die Stärken dieser familiennahen und flexiblen Betreuungsform nutzt und ausbaut und zugleich die bisherigen Schwächen korrigiert. Hierbei ist die öffentliche Verantwortung und die Regulierung der Tagespflege der entscheidende Ansatzpunkt für ihre Neugestaltung, bei der sich aus der Analyse des gesamten Kontextes, in dem sich Tagespflege bewegt, inhaltliche Eckwerte und Gerechtigkeitsperspektiven ergeben, die zu beachten sind:

1. *Bedarfsgerechtigkeit* im Sinne eines bedarfsdeckenden Angebots,
2. *Fachgerechtigkeit* im Sinne einer fachlich angemessenen Qualität der Tagespflege,
3. *Arbeitsmarktgerechtigkeit* im Sinne einer arbeitsmarktadäquaten und geschlechtergerechten Beschäftigungsperspektive für die Tagesmütter,
4. *Sachgerechtigkeit* im Sinne einer angemessenen Organisation der Tagespflege.

Empfehlungen

01 | 01
Um der Neuordnung der Tagespflege als Segment öffentlich regulierter Kinderbetreuung auch auf sprachlicher Ebene Ausdruck zu verleihen und unzutreffende Assoziationen mit „Pflege" zu vermeiden, wird vorgeschlagen, einen Begriffswechsel vorzunehmen. Anstelle von „Tagespflege" scheint der Begriff der „Familientagesbetreuung" für Kinder wesentlich geeigneter, die notwendigen Weiterentwicklungen zu erfassen und auch begrifflich zu markieren. Nötig ist ebenso die Ablösung des diskriminierenden Begriffs „Kinderfrau" durch „Kinderbetreuerin".

01 | 02
Aufgrund gewandelter gesellschaftlicher Rahmenbedingungen müssen dabei vor allem vier Aufgabenfelder in den Blick genommen werden: die Verberuflichung der Familientagesbetreuung im Interesse der Tagespflegepersonen; Qualitätsaufbau und -sicherung im Interesse der Förderung von Kindern; verlässliche, passfähige und bezahlbare Angebote im Interesse einer Bedarfsdeckung für Eltern; funktionierende, die gesamten Aufgabenfelder einer neu geregelten Familientagesbetreuung betreffender Organisationsstrukturen der Jugendhilfe.

01 | 03
Die teilweise durchaus unterschiedlichen Ausgangspunkte und Interessenlagen sowie die Heterogenität der Familientagesbetreuung machen es erforderlich, dass bei der Umsetzung auf die Ausgewogenheit folgender Aspekte geachtet wird:

- Gerechtigkeitsperspektiven: Bedarfs-, Fach-, Sach- und Arbeitsmarktgerechtigkeit;
- Perspektivenunterschiede der unmittelbar Beteiligten: Kinder, Eltern und Tagespflegepersonen;
- Heterogenität der Familientagesbetreuung im Hinblick auf ihre Formen von Tagesmutter, Kinderbetreuerin sowie Großtagespflege;
- Heterogenität der Familientagesbetreuung bezüglich ihrer Dauer von Vollzeit-, Teilzeit- und Randzeittagesbetreuung;
- plurale Steuerungssysteme, z. B. auf kommunaler, Länder und Bundesebene sowie Vielfalt der beteiligten privaten, öffentlichen, gewerblich-kommerziellen und bürgerschaftlichen Akteure.

01 | 04
Die Transformation von der heutigen Situation zu einer den unterschiedlichen Perspektiven entsprechenden Familientagesbetreuung wird eine große Anstrengung bedeuten, die passender Steuerungsinstrumente bedarf, wobei die einzelnen Schritte jeweils daraufhin überprüft werden müssen, ob sie in kurz-, mittel- und langfristiger Zeitperspektive anfallen werden bzw. realisierbar sein können. Bei den unmittelbar anstehenden Umsetzungsschritten muss es darum gehen, Mindeststandards zu formulieren und zu etablieren bzw. Ausgangsbedingungen für ihre Realisierung zu schaffen.

Empfehlungen

01 | 05
Unabdingbar für eine qualifizierte und bedarfsgerechte Weiterentwicklung ist die Bearbeitung der erheblichen Forschungslücken, zuallererst hinsichtlich verlässlicher und umfassender Daten über Häufigkeit, Dauer, Ort und Qualifiziertheit der Familientagesbetreuung.

01 | 06
Zentrales Anliegen ist die Neuordnung der Familientagesbetreuung als konturiertes und transparentes Segment im System öffentlich verantworteter und regulierter Kinderbetreuung. Wenn die Gleichstellung der Familientagesbetreuung als gleichwertiges, wenn auch nicht gleichartiges Angebot realisiert werden soll, hat dies Auswirkungen auf ganz unterschiedliche Regelungsbereiche, die in ihrer Passfähigkeit zueinander betrachtet werden müssen und bei der die einzelnen lokalen und überregionalen Steuerungssysteme unterschiedlich aktiviert werden müssen.

Formenvielfalt

02

Formenvielfalt

Die Tagespflege ist ein Betreuungssystem, das unter den gegenwärtigen Bedingungen überwiegend in zweierlei Gestalt existiert:

1. als öffentliches Kinderbetreuungsangebot, das nach den Vorgaben des Achten Buchs Sozialgesetzbuch (SGB VIII)[1] ausgestaltet und von einem Träger der öffentlichen oder freien Jugendhilfe fachlich begleitet wird (vgl. Kap. 3)[2];
2. als informell genutzte Form der Kinderbetreuung, die auf dem „freien Markt" oder im Rahmen privater Netzwerke zustande kommt (vgl. Kap. 1).[3]

Es ist das erklärte Ziel der Politik, die Tagespflege als öffentlich gefördertes Betreuungsangebot – gleichrangig mit der institutionellen Kinderbetreuung – qualitativ und quantitativ auszubauen (vgl. Kap. 1 und 3). In diesem Zusammenhang ist es notwendig, sich über Kriterien zu verständigen, nach denen sich die Tagespflege, wie sie im SGB VIII geregelt ist, von anderen Betreuungsformen abgrenzen lässt.

Im Folgenden sollen zunächst Charakteristika der Tagespflege genannt werden. Auf dieser Basis erfolgt eine Einordnung der Tagespflege in das Spektrum angrenzender Betreuungsformen. Außerdem werden vier besonders verbreitete und im SGB VIII geregelte Unterformen der Tagespflege genauer dargestellt und diskutiert.

2.1 Charakteristika der Betreuungsform Tagespflege

Es erweist sich als keineswegs einfaches Vorhaben, die Tagespflege mit Hilfe bestimmter Kriterien definitorisch eindeutig von anderen Formen der Kinderbetreuung abzugrenzen. Dies liegt nicht zuletzt daran, dass es ein übergeord-

---

1 Das Achte Buch des Sozialgesetzbuches wird auch Kinder- und Jugendhilfegesetz (KJHG) genannt. In diesem Gutachten wird es im Folgenden als SGB VIII zitiert. Eine ausführliche Erörterung der für die Tagespflege relevanten Regelungen im SGB VIII erfolgt im anschließenden Kapitel 3.
2 Im Auftrag des BMFSFJ untersucht das DJI gegenwärtig im Projekt „Kinderbetreuung in Tagespflege. Auf- und Ausbau eines qualifizierten Angebots" anhand von „Good-practice-Orten", welche fachlichen Standards, welche jugendhilfepolitischen Maßnahmen, Finanzierungsmodelle usw. sich in diesem Zusammenhang bewähren (vgl. www.dji/kindertagespflege). Die dabei gewonnenen Erkenntnisse konnten bisher zwar noch nicht systematisch ausgewertet und schriftlich niedergelegt werden. Dennoch dient das Projekt an verschiedenen Stellen in diesem Gutachten als wichtige Informationsquelle.
3 Auf die außerdem – vor allem in Großstädten – vorhandene dritte Variante, nämlich die Vermittlung von Tagespflegeplätzen durch privat-gewerbliche Träger, wird an dieser Stelle nicht eingegangen (vgl. dazu Kap. 8).

netes Charakteristikum der Tagespflege ist, besonders flexibel auf die zunehmend vielfältigen, flexiblen und untypischen Betreuungsbedarfe der Eltern aufgrund ihrer sich „entgrenzenden" Erwerbssituation (vgl. Kap. 1) eingehen zu können. Da sie nur relativ wenige Kinder betreuen, können sich Tagespflegepersonen z. B. leichter an die von den Eltern gewünschten Betreuungszeiten anpassen, als dies in Institutionen der Fall ist. Somit aber kann weder ein bestimmter Umfang der Betreuung als eindeutiges Kriterium für die Tagespflege genannt werden noch ein zeitlicher Rahmen, innerhalb dessen die Betreuung stattfindet.[4]

Gleichwohl lassen sich gegenwärtig verschiedene Merkmale – mit häufig mehreren Ausprägungen – nennen, die Tagespflege charakterisieren:

- Das Kind wird von einer Person betreut, die nicht zum engeren Haushalt der Eltern gehört.[5]
- Die Betreuung erfolgt gegen ein Entgelt.
- Die Betreuung erfolgt regelmäßig; der Stundenumfang der Betreuung kann dabei von bis zu zehn Stunden täglich bis zu wenigen Stunden an einem Tag pro Woche reichen.
- Ort der Betreuung kann der Haushalt der Tagespflegeperson oder der Haushalt der Eltern sein; die Betreuung kann aber auch in angemieteten Räumen stattfinden.[6]
- Die Betreuung ist prinzipiell auf längere Zeit angelegt, in Abhängigkeit von den Bedürfnissen des Kindes und den Planungen der Eltern.
- Es sind für die Tätigkeit in der Tagespflege bislang überwiegend keine bzw. nur geringfügige formale Qualifikationsvoraussetzungen vorgeschrieben.
- Die Betreuung erfolgt im Allgemeinen aufgrund einer regelmäßigen berufsbedingten Abwesenheit beider Eltern bzw. des allein erziehenden Elternteils, nicht aus „rein privaten" Gründen.
- In einer Sonderform der Tagespflege werden Tageskinder betreut, deren Wohl in ihrer eigenen Familie nicht gesichert ist.

Es zeigt sich somit, dass die Tagespflege verschiedene Schnittstellen gegenüber anderen, formellen und informellen Formen der Kinderbetreuung hat.

---

4 So gilt die Tagespflege auch als besonders geeignet für die Kinder von SchichtarbeiterInnen oder anderen Eltern mit unüblichen bzw. stark schwankenden Arbeitszeiten. In diesen Fällen kommt es vor, dass die Kinder gelegentlich auch über Nacht bei der Tagesmutter bleiben können.
5 Es ist allerdings strittig, inwieweit in bestimmten Fällen auch Verwandte als Tagespflegepersonen zugelassen und entsprechend bezahlt werden sollten, z. B. dann, wenn eine Großmutter ihre Erwerbstätigkeit, auf die sie finanziell angewiesen ist, aufgibt, um ihr Enkelkind zu betreuen (vgl. Vierheller 2003 c). In Dänemark ist es demgegenüber bei der Kommune angestellten Tagesmüttern untersagt, eigene Enkelkinder im Rahmen ihrer Tätigkeit zu betreuen (persönliche Mitteilung durch K. Bock-Famulla).
6 Korrekterweise muss man bei dieser Form darauf hinweisen, dass sie bereits im Schnittbereich des Übergangs zu einer Kindertagesbetreuung für unter Dreijährige liegt, zumal dann, wenn es sich dort um eine Eltern-Kind-Initiative handelt. Im Rahmen der Tagespflege handelt es sich dabei um die so genannte Tagesgroßpflege (s. u.).

Die folgende Abbildung kann dies verdeutlichen:

Abbildung 2.1: Schnittstellen zwischen Tagespflege und anderen, formellen und informellen Betreuungsformen

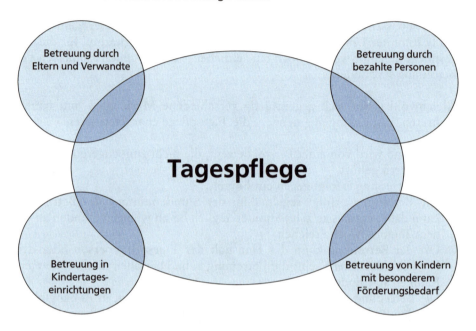

Dass es zum jetzigen Zeitpunkt so schwierig ist, die Tagespflege als Betreuungssystem eindeutig zu charakterisieren, hängt auch wesentlich mit ihren rechtlichen Rahmenbedingungen zusammen (vgl. Kap. 3). Im Kontext dieses Kapitels ist relevant, dass Tagespflegepersonen, die nicht mehr als drei Tageskinder betreuen, nach § 44 SGB VIII keine Pflegeerlaubnis benötigen. Der Träger der öffentlichen Jugendhilfe ist erst ab dem vierten Tageskind verpflichtet, dafür zu sorgen, dass nur Tagespflegepersonen mit Pflegeerlaubnis betreuen.

Es ist also absolut legal, wenn Eltern und Tagesmütter auf einem „freien Markt" zueinander finden, eine Betreuungsvereinbarung abschließen und die Bezahlung privat miteinander aushandeln. Anders verhält es sich allerdings, wenn der Träger der öffentlichen Jugendhilfe die Tagespflege-Betreuung finanziell fördert. Dann ist eine Überprüfung der Eignung der Tagespflegeperson auch dann erforderlich, wenn sie weniger als vier Kinder betreut.

Hier sind also Differenzierungen im Gesetz angelegt, die es für „Laien" sehr schwierig machen, das System Tagespflege zu verstehen. In anderen Ländern, in denen die Jugendhilfe bereits ab dem ersten Kind eine Pflegeerlaubnis erteilen muss und in denen die Tagespflege als Betreuungssystem insgesamt konsequenter öffentlich gefördert wird (z. B. Dänemark und Österreich), bietet die Tagespflege ein wesentlich klareres und übersichtlicheres Bild (vgl. Kap. 3.2).

Unter den gegebenen Bedingungen haben sich in Deutschland bislang im Wesentlichen vier Tagespflege-Formen herausgebildet, bei denen es zwar ebenfalls Überschneidungen gibt, die sich aber dennoch aufgrund typischer Merkmale voneinander abgrenzen lassen:

- Tagespflege im Haushalt der Tagespflegepersonen: Tagesmütter bzw. -väter[7],
- Tagespflege im Haushalt der Eltern: Kinderbetreuerinnen,
- erlaubnispflichtige Tagesgroßpflege,
- Tagespflege als „Hilfe zur Erziehung".

Bevor auf diese Formen im Abschnitt 2.2 genauer eingegangen wird, soll zunächst in einer Übersicht verdeutlicht werden, wie sich diese Tagespflege-Formen in ihren Grundzügen voneinander unterscheiden und sich außerdem von verbreiteten anderen Formen der Kinderbetreuung im privaten Haushalt bzw. im Selbsthilferahmen abgrenzen lassen (vgl. Tabelle 2.1). Zum Vergleich werden Au-pairs, Babysitter und Eltern-Kind-Initiativen herangezogen (vgl. Bergdolt/Högel 2000; Landeshauptstadt München, Sozialreferat 1999). Dabei kann es allerdings nur um eine relativ grobe, idealtypische Beschreibung der verschiedenen Merkmalsausprägungen – ohne Berücksichtigung der vielfältigen Variationen in der Praxis – gehen.[8] Es zeigen sich typische Unterschiede dahingehend,

- ob die Betreuung wegen der Berufstätigkeit der Eltern eher aus rein privaten Gründen oder wegen eines besonderen Hilfebedarfs des Kindes benötigt wird,
- welche Motivation die Betreuungspersonen für ihre Tätigkeit haben (z. B. bei Au-pairs und Babysittern versus Tagesmüttern),
- ob es formale Qualifikationsanforderungen an das betreuende Personal gibt (z. B. die Unterschiede zwischen den Eltern-Kind-Initiativen und der Tagesgroßpflege).

---

7 Es zeigt sich, dass der Begriff „Tagesmütter" (und analog Tagesväter) im doppelten Sinne verwandt wird. Zum einen wird dieser Terminus als Oberbegriff für alle Frauen benutzt, die in den verschiedenen Formen der Tagespflege tätig sind – so auch an vielen Stellen in diesem Gutachten. Zum anderen ist er als spezifische Bezeichnung für jene Frauen üblich, die die Kinderbetreuung in ihrem eigenen Haushalt durchführen, während bei einer Betreuung im Haushalt der Eltern meistens von „Kinderfrauen" gesprochen wird. Im vorliegenden Gutachten wird dafür plädiert, diesen eher diskriminierenden Begriff in Zukunft durch „Kinderbetreuerin" zu ersetzen.
8 Es ist in diesem Zusammenhang festzustellen, dass es an systematischem Wissen über Motivation, Kompetenzen in der Kinderbetreuung, Arbeitsbedingungen usw. hinsichtlich Au-pairs und Babysittern mangelt. Gezielte empirische Untersuchungen könnten genauer aufklären, welchen Bedarf diese Betreuungsformen realistischerweise decken und wie sie qualifiziert werden können.

Tabelle 2.1: Charakteristika verschiedener Formen der Tagespflege ...

	Tagespflege im Haushalt der Tagespflegepersonen: Tagesmütter, -väter	Tagespflege im Haushalt der Eltern: Kinderbetreuerinnen	Erlaubnispflichtige Tagesgroßpflege
Betreuungspersonen	Überwiegend Frauen mit (kleinen) eigenen Kindern, häufig im Elternurlaub, aber auch unabhängig davon und darüber hinaus.	Frauen, deren eigene Kinder schon größer sind, oder Frauen ohne Kinder. Bei privaten Arrangements häufig Migrantinnen.	In der Regel erfahrene Tagesmütter oder Erzieherinnen, die mit der Tätigkeit eine Berufsperspektive verbinden.
Grund für die Betreuung	In der Regel die Erwerbstätigkeit und/oder Ausbildung beider Eltern bzw. des alleinerziehenden Elternteils.	In der Regel die Erwerbstätigkeit und/oder Ausbildung beider Eltern bzw. des alleinerziehenden Elternteils. Manchmal fallen zusätzlich – je nach vertraglichen Vereinbarungen – auch Hausarbeiten an.	In der Regel die Erwerbstätigkeit und/oder Ausbildung beider Eltern bzw. des allein erziehenden Elternteils.
Anzahl der betreuten Kinder	Ohne Pflegeerlaubnis bis zu drei Tageskinder. Mit Pflegeerlaubnis je nach Landes- bzw. Kommunenrecht bis zu acht Kinder: Hierbei handelt es sich dann um eine Tagesgroßpflege (s. übernächste Spalte).	Meistens ausschließlich das Kind/die Kinder der Arbeitgeber; manchmal noch zusätzlich Kinder aus anderen Familien.	Mit Pflegeerlaubnis nach § 44 SGB VIII vier bis acht Kinder (je nach Landes- bzw. kommunaler Festlegung), gelegentlich auch mehr, wenn nur Teilzeitbetreuung.
Umfang der Betreuung	Nach Bedarf der Eltern, von jeden Tag ganztags zehn Stunden bis an einem Tag nur wenige Stunden: Betreuung kann auch KiTa- oder schulergänzend erfolgen.	Nach Bedarf der Eltern, von jeden Tag ganztags zehn Stunden bis an einem Tag nur wenige Stunden: Betreuung kann auch KiTa- oder schulergänzend erfolgen.	Nach Bedarf der Eltern, von jeden Tag ganztags zehn Stunden bis an einem Tag nur wenige Stunden: Betreuung kann auch KiTa- oder schulergänzend erfolgen.
Ort der Betreuung	Im Haushalt der Tagesmutter bzw. des Tagesvaters.	Im Haushalt der Eltern.	Im Haushalt der Tagesmutter/des Tagesvaters oder in angemieteten Räumen.
Dauer der Betreuung	Nach Vereinbarung; bei Kindern unter drei Jahren häufig bis zum Übergang in den Kindergarten, danach manchmal (bei Halbtagsplatz) weitere, ergänzende Betreuung.	Nach Vereinbarung; bei Kindern unter drei Jahren häufig bis zum Übergang in den Kindergarten, danach manchmal (bei Halbtagsplatz) weitere, ergänzende Betreuung.	Nach Vereinbarung; bei Kindern unter drei Jahren häufig bis zum Übergang in den Kindergarten, danach manchmal (bei Halbtagsplatz) weitere, ergänzende Betreuung.
Arbeitsstatus/Bezahlung	Auf Honorarbasis durch private und/oder öffentliche Mittel (unter Heranziehung der Eltern zu den Kosten); selten angestellt.	Teilweise versicherungspflichtig angestellt; auch auf der Basis von Mini- und Midijobs bezahlt oder stundenweise.	Auf Honorarbasis durch private und/oder öffentliche Mittel; selten angestellt.
Qualifikationsanforderungen	Keine formalen Qualifikationsanforderungen; bei der öffentlichen Tagespflege je nach Länder-, kommunalen und Trägerbestimmungen spezifische Fortbildung obligatorisch (bisher selten).	Keine formalen Qualifikationsanforderungen; bei der öffentlichen Tagespflege je nach Länder-, kommunalen und Trägerbestimmungen spezifische Fortbildung obligatorisch (bisher selten).	Keine formalen Qualifikationsanforderungen; bei der öffentlichen Tagespflege je nach Länder-, kommunalen und Trägerbestimmungen im Rahmen der Pflegeerlaubnis meistens mindestens eine zweijährige Erfahrung in der Tagespflege und teilweise eine spezifische Fortbildung obligatorisch (Letzteres bisher eher selten).

... und angrenzender Betreuungsangebote

Tagespflege als „Hilfe zur Erziehung"	Au-pairs	Babysitter	Tageseinrichtung im Rahmen einer Eltern-Kind-Initiative
Erfahrene Tagesmütter, Erzieherinnen oder Sozialpädagoginnen.	Junge Frauen – und zunehmend Männer – aus dem Ausland (Alter: 18–24 Jahre), die ihre Sprachkenntnisse verbessern wollen.	Meistens SchülerInnen, StudentInnen oder RentnerInnen.	Meistens von Eltern angestellte Erzieherin/nen; Mitwirkung der Eltern beim pädagogischen Konzept, Übernahme von Verwaltungsaufgaben, Betreuungs-, Koch- und Putzdiensten durch Eltern.
Nach §§ 32, 27 SGB VIII: Eine dem Wohl des Kindes entsprechende Erziehung ist nicht gewährleistet und die Tagespflege ist für seine Entwicklung geeignet und notwendig.	Häufig die Erwerbstätigkeit und/oder Ausbildung beider Eltern bzw. des allein erziehenden Elternteils. Manchmal auch nur sporadischer Betreuungsbedarf, um Zeit für private Aktivitäten ohne Kind/er zu haben. Manchmal wird zusätzlich Mithilfe im Haushalt erwartet.	Meistens Betreuungsbedarf, um privaten Interessen nachgehen, ehrenamtliche Tätigkeiten ausüben zu können usw.; gelegentlich auch zur Abdeckung von beruflichen Terminen.	In der Regel Betreuungsbedarf wegen der Erwerbstätigkeit und/oder der Ausbildung beider Eltern bzw. des allein erziehenden Elternteils; zusätzlich oder alternativ Wunsch der Eltern, dass ihr/e Kind/er soziale Erfahrungen in einer konstanten Kindergruppe unter fachlicher Leitung machen kann.
Festlegung im Rahmen des Hilfeplans, in Abhängigkeit von Zusammensetzung der Kindergruppe (z. B. Mischung von Tagespflege nach § 23 und §§ 27, 32 SGB VIII).	Das Kind/die Kinder der Gastfamilie.	Das Kind/die Kinder der beauftragenden Familie.	Betriebserlaubnis nach § 45 SGB VIII für eine bestimmte Kinderzahl, je nach Räumlichkeiten, Personal und sonstigen Bedingungen.
Festlegung im Rahmen des Hilfeplans nach § 36 SGB VIII.	Die Arbeitszeit eines Au-pairs soll wöchentlich 30 Std. und pro Tag nicht mehr als fünf Stunden betragen.	In der Regel nur sporadisch und wenige Stunden.	Nach Festlegung durch die Eltern, in der Regel über einen längeren Zeitraum täglich. Es wird Wert auf die flexible Gestaltung der Betreuungszeiten entsprechend dem Bedarf gelegt.
In der Regel im Haushalt der Tagesmutter, ggf. im Rahmen der Tagesgroßpflege in angemieteten Räumen.	Im Haushalt der Eltern.	Im Haushalt der Eltern.	In angemieteten Räumen. Bei betrieblichen Eltern-Kind-Initiativen stellt manchmal der Betrieb die Räume.
Entsprechend dem Hilfeplan, solange die Hilfe zur Erziehung geeignet und notwendig ist.	Höchstens 12 Monate (Verlängerung nicht möglich).	Hängt von persönlicher Situation der BetreuerInnen sowie Bedarf der Eltern ab.	In der Regel als längerfristiges Angebot konzipiert; hängt von Engagement der Eltern und finanziellen Rahmenbedingungen ab.
Auf Honorarbasis durch öffentliche Mittel (unter Heranziehung der Eltern zu den Kosten).	Für die Gastfamilie fällt Vermittlungsgebühr an; Au-pair bekommt von Gastfamilie freie Kost und Logis sowie ein Taschengeld.	Privates Stundenhonorar oder ehrenamtliche Betreuung.	Angestelltengehalt für Erzieherin/nen, unbezahlte Tätigkeit der Eltern.
Erzieherinnen und Sozialpädagoginnen verfügen über eine anerkannte Qualifikation; bei nicht einschlägig vorgebildeten Tagespflegepersonen werden teilweise spezielle Zusatzqualifikationen verlangt (z. B. in Berlin).	Keine formalen Qualifikationsanforderungen.	Keine formalen Qualifikationsanforderungen.	In der Regel ist – je nach Gruppengröße – eine pädagogische Fachkraft mit einschlägiger Ausbildung vorgeschrieben.

Quellen: Tagesmütter-Bundesverband 2002 b; Gerszonowicz 2002 und 2004; Bergdolt/Högel 2002; Landeshauptstadt München, Sozialreferat 1999

2.2 Zentrale Formen der Tagespflege

Mit Blick darauf, dass die Tagespflege zu einem in größerem Umfang als bisher öffentlich geförderten Betreuungsangebot mit einem klaren Qualitätsprofil werden soll, werden im Folgenden zunächst die drei geläufigsten, im SGB VIII geregelten Formen der Tagespflege genauer betrachtet. Ausgehend von einer Darstellung des Ist-Standes, werden Stärken und Schwächen dieser Formen diskutiert und Perspektiven für eine Weiterentwicklung aufgezeigt.

Wie bereits erwähnt, lassen sich folgende Formen in der Tagespflege unterscheiden:

1. Tagespflege als Betreuung von Kindern im Haushalt der Tagespflegeperson („Tagesmutter"),
2. Betreuung von Kindern im Haushalt der Eltern („Kinderfrau" bzw. „Kinderbetreuerin"),
3. Betreuung von mehr als drei Tageskindern im Haushalt der Tagespflegeperson oder in angemieteten Räumen („Tagesgroßpflege").

Die begrifflichen Abgrenzungen sind allerdings nicht eindeutig. So ist in der Praxis der Oberbegriff „Tagespflege" für die Variante der „Kinderbetreuerinnen" wenig gebräuchlich. Die „Tagesgroßpflege" ist als Bezeichnung nicht überall geläufig, stattdessen wird vielerorts auch bei der Betreuung von mehr als drei Tageskindern weiterhin lediglich von „Tagespflege" gesprochen. Der Begriff „Tagesmutter" schließlich ist in allen drei Formen verbreitet, während im Kinder- und Jugendhilfegesetz (SGB VIII) demgegenüber durchgängig von „Tagespflegeperson" gesprochen wird.

In Kombination mit dem oben genannten Unterscheidungsmerkmal, ob die Tagespflege-Betreuung durch private Arrangements oder öffentliche Einwirkung zustande gekommen ist und in der Folgezeit abläuft, ergibt sich ein für die gegenwärtige Situation typisches, vielschichtiges Bild, das sich zwischen den beiden Polen öffentlicher und privater Kinderbetreuung bewegt (vgl. Abb. 2.2).

Empirisch zeigt sich, dass es fließende Übergänge zwischen den Polen „privat" und „öffentlich" gibt. So kann z. B. eine Tagesmutter zwar privat gefunden und bezahlt werden, die Eltern lassen sich im Konfliktfall jedoch bei einem – als freier Träger der Jugendhilfe anerkannten – Tagesmütter-Verein beraten.[9]

Zusätzlich zu diesen Formen gibt es – wie erwähnt – die Tagespflege als „Hilfe zur Erziehung". Im Folgenden wird auch diese Form kurz dargestellt. Es

---

9 Genauere Hinweise darauf, welche öffentliche Förderung und welche fachliche Regulierung der Tagespflege wünschenswert und notwendig wären, finden sich in Kapitel 6.

Abbildung 2.2: Formen der Tagespflege und Modus des Zustandekommens

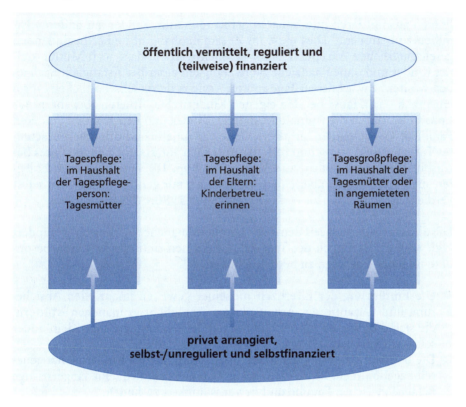

wird außerdem erläutert, warum in diesem Gutachten ansonsten darauf nicht näher eingegangen wird. Bei allen Formen wird jeweils der Zusammenhang mit den aktuell relevanten Paragraphen im SGB VIII hergestellt.

2.2.1 Tagespflege im Haushalt der Tagespflegeperson: Tagesmütter

Im Absatz 1 des § 23 SGB VIII wird unter dem Gesichtspunkt, wo die Betreuung des Kindes stattfindet, unterschieden: „Zur Förderung der Entwicklung des Kindes, insbesondere in den ersten Lebensjahren, kann auch eine Person vermittelt werden, die das Kind ... entweder im eigenen oder im Haushalt des Personensorgeberechtigten betreut". Auf den ersten Blick erschließt sich aus diesem Passus nicht unbedingt, dass es sich hier um zwei weit über die Frage der Räumlichkeiten hinausgehende, sehr unterschiedliche Formen der Tagespflege handelt.

Die Betreuung von Kindern im Privathaushalt einer anderen Familie hat – z. B. bei Vollzeitpflegestellen – eine lange Tradition. Einen anderen Akzent erfuhr diese Betreuungsform, als in den 70er Jahren eine „neue" Tagespflege-Bewegung entstand. Animiert durch einen Artikel in der Zeitschrift „Brigitte" über das schwedische Modell der „Dagmamas", interessierten sich Frauen aus mittleren und höheren Schichten dafür, Kinder aus anderen Familien zu betreuen.[10] Dies muss im Zusammenhang mit einer beginnenden gesellschaftlichen Akzeptanz dafür gesehen werden, dass auch Mütter kleiner Kinder und ohne finanzielle Notwendigkeit einer Berufstätigkeit nachgehen wollten. Zwar blieben Tagesmütter – wie es der gesellschaftlichen Norm entsprach – zu Hause bei den eigenen Kindern. Sie öffneten aber ihren Aktionsradius durch die Aufnahme anderer Kinder und den Kontakt zu deren Familien. Es entstanden auf diese Weise ein zunehmend öffentlich beachtetes Tätigkeitsfeld und schon früh der Anspruch, ein staatlich anerkanntes Berufsbild für die Tagespflege zu schaffen (vgl. Kap. 10). Diese Tagesmütter legten auch Wert darauf, über einen – wenn auch nur geringen – eigenen, selbst verdienten Geldbetrag zu verfügen (vgl. Stich 1980: 99 ff.).

Die Situation hat sich seit den 70er Jahren in mancherlei Hinsicht verändert (vgl. Kap. 1). Bezüglich der Tagespflegepersonen sind inzwischen insbesondere folgende Faktoren zu berücksichtigen:

- Die Einführung der Elternzeit mit einer gewissen finanziellen Absicherung und Garantie des Arbeitsplatzes ermöglicht es manchen Müttern, die sich dies vor 30 Jahren nicht hätten leisten können, ihre Kleinkinder selbst zu betreuen.
- Die Berufsorientierung der Frauen – auch mit kleinen Kindern – hat generell zugenommen. Mütter wünschen sich mehrheitlich, eine längerfristige Balance zwischen Familie und Erwerbstätigkeit zu finden.
- Der Anteil der Frauen, die durch das traditionelle Familienmodell des männlichen Ernährers langfristig finanziell abgesichert sind, nimmt ab. Viele Frauen sind – u. a. nach Scheidung und Trennung – darauf angewiesen, selbst eine existenzsichernde Tätigkeit auszuüben.

Vor diesem Hintergrund interessiert sich heute eine Gruppe von Frauen für das Tätigkeitsfeld der Tagespflege, die in der Elternzeit ihr eigenes Kind bzw. ihre eigenen Kinder betreuen. Häufig wünschen sie sich einen Spielgefährten für ihr eigenes Kind und nehmen deshalb das erste Tageskind auf. Mit zunehmender Erfahrung – und angesichts der überwiegend sehr großen Nachfrage nach Betreuungsplätzen[11] – erweitern sie ihre „Kindergruppe". Selten aber nehmen diese Frauen mehr als drei Kinder auf, da sie meistens anstre-

---

10 Im Tagesmütter-Modellprojekt (1974–1978), das vom Deutschen Jugendinstitut wissenschaftlich begleitet wurde, waren 95 % der Tagesmütter gegenüber 62 % der Tageskinder-Mütter verheiratet, und das Einkommen der Tagesmütter lag bei 52 % im eher höheren Bereich, während dies nur bei 25 % der Eltern der Tageskinder der Fall war (vgl. Blüml u. a. 1980: 23). An anderer Stelle dieses Gutachtens wird in einer Tagesmütter-Typologie diese Gruppe als die „Traditionalen" bezeichnet (vgl. Kap. 4 und 11).
11 Zu dem eklatanten Ungleichgewicht zwischen Nachfrage und Angebot von Kinderbetreuungsplätzen vgl. Kapitel 1 und 4.

ben, nach kurzer Zeit selbst wieder in ihren früheren Beruf zurückzukehren, und sich deshalb nicht zu lange festlegen möchten.[12] Unter den gegenwärtigen Bedingungen erscheint vielen von ihnen – aber nicht allen (s. u.) – eine längerfristige Tätigkeit in der Tagespflege, d. h. ein Wechsel der beruflichen Perspektive, auch nicht attraktiv.

Für die Qualität und die Stabilität der Tagespflege als Betreuungsangebot hat dies Nachteile: Frauen, die relativ bald nach der Geburt ihres ersten Kindes ein Tageskind aufnehmen, verfügen meistens nicht über große erzieherische Erfahrungen.[13] In diesen Fällen ist es besonders wichtig, dass Träger der öffentlichen oder freien Jugendhilfe Fachberatung und -vermittlung sowie – gegebenenfalls in Zusammenarbeit mit einem Träger der Erwachsenenbildung – Qualifizierungskurse zur Tagespflege anbieten (vgl. Kap. 6). Es müssen außerdem – wegen der zeitlich begrenzten Ausübung der Tätigkeit – immer wieder neue Interessentinnen gefunden werden, die sich mit den spezifischen Anforderungen dieses Tätigkeitsfeldes erst vertraut machen müssen. Für die betreuten Kinder – und ihre Eltern – gibt es ein gewisses Risiko, dass eine Tagesmutter das Betreuungsverhältnis vorzeitig beendet, wenn sie ein interessantes berufliches Angebot erhält.

Andererseits gibt es empirische Hinweise darauf, dass sich aus dem „Pool" der zunächst eher kurzfristig an der Tagespflege Interessierten im Laufe der Zeit auch ein Teil jener Tagesmütter herauskristallisiert, die mit der Tagespflege eine längerfristige Perspektive verbinden. Dies hängt damit zusammen, dass viele Frauen in die Tagespflege als bevorzugtes Betätigungsfeld eher „hineinwachsen", als sie von Anfang an anzustreben. Häufig stellen diese Frauen zunächst im Umgang mit den eigenen Kindern und dann ebenso mit den Tageskindern fest, wie sehr ihnen diese Tätigkeit liegt. Der ursprünglich ausgeübte – außerhalb des pädagogischen Bereichs liegende – Beruf erscheint demgegenüber häufig nicht mehr attraktiv, und die Tagespflege wird zur gewünschten Alternative.[14]

Die öffentliche Jugendhilfe muss diese typischen Motivationslagen und Berufsbiographien von Tagesmüttern berücksichtigen, wenn es darum geht, neue Tagesmütter zu gewinnen. Interessentinnen, die zunächst vorhaben, in ihren ursprünglichen Beruf zurückzukehren, sollten nicht prinzipiell abgelehnt werden. In der Erstberatung muss allerdings mit Blick auf das Kindeswohl sorgfältig abgeklärt werden, welcher Zeitraum für die Betreuung von Tageskindern verbindlich eingeplant werden kann.

12 An anderer Stelle dieses Gutachtens wird in einer Tagesmütter-Typologie in Bezug auf diese Gruppe von den „Pragmatischen" gesprochen (vgl. Kap. 4 und 11).
13 Es sei denn, es handelt sich um Mütter mit einem pädagogischen Beruf, z. B. Erzieherinnen. Manchmal stellt sich auch heraus, dass eine Interessentin für die Tagespflege lange Zeit für jüngere Geschwister verantwortlich gesorgt oder ähnliche „informelle Lernprozesse" durchlaufen hat.
14 Näheres zu typischen Motivationen und Biographien von Tagesmüttern vgl. Kapitel 4 und 10.

Ein existenzsicherndes Einkommen ist bei der Aufnahme von bis zu drei Tageskindern bislang nicht zu erzielen (vgl. Kap. 10). Tagesmütter, die – etwa als allein erziehende Mütter nach Trennung und Scheidung – auf eine Existenzsicherung angewiesen sind, müssen deshalb vorerst nach anderen Lösungen suchen. Meistens handelt es sich bei ihnen um Frauen, deren eigene Kinder zumindest bereits im Kindergarten sind. Sie stehen vor der Wahl, sich entweder um eine außerhäusliche Erwerbstätigkeit zu bemühen und die eigenen Kinder betreuen zu lassen oder die Tagespflege-Tätigkeit durch die Aufnahme von mehr als drei Kindern und sonstige Maßnahmen „lukrativer" zu machen. Hier setzen die Möglichkeiten der beiden nächsten Formen der Tagespflege ein: „Tagespflege im Haushalt der Personensorgeberechtigten" und „Tagesgroßpflege".

2.2.2 Tagespflege im Haushalt der Personensorgeberechtigten: Kinderbetreuerinnen

Verlässliche Zahlen, wie viele der geschätzten knapp 300.000 Betreuungsverhältnisse zwischen Tagespflege und anderen nichtverwandtschaftlichen Betreuungsformen (vgl. Kap. 4) im Haushalt der Eltern bestehen, gibt es nicht. In den vorliegenden Erhebungen, die aufgrund ihrer Stichprobe ohnehin nur einen sehr geringen Prozentsatz der Zielgruppe erfassen, wird nicht zwischen Tagespflege im Haushalt der Tagesmutter und Tagespflege im Haushalt der Eltern differenziert. Der Tagesmütter-Bundesverband konstatiert auf der Basis seines Einblicks in die Praxis, ohne dies genauer zu quantifizieren, und vor allem mit Blick auf den „organisierten" Teil der Tagespflege allerdings: „Die überwiegende Zahl der in Tagespflege betreuten Kinder wird im Haushalt der Tagespflegeperson betreut" (Tagesmütter-Bundesverband 2002b: 7). Demgegenüber kommt eine empirische Studie für die Zeit kurz vor der Wiedervereinigung zu dem Ergebnis, dass sowohl Kinder unter drei Jahren als auch Kinder von drei bis unter sechs Jahren ergänzend zur institutionellen Betreuung doppelt so häufig durch Kinderbetreuerinnen im Haushalt der Eltern wie durch Tagesmütter betreut werden (vgl. Tietze/Rossbach 1991: 562).[15]

Der Tagesmütter-Bundesverband plädiert zugleich für eine klare sprachliche Abgrenzung der beiden Tagespflege-Formen: „Tagesmutter/Tagesvater" für jene Tagespflegeperson, die in ihrem eigenen Haushalt Tageskinder betreut,

---

15 Es ist fraglich, ob dieser Befund, der sich auf Kinder mit einer Kombination aus institutioneller Betreuung und Tagespflege bezieht, auf jene Kinder übertragbar ist, die ausschließlich von einer Tagespflegeperson – als Tagesmutter oder Kinderbetreuerin betreut werden. So erscheint es nachvollziehbar, dass z.B. Eltern, deren Baby oder Kleinkind in einer Kindertageseinrichtung untergebracht ist, für die übrigen Zeiten eine Betreuung in den vertrauten eigenen Räumen durch eine Kinderfrau dem nochmaligen räumlichen Wechsel in die Wohnung einer Tagesmutter vorziehen. Eine ergänzende Betreuung durch eine Kinderbetreuerin ist auch finanziell eher realisierbar als eine Vollzeitbetreuung im eigenen Haushalt. In diesem Zusammenhang muss angemerkt werden, dass es speziell zur Kombination von institutioneller Betreuung und Tagespflege, zu deren typischen Mustern, zeitlicher Dauer und Akzeptanz für Eltern, Kinder sowie Betreuungspersonen zu wenig empirisch gesichertes Wissen gibt.

und „Kinderfrau"[16] für jene Tagespflegeperson, die im Haushalt der Eltern tätig wird (vgl. ebd.).

Die geschätzte Relation zwischen Tagesmüttern und Kinderbetreuerinnen mag auf den Einzugsbereich der Mitgliedsorganisationen des Tagesmütter-Bundesverbands, also zumeist Tagesmütter-Vereine, zutreffen. Jenseits dieser „eingebundenen" Tagespflegepersonen aber gibt es einen großen freien Markt. Wie viele Kinderbetreuerinnen hier tätig sind und wie groß ihr Anteil im Verhältnis zu den Tagesmüttern ist, liegt völlig im Dunkeln. Letztlich hängt dies auch damit zusammen, dass bei der Kinderbetreuung – wie auch bei Putzhilfen – in Privathaushalten die Beschäftigung illegal arbeitender Frauen, z. B. aus Osteuropa und Lateinamerika, einen großen Stellenwert einnimmt. In der Folge gibt es darüber keine offiziellen Statistiken.

Gleichwohl gibt es zu diesen „haushaltsnahen Dienstleistungen", bei denen es sich um einen globalen Trend handelt, inzwischen Forschungen, die grobe Schätzungen ermöglichen. So wird vermutet, dass in Deutschland knapp 3 Mio. private Haushalte regelmäßig eine Putz- bzw. Haushaltshilfe beschäftigen. Allerdings sollen davon weniger als 40.000 Erwerbstätige uneingeschränkt sozialversicherungspflichtig beschäftigt sein, der Rest über Honorartätigkeit und Schwarzarbeit (vgl. Gather u. a. 2002: 65). Angaben darüber, wie viele dieser Haushaltshilfen auch Kinder betreuen, finden sich indessen auch in diesem Zusammenhang nicht.

Der Arbeitsstatus von Kinderbetreuerinnen unterscheidet sich grundlegend von dem der Tagesmütter. Während die Tagesmütter im Allgemeinen – von sehr wenigen Ausnahmen abgesehen – selbständig tätig sind, werden die Kinderbetreuerinnen häufig von den Eltern angestellt. Dieser andere Status ergibt sich vor allem dadurch, dass Kinderbetreuerinnen nur für die Kinder einer Familie zuständig sind im Unterschied zu den meisten Tagesmüttern, die Kinder aus mehreren Familien betreuen. Eine Anstellung von Tagesmüttern kann deshalb in der Regel nur bei einem Träger erfolgen, wie dies z. B. in Dänemark der Fall ist (vgl. Kap. 10).

Eine Anstellung der Kinderbetreuerinnen ist – in Abhängigkeit vom zeitlichen Umfang und vom Niveau der Bezahlung – entweder auf der Basis eines Minijobs möglich oder im regulären Angestelltenverhältnis (vgl. Kap. 10 und 11).[17] Kinderbetreuerinnen sind aufgrund dieses Status – im Unterschied zu den Tagesmüttern – weisungsgebunden, d. h. die Eltern bestimmen weitgehend, wenn auch in Absprache mit der Kinderbetreuerin, wie die Tätigkeit zu gestalten ist (vgl. Dorner-Müller 2000: 17).

16 Interessanterweise taucht der Begriff „Kindermann" nirgends auf, während von „Tagesvätern", deren Anzahl in der Tagespflege allerdings bislang äußerst gering ist, durchaus gesprochen wird.
17 Neben sozialversicherungspflichtig angestellten Kinderbetreuerinnen gibt es allerdings auch solche, die lediglich auf Honorarbasis und häufig auch „schwarz" tätig sind.

Die Beschäftigung einer Kinderbetreuerin ist für die Eltern in der Regel mit einem weitaus größeren finanziellen Einsatz verbunden als ein Platz bei einer Tagesmutter. Trotzdem bevorzugen vor allem Eltern mit mehreren Kindern diese Variante, wenn es ihre finanziellen Möglichkeiten zulassen. Speziell in ländlichen Gebieten mit weiten Wegen ist es sonst häufig schwierig, passende Betreuungsmöglichkeiten außer Haus für die Kinder zu finden.

Erkenntnisse aus dem laufenden DJI-Projekt zur Tagespflege zeigen, dass ein Teil der Frauen, die lange Zeit als Tagesmutter in ihrem eigenen Haushalt gearbeitet haben und deren Kinder inzwischen nicht mehr auf ihre ständige Anwesenheit angewiesen sind, unter bestimmten Bedingungen daran interessiert ist, als Kinderbetreuerin zu arbeiten. Dabei behalten diese Frauen allerdings den Terminus „Tagesmutter" häufig bei, da sie die Bezeichnung „Kinderfrau" als eher diskriminierend empfinden. Zu den Bedingungen, die sie fordern, gehört neben einer adäquaten Bezahlung häufig eine sorgfältige Trennung der Arbeiten als Haushaltshilfe von denen der Kinderbetreuung. Als Putzfrauen möchten diese erfahrenen Tagesmütter zumeist nicht tätig werden. Bei einem positiven, von gegenseitiger Anerkennung getragenen Verhältnis zu ihren Auftraggebern schätzen sie es jedoch durchaus, ihren eigenen Haushalt, der für sie jahrelang sowohl privater Rahmen als auch Arbeitsplatz war, tagsüber verlassen zu können und „mal rauszukommen". Außerdem legen sie Wert auf die häufig erhöhten Verdienstmöglichkeiten als Kinderbetreuerin und/oder den Status als Angestellte mit entsprechenden sozialen Absicherungen.

Kinderbetreuerinnen werden bisher überwiegend auf dem freien Markt gefunden bzw. durch privat-gewerbliche Träger vermittelt und privat bezahlt. Häufig wird von den Eltern neben der Kinderbetreuung die Durchführung von Haushaltstätigkeiten erwartet. In diesem Zusammenhang wird diskutiert, inwieweit es adäquat ist, die Kinderbetreuung im Haushalt der Eltern als Leistung der Jugendhilfe gesetzlich zu regeln und finanziell zu fördern.[18] Es wird angeregt, im SGB VIII deutlicher als bisher zu formulieren, in welchen besonderen Situationen eine Betreuung im Haushalt der Personensorgeberechtigten angemessen sein kann, etwa, wenn ein Kind krank ist oder wenn besondere räumliche Konstellationen dies erforderlich machen. In jedem Fall aber müsse eine Lösung dafür gefunden werden, Kinderbetreuung und Haushaltsführung bei der Erstattung der Kosten durch öffentliche Mittel voneinander abzugrenzen. Außerdem müsse im Einzelfall geklärt werden, inwieweit die kindliche Förderung durch eine Kinderbetreuerin gewährleistet werden könne, etwa dann, wenn sie nur für ein Kind zuständig ist. Die soziale Entwicklung kann im Kreise mehrerer Kinder bei einer Tagesmutter häufig besser unterstützt werden. Unter diesem Gesichtspunkt sollte mehr als bisher auch die Möglichkeit in den Blick genommen werden, dass im Pri-

---

18 Persönliche Mitteilung durch E. Gerszonowicz, Berlin.

vathaushalt der Eltern eines Kindes auch noch Kinder aus anderen Familien betreut werden.

Es wird hier dafür plädiert, die genannten Argumente sorgfältig zu prüfen, und gegebenenfalls bei der geplanten Gesetzesänderung Spezifizierungen für die Variante „Tagespflege im Haushalt der Personensorgeberechtigten" vorzunehmen. Wichtig erscheint dabei die Perspektive, beim Ausbau einer qualifizierten Tagespflege auf die funktionale Entmischung von Kinderbetreuung und Hausarbeit im fremden Haushalt zu achten. Interessant ist in diesem Zusammenhang aber auch, dass in anderen europäischen Ländern, z.B. Dänemark, Österreich und Frankreich, die Betreuung von Kindern im Haushalt der Eltern nicht unter die öffentlich geförderte Tagespflege subsumiert wird. Perspektivisch ist davon auszugehen, dass, je besser das Tagespflege-Angebot qualitativ und quantitativ gestaltet ist, es umso weniger Bedarf an Kinderbetreuerinnen gibt.

Unter dem Gesichtspunkt einer besseren Balance zwischen Familien- und Erwerbsarbeit kann in der gegenwärtigen Situation in Deutschland allerdings nicht übersehen werden, dass eine Nachfrage nach geeigneten Kinderbetreuerinnen besteht. Dies zeigt sich etwa bei den Anfragen an die gewerbliche Vermittlungsagentur pme Familienservice, die bundesweit Kinderbetreuung, u.a. durch Kinderbetreuerinnen, vermittelt. Bisher gibt es aber wenig systematisches Wissen über diesen Personenkreis. Motivation, persönliche und fachliche Voraussetzungen, Arbeitsbedingungen von Kinderbetreuerinnen sowie die Möglichkeiten einer konstruktiven Gestaltung ihres pädagogischen Alltags mit den Kindern sind noch weniger erforscht als bei der Tagespflege im Haushalt der Tagesmutter. Durch qualitative Studien wären sicherlich wichtige Erkenntnisse zu dieser Betreuungsvariante zu gewinnen, die u.a. in ein spezielles Fortbildungsmodul für die Zielgruppe der Kinderbetreuerinnen eingehen könnten.

2.2.3 Erlaubnispflichtige Tagesgroßpflege

Auch bei der Tagesgroßpflege liegen nicht im wünschenswerten Umfang Befunde aus statistischen Erhebungen oder systematischen Untersuchungen vor. Gleichwohl gibt es mehr zugängliches Expertenwissen als bei der Tagespflege im Haushalt der Eltern (vgl. Gerszonowicz 2004).

„Der kleine professionelle Zweig der Tagespflege", diese Charakterisierung schlägt Gerszonowicz (2004: 1) für die Sonderform der Tagesgroßpflege vor. An anderer Stelle wird betont, dass „viele Tagesmütter daran interessiert sind, eine Form der Kinderbetreuung aufzubauen, die es ihnen ermöglicht, ihren eigenen Arbeitsplatz zu schaffen und davon ihren Lebensunterhalt zu bestreiten" (Dorner-Müller 1999: 8). Vorreiter der Tagesgroßpflege ist Berlin – hier existiert diese Form mit eigenen Regelungen bereits seit 30 Jahren. Von

Tagesgroßpflege wird in Berlin gesprochen, sobald eine Pflegeerlaubnis nach § 44 SGB VIII erteilt wird, die ab dem vierten Tageskind vorgeschrieben und für jedes weitere Tageskind erneut auszustellen ist (vgl. Wiesner u. a. 2000, § 44 Rdnr. 13 ff.; Münder u. a. 2003, § 44 Rz 22). Maximal dürfen in Berlin in einer Tagesgroßpflegestelle acht Kinder betreut werden. Die Betreuung kann im eigenen Haushalt der Tagespflegeperson oder in eigens angemieteten Räumen durchgeführt werden.[19] Die Pflegepersonen müssen über eine mindestens zweijährige Erfahrung in der Betreuung von Kindern verfügen, an Fortbildungskursen teilgenommen haben und sich bei der Arbeit durch Hilfskräfte entlasten können. Die in Tagesgroßpflegestellen Tätigen erhalten – u. a. um Hilfskräfte beschäftigen zu können – ein erhöhtes Honorar. Ende 2001 wurden in Berlin 2.464 Kinder in 439 Tagesgroßpflegestellen betreut; das entspricht einem Anteil von 49,2 % an allen öffentlich geförderten und registrierten Tagespflegeplätzen.[20] Zwei Drittel der Großtagespflegestellen befinden sich im Privathaushalt der Tagespflegepersonen, ein Drittel in angemieteten Räumen (vgl. Gerszonowicz 2004: 13). Im Unterschied zu den in Berlin „Tageseinzelpflegen" genannten Angeboten mit bis zu drei Kindern kann in der Tagesgroßpflege ein ansatzweise existenzsicherndes Einkommen erzielt werden (vgl. Kap. 10).

Ein Charakteristikum der Tagesgroßpflegen sind altersgemischte Gruppen, in denen die Kinder in ihrer kognitiven Entwicklung und ihrem Sozialverhalten viel voneinander profitieren können, die aber auch den Tagesmüttern erhebliche fachliche Kompetenzen abverlangen (vgl. Gerszonowicz 2004: 23 ff.). Zu der Altersmischung kommt es vor allem dadurch, dass zu der „Kerngruppe" der unter Dreijährigen auch Kindergartenkinder und Schulkinder in der Tagespflege – jeweils ergänzend zum Halbtagskindergarten bzw. zur Schule sowie häufig in den Ferien – betreut werden. Dabei handelt es sich nicht selten um Kinder, die schon im Kleinkindalter in dieser Tagesgroßpflegestelle waren und deshalb z. B. lieber zu ihrer „alten" Tagesmutter als in den Hort – falls vorhanden – gehen. In manchen Fällen bleiben Kinder im Kindergartenalter auch noch in der Tagesgroßpflege, z. B. wenn sie unter chronischen Krankheiten (Allergien) leiden, auf die im Kindergarten mit den großen Gruppen nicht immer die erforderliche Rücksicht genommen werden kann. Aus der Tagesgroßpflege mit ihrem anregenden, enwicklungsfördernden Umfeld wechseln die Kinder häufig auch erst mit vier Jahren in den Kindergarten, vor allem

---

19 In dem seit kurzem vorliegenden Referentenentwurf eines Gesetzes zum qualitätsorientierten und bedarfsgerechten Ausbau der Tagesbetreuung wird die Möglichkeit der Anmietung geeigneter Räume in den § 23 neu aufgenommen. Demgegenüber verbinden manche Länderregelungen, z. B. in Sachsen, die Anmietung von Räumen unmittelbar mit der Notwendigkeit einer Betriebserlaubnis.

20 Eine aktuelle Tagespflege-Studie in Brandenburg fand ebenfalls bei 50 % der Tagespflegestellen mehr als drei Tageskinder vor (vgl. Tietze u. a. 2003). Dieser Befund ist allerdings keineswegs auf andere, vor allem westliche Bundesländer übertragbar. In den neuen Bundesländern – und so auch in der Brandenburg-Studie – wird Tagespflege besonders häufig von arbeitslos gewordenen Erzieherinnen ausgeübt, die mit dieser Tätigkeit eine neue berufliche Perspektive verbinden (vgl. Kap. 4).

wenn – wegen des Stichtags der Einschulung – ohnehin noch drei Jahre im Kindergarten vor ihnen liegen.

Tagesgroßpflegen werden charakteristischerweise von Tagespflegepersonen geführt, die mit ihrer Tätigkeit eine professionelle Perspektive verbinden. Für sie ist die Tagespflege meistens nicht nur eine „Durchgangsstation", sondern ein langfristiger „Beruf".[21] Entsprechend hoch sind sie mit dieser Aufgabe identifiziert. Sie sind in aller Regel fest in die Tagespflege-Infrastruktur am Ort eingebunden und nehmen regelmäßig an Fortbildungskursen sowie Gesprächsgruppen teil. Sie verfügen über eine profunde Erfahrung im Tätigkeitsfeld der Tagespflege und werden von Eltern als zuverlässige, kompetente „Familienpädagoginnen"[22] geschätzt. Wenn sie mit Hilfskräften – oder, wie es ebenfalls vorkommt, mit einer anderen Tagesmutter – zusammenarbeiten, ist auch eine personale Kontinuität der Betreuung gegeben, wenn im Falle einer Krankheit usw. eine Vertretung gefunden werden muss.[23]

Die genannten Merkmale der Tagesgroßpflege bestätigen den durch internationale Studien gestützten Befund (vgl. Übersicht bei Textor 1998: 79 f.), dass es sich positiv auf die Qualität der Tagespflege auswirkt, wenn darin eine Beschäftigung auf Dauer gesehen wird, wenn ein professionelles Selbstverständnis sowie Kontakt zu anderen Tagespflegepersonen und eine Anbindung an einen Tagespflege-Verband vorhanden sind. In den Untersuchungen als „gut" identifizierte Tagespflegepersonen betreuen außerdem mehrere Kinder, d. h. drei bis sechs gleichzeitig.

Der Begriff „Tagesgroßpflege" wird allerdings sehr heterogen verwendet, er ist keineswegs überall für die erlaubnispflichtige Tagespflege gebräuchlich (vgl. Gerszonowicz 2004: 6 f.). Es bestehen auch noch andere Unterschiede zwischen den Bundesländern, so z. B. hinsichtlich der Anzahl der Tageskinder, die maximal betreut werden dürfen (vgl. Tabelle 2.2.).

Die Übersicht zeigt, dass in den meisten Bundesländern eine maximale Anzahl von fünf Tageskindern erlaubt ist. Aus fachlicher Sicht wird dies damit begründet, dass der familienähnliche Rahmen sonst nicht mehr gewährleistet wäre. Außerdem würde es eine Überforderung für Tagesmütter bedeuten, wenn sie mit mehr als fünf Familien in der für die Tagespflege typischen intensiven Weise kooperieren sollten. Aus der Sicht der Tagesmütter kann die

---

[21] An anderer Stelle dieses Gutachtens wird in einer Tagesmütter-Typologie in Bezug auf diese Gruppe deshalb auch von den „Professionellen" gesprochen (vgl. Kap. 4 und 11).

[22] Das Berufsleitbild der „Familienpädagogin" wird derzeit in Österreich verfolgt. Die Tagesmütter-Tätigkeit soll damit Anschluss an andere erzieherische und soziale Berufe erhalten (vgl. Lutter 1999; Lutter 2003 sowie Kap. 10).

[23] Unter fachlich-pädagogischen Gesichtspunkten fragt sich allerdings, ob in diesen Situationen der Personenschlüssel ausreicht und ob einer Hilfskraft die alleinige Verantwortung für die relativ große Kindergruppe übertragen werden kann. Zum Problem der Vertretung von Tagespflegepersonen bei Krankheit, Urlaub usw. und adäquaten Lösungsmöglichkeiten vgl. Kapitel 6.

Tabelle 2.2: Übersicht über die Vorschriften in den Bundesländern zur erlaubnispflichtigen Tagespflege/Tagesgroßpflege

Bundesland	Gibt es die Möglichkeit, mehr als drei Kinder zu betreuen?	Wird der Begriff Tagesgroßpflege verwandt?	Gibt es gesetzliche Grundlagen/Vorschriften/Richtlinien für die Tagesgroßpflege?	Wie viele Tagesgroßpflegestellen/ erlaubnispflichtige Tagespflegestellen gibt es?
Bayern (lt. Auskunft Jugendamt Erlangen)	Ja, max. 5 Kinder.	Nein. In Einzelfällen werden als Überbelegung mehr als 5 Kinder betreut.	Nein. Üblich ist ein Hausbesuch.	Nicht bekannt. Schätzung: in Städten 10–20 % mit Pflegeerlaubnis.
Baden-Württemberg (lt. Auskunft Tagesmütterverein Freiburg e. V.)	Ja, max. 5 Kinder.	Ja, bis 10 Kinder (nur in Freiburg).	Nein (nur in Freiburg).	Nicht bekannt.
Berlin (lt. Auskunft Familien für Kinder gGmbH)	Ja, max. 8 Kinder.	Ja.	Ja, KiTaG/PKV.	Öffentlich finanziert: 2.464 Plätze in 439 Tagesgroßpflegestellen. Privat vereinbart: nicht erfasst.
Brandenburg (lt. Auskunft Familien für Kinder gGmbH)	Ja, max. 5 Kinder.	Nein.	Nein.	Nicht bekannt, Schätzung: ca. 30–50 % mit Pflegeerlaubnis, da viele Erzieherinnen tätig sind.
Bremen (lt. Auskunft PiB – Pflegekinder in Bremen GmbH)	Ja, max. 5 Kinder.	Einzelfälle möglich, wenn zwei Personen zusammenarbeiten, von denen eine ausgebildete Erzieherin ist.	Richtlinien zur Förderung und Betreuung von Kindern durch Tagespflegepersonen im Lande Bremen.	Ca. 10 % (= 45 Tagespflegestellen).
Hamburg	Ja, max. 5 Kinder	Nein.	Nein.	Nicht bekannt.
Hessen (lt. Auskunft Hessisches Tagespflegebüro)	Ja, max. 5 Kinder.	Nein.	Nein	Nicht bekannt.
Mecklenburg-Vorpommern	Nein.	Nein.	Kita-Gesetz Mecklenburg-Vorpommern.	Alle, da erlaubnispflichtig ab dem ersten Kind.
Niedersachsen (lt. Auskunft Landesverband Niedersachsen)	Ja, max. 5 Kinder.	Ja, mit Betriebserlaubnis bis 8 Kinder.	Nein.	Im ländlichen Bereich ca. 60 % mit Pflegeerlaubnis (nach Besuch der 160-Std.-Grundqualifizierung).
Nordrhein-Westfalen (lt. Auskunft Landesverband NRW)	Ja, max. 5 Kinder.	Ja, mit Betriebserlaubnis bis 8 Kinder.	Ja, § 16 AG KJHG NRW.	Keine Angabe möglich, da keine Statistik vorhanden, Tagesgroßpflege mit 8 Kindern aber sehr selten.
Rheinland-Pfalz (lt. Auskunft Sozialministerium)	Nein.	Nein.	Nein.	Nicht bekannt.
Saarland (lt. Auskunft Landesverband Saarland)	Ja, max. 5 Kinder.	Nein.	Nein.	Viele Tagespflegestellen mit 5 Kindern, häufig arbeiten zwei Tagesmütter zusammen mit insgesamt 10 Kindern.
Sachsen (lt. Auskunft Tagesmütterverein Sonnenau e. V., Dresden)	Ja, max. 5 Kinder.	Ja, mit Betriebserlaubnis bis 8 Kinder.	Landesjugendhilfegesetz.	Keine Angabe möglich, da keine Statistik vorhanden, Tagesgroßpflege mit 8 Kindern aber sehr selten.
Sachsen-Anhalt	Ja, max. 5 Kinder.	Nein.	Kinderförderungsgesetz.	Ca. 20 Stellen, zumeist von Erzieherinnen betrieben, entspricht einem relativ großen Anteil.
Schleswig-Holstein (lt. Auskunft Pädiko e. V., Kiel)	Ja, max. 5 Kinder.	Nein	Gesetz zur Förderung von Kindern in Tageseinrichtungen und Tagespflegestellen in Schleswig-Holstein.	Nicht bekannt.
Thüringen (lt. Auskunft Landesjugendamt)	Ja, max. 5 Kinder.	Nein.	Nein.	Nicht bekannt.

Quelle: Gerszonowicz (2004: 6 f.)

Setzung dieser Höchstgrenze insofern problematisch sein, als es – entsprechend den flexiblen, deregulierten Arbeitszeiten der Eltern – zunehmend zu Teilzeitbetreuungen kommt, so dass Tagesmütter trotz maximaler Kinderzahl noch freie Platzkapazitäten und einen entsprechend niedrigeren Verdienst haben.[24] Es stellt sich daher die Frage, ob es bei der Definition der maximalen Kinderzahl den Zusatz geben sollte: *„gleichzeitig* in der Tagespflege anwesende Kinder". Uneinheitlich wird derzeit auch beurteilt, ob und bis zu welchem Alter die eigenen Kinder bei der maximalen Kinderzahl mitzurechnen sind.[25]

Außer in Berlin ist die Tagesgroßpflege noch in Freiburg mit einem höheren Honorar verbunden. Allerdings sind in Freiburg nur ausgebildete pädagogische Fachkräfte für die Tagesgroßpflege zugelassen. In Kiel gibt es außerdem einen freien Träger, der zwölf Tagesmütter auf der Basis von BAT VIII anstellt, die jeweils drei bis fünf Kinder betreuen. Darüber hinaus sind keine Beispiele bekannt, in denen die erlaubnispflichtige Tagespflege ein höheres Honorar nach sich zieht (vgl. Gerszonowicz 2004: 13 ff.).

Die Übersicht zeigt ferner, dass die Grenze zwischen einer Tagesgroßpflege nach § 44 SGB VIII und einer Einrichtung, die nach § 45 SGB VIII eine Betriebserlaubnis benötigt, je nach Ländergesetz und Bestimmungen auf kommunaler Ebene variiert. Dabei kommt es auch zu diversen „Deregulierungen", z. B. wenn statt der üblichen Standards für eine Kindertageseinrichtung unter dem Begriff „Tagesgroßpflege" pädagogische Fachkräfte Wohnungen anmieten können und dabei weniger anspruchsvolle Kriterien für die Bewilligung gelten. Dies bestätigt einen Trend, der auch innerhalb der institutionellen Kinderbetreuung derzeit zunimmt: Angesichts des großen Mangels an Plätzen speziell für die unter Dreijährigen, aber auch für Schulkinder und des gleichzeitigen Engpasses in den öffentlichen Haushalten wird nach neuen Formen gesucht, die sowohl finanzierbar sind als auch aus der Sicht des Kindeswohls noch vertretbar erscheinen (vgl. Janke u. a. 2002; Jampert u. a. 2003). Nicht immer können dabei vermutlich aber die erforderlichen pädagogischen Standards wirklich erreicht werden. Außerdem entsteht oft eine große Unübersichtlichkeit des Angebots, so dass suchende Eltern unbedingt eine Anlaufstelle benötigen, bei der sie kompetent Auskunft über das vorhandene Spektrum an Betreuungsplätzen und das dort vorfindbare pädagogische Angebot bekommen können (vgl. Kap. 6).

24 Bei einem ExpertInnen-Forum des Deutschen Jugendinstituts im Juni 2003 wurde vom Hessischen Tagespflegebüro berichtet, dass es im dortigen Landesverband eine heftige und kontroverse Diskussion zu der Frage gebe, wie mit diesem Problem umgegangen werden könnte. Während die Tagesmütter unter diesen Bedingungen für eine Erhöhung der maximalen Kinderzahl plädieren, gibt es aus fachlicher Sicht aus den genannten Gründen Bedenken dagegen. Es geht auch darum, wie der Alltag in der Tagespflege gestaltet werden kann, wenn von einem ständigen „Kommen und Gehen" der Kinder ausgegangen werden muss.
25 In Österreich z. B. schwanken die Vorschriften in den Bundesländern zwischen fünf und sieben Kindern, die maximal *gleichzeitig* inklusive der eigenen Kinder bis 15 Jahre betreut werden dürfen.

Kritisch angemerkt werden muss außerdem, dass eine positive Bewertung der Tagesgroßpflege nur erfolgen sollte, wenn sie den oben genannten Kriterien genügt, d. h. vor allem

- in Bewilligung durch und in Zusammenarbeit mit einem anerkannten Träger durchgeführt wird,
- von qualifizierten Tagespflegepersonen ausgeübt wird,
- in für die jeweilige Kindergruppe geeigneten Räumlichkeiten stattfindet.

Wenn diese Bedingungen nicht gegeben sind, kann es sich demgegenüber um eine problematische Betreuungsform handeln. In diesem Zusammenhang sind Untersuchungsergebnisse relevant, laut denen bei hoher Nachfrage, geringer Bezahlung und fehlender amtlicher Kontrolle Tagespflegepersonen dazu neigen, (zu) viele Kinder aufzunehmen und in ihrer pädagogischen Qualität nachzulassen (vgl. Petrie 1984).[26]

2.2.4 Tagespflege als Hilfe zur Erziehung

Tagespflege im Rahmen der Hilfen zur Erziehung bezieht sich auf einen anderen Personenkreis als die Tagespflege nach § 23 SGB VIII. In § 27 Abs. 1 SGB VIII wird dazu formuliert: „Ein Personensorgeberechtigter hat bei der Erziehung eines Kindes oder eines Jugendlichen Anspruch auf Hilfe (Hilfe zur Erziehung), wenn eine dem Wohl des Kindes oder des Jugendlichen entsprechende Erziehung nicht gewährleistet ist und die Hilfe für seine Entwicklung geeignet und notwendig ist." Trifft diese Voraussetzung des § 27 zu, kann nach § 32 SGB VIII alternativ zur Tagesgruppe die Hilfe „auch in geeigneten Formen der Familienpflege geleistet werden". Van Santen u. a. (2003: 203) fanden in ihrer Studie für 1999 einen Anteil von 8 % der Hilfen in Tagespflege gegenüber 92 % der Hilfen in einer Tagesgruppe.[27] Für 2002 kann von einer absoluten Zahl von bundesweit 650 Fällen ausgegangen werden, die nach §§ 27, 32 in Tagespflege betreut wurden (Statistisches Bundesamt 2003).[28] Der Anteil an allen nach § 27, 32 untergebrachten Kindern/Jugendlichen betrug dabei 5,6 %. Es zeigt sich, dass die absolute Zahl von Tagespflegeplätzen im Rahmen der „Hilfe zur Erziehung" recht gering ist.

Eine besonders große Erfahrung mit der Tagespflege als „Hilfe zur Erziehung" liegt in Berlin vor. Dort wird diese Hilfeform schon seit 20 Jahren angeboten

---

26 Dieser Befund deutet darauf hin, wie wichtig es ist, dass die öffentliche Jugendhilfe bzw. die von ihr beauftragten Träger der freien Jugendhilfe einen „Fachdienst Tagespflege" aufbauen, der für angemessene Rahmenbedingungen und die Einhaltung von Qualitätsstandards sorgt (vgl. Kap. 6).
27 Allerdings ist davon auszugehen, dass dieser Anteil sogar eher nach oben verzerrt ist. Dies hat damit zu tun, dass Tagespflegeeltern häufig wegen fehlender Abmeldung länger in den Statistiken berücksichtigt werden als Tagesgruppen.
28 Diese Zahl ist nur annäherungsweise zu ermitteln, da es sich um die Summe der Fälle handelt, die 2002 begonnen und beendet wurden. Dabei kann es zu Überschneidungen bei der Zählung kommen, die nur schwierig zu berücksichtigen sind.

und hat sich bewährt. Die Tagesmütter müssen dafür bestimmte Voraussetzungen erfüllen (u. a. längere Erfahrung in der Tagespflege sowie eine Empfehlung vom zuständigen Jugendamt) und eine zusätzliche Fortbildung absolvieren (vgl. Schiemann 1996; Gerszonowicz 2002). Sie erhalten eine höhere Vergütung für ihre Arbeit als Tagesmütter, die Kinder nach § 23 aufnehmen.

Es wird als „offenes Geheimnis" angesehen, dass viele Jugendämter Kinder, bei denen die Voraussetzungen für eine Hilfe zur Erziehung vorliegen würden, statt nach § 32 nach § 23 SGB VIII zu Tagesmüttern vermitteln, die weder speziell vorgebildet sind noch eine angemessene fachliche Begleitung und Zusatzvergütung bekommen (vgl. Henze 1996: 238). Die Gefahr, dass die Kinder unter diesen Bedingungen nicht die erforderliche Förderung erhalten, die Tagesmütter – auch durch die häufig erschwerte Kooperation mit den Sorgeberechtigten – überfordert sind und es zu Abbrüchen der Betreuung kommt, ist groß.

Insgesamt muss betont werden, dass die Tagespflege im Spektrum der Hilfen zur Erziehung bisher in der Fachdiskussion und der Forschung noch keine eigene Bedeutung erlangt hat. Es gibt insbesondere zu wenige Kenntnisse darüber,

- wie die Hilfe zur Erziehung im Alltag der Tagespflege konkret geleistet werden kann,
- für welche Kinder – und Eltern – die Tagespflege besonders geeignet ist,
- welche fachlichen und persönlichen Voraussetzungen Tagespflegepersonen für diese Tätigkeit benötigen,
- welche spezifischen Zusatzqualifikationen und welche fachlichen Unterstützungssysteme sich bewähren und
- wie die Rahmenbedingungen für Tagespflege als „Hilfe zur Erziehung" gestaltet sein sollten (z. B. Zusatzhonorare für die Tagespflegepersonen, besondere Beratungsdienste für Tagespflegepersonen und Eltern).

In den nachfolgenden Ausführungen des Gutachtens wird diese spezialisierte Form der Tagespflege im Rahmen der Hilfen zur Erziehung gemäß §§ 27 ff. nicht weiter als eigene Form verfolgt. Damit wird der Tatsache Rechnung getragen, dass es in der gegenwärtigen gesellschaftlichen Situation in erster Linie um bedarfsgerechte Kinderbetreuungsplätze für Eltern mit Kindern unter drei Jahren geht, die sich wegen ihrer Berufstätigkeit stunden- bzw. tageweise nicht selbst um diese kümmern können. Es geht nachfolgend somit um die Tagespflege „als Infrastrukturleistung der Jugendhilfe, die nicht von einem Hilfebedarf im Einzelfall abhängig ist" (Münder u. a. 2003, § 23 Rz 2).[29]

---

29 In diesem Zusammenhang muss es als problematisch angesehen werden, dass im Referentenentwurf eines Gesetzes zum qualitätsorientierten und bedarfsgerechten Ausbau der Tagesbetreuung in den § 23 als Bedarfskriterium aufgenommen werden soll, „wenn das Wohl des Kindes nicht gesichert ist" (vgl. Kap. 3).

Zusammenfassung

- Die Vielfalt an Formen der Tagespflege trägt zu einem differenzierten Angebot bei, das jedoch in Gestalt und Qualität nicht durchgängig gesichert ist. Für die öffentliche Jugendhilfe stellt sich die schwierige Aufgabe, einerseits die Vielfalt – und damit einen Aspekt des spezifischen Profils dieser Betreuungsform – zu fördern, dabei aber andererseits ein klar strukturiertes, transparentes und fachlich vertretbares Angebot der Förderung von Kindern in Tagespflege zu entwickeln.

- Unter den gegenwärtigen Bedingungen wird Tagespflege einerseits durch die öffentliche Jugendhilfe angeboten und fachlich gestaltet. Andererseits finden Eltern Tagesmütter und Kinderbetreuerinnen auf dem „freien Markt" oder im Rahmen privater Netzwerke. Wenn nicht mehr als drei Tageskinder betreut werden, sind private Arrangements legal, da im Achten Buch Sozialgesetzbuch (SGB VIII) erst ab dem vierten Tageskind eine Pflegeerlaubnis vorgeschrieben ist. Dies bedeutet aber auch, dass die Tagespflege in vielen Fällen ohne fachliche Unterstützung ausgeübt wird. Unter dem Gesichtspunkt des Wohls der betroffenen Kinder macht dies Tagespflege zu einer riskanten Betreuungsform.

- Anhand der Kriterien „Betreuungsperson", „Grund für die Betreuung", „Anzahl der betreuten Kinder", „Umfang der Betreuung", „Betreuungsort", „Dauer der Betreuung", „Bezahlung" und „Qualifikation der Betreuungspersonen" werden Unterschiede zwischen den verschiedenen Formen der Tagespflege einerseits sowie zwischen diesen und angrenzenden Angeboten (Au-pairs, Babysitter, Tageseinrichtung im Rahmen einer Eltern-Kind-Initiative) andererseits charakterisiert.

- Im Achten Buch Sozialgesetzbuch (SGB VIII) § 23 sind drei Formen als „Infrastrukturleistung der Jugendhilfe, die nicht von einem Hilfebedarf im Einzelfall abhängig ist" (Münder u. a. 2003, § 23 Rz 2) geregelt: Tagespflege im Haushalt der Tagespflegepersonen (Tagesmütter, -väter), Tagespflege im Haushalt der Personensorgeberechtigten (Kinderbetreuerinnen) und die erlaubnispflichtige Tagespflege nach §§ 23, 44 (teilweise „Tagesgroßpflege" genannt). Daneben gibt es als vierte Form die Tagespflege als „Hilfe zur Erziehung" nach §§ 27, 32 SGB VIII.

- Überwiegend wird nach dem bisherigen Kenntnisstand die Tagespflege im Haushalt der Tagespflegepersonen ausgeübt. Ein Teil der Tagesmütter nimmt während der Elternzeit erstmalig Tageskinder auf. Für diese Tagesmütter sind eine kompetente fachliche Begleitung sowie eine praxisorientierte Fortbildung besonders wichtig, damit Qualität und Stabilität der Betreuung gewährleistet werden können. Außerdem kann aus dieser Gruppe bei guter fachlicher Anbindung und Qualifizierung ein Teil jener Tagesmütter gewonnen werden, die die Tagespflege längerfristig und mit zunehmender Kompetenz ausüben.

- Bei der Tagespflege im Haushalt der Eltern (Kinderbetreuerinnen) stellen sich bei näherer Betrachtung viele ungeklärte Fragen. Diese Form kommt bisher überwiegend auf dem freien Markt oder durch Vermittlung gewerblicher Agenturen zustande. Die Eltern erwarten von Kinderbetreuerinnen häufig zusätzlich zur Kinderbetreuung die Übernahme von Haushaltsarbeiten. In dieser Kombination sind vielfach auch illegal arbeitende Frauen (z. B. aus Osteuropa und Lateinamerika) tätig. Es gibt bisher kaum systematische Erkenntnisse über diesen Sektor der haushaltsnahen Dienstleistung. Unter Jugendhilfe-ExpertInnen wird diskutiert, inwieweit die Kinderbetreuung im Haushalt der Eltern als eine Leistung der Jugendhilfe ausgebaut werden sollte. In anderen europäischen Ländern, z. B. Dänemark und Österreich, wird diese Form der Kinderbetreuung nicht unter den Bereich „öffentlich regulierte Tagespflege" subsumiert. Gleichzeitig ist unübersehbar, dass es – unter dem Aspekt der Balance zwischen Familien- und Erwerbsarbeit – eine Nachfrage nach geeigneten Kinderbetreuerinnen gibt. Gezielte Studien könnten klären, welcher Personenkreis für diese Tätigkeit in Frage kommt, wie der pädagogische Alltag in diesem Rahmen konstruktiv gestaltet werden kann und welche Qualifizierungskonzepte sich anbieten.

- Hinsichtlich der Tagesgroßpflege bzw. der erlaubnispflichtigen Tagespflege mit mehr als drei Tageskindern wird vom „professionellen Segment" der Tagespflege gesprochen. Hier sind häufig besonders qualifizierte und langfristig engagierte Tagespflegepersonen tätig. Die Betreuung und die Förderung einer größeren Kindergruppe sind für die Tagespflegepersonen mit besonderen Anforderungen verbunden, für die sie eine besondere Eignung und spezielle Fortbildung benötigen. Die Tagesgroßpflege bietet den Tagesmüttern eine im Ansatz existenzsichernde Tätigkeit. Allerdings ist dafür eine kontinuierliche Betreuung von mindestens vier Tageskindern ganztags erforderlich (vgl. Kap. 10). In diesem Zusammenhang gibt es eine fachliche Diskussion darüber, wie viele Kinder maximal in Tagespflege betreut werden sollten. In den meisten Bundesländern gilt eine Höchstgrenze von fünf Kindern. Strittig ist, ob dies auch gelten soll, wenn es sich um Teilzeitbetreuungen handelt.

■ Die Tagespflege als „Hilfe zur Erziehung" wird in ihren Grundzügen dargestellt. Tagespflegepersonen, die diese Aufgabe übernehmen, müssen eine besondere Eignung und Zusatzqualifikationen mitbringen sowie ein höheres Honorar erhalten. Es wird darauf hingewiesen, dass diese Form im Gutachten ansonsten nicht weiter behandelt wird. Dies trägt der Tatsache Rechnung, dass es in der gegenwärtigen gesellschaftlichen und familienpolitischen Situation vor allem um die Schaffung bedarfsgerechter Kinderbetreuungsplätze für jene Eltern mit unter dreijährigen Kindern geht, die sich wegen ihrer Berufstätigkeit zeitweise nicht selbst um ihre Kinder kümmern können. Von einem speziellen erzieherischen Hilfebedarf kann in diesen Fällen nicht ausgegangen werden.

Empfehlungen

02 | 01
Es sollte ein Ziel der Politik sein, verschiedene Formen der Tagespflege zu fördern. Gleichzeitig geht es darum, Rahmenbedingungen zu setzen, die das Profil der Tagespflege als familiennaher Betreuungsform stärken und besser als bisher gewährleisten, dass die Entwicklung der betreuten Kinder verlässlich gefördert werden kann.

02 | 02
Die Tagespflege nach § 23 ohne Pflegeerlaubnis, d. h. für bis zu drei Tageskinder, wird häufig von Frauen angeboten, die zu Beginn ihrer Tätigkeit über relativ wenig erzieherische Erfahrung verfügen. Diese Tagesmütter bedürfen in besonderem Maße einer fachlichen Begleitung und einer gezielten Förderung in ihrer Kompetenz für die Betreuung von Kindern aus anderen Familien. Mit Blick auf das Kindeswohl muss auch sorgfältig abgeklärt werden, welcher Zeitraum für die Betreuung von Tageskindern verbindlich eingeplant werden kann.

02 | 03
Tagespflege nach § 23, die im Haushalt der Eltern stattfindet, sollte mehr als bisher in den Blick genommen werden. Wenn auch diese Form im Rahmen der öffentlichen Jugendhilfe stärker als bisher gefördert werden soll, müssten klare Abgrenzungen zwischen den kind- und den haushaltsbezogenen Aufgaben getroffen werden. Es sollten außerdem gezielte Untersuchungen über Motivation, persönliche und fachliche Voraussetzungen, Arbeitsbedingungen von Kinderbetreuerinnen sowie Möglichkeiten der pädagogischen Gestaltung des Alltags durchgeführt werden. Auf der Basis der gewonnenen Erkenntnisse ließen sich z. B. Fortbildungsmodule für diese Zielgruppe entwickeln, damit auch in diesem Rahmen qualifizierte Betreuung und Förderung der betroffenen Kinder ermöglicht werden.

02 | 04
Tagespflegepersonen, die längerfristig mehr als drei Kinder betreuen, erweisen sich für die Jugendhilfe häufig als besonders zuverlässige und kompetente Tagesmütter. In ihrer anspruchsvollen Tätigkeit müssen sie zuverlässig fachlich unterstützt und beraten werden. Über die Frage der maximal zulässigen Kinderzahl in Tagesgroßpflege – auch unter dem Aspekt der Teilzeitbetreuung – muss es eine qualifizierte fachliche Diskussion geben. Notwendig sind zudem gezielte Forschungen zur Tagesgroßpflege bzw. zur erlaubnispflichtigen Tagespflege, z. B. hinsichtlich der Effekte altersgemischt zusammengesetzter Kindergruppen (vgl. Gerszonowicz 2004: 25). Die Möglichkeiten und die Grenzen dieser speziellen Form könnten auf diese Weise fundiert eruiert werden. Der Jugendhilfe, den betroffenen Tagespflegepersonen und Eltern könnten auf der Basis empirischer Studien fachliche Empfehlungen zur Gestaltung des pädagogischen Alltags und anderer relevanter Bereiche gegeben werden.

Gesetzliche Grundlagen

Rechtliche Veränderungen der Tagespflege auf Bundes- und Länderebene

03

Gesetzliche Grundlagen

Rechtliche Veränderungen der Tagespflege auf Bundes- und Länderebene

In der Tagespflege werden von einer Tagespflegeperson Kinder aus anderen Familien für einen Teil des Tages betreut. Die Betreuung kann im Haushalt der Tagespflegeperson oder im Herkunftshaushalt des Tagespflegekindes bzw. auch an einem speziell angemieteten Ort erfolgen. Ein großer Anteil der Tagespflegekinder sind Kinder im Alter unter drei Jahren, die nur begrenzt zum Ausdruck bringen können, wie es ihnen in der Tagespflege geht und ob angemessen auf ihre Bedürfnisse eingegangen wird. Die Eltern haben lediglich eingeschränkte Möglichkeiten, Einblick in den Alltag der Tagespflege zu erhalten und gegebenenfalls auf ihn einzuwirken, da sie überwiegend in dieser Zeit ihrer Berufstätigkeit nachgehen. Sie müssen sich auf die Tagespflegepersonen und die Qualität ihrer pädagogischen Arbeit verlassen können. Eltern, deren Kinder in Tagespflege betreut werden, befinden sich in dieser Hinsicht in einer fast noch schwierigeren Situation als Eltern, deren Kinder in einer Kindertageseinrichtung untergebracht sind, da – im Unterschied zum privaten Rahmen der Tagespflege – dort zumindest ein partielle Öffentlichkeit besteht.

„Jeder junge Mensch hat ein Recht auf Förderung seiner Entwicklung und auf Erziehung zu einer eigenverantwortlichen und gemeinschaftsfähigen Persönlichkeit" (§ 1, Abs. 1, SGB VIII). Nach dieser Maxime ist die Tagespflege, zusammen mit Kinderbetreuungseinrichtungen und anderen sozialen Institutionen und Diensten, im Achten Buch Sozialgesetzbuch geregelt. Der Staat bekräftigt damit seine Aufgabe, das Wohl der Kinder zu schützen, für gleiche Lebenschancen zu sorgen und die Eltern bei der Wahrnehmung ihrer Erziehungsaufgaben zu unterstützen. Die öffentliche Kinder- und Jugendhilfe trägt demnach Mitverantwortung dafür, dass die Kinder in der Tagespflege förderliche Bedingungen vorfinden.

Im Folgenden soll genauer untersucht werden, welche Bestimmungen des Achten Sozialgesetzbuches für die Tagespflege gegenwärtig relevant sind und wie sie in die Praxis umgesetzt werden. Einbezogen werden zugleich die geplanten Veränderungen des Anfang April 2004 vorgelegten Referentenentwurfs für ein „Gesetz zum qualitätsorientierten und bedarfsgerechten Ausbau der Tagesbetreuung und zur Weiterentwicklung der Kinder- und Jugendhilfe (Tagesbetreuungsausbaugesetz/TAG)".[1] Weiterhin werden die jugendhilferechtlichen Regelungen auf Länderebene in den Blick genommen. Sie bilden

---

1 Im Folgenden wird der erste Teil des am 02. April 2004 veröffentlichten Manuskripts als „Referentenentwurf" zitiert und der zweite Teil als „Begründung". Dies ist erforderlich, da eine jeweils getrennte Seitenzählung zugrunde liegt.

den Rahmen für die Gestaltung der Tagespflege vor Ort, in den Kommunen und Landkreisen. Abschließend werden zusammenfassende Empfehlungen für eine zukunftsorientierte Entwicklung der Bestimmungen im Kinder- und Jugendhilferecht auf Bundes- und Länderebene gegeben.

3.1 Regelungen zur Tagespflege im SGB VIII

Im Unterschied zum Jugendwohlfahrtsgesetz[2], in dem die Tagespflege rechtssystematisch der Vollzeitpflege zugeordnet war und dementsprechend in den Jugendämtern häufig zusammen mit der Vollzeitpflege in einer Fachabteilung bearbeitet wurde, wird die Tagespflege im SGB VIII nunmehr im dritten Abschnitt, „Förderung von Kindern in Tageseinrichtungen und in Tagespflege", abgehandelt.[3] Damit wurde Anfang der 90er Jahre ein für die Tagespflege wichtiger Paradigmenwechsel eingeleitet. Klar ist dabei, dass der Großteil der in Tagespflege betreuten Kinder nicht aufgrund eines speziellen erzieherischen Bedarfs dort untergebracht wird (vgl. § 27 SGB VIII), wie es in der Vollzeitpflege der Fall ist. Vielmehr handelt es sich in der Mehrzahl um Kinder, die – wie in institutionellen Formen der Kinderbetreuung auch, insbesondere bei den unter Dreijährigen – vor allem wegen der berufsbedingten Abwesenheit beider Elternteile bzw. des allein erziehenden Elternteils familienergänzend betreut werden.[4]

Die Frage, die sich im Anschluss an die Einführung des SGB VIII von heute aus stellt, ist die, ob diese Neuausrichtung der Tagespflege sich mit Blick auf eine Förderung der qualifizierten Tagespflege bewährt hat. Das heißt:

- Leisten die Bestimmungen im SGB VIII einen relevanten Beitrag zu einem bedarfsgerechten Auf- und Ausbau dieser Betreuungsform (Bedarfsgerechtigkeit)?
- Tragen die bundesrechtlichen Regelungen im SGB VIII zur Förderung der Qualität der Tagespflege im Interesse des Kindeswohls bei (Fachgerechtigkeit)?
- Unterstützt das SGB VIII den Ausbau einer für die Qualifizierung der Tagespflege erforderlichen fachlichen Infrastruktur (Sachgerechtigkeit)?
- Sehen die gesetzlichen Regelungen im SGB VIII angemessene Lösungen hinsichtlich des Arbeitsstatus und der finanziellen Rahmenbedingungen der Tagespflegepersonen vor (Arbeitsmarktgerechtigkeit)?

---

2 Das Jugendwohlfahrtsgesetz galt in den alten Bundesländern bis zum 31.12.1990 und wurde am 1.1.1991 durch das Kinder- und Jugendhilfegesetz (SGB VIII) abgelöst. In den östlichen Bundesländern trat das SGB VIII bereits am 3.10.1990 in Kraft.
3 Dies führte dazu, dass das Fachgebiet Tagespflege inzwischen in den Jugendämtern häufig der für Kinderbetreuung zuständigen Abteilung zugeordnet ist (vgl. Münder u. a. 2003, § 23 Rz 6).
4 Daneben gibt es allerdings die im vierten Abschnitt SGB VIII unter den §§ 27, 32 geregelte Tagespflege als „Hilfe zur Erziehung" (vgl. Kap. 2).

3.1.1 Der Beitrag des SGB VIII zur Bedarfsgerechtigkeit in der Tagespflege

Es ist unbestritten: Die Nachfrage nach qualifizierten Plätzen in der Tagespflege übersteigt bei weitem das von der öffentlichen Jugendhilfe bereitgestellte Angebot. Vermutlich nur einer von fünf der geschätzten Tagespflege-Plätze in Westdeutschland wird von den Jugendämtern vermittelt.[5] Überwiegend suchen sich die Eltern die Betreuungspersonen selbst auf dem so genannten „freien Markt" (vgl. van Santen/Seckinger 2002: 161 und Kap. 4). Sie sind dazu auch deshalb genötigt, weil es gleichzeitig einen gravierenden Mangel an institutionellen Plätzen gibt, also das Angebot an Betreuungsplätzen für die unter Dreijährigen bei weitem nicht der Nachfrage entspricht.[6]

Bisher gibt es keine systematischen Untersuchungen darüber, wie sich diese Suche nach einer adäquaten Betreuung ihrer – häufig kleinen – Kinder für die Eltern konkret darstellt. Es ist aber davon auszugehen, dass die Eltern selten freiwillig auf „eigene Faust" nach einer Tagesmutter Ausschau halten.[7] Sie haben zunächst die Erwartung, dass es – analog zum Kindergarten und zur Schule – öffentliche Stellen geben müsse, die ihnen direkt Plätze anbieten oder zumindest fachliche Unterstützung bei der Suche nach einer guten Betreuung ihres Kindes geben können. Dabei kommen für manche Eltern unter dreijähriger Kinder institutionelle Angebote gleichermaßen in Frage wie Tagesmütter; andere hingegen haben eindeutige Prioritäten, in welchem Rahmen sie ihr Kind am liebsten betreuen lassen würden.[8]

Häufig wissen Eltern allerdings nicht genau, an wen sie sich überhaupt wenden sollen. Wenn sie schließlich beim Jugendamt Rat suchen, müssen sie oft erfahren, dass die wenigen institutionellen Plätze für unter Dreijährige, die es – wenn überhaupt – gibt, erwerbstätigen allein erziehenden und gering verdienenden Eltern vorbehalten sind und dass das Jugendamt selbst keine Tagesmütter vermittelt. Wenn die Eltern Glück haben, kann das Jugendamt auf einen freien Träger verweisen, der sich der Tagespflege widmet; aber auch dies ist keineswegs überall der Fall.[9]

---

5 Im Folgenden ist überwiegend von der Situation in Westdeutschland die Rede. In den neuen Bundesländern bietet sich im Bereich der Tagesbetreuung ein gänzlich anderes Bild. Für die Eltern ist es aufgrund der deutlich besseren Lage auch heute noch weitaus selbstverständlicher, dass die öffentliche Jugendhilfe institutionelle Betreuungsplätze für ihre Kinder zur Verfügung stellt. Die Betreuungsquoten (vgl. Kap. 4) sowie die einschlägigen Gesetze der östlichen Bundesländer (vgl. Abschnitt 3.2) bestätigen dies.

6 Vgl. hierzu Janke u. a. (2002: 33 ff.), BMFSFJ (2003: 30 ff.) sowie neuerdings, mit aktuelleren Zahlen für das Jahr 2002, Statistisches Bundesamt (2004).

7 Es fällt auf, dass die Not der Eltern bei der Suche nach einem adäquaten Betreuungsplatz zunehmend Thema in Presse- und Fernsehberichten ist, so z. B. in einer aktuellen Serie mit dem Titel „Das kinderlose Land" vom 5.1. bis 4.3.2004 in der ZEIT im Rahmen des Arte-Themenabends „Kinderbetreuung" am 9.9.2003.

8 Hinweise dazu können vor allem in Ländern gegeben werden, in denen die Eltern eine wirkliche Wahlmöglichkeit haben. Karlsson (1995: 62 f.) zitiert Studien, nach denen elterliche Prioritäten sowohl bei der Tageseinrichtung wie auch bei der Tagespflege liegen können.

9 So gehören z. B. dem Tagesmütter-Bundesverband, dem einzigen Interessenverband für Tagespflege in

Entschließen sich die Eltern im Falle einer erfolglosen Bemühung um einen „anerkannten" Betreuungsplatz in ihrer Not dazu, eine Anzeige in die Zeitung zu setzen und ihr Kind schließlich einer auf diesem Weg gefundenen Tagesmutter anzuvertrauen, so kann von einer gelungenen „privaten Aktivität" in der Regel nicht ohne weiteres gesprochen werden. Denn für Eltern ist es eine mühsame, riskante und häufig auch überfordernde Angelegenheit, ganz auf sich gestellt auf einem unregulierten „Markt" suchen und dann auch noch adäquat beurteilen zu müssen, ob eine Tagesmutter geeignet ist. Hinzu kommt, dass sie oft keine Vorstellung davon haben, was sie mit ihr regeln müssen, wie sie sich im Falle von Konflikten verhalten sollen und was bei der Gefahr eines Abbruchs der Betreuung zu tun ist.

Für viele Eltern ist es eine emotional äußerst belastende und verantwortungsvolle Entscheidung, ihr kleines Kind einer „wildfremden" Frau anzuvertrauen. Eltern kleiner Kinder sehen sich ohnehin täglich einer Vielzahl neuer Anforderungen ausgesetzt. Wenn sie dann wegen der Berufstätigkeit beider Elternteile – oder eines Elternteils bei Alleinerziehenden – auch noch die schwierigen Fragen der Betreuung ganz alleine regeln sollen, fühlen sie sich oft überfordert und treffen dabei unter Umständen auch falsche Entscheidungen.[10] Es stellt sich somit die Frage, wie es dazu kommt, dass die Jugendhilfe in den westlichen Bundesländern Eltern in derartigen Situationen so häufig alleine lässt und damit auch Risiken hinsichtlich des Wohls der betroffenen Kinder in Kauf nimmt.[11]

Auffallend ist, dass die für die Tagespflege relevanten Bestimmungen des SGB VIII explizit eine andere Haltung der Jugendhilfe fordern:

- § 2 SGB VIII, Abs. 2, Satz 3, in dem Angebote zur Förderung von Kindern in Tageseinrichtungen und in Tagespflege explizit zu den Leistungen der Jugendhilfe gezählt werden, weist auf die Gesamtverantwortung der Jugendhilfe auch in diesen Fällen hin.
- § 5 SGB VIII räumt den AdressatInnen der Jugendhilfe ein gewisses Wunsch- und Wahlrecht ein, das folgerichtig auch zwischen Einrichtun

---

Deutschland, bundesweit bisher „nur" ca. 110 Mitgliedsorganisationen, d. h. Tagesmütter-Vereine, an, die insgesamt einen wesentlichen Anteil an den in der Tagespflege tätigen freien Trägern der Jugendhilfe abdecken.

10 Zu der Frage „gescheiterter" privater Versuche, eine Tagespflegeperson zu finden, gibt es allerdings keine Forschung. In diesem Zusammenhang ist ein Ergebnis der US-amerikanischen NICHD-Studie aufschlussreich (vgl. NICHD 2003: 60), nach der sich Eltern, die selbst ein wenig sensitives Erziehungsverhalten realisieren, eher als erziehungskompetente Eltern mit einer geringen pädagogischen Qualität der familienergänzenden Betreuung zufrieden geben – für die betroffenen Kinder eine doppelte Benachteiligung.

11 Dabei muss allerdings zwischen den westlichen Bundesländern differenziert werden: Insbesondere Berlin kann – auch unabhängig von der Situation in den östlichen Stadtteilen – einen guten Ausbau der Betreuung für die unter Dreijährigen vorweisen, und zwar sowohl im Bereich der Tageseinrichtungen als auch in der öffentlich unterstützten Tagespflege. Große Unterschiede gibt es auch zwischen den Flächenländern (vgl. Abschnitt 3.2 und Kap. 4).

gen und Diensten verschiedener Träger gegeben sein muss. Dies bedeutet aber auch, dass Eltern ein grundsätzliches Recht zu wunschgemäßer Wahl zwischen einer Betreuung ihres Kindes in einer Einrichtung und einer Betreuung in Tagespflege haben sollten, sofern dies nicht mit unverhältnismäßigen Mehrkosten verbunden ist (§ 5, Abs. 2). Tatsächlich handelt es sich selbst bei der qualifizierten Tagespflege eher um das kostengünstigere Angebot, da beispielsweise keine baulichen Investitionen anfallen (vgl. Kap. 12).

- § 80 SGB VIII besagt, dass die Träger der öffentlichen Jugendhilfe im Rahmen der Jugendhilfeplanung den Bestand an Einrichtungen und Diensten festzustellen, den Bedarf unter Berücksichtigung der Wünsche, Bedürfnisse und Interessen der jungen Menschen und der Personensorgeberechtigten für einen mittelfristigen Zeitraum zu ermitteln und die zur Befriedigung des Bedarfs notwendigen Vorhaben rechtzeitig und ausreichend zu planen haben. Dabei soll so geplant werden, dass u. a. „Mütter und Väter Aufgaben in der Familie und Erwerbstätigkeit besser miteinander vereinbaren können" (§ 80 SGB VIII, Abs. 2, Satz 4). „Dieses Planungsziel bezieht sich vor allem auf den Bereich der Angebote zur Förderung von Kindern in Tageseinrichtungen und in Tagespflege" (Wiesner/Mörsberger 2000, § 80 Rdnr. 18; ähnlich Münder u. a. 2003, § 80 Rz 15).

- § 24 SGB VIII, Satz 2 besagt, dass für Kinder unter drei Jahren und für Kinder im schulpflichtigen Alter nach Bedarf Plätze in Tageseinrichtungen vorzuhalten sind. „Dabei handelt es sich um mehr als einen bloßen Programmsatz. Bei der in Satz 2 verankerten *Vorhaltepflicht* handelt es sich um eine *objektiv-rechtliche Verpflichtung* des Trägers der öffentlichen Jugendhilfe" (Münder u. a. 2003, § 24 Rz 22, Hervorhebungen im Original). Außerdem haben die Träger der öffentlichen Jugendhilfe darauf hinzuwirken, dass ein bedarfsgerechtes Angebot an Ganztagsplätzen zur Verfügung steht (§ 24, Satz 3). Da Tagespflege nach § 23 SGB VIII insbesondere für die unter Dreijährigen als alternatives Angebot zu Tageseinrichtungen gilt, ist die öffentliche Jugendhilfe somit indirekt auch aufgefordert, ergänzend oder alternativ zu Plätzen in Tageseinrichtungen auch Tagespflegeplätze im bedarfsgerechten Umfang vorzuhalten.

Angesichts des eklatanten Mangels an Betreuungsplätzen für unter Dreijährige ist vor diesem Hintergrund davon auszugehen, dass die Bestimmungen des SGB VIII bislang nicht angemessen berücksichtigt werden. Eine realitätsangemessene Bedarfsplanung, etwa auf der Basis einer Befragung von Eltern, wird vielerorts nicht durchgeführt. Und erst langsam artikuliert sich die Jugendhilfe auch öffentlich zu den gravierenden Versorgungslücken vor allem für die unter Dreijährigen – meistens mit dem Hinweis, dass dafür leider kein Geld zur Verfügung stehe. So schätzten im Jahr 2000 in einer DJI-Studie 74 % der befragten städtischen und ländlichen Jugendämter in Westdeutschland die Bedarfsdeckung bei Krippen als nicht ausreichend ein. Allerdings hielten immerhin 26 % den Bedarf in ihrem Fall für ausreichend abgedeckt, und dies bei teilweise äußerst geringen Versorgungsquoten am Ort. „Eine entsprechende Analyse zeigt in diesem Zusammenhang den erheblichen politischen Ermessensspielraum der Transformation von Bedürfnislagen in Bedarfseinschätzungen. Hier werden deutlich differierende Prioritätensetzungen bei den einzelnen Jugendämtern erkennbar. Manche Jugendämter sehen bei rechnerisch niedrigen Versorgungsquoten bereits den Bedarf gedeckt, während andere Jugendämter bei deutlich höheren Versorgungsquoten zu der Einschätzung kommen, dass der Bedarf nicht gedeckt werden kann. So liegt die geringste rechnerische Versorgungsquote bei denen, die den Bedarf zumindest gedeckt sehen, im Bereich der Krippen bei 0,03 %" (van Santen u. a. 2003: 162 f.).

Neben ideologisch-politischen Vorbehalten, die im Kontext der „Fremdbetreuung" von Kleinkindern sicherlich immer noch eine Rolle spielen, ist das unzureichende Angebot zweifellos auch im Zusammenhang mit der äußerst belasteten finanziellen Situation der kommunalen Jugendämter zu sehen. Neben der generellen Notlage in den kommunalen Haushalten hat der Rechtsanspruch auf einen Kindergartenplatz für Kinder ab dem dritten Lebensjahr zusätzliche Finanzierungsprobleme hervorgerufen. Noch immer ist nicht einmal die rechtsverbindliche Versorgung mit Kindergartenplätzen bedarfsdeckend gewährleistet bzw. sie wird dadurch „schön" gerechnet, dass Kinder zwar mit ihrem individuellen dritten Lebensjahr einen Anspruch erwerben, dieser unter Umständen jedoch erst zu dem darauf folgenden Stichtag realisiert wird. Vor diesem Hintergrund wird ein Ausbau der Betreuung für Kinder unter drei Jahren und Schulkinder weithin aufgeschoben (vgl. van Santen u. a. 2003: 143).

Der auch unabhängig von der Versorgungslage für Kindergartenkinder nahezu überall vorhandene Engpass bei öffentlich vermittelten Kinderbetreuungsplätzen für unter Dreijährige, sei es im institutionellen, sei es im familiennahen Bereich, hat zur Folge, dass bei der Verteilung soziale Auswahlkriterien zum Zuge kommen. Vor allem erwerbstätige Alleinerziehende und Eltern mit geringem Einkommen werden bevorzugt (vgl. Wiesner 2003a: 6). So verständlich dies einerseits ist, so deutlich muss andererseits gesehen werden, wie benachteiligt sich Eltern fühlen, die nicht zu diesem „privilegierten" Personenkreis gehören. Die Jugendhilfe verkennt, wie hilflos Personensorgeberechtigte vor der Aufgabe stehen, allein einen Platz suchen zu müssen. In diesen Fällen kommt dann nur eine privat gefundene Tagesmutter in Frage, da Eltern in der Regel weder die Energie noch die zusätzlichen Mittel und die zeitlichen Ressourcen haben, selbst eine entsprechende Einrichtung – etwa im Rahmen einer Elterninitiative – zu gründen. Viele Eltern wären wohl bereit, entsprechend ihrem Einkommen einen finanziellen Beitrag zur Betreuung ihrer Kinder zu leisten, aber sie sind im Interesse einer guten Betreuung ihrer Kinder auf das fachliche Know-how und die Bereitstellung der entsprechenden Infrastruktur durch die öffentliche Jugendhilfe angewiesen.

Bedarfsgerechtigkeit im Referentenentwurf – Vorgesehene Änderungsschwerpunkte

In der Begründung des Gesetzentwurfs wird konstatiert: „Trotz der seit dem 1. Januar 1991 im Achten Buch Sozialgesetzbuch – Kinder- und Jugendhilfe – (SGB VIII) enthaltenen Verpflichtung, auch für die Kinder unter drei Jahren ein bedarfsgerechtes Angebot vorzuhalten, ist in den zurückliegenden Jahren in den alten Bundesländern kein bedarfsgerechtes Angebot entstanden" (Begründung 2004: 8, Hervorhebung im Original). Unter Berufung auf das Gesetzgebungsrecht des Bundes zur Herstellung gleichwertiger Lebensverhältnisse im Bundesgebiet werden in dem Referentenentwurf deshalb, bezogen auf das Ziel der Bedarfsgerechtigkeit, folgende Neuregelungen angestrebt:

- Im § 24 SGB VIII werden Kriterien für ein bedarfsgerechtes Angebot gesetzlich fixiert. Mindestens müssen danach für die Kinder Plätze in Tageseinrichtungen bzw. in Tagespflege vorgehalten werden, deren beide Elternteile oder im Falle des Getrenntlebens deren erziehender Elternteil einer Erwerbstätigkeit nachgehen, sich in einer beruflichen Aus- oder Weiterbildungsmaßnahme befinden oder an Maßnahmen zur Eingliederung in Arbeit im Sinne des Vierten Gesetzes für moderne Dienstleistungen am Arbeitsmarkt teilnehmen oder durch Aufgaben in der Familie besonders belastet sind oder deren Wohl nicht gesichert ist, weil die Eltern ihrer Erziehungsverantwortung nicht gerecht werden. Ausdrücklich wird im Abs. 6 betont, dass weitergehendes Landesrecht unberührt bleibt (vgl. Referentenentwurf 2004: 15).
- Im § 24a wird eine Übergangsregelung für die Ausgestaltung des Betreuungsangebots formuliert. Danach können die Träger der öffentlichen Jugendhilfe beschließen, dass die Verpflichtung zu einem bedarfsgerechten Ausbau spätestens ab dem 1. Oktober 2010 erfüllt wird. In diesem Fall müssen jährliche Ausbaustufen zur Schaffung eines bedarfsgerechten Angebots beschlossen und jeweils am Jahresende der aktuelle Bedarf ermittelt sowie der erreichte Ausbaustand festgestellt werden. Solange das erforderliche Angebot noch nicht zur Verfügung steht, sind bei der Vergabe der neu geschaffenen Plätze Kinder, deren Wohl nicht gesichert ist, und Kinder, deren Eltern oder allein erziehende Elternteile eine Ausbildung oder eine Erwerbstätigkeit aufnehmen oder an einer Maßnahme zur Eingliederung in Arbeit im Sinne des Vierten Gesetzes für moderne Dienstleistungen am Arbeitsmarkt teilnehmen, besonders zu berücksichtigen (vgl. Referentenentwurf 2004: 16).

Es ist zu betonen, dass mit dem Referentenentwurf ein ebenso notwendiger wie wichtiger Schritt auf dem Weg zu einer bedarfsgerechten Ausstattung mit Betreuungsplätzen für die unter Dreijährigen getan wird. Perspektivisch wären allerdings folgende Aspekte zu berücksichtigen:

- Bisher gab es rechtlich eine klare Trennung zwischen Kindern, die nach § 23 in die Tagespflege aufgenommen wurden, und jener Gruppe, die nach §§ 27, 32 als Hilfe zur Erziehung in Tagespflege betreut wurde. Es ist fachlich unbestritten, dass Tagespflegepersonen, die Kinder aufnehmen, bei denen „eine ihrem Wohl entsprechende Erziehung nicht gewährleistet ist" (§ 27), eine besondere fachliche Vorbereitung und Begleitung brauchen sowie eine zusätzliche Honorierung für die besonderen Belastungen bekommen müssen (vgl. Kap. 2). Die Trennung dieser Betreuungsformen im Gesetz ist deshalb fachlich sinnvoll. Im neu formulierten § 24, der sich auf die Inanspruchnahme sowohl von Tagespflege als auch von Tageseinrichtungen bezieht, werden nun im Abs. 3 „Kinder, deren Wohl nicht gesichert ist" als Bedarfskriterium genannt (Referentenentwurf 2004: 15). Hinsichtlich der Tagespflege ist bei der Umsetzung in die Praxis darauf zu achten, dass diese Aufgabe nur besonders geeigneten und fachlich begleiteten Tagespflegepersonen übertragen wird. Es wäre wünschenswert, wenn dies auch im Referentenentwurf betont würde.
- Es stellt sich die Frage, wie es gelingen kann, das erklärte Ziel der Bedarfsgerechtigkeit zu erreichen. In der Begründung zu dem Referentenentwurf wird ausgeführt: „Die Verbesserung der Kinderbetreuung ist nicht nur ein wichtiger Beitrag zur umfassenden Förderung von Kindern und zum Ausgleich individueller Nachteile. Sie hilft Müttern und Vätern, Berufstätigkeit und Kindererziehung zu vereinbaren, die Erfüllung des Kinderwunsches zu erleichtern und

> Chancen für Familien und die Gesellschaft insgesamt zu erweitern. Die Umsetzung dieser Forderung ist ein Auftrag von Verfassungsrang" (Begründung 2004: 2). Trotz der zum Ausdruck kommenden Dringlichkeit einer Verbesserung der Kinderbetreuung in Westdeutschland wird aber in dem Referentenentwurf für die nächsten Jahre von einem konditionierten, d. h. an bestimmte Kriterien geknüpften, subjektiven Recht auf Tagesbetreuung für Kinder unter drei Jahren abgesehen. Allerdings wird dieser perspektivisch in der Begründung zum Referentenentwurf ins Auge gefasst: „Eine solche Regelung bietet sich nach Ablauf der Übergangsfrist im Jahr 2010 an und ist vorher nicht handhab- und durchsetzbar" (Referentenentwurf 2004: 4). In diesem Zusammenhang muss daran erinnert werden, dass es auch bei dem Rechtsanspruch auf einen Kindergartenplatz, der im Rahmen des Schwangeren- und Familienhilfegesetzes zum 5.8.1992 eingeführt wurde, u. a. durch Intervention des Bundesrates noch zu erheblichen Übergangsregelungen kam, so dass der Rechtsanspruch auf einen Kindergartenplatz einschränkungslos erst seit dem 1.1.1999 gilt (vgl. Münder u. a. 2003, § 24 Rz. 1). Es muss eine gemeinsame Anstrengung aller zuständigen Ebenen sein, zu gewährleisten, dass alle Eltern bis zum Jahre 2010 die Nutzung eines öffentlichen Angebot der Kinderbetreuung erwarten können.
> - Die Tagespflege ist wie die institutionelle Kinderbetreuung für unter Dreijährige insgesamt in erheblichem Maße von der finanziellen Not der kommunalen Haushalte betroffen. Politische Bemühungen, denen zufolge die Kommunen bei dem Auf- und Ausbau der Kinderbetreuung für unter Dreijährige entlastet werden sollen (vgl. BMFSFJ 2003: 299 ff.), haben deshalb für beide Angebote der Kinderbetreuung eine erhebliche Bedeutung. Die im Referentenentwurf dargelegte Bereitschaft der Bundesregierung, die Kommunen mit 1,5 Milliarden Euro jährlich speziell im Bereich der Kinderbetreuung für unter Dreijährige unterstützen zu wollen, ist deshalb ein sehr begrüßenswerter und wichtiger Schritt.[12] Unter diesem Vorzeichen sollte geprüft werden, ob dieser wichtige Schritt in die richtige Richtung nicht mit der Perspektive eines bedingten Rechtsanspruchs unterfüttert werden kann, wie dies etwa in Dänemark und Schweden – dort ab dem ersten Lebensjahr – der Fall ist (vgl. BMFSFJ 2003: 37).

3.1.2 Der Beitrag des SGB VIII zur Fachgerechtigkeit in der Tagespflege

Seit einiger Zeit gibt es eine lebhafte Fachdebatte über die Notwendigkeit, die kognitive, soziale und emotionale Entwicklung von Kindern von Geburt an gezielter als bisher zu fördern. Auslöser waren sowohl das schlechte Abschneiden deutscher SchülerInnen im PISA-Test als auch neuere Erkenntnisse der Hirnforschung über die Bedingungen eines individuell optimalen Aufbaus von Hirnstrukturen und damit zusammenhängender sprachlicher und sonstiger Fähigkeiten (vgl. Kap. 5). Inzwischen ist unbestritten, dass es für Eltern und andere Betreuungspersonen einen Bildungsauftrag „von Anfang an", also auch schon bei Kleinkindern und Kindern im Vorschulalter, gibt. Entsprechend geht es um die Frage, welche Kompetenzen und welche Qualifikationen die Bezugspersonen der Kinder benötigen, um diesem Auftrag gerecht werden zu können, und welche Rahmenbedingungen hierfür erforderlich sind (vgl. Kap. 6).

---

12 Die Beteiligung des Bundes an den Kosten wird auch durch den Grundsatz der Konnexität („wer anschafft, zahlt") nahe gelegt, der von kommunalen VertreterInnen in Fachdiskussionen immer wieder angemahnt wird.

Wie sind die Bestimmungen im SGB VIII vor dem Hintergrund dieser neueren Erkenntnisse und Anforderungen zu bewerten?

- In § 22 SGB VIII ist für Kindertageseinrichtungen festgelegt, dass deren Aufgabe die Betreuung, Bildung und Erziehung des Kindes umfasst (Abs. 2). In der Fachdiskussion besteht Einigkeit darüber, dass diese Grundsätze auch für Tagespflege gelten, selbst wenn dies in § 23 nicht explizit erwähnt wird.[13] Kinder haben das gleiche Recht auf Förderung ihrer Entwicklung zu einer eigenverantwortlichen und gemeinschaftsfähigen Persönlichkeit (vgl. § 22, Abs. 1 sowie § 1 SGB VIII), unabhängig davon, ob sie in Kindertageseinrichtungen, in Tagespflege oder von ihren Eltern betreut werden. Tagespflege umfasst mithin keineswegs nur Betreuung und Pflege der Tageskinder, wie die durchaus umstrittene Bezeichnung[14] nahe legt, sondern ebenso Bildung und Erziehung.
- § 23, Abs. 2 SGB VIII legt fest, dass geeignete Tagespflegepersonen vermittelt werden sollen. Es gibt aber keine Hinweise darauf, welche Kriterien der Eignung zu berücksichtigen sind. Unter der Maßgabe, dass ein Bundesgesetz die Funktion hat, vergleichbare Standards in den Bundesländern und Kommunen zu fördern, ist dies bei einer Personengruppe, für die es bisher keine formalen Qualifikationserfordernisse gibt, nicht ausreichend. Stattdessen müsste rechtlich sichergestellt werden, dass Tagespflegepersonen zentrale Eignungskriterien zu erfüllen sowie an einer vorbereitenden und praxisbegleitenden Qualifizierung teilzunehmen haben.[15]
- Tagespflegepersonen und Personensorgeberechtigte haben Anspruch auf Beratung in allen Fragen der Tagespflege. „Der Anspruch auf Vermittlung und Beratung steht für alle Tagespflegeverhältnisse offen – unabhängig davon, ob das Jugendamt die Aufwendungen der Tagespflegeperson ersetzt" (Wiesner 2003a: 5). Dies unterstreicht noch einmal die prinzipielle öffentliche Zuständigkeit für alle Fragen der nichtelterlichen Kinderbetreuung. Entsprechend heißt es bei Wiesner: „Dieser Anspruch richtet sich – wie alle gesetzlichen Verpflichtungen – gegen das Jugendamt. Denkbar erscheint auch, dass diese Aufgabe von einem Träger der freien Jugendhilfe in Absprache mit dem Jugendamt wahrgenommen wird" (ebd.).
- Nach § 23, Abs. 4 sollen Zusammenschlüsse von Tagespflegepersonen beraten und unterstützt werden. Ausgelegt wird dieser Passus üblicherweise so, dass z. B. Tagesmütter-Vereine Anspruch auf Beratung etwa durch

---

13 Münder u. a. legen schlüssig dar, dass durch die Formulierung „Zur Förderung der Entwicklung des Kindes ... kann auch eine Person vermittelt werden ..." der Bezug zu den Aufgabenbeschreibungen im § 22 hergestellt wird (vgl. Münder u. a. 2003, § 23, Rz 8).

14 So fordert z. B. der Tagesmütter-Bundesverband, über die Bezeichnung kritisch nachzudenken (2002: 6). Und in Österreich wurde in den letzten Jahren für die Tagespflege ein eigenes Berufsbild unter der Überschrift „Familienpädagogin" entwickelt (vgl. Lutter 1999; Lutter 2003 sowie Kap. 10).

15 Hier sollte in der Praxis ein Umfang von 160 Unterrichtsstunden, wie im DJI-Curriculum vorgesehen, nicht unterschritten werden (vgl. Keimeleder u. a. 2001; Weiß u. a. 2002).

die öffentliche Jugendhilfe haben und finanzielle Unterstützung einfordern können (vgl. Wiesner/Mörsberger 2000, § 23, Rdnr. 40; Münder u. a. 2003, § 23, Rz 22).

- Im Unterschied zum Jugendwohlfahrtsgesetz, das eine Pflegeerlaubnis für eine Tagespflegeperson ab dem ersten betreuten Tageskind vorsah, legt das SGB VIII in § 44 fest, dass Tagespflegepersonen erst ab dem vierten Tageskind eine Pflegeerlaubnis benötigen. Diese Bestimmung wurde seinerzeit auf Initiative der kommunalen Spitzenverbände in das SGB VIII aufgenommen. „Sie wiesen darauf hin, dass der Erlaubnisvorbehalt in weiten Teilen leer laufe, da der größere Teil der privat finanzierten Tagespflegeverhältnisse dem Jugendamt gar nicht bekannt würde. ... Im Übrigen könnten die Jugendämter im Hinblick auf ihre Personalsituation den mit einem Erlaubnisvorbehalt verbundenen Erwartungen im Hinblick auf eine laufende Kontrolle nicht gerecht werden, so dass die Vorschrift nicht ihrer Intention entsprechend umgesetzt werden könnte" (Wiesner 2003 a: 5).

Der Erlaubnisvorbehalt erst ab dem vierten Kind wird von Tagespflege-ExpertInnen kritisch kommentiert (vgl. Blüml 1996: 609 f.; Lakies 1996: 69 ff.; Trimpin/Bauer 1996: 546; Schumann 1996: 477 f. und 1998: 205). Dabei wird deutlich, dass es weniger um das Instrument „Pflegeerlaubnis" an sich geht als vielmehr um die grundlegende Frage, wie zuverlässig und verbindlich die Jugendhilfe die Aufgabe der Qualitätsentwicklung und -kontrolle in der Tagespflege übernimmt. Die zentralen Argumente lauten, dass es im Interesse des Kindeswohls bei jeder Tagesmutter – unabhängig von der Zahl der betreuten Kinder und einer Bezahlung durch die öffentliche Jugendhilfe – einer Überprüfung der Eignung sowie einer kontinuierlichen fachlichen Begleitung durch die öffentliche Jugendhilfe bedürfe. Dies würde die Eltern bei der Wahrnehmung ihrer elterlichen Sorge unterstützen und die Gleichbehandlung aller in Tagespflege betreuten Kinder gewährleisten. Damit sei auch die – im SGB VIII vorgesehene – Gleichrangigkeit der Tagespflege mit den Einrichtungen sichergestellt, da es dort ebenfalls Vorschriften zu Fachaufsicht, Supervision und Fortbildung gebe. Ein Konsens besteht auch dahingehend, dass die im § 23 vorgeschriebene Eignungsüberprüfung mit dem Instrument der Pflegeerlaubnis inhaltlich im Kern übereinstimmt, so dass eine Doppelung überflüssig ist. Das Problem besteht aber eben darin, dass gegenwärtig nur ein Bruchteil der faktisch tätigen Tagesmütter entsprechend dieser Vorschrift auf ihre Eignung überprüft wird und die notwendige fachliche Unterstützung erhält.

Durch die Veränderung der Pflegeerlaubnis-Bestimmung im Zuge der Einführung des neuen SGB VIII wurde der vorher bestehende „graue Markt" automatisch zum „freien Markt". Während sich die öffentliche Jugendhilfe in Zeiten des Jugendwohlfahrtsgesetzes „eigentlich" verpflichtet fühlte, den „grauen Markt" nach Möglichkeit zu erhellen, fehlt dafür jetzt eine eindeutige rechtliche Grundlage.

Dies hat auch Auswirkungen auf die amtliche Jugendhilfestatistik. So werden inzwischen nur noch die erlaubnispflichtigen und damit lediglich ein Bruchteil der tatsächlichen Tagespflegeplätze erfasst, allerdings nur in finanzieller Hinsicht (vgl. Kap. 4). Um zusätzlich wenigstens einen Überblick über die Gesamtzahl öffentlich geförderter Tagespflegeplätze zu erhalten, auch wenn sie nicht erlaubnispflichtig sind, ist deshalb eine Änderung der Rechtsgrundlagen im SGB VIII vorgesehen (vgl. Wiesner 2003 a: 10).[16]

Fachgerechtigkeit im Referentenentwurf – Vorgesehene Änderungsschwerpunkte

Bereits aus dem Titel des Referentenentwurfs wird erkennbar, dass es keineswegs nur um einen bedarfsgerechten Ausbau gehen soll, sondern dass sogar an erster Stelle eine Orientierung an Qualitätsstandards steht. Einen besonderen Schwerpunkt legt der Gesetzentwurf dabei auf die qualitative Weiterentwicklung der Kindertagespflege mit dem Ziel, sie zu einem den Kindertageseinrichtungen gleichrangigen Angebot zu machen (vgl. Begründung 2004: 8). Im Einzelnen werden dafür folgende Änderungen vorgesehen:
- Im § 22 sollen künftig die Grundsätze der Förderung für Tageseinrichtungen und Tagespflege gemeinsam festgelegt werden. Zum Förderauftrag gehören in beiden Formen explizit Erziehung, Bildung und Betreuung des Kindes. Es wird ausführlich dargelegt, welche pädagogischen Leitlinien und welche Werthaltungen in der Interaktion mit dem Kind, aber auch mit seinen Eltern zu beachten sind (vgl. Referentenentwurf 2004: 11 f.).
- In § 23 wird festgelegt, dass eine nach § 24 bedarfsgerecht vorzuhaltende Tagespflege die Vermittlung des Kindes zu einer geeigneten Tagespflegeperson umfasst, soweit diese nicht vom Personensorgeberechtigten nachgewiesen wird. Außerdem ist für deren fachliche Beratung, Begleitung und weitere Qualifizierung sowie die Gewährung einer laufenden Geldleistung zu sorgen.[17] Im Abs. 3 werden einige Eignungskriterien der Tagespflegepersonen genannt. Im Abs. 5 ist festgelegt, dass derart geeignete Tagespflegepersonen auch vermittelt werden können, wenn die Voraussetzungen nach § 24, Abs. 3, d. h. die eingeschränkten Kriterien für die Zeit des Übergangs, nicht vorliegen. In der Begründung heißt es dazu: „Damit soll einem breiteren Kreis von Eltern der Zugang zu einer qualitativ guten Tagespflege ermöglicht werden, bei der sie aber für die Finanzierung selbst verantwortlich bleiben. Um die Attraktivität der Vermittlung über die Jugendämter für Tagespflegepersonen zu steigern, können diese einen Zuschuss zur Rentenversicherung und die Aufwendungen für eine Unfallversicherung erstatten" (Begründung 2004: 27).
Es ist sehr zu begrüßen, dass im Gesetzentwurf mehr als in den bisherigen Regelungen die Bedeutung der Qualität betont wird. In § 22 werden die damit verbundenen Anforderungen detailliert und bezogen auf den aktuellen Stand des pädagogischen Wissens eindrucksvoll formuliert. Demgegenüber werden die Rahmenbedingungen für fachliche Qualität in der Tagespflege in § 23 teilweise noch zu wenig operationalisiert.[18]
- Zur Sicherstellung bundesweiter Standards wäre im Abs. 1 festzulegen, dass zur fachlichen Beratung und Begleitung u. a. auch regelmäßige Hausbesuche gehören. Im Abs. 3 sollte konkretisiert werden, dass Lehrgänge einen Mindestumfang von Unterrichtsstunden haben müssen, um zu vertieften Kenntnissen zu führen[19]. Der hier vorgegebene Rahmen ist von den

---

16 Nach Angaben der Dortmunder Arbeitsstelle sollen ab dem 13.3.2005 im Rahmen einer jährlichen Stichtagserhebung bei den Jugendämtern alle öffentlich geförderten Tagespflegeplätze erfasst werden.
17 Auf die finanziellen Rahmenbedingungen wird weiter unten im Abschnitt 3.1.4 eingegangen.
18 Ausführlich werden die Anforderungen an die Eignung von Tagespflegepersonen und an die Qualität der fachlichen Begleitung im Kapitel 6 dargestellt.
19 Das DJI-Curriculum, das inzwischen z. B. vom Land Sachsen verbindlich für die Tagesmütter-Fortbildung

> Ländern durch die eigene Gesetzgebung auszufüllen Sollte die Zielgruppe der Kinder, deren Wohl nicht gesichert ist, in den § 23 aufgenommen werden, wäre eine Erläuterung der spezifischen Anforderungen an Tagespflegepersonen erforderlich, die diese Kinder betreuen.
> - Im Referentenentwurf wird bezüglich des § 44 (Pflegeerlaubnis) die Veränderung vorgenommen, dass eine vom Jugendamt vermittelte Tagespflegeperson nicht noch zusätzlich einer Pflegeerlaubnis bedarf, auch wenn sie mehr als drei Tageskinder betreut. Dies bedeutet, dass – ohne Vermittlung des Jugendamts – weiterhin erst ab dem vierten Tageskind eine Pflegeerlaubnis erforderlich ist. Damit besteht wie bisher die Gefahr, dass ein Teil der Jugendhilfe – die sonstigen Vorschriften des Gesetzes wie bisher ignorierend – sich für die „privat" arbeitenden Tagespflegepersonen, die bis zu drei Tageskinder aufnehmen, nicht zuständig fühlt und diese Arrangements dem „freien Markt" überlässt, mit allen damit verbundenen Risiken.
> - Mit dem Argument, dass *alle* Kinder in Tagespflege die gleichen Chancen einer fachlich unterstützten, qualifizierten Betreuung haben müssen, wird deshalb hier dafür plädiert, einen Erlaubnisvorbehalt bzw. eine vergleichbare, verpflichtende Regelung – etwa eine verbindliche Eignungsüberprüfung – durch die Jugendämter ab dem ersten betreuten Tageskind einzuführen.[20] Die Kommunen müssen in die Lage versetzt werden, den dafür erforderlichen Personalbestand sicherzustellen.

3.1.3 Der Beitrag des SGB VIII zur Sachgerechtigkeit in der Tagespflege

Unter Sachgerechtigkeit wird hier verstanden, dass eine für die Umsetzung des Qualitätsanspruchs in der Tagespflege erforderliche fachliche Infrastruktur zur Verfügung steht (vgl. Kap. 6 und 8). Welche Bestimmungen des SGB VIII sind in diesem Zusammenhang – zusätzlich zu den im Abschnitt 3.1.2 diskutierten Regelungen – relevant?

- Mit § 4 SGB VIII ist die rechtliche Grundlage dafür geschaffen worden, dass – entsprechend dem Subsidiaritätsprinzip – Träger der freien Jugendhilfe in der Tagespflege tätig werden können und dafür von der öffentlichen Jugendhilfe gefördert werden. Die verschiedenen Formen der Selbsthilfe sollen dabei gestärkt werden.
- Nach § 79 SGB VIII haben die Träger der öffentlichen Jugendhilfe für die Erfüllung der im SGB VIII festgelegten Aufgaben die Gesamtverantwortung einschließlich der Planungsverantwortung. Sie haben außerdem für eine ausreichende Ausstattung der Jugendämter zu sorgen. Dazu gehört auch eine dem Bedarf entsprechende Zahl von Fachkräften (§ 79, Abs. 3).

---

vorgeschrieben ist, hat einen Stundenumfang von 160 Unterrichtsstunden. Davon sind 30 Stunden als vorbereitende und 130 Stunden als praxisbegleitende Fortbildung vorgesehen (vgl. Keimeleder u. a. 2001, Weiß u. a. 2002). Der Tagesmütter-Bundesverband legt ebenfalls diesen Fortbildungsumfang für die Vergabe seiner Bundesverbands-Lizenz zugrunde.

20 In der Landesgesetzgebung Mecklenburg-Vorpommerns ist eine Pflegeerlaubnis ab dem ersten Kind vorgeschrieben. Dies gilt auch für die Tagespflege in Österreich und Dänemark. In diesem Zusammenhang ist noch einmal daran zu erinnern, dass es die Pflegeerlaubnis ab dem ersten Kind auch im Jugendwohlfahrtsgesetz, also vor Inkrafttreten des SGB VIII, gab.

Nach der Gesetzeslage müsste es also eine gut ausgebaute Infrastruktur zur Sicherung der fachlichen Begleitung in der Tagespflege geben. Allerdings klaffen der gesetzliche Anspruch und die Realität in diesem Fall weit auseinander. Neben einigen „Good-practice"-Beispielen, in denen es zuverlässige und akzeptable Rahmenbedingungen der fachlichen Arbeit gibt, sind die Modalitäten vielerorts noch keineswegs zufrieden stellend. So können viele Tagesmütter-Vereine in ihrer Funktion als anerkannte Träger der freien Jugendhilfe aufgrund einer absolut unzureichenden finanziellen Ausstattung wichtige Aufgaben nicht erfüllen und nur aufgrund eines ausgeprägten ehrenamtlichen Engagements die Arbeit überhaupt aufrechterhalten (vgl. Gerszonowicz 2000). Auch den Jugendämtern stehen – wenn sie die Vermittlung und die Beratung von Tagespflegepersonen und Eltern selbst übernehmen – selten ausreichende finanzielle und personelle Ressourcen zur Verfügung.

Van Santen und Seckinger bestätigen aufgrund einer Analyse der Daten aus der amtlichen Kinder- und Jugendhilfestatistik diese desolate Situation der Fachpraxis: „Die Ausgaben für Infrastruktur, also Personal für Vermittlung von Tagespflege und Ähnliches mehr, nimmt ... sowohl absolut gesehen als auch in Relation zu den steigenden Fallzahlen ab" (2002: 157). Die Autoren betonen, wie wenig dieses Ergebnis zu der fachlichen Notwendigkeit passt, Tagespflegepersonen zu qualifizieren. Hier wird ein „Teufelskreis" sichtbar: Da Tagespflege ohne eine Anbindung an einen fachlich versierten und mit ausreichenden Mitteln ausgestatteten Träger nicht die erforderlichen Qualitätsstandards erreichen kann, reagieren z. B. die kommunalen Spitzenverbände häufig skeptisch hinsichtlich dieser Form der Kinderbetreuung und mutmaßen auch Vorbehalte gegenüber der Tagespflege auf Seiten der Eltern (vgl. Wiesner 2003 a: 8). Sie sehen sich dadurch hinreichend legitimiert, die Tagespflege nicht zu fördern, und tragen so ihrerseits zu einer „sich selbst erfüllenden Prophezeiung" bei.

Ein ebenfalls brachliegendes Feld ist die fachliche Kontrolle der vielerorts – vor allem in großen Städten – gegründeten privat-gewerblichen Agenturen zur Vermittlung von Tagesmüttern. Hinsichtlich der Wahrung des Kindeswohls muss dies als Aufgabe der öffentlichen Jugendhilfe angesehen werden (vgl. Erler 1996: 583 und Kap. 8). Bezogen auf das „für die Kinder- und Jugendhilfe charakteristische Zusammenspiel von öffentlichen, freien und privat-gewerblichen Trägern" (BMFSFJ 2002b: 93) geht es dabei allerdings auch um die generelle Frage, wer für die Sicherstellung fachlicher Standards bei den verschiedenen Trägern zuständig ist und welche Lösungen es für die Rollenkonflikte bei jenen Jugendämtern gibt, die selbst Anbieter sind und gleichzeitig die Qualitätsstandards ihrer Mitbewerber kontrollieren sollen (vgl. ebd.: 82).

Aus dem großen Mangel an verlässlichen fachlichen Strukturen für Tagespflegepersonen und Eltern resultieren gravierende Probleme. Tagesmütter bekommen nicht die für ihre Qualifizierung erforderliche fachliche Unterstützung, z. B. durch Fortbildung und Beratung. Eltern vermissen Ansprechpartner bei der Suche nach einer geeigneten Betreuung für ihr Kind. Es fehlt an gut ausgebauten, zuverlässigen Netzwerken zwischen den Tagespflegepersonen, die aber – etwa um sich fachlich auszutauschen – aufgrund ihrer individualisierten Arbeitssituation gerade darauf angewiesen sind. Durch die Bildung von kollegialen Netzwerken kann außerdem am ehesten eine Lösung in der Frage der Krankheitsvertretung gefunden werden, die ansonsten ein strukturelles Problem der Tagespflege darstellt.

> **Sachgerechtigkeit im Referentenentwurf –**
> **Vorgesehene Änderungsschwerpunkte**
>
> ■ Zu den genannten §§ 4 und 79, die den gesetzlichen Rahmen für eine fach- und sachgerechte Ausstattung der Tagespflege-Infrastruktur abstecken, werden im Referentenentwurf keine Änderungsvorschläge gemacht. Dies bietet sich auch nicht an, da in diesen Bestimmungen ein hoher Maßstab hinsichtlich der angestrebten Qualität der Dienste und Leistungen der öffentlichen Jugendhilfe gesetzt wird. Wie gezeigt wurde, liegt das Problem in der Umsetzung der gesetzlichen Vorgaben in die Praxis.
> ■ Ausgehend von der sicherlich zutreffenden Analyse, dass es vor allem einer finanziellen Unterstützung der in ihrem Haushalt äußerst belasteten Kommunen bedarf, wenn dieses Defizit behoben werden soll, werden im Referentenentwurf Mittel in Höhe von jährlich 1,5 Mrd. Euro ab 2005 (Referentenentwurf 2004: 5 f., Begründung 2004: 53 ff.) für den Ausbau der Tagesbetreuung in Aussicht gestellt. Diese Summe soll aus der Zusammenlegung von Arbeitslosenhilfe und Sozialhilfe ab 2005 pro Jahr den Kommunen zur Verfügung stehen.
> ■ Diese Initiative ist vorbehaltlos zu begrüßen, macht sie doch deutlich, welchen hohen politischen Stellenwert die Bundesregierung dem Ausbau einer qualifizierten Kinderbetreuung für unter Dreijährige beimisst. Die modellhafte Kostenberechnung zeigt auch, dass die fachliche Infrastruktur als unabdingbarer Bestandteil einer qualifizierten Tagespflege angesehen wird.[21] In diesem Zusammenhang ist bemerkenswert, dass im Referentenentwurf eine Änderung im § 23 dahingehend angestrebt wird, dass Zusammenschlüsse von Tagespflegepersonen nicht nur beraten und unterstützt, sondern explizit *gefördert* werden sollen (vgl. Referentenentwurf 2004: 14). Damit wird die Entwicklung vieler Tagesmütter-Vereine von Selbsthilfegruppen zu anerkannten Trägern der freien Jugendhilfe befördert und ihre fachliche Bedeutung für den Ausbau einer qualifizierten Tagespflege anerkannt.

3.1.4 Der Beitrag des SGB VIII zur Arbeitsmarktgerechtigkeit in der Tagespflege

Es dürfte kaum strittig sein, dass Tagespflegepersonen gegenwärtig wenig attraktive Rahmenbedingungen für ihre Arbeit vorfinden. Viele Fragen hinsichtlich ihres Arbeitsstatus sowie der steuer- und sozialversicherungsrechtlichen Behandlung ihrer Tätigkeit sind ungeklärt (vgl. Vierheller 2003). Die Honorierung ihres erzieherischen Engagements für Kinder aus anderen Familien bewegt sich in aller Regel auf einem so niedrigen Niveau, dass in die-

---

21 Genauer werden die Varianten der Kostenberechnung im Kapitel 12 diskutiert.

sem Rahmen eine existenzsichernde Form der Erwerbstätigkeit bislang kaum denkbar ist. Eine Vielzahl von Faktoren trägt zu dieser schwierigen Situation bei (vgl. Kap. 10 und 12). Folgende Bestimmungen im SGB VIII sind dabei relevant:

- § 23, Abs. 3 legt fest, dass geeigneten Tagespflegepersonen, die vermittelt werden, weil die Förderung des Kindes in Tagespflege für das Wohl des Kindes geeignet und erforderlich ist, die entstehenden Aufwendungen einschließlich der Kosten der Erziehung ersetzt werden sollen.
- § 91, Abs. 2 sieht die Heranziehung der Eltern und des Kindes zu den Kosten vor, und zwar abhängig von der Höhe ihrer Einkünfte. „Die Kostenbeteiligung der Eltern bei der Tagespflege ist ... rechtstechnisch derjenigen zur Hilfe zur Erziehung nachgebildet und nach dem so genannten Netto-Prinzip ausgestaltet, d. h. die Eltern müssen zunächst eigenes Einkommen einsetzen, das dann durch Leistungen der Jugendhilfe aufgestockt wird. ... Dies führt in der Praxis zu einer erheblichen Ungleichbehandlung von Eltern: Nehmen sie Tagespflege in Anspruch, so haben sie eine höhere Belastung als bei Inanspruchnahme von Tageseinrichtungen, obwohl doch die Betriebskosten der Tagespflege niedriger liegen als die für einen Platz in einer Tageseinrichtung" (Wiesner 2003a: 7).

Daraus ergibt sich, dass die Tagespflege in der Regel für Eltern teurer ist als ein Platz in einer Tageseinrichtung. Dies gilt für die Tagespflege allerdings nur, wenn die Bezahlung nicht zwischen ihnen und den Eltern frei ausgehandelt wird, sondern das Jugendamt oder ein freier Träger einen festen – meist relativ geringen – Satz vorschreibt. Tatsächlich stoßen viele Eltern bei den Kosten für die Tagespflege an die Grenzen ihrer finanziellen Möglichkeiten. So werden z. B. in Großstädten wie München bis zu 600 Euro für eine ganztägige Tagespflege bezahlt. Je nach Anzahl der betreuten Kinder und sonstigen Rahmenbedingungen handelt es sich für Tagesmütter dennoch um einen Lohn auf Niedrigstniveau (vgl. Kap. 10).

Arbeitsmarktgerechtigkeit im Referentenentwurf – Vorgesehene Änderungsschwerpunkte

- Im SGB VIII sollen künftig Vorgaben für die Zusammensetzung des vom Jugendamt gezahlten Pflegegeldes gemacht werden. Im § 23 heißt es dazu: „Diese Geldleistung umfasst
  1. die Erstattung angemessener Kosten, die der Tagespflegeperson für den Sachaufwand entstehen,
  2. einen angemessenen Beitrag zur Anerkennung der Förderungsleistung und
  3. die Erstattung nachgewiesener Aufwendungen für Beiträge zu einer Unfallversicherung sowie die hälftige Erstattung nachgewiesener Aufwendungen zu einer angemessenen Alterssicherung der Tagespflegeperson" (Referentenentwurf 2004: 13).
  Es ist sehr zu begrüßen, dass eine langjährige Forderung, nämlich eine finanzielle Unterstützung der sozialen Absicherung selbständig tätiger Tagespflegepersonen, im Referentent-

> wurf berücksichtigt wird. Das Gleiche gilt für die Übernahme der Kosten für eine Unfallversicherung. Damit wird anerkannt, dass Tagespflegepersonen eine öffentlich bedeutsame Tätigkeit übernehmen, für die sie in dieser Hinsicht einen ähnlichen Schutz benötigen wie Erzieherinnen in Kindertageseinrichtungen.[22]
> - Bedeutsam für die finanziellen Rahmenbedingungen der Tagespflegepersonen, aber auch der Eltern der betreuten Kinder ist außerdem eine Änderung bezüglich der Elternbeiträge. Künftig sollen die Elternbeiträge nicht mehr nach § 91 geregelt werden, sondern – zusammen mit den Beiträgen für Kindertageseinrichtungen – im § 90. Für § 90, Abs. 1, Satz 2 ist folgende Formulierung vorgesehen: „Soweit Landesrecht nicht etwas anderes bestimmt, sind die Teilnahmebeiträge und Gebühren, die für die Inanspruchnahme von Tageseinrichtungen und Tagespflege zu entrichten sind, nach Einkommensgruppen und nach der täglichen Betreuungszeit zu staffeln" (Referentenentwurf 2004: 24f.). In der Begründung wird vorgeschlagen, dass sich die kommunalen Gebietskörperschaften hinsichtlich der Höhe der Beiträge für Tagespflege an denen für die Tageseinrichtungen orientieren können (vgl. Begründung 2004: 44). Mit dieser Formulierung wird sicherlich in vielen Kommunen das Ziel nicht erreicht, gleiche Beiträge für beide Betreuungsformen zu erheben. Dies wäre hinsichtlich der angestrebten Gleichrangigkeit der Angebote erstrebenswert und wird z. B. in Berlin und Mecklenburg-Vorpommern realisiert. Gleichzeitig muss im Blick behalten werden, dass Eltern ihren Kindern einen Wechsel zwischen Tagespflege und Tageseinrichtungen nicht aus rein finanziellen Gründen zumuten sollten.

3.2 Exkurs: Der gesetzliche Rahmen der Tagespflege in Dänemark und Österreich

In der Tagespflege hat es bereits Tradition, die Entwicklung in Dänemark zum Vergleich heranzuziehen, da in diesem Nachbarland seit längerem eine vorbildliche öffentliche Förderung dieses familienorientierten Betreuungsangebots besteht (vgl. Pettinger 1996). In den letzten Jahren hat sich außerdem Österreich durch erstaunliche Initiativen und Weiterentwicklungen auf dem Gebiet der öffentlich geförderten Tagespflege profiliert. Dieses Nachbarland ist für Deutschland vor allem deshalb besonders interessant, weil es in seiner föderalen Struktur und seiner familienpolitischen Orientierung in vielerlei Hinsicht vergleichbar ist mit den Bedingungen in Deutschland.

Nachfolgend soll daher gefragt werden, wie sich die gesetzlichen Rahmenbedingungen in beiden Ländern von der hiesigen Situation unterscheiden und welche Auswirkungen dies auf die Gestaltung der Tagespflege in wichtigen Bereichen hat. Die in diesem Gutachten leitenden Gesichtspunkte der Bedarfs-, Fach-, Sach- und Arbeitsmarktgerechtigkeit sollen auch dabei eine

---

22 Allerdings sind die Arbeitsbedingungen von Erzieherinnen und Tagespflegepersonen ansonsten grundlegend verschieden. Es stellt sich deshalb die Frage, ob nicht auch bei Tagespflegepersonen der Berufsstatus der Angestellten für die Aufgabe adäquat wäre. In Dänemark ist dies das gängige Modell (vgl. Bock-Famulla 2003). In Österreich arbeitet die Hälfte der staatlich anerkannten Tagesmütter im Angestelltenstatus (vgl. Lutter 2003). Nähere Ausführungen zu diesen Fragen finden sich in Abschnitt 3.2 und Kap. 10.

Orientierung bieten. Allerdings kann es sich an dieser Stelle nur um einen groben Überblick handeln.[23]

> ## Gesetzliche und sonstige Regelungen zur Tagespflege in Dänemark
>
> **Bedarfsgerechtigkeit**
>
> In Dänemark besteht ein gesetzlich verankerter Rechtsanspruch auf einen Platz in öffentlich geförderter Kinderbetreuung für jedes Kind zwischen null und sechs Jahren. Die Kommunen sind verpflichtet, innerhalb von drei Monaten nach Anmeldung durch die Eltern einen Platz – möglichst entsprechend dem Wunsch der Eltern in Tagespflege oder einer Kindertagesstätte – nachzuweisen.
>
> **Fachgerechtigkeit**
>
> Für die fachliche Begleitung der Tagesmütter sind Tagespflege-Büros in den Kommunen zuständig. Hier sind spezielle Pädagoginnen beschäftigt, die die Eignung von InteressentInnen überprüfen, den Prozess der Vermittlung begleiten sowie Beratung und Unterstützung in Bildungs- und Verwaltungsfragen anbieten. Es gibt praxisbegleitende Gesprächsgruppen und Treffen mit den Kindern in speziellen Zentren für Tagespflegepersonen. Dabei lernen die Kinder jene andere Tagesmutter kennen, bei der sie im Falle einer Verhinderung ihrer eigenen Tagesmutter als Gast aufgenommen werden. Die Pädagoginnen prüfen zudem durch regelmäßige Besuche bei den Tagesmüttern, ob die Kinder in einer akzeptablen Art und Weise betreut werden.
> Für die (Grund-)Qualifikation der Tagesmütter gibt es landesweit gültige Rahmenrichtlinien und ein Kursprogramm.
>
> **Sachgerechtigkeit**
>
> Die Finanzierung der Tagespflege ist landeseinheitlich geregelt und entspricht der Finanzierungsstruktur in der institutionellen Kinderbetreuung. Ca. 30 % zahlen die Eltern durch ihre Beiträge, die übrigen 70 % werden von der Kommune finanziert, und zwar durch Steuereinnahmen und durch Zuschüsse der Landesregierung (ca. 30 bis 35 % der Gesamtkosten). Da die Kosten für die Tagespflege geringer sind als die für einen Krippenplatz, ist die Tagespflege für die Eltern kostengünstiger als ein institutioneller Betreuungsplatz.
> Die finanzielle Ausstattung der Tagespflegebüros ist unterschiedlich, je nach Finanzkraft der Kommunen. Selbst so genannte finanzschwache Kommunen sind im Durchschnitt allerdings besser ausgestattet als die Träger der öffentlichen oder freien Jugendhilfe in Deutschland.
>
> **Arbeitsmarktgerechtigkeit**
>
> Tagesmütter in Dänemark sind Angestellte bei der jeweiligen Kommune, d. h. im öffentlichen Dienst Beschäftigte. Für die Einstellung der Tagesmütter müssen keine speziellen formalen Bildungsvoraussetzungen nachgewiesen werden. Allerdings verpflichten die Kommunen die Tagesmütter häufig, an speziellen Kursen nach ihrer Anstellung teilzunehmen. Es besteht eine dreimonatige Probezeit, in der die Pädagogin des Tagespflegebüros die Tagesmutter alle zwei Wochen besucht.

---

23 Dabei wird im Wesentlichen auf die Expertisen von Bock-Famulla für Dänemark (2003) und Lutter für Österreich (2003) zurückgegriffen. In den folgenden Kapiteln wird im Kontext des jeweiligen Themas die Praxis der Tagespflege in diesen beiden Ländern teilweise näher behandelt.

Die angestellten Tagesmütter haben ein festes Gehalt, Anspruch auf bezahlten Urlaub, Bezahlung bei Krankheit und Eltern- sowie Kinderbetreuungsurlaub. In einer Tagespflegestelle dürfen nicht mehr als fünf Kinder im Alter bis zu 14 Jahren aufgenommen werden. Da eine Tagesmutter immer auch Platz für ein Gästekind (dessen eigene Tagesmutter verhindert ist) haben soll, betreut sie in der Regel durchschnittlich vier Kinder. Diese Ansprüche und Vorgaben sind durch gewerkschaftliche Bestimmungen landeseinheitlich geregelt. Fast alle Tagespflegepersonen sind Mitglied in der Nationalen Gewerkschaft für Beschäftigte des öffentlichen Dienstes.

Quelle: Bock-Famulla 2003

Gesetzliche und sonstige Regelungen zur Tagespflege in Österreich

Bedarfsgerechtigkeit

Einen Rechtsanspruch auf einen Betreuungsplatz für Kinder unter drei Jahren gibt es in Österreich – wie in Deutschland – nicht. Es gibt deshalb auch in Österreich eine – regional unterschiedlich gravierende – Lücke zwischen der Nachfrage und dem Angebot an qualifizierten Betreuungsplätzen.

Fachgerechtigkeit

Im österreichischen Jugendwohlfahrtsgesetz ist im § 21 a, Abs. 1–3 geregelt, dass es eine Pflegebewilligung für jedes in Tagespflege betreute Kind geben muss. Die Pflegeaufsicht wird in ganz Österreich von den Jugendämtern durchgeführt.

Wie in Deutschland gibt es neben dem Bundesgesetz Landesgesetze zur Kindertagesbetreuung, die unterschiedlich hohe fachliche Standards für die Tagespflege formulieren. In vier Bundesländern besteht die Verpflichtung zur Teilnahme an Fortbildungsseminaren für Tagesmütter/-väter.

Die Träger der freien Jugendhilfe, bei denen die Tagesmütter teilweise angestellt sind (s. u.), verfügen im Allgemeinen über ausreichendes Fachpersonal, um eine intensive fachliche Begleitung mit Gesprächsgruppen und Supervision anzubieten sowie die Verwaltungsarbeiten verlässlich zu übernehmen.

Sachgerechtigkeit

Die Finanzierung der Tagespflege und ihrer fachlichen Begleitung ist in den österreichischen Bundesländern unterschiedlich geregelt. Die Fortbildung kann vom öffentlichen Jugendwohlfahrtsträger oder als berufliche Bildungsmaßnahme von der Arbeitsmarktverwaltung finanziert werden. Wenn beides nicht ausreicht, werden von den Teilnehmerinnen – zusätzlich – Beiträge erhoben.

Die Overhead-Kosten für den Trägerverein, d. h. Sachaufwand und Lohnkosten für Verwaltung, Lohnverrechnung und fachliche Beratung/Begleitung, werden in der Regel nach einem Prozentschlüssel (Stunden je Tagesmutter bzw. je Tageskind) vom Auftraggeber (Jugendwohlfahrtsbehörde) vergütet.

Ebenso werden die Gehälter der angestellten Tagesmütter, begrenzt durch eine im Leistungsvertrag festgehaltene Maximalanzahl von Kinderbetreuungsstunden, von der auftraggebenden (Jugendwohlfahrts-)Behörde bezahlt. Diese öffentlichen Gelder werden durch die Elternbeiträge ergänzt, die sich – im Sinne der Vergleichbarkeit – an den Kindergartenbeiträgen orientieren. Die Elternbeiträge können in nachgewiesenen sozialen Härtefällen ermäßigt werden.

> **Arbeitsmarktgerechtigkeit**
>
> In Österreich hat es in den letzten Jahren eine Entwicklung hin zu einer Anstellung von Tagespflegepersonen bei einem Träger der freien Jugendhilfe (meistens ein Tagesmütter-Verein) gegeben. 1999 war die Hälfte der damals aktuell tätigen Tagesmütter in einem sozialversicherungspflichtigen Dienstverhältnis beschäftigt.
> Im Unterschied zu Dänemark erhalten die angestellten Tagesmütter in Österreich allerdings kein festes Gehalt, sondern eine Vergütung, die sich exakt auf die geleisteten Betreuungsstunden bezieht. Dabei wird ein österreichweit geltender Mindestlohntarif zugrunde gelegt.
> Die angestellte Tagesmutter in Österreich trägt demnach – wie im Selbständigen-Status – das Auslastungsrisiko (d. h. die Unsicherheit, ob sie stets die angestrebte Kinderzahl betreuen kann) weitgehend selbst. Allerdings erhält sie im Falle einer absoluten Arbeitslosigkeit für den Zeitraum eines halben Jahres Arbeitslosengeld. Gegenüber dem Anstellungsträger besteht außerdem eine Kündigungsfrist von drei Monaten. Die Sozialversicherung für angestellte Tagesmütter/-väter umfasst Kranken-, Unfall-, Arbeitslosen- und Pensionsversicherung. Die Beiträge werden, wie bei allen Angestellten, arbeitgeber- und arbeitnehmerseitig gehaltsbezogen verrechnet.
>
> *Quelle: Lutter 2003*

Die Beispiele zeigen, dass es in Österreich, vor allem aber in Dänemark weitaus verbindlichere Regelungen in der Tagespflege gibt als in Deutschland. Die Ziele der Bedarfs-, Fach-, Sach- und Arbeitsmarktgerechtigkeit sind vor allem in Dänemark nahezu erfüllt. Dennoch werden dort zurzeit zusätzliche Investitionen in die fachliche Unterstützung der Tagespflege mit dem Ziel einer stärkeren Förderung der Bildung der Tageskinder angestrebt (vgl. Bock-Famulla 2003).

In Österreich gab es außerdem die bemerkenswerte Initiative zu dem EU-weiten Projekt „Cinderella", in dem weit reichende Zukunftsperspektiven für die Tagespflege ausgearbeitet wurden. Zwar steht deren umfassende Umsetzung in die Praxis der Tagespflege noch aus. Das unter dem Titel „Fahrplan Familienpädagogik" vorgelegte Reformwerk bietet jedoch vielfältige Anregungen für eine Weiterentwicklung auch in anderen Ländern, indem es die Tagespflege einordnet in das Spektrum pädagogischer und sozialer Berufe und ein dafür geeignetes Qualifikationskonzept vorschlägt (vgl. Lutter 1999).

Eine weitere länderübergreifende Initiative soll hier abschließend erwähnt werden. Als Ergebnis zweier Fachkonferenzen in den Jahren 2002 und 2003, an denen Vertreterinnen und Vertreter aus den Tagespflege-Organisationen und weitere Fachkräfte aus Deutschland, Belgien, Österreich und der Schweiz teilgenommen haben, entstand eine Vereinbarung zur Kinderbetreuung in Tagespflege mit dem Ziel einer EU-Empfehlung (vgl. Tagesmütter-Bundesverband 2004). Daraus wird ersichtlich, dass in der Tagespflege inzwischen EU-weit gedacht und geplant wird – im Interesse der betroffenen Kinder, für die überall ein verlässliches, qualitätvolles System der Betreuung und der Förderung geschaffen werden soll.

Vereinbarung zur Kinderbetreuung in Tagespflege als Grundlage für eine EU-Empfehlung zur wechselseitigen Anerkennung und Vereinheitlichung von Rechtsvorschriften

Einleitung

Die vorliegenden Vereinbarungen sind das Ergebnis zweier Fachkonferenzen, die in den Jahren 2002/2003 in München stattgefunden haben.

An den Konferenzen haben Vertreterinnen und Vertreter aus den Tagespflege-Organisationen und weitere Fachkräfte aus Deutschland, Belgien, Österreich und der Schweiz teilgenommen.

Ziel der beiden Konferenzen war es, Grundsätze für eine EU-Empfehlung zur wechselseitigen Anerkennung und Vereinheitlichung von Rechtsvorschriften und Standards zur Qualität der Kinderbetreuung in Tagespflege zu erarbeiten und zu veröffentlichen.

Die Vertreterinnen und Vertreter der beteiligten Organisationen und Fachkräfte setzen sich mit ihrer Unterschrift dafür ein, dass auf europäischer und auf nationaler Ebene die Tagespflege zum Wohl der Kinder auf hohem Niveau ausgebaut wird.

Grundsätze zur Kinderbetreuung

Das Übereinkommen über die Rechte des Kindes, formuliert in der UN-Kinderrechtskonvention, ist Grundlage allen Handelns.

Bildung für jedes Kind beginnt mit seiner Geburt und ist eine gesellschaftliche Investition in die Zukunft.

Eltern und Staat sind verantwortlich für das Wohl des Kindes.

Jedes Kind hat ein Recht auf Förderung seiner Entwicklung (Bildung, Erziehung und Betreuung).

Eltern müssen die Wahl zwischen verschiedenen Betreuungsangeboten haben, die in Qualität und Kosten vergleichbar sind.

Die Tagesbetreuung von Kindern ist ein entscheidender Beitrag zur Vereinbarkeit von Familie und Beruf. Dies ist ein bedeutsamer Faktor zur wirtschafts- und arbeitsmarktpolitischen Standortsicherung der jeweiligen Länder.

Entwicklung von Qualitätsstandards

In Verantwortung für die Kinder und die Tagespflegepersonen ist der qualitative Ausbau der Kinderbetreuung in Tagespflege von besonderer Bedeutung.

Zur Ausgestaltung dieses Leistungsangebotes bedarf es einer Richtlinie, in der die Verantwortung der europäischen Länder für die Entwicklung und Sicherstellung entsprechender Qualitätsstandards für die Tagesbetreuung von Kindern in Familien verankert ist.

Die Kinderbetreuung in Tagespflege, insbesondere für Kinder in den ersten Lebensjahren, ist seit Jahrzehnten eine bewährte und anerkannte Betreuungsform mit eigenem Profil. Sie findet statt in einem familiennahen Kontext, bietet Kindern eine andere Lebenswelt, einen eigenen Erfahrungsraum und ermöglicht den Erwerb von Alltagskompetenz.

Dies erfordert eine geeignete Qualifizierung der Tagespflegepersonen, die in einer Vergleichbarkeit mit anderen pädagogischen Berufen stehen und abgesichert sein muss.

Für Eltern und Tagespflegepersonen sind neben der Qualifizierung
- Beratung,
- Vermittlung und
- Praxisbegleitung

durch sozialpädagogische Fachkräfte sicherzustellen.

> Dies alles umfasst die Bereitstellung von Finanzmitteln für den erforderlichen Personal- und Sachkostenaufwand durch die öffentliche Hand.
>
> **Schritte in die Zukunft**
>
> Die Vertreterinnen und Vertreter der unterzeichnenden Organisationen und Fachkräfte fordern EU-weit
> - Teilhabe an Bildung für jedes Kind,
> - Gleichrangigkeit und Gleichwertigkeit der Tagesbetreuung von Kindern in Einrichtungen und der Kinderbetreuung in Tagespflege,
> - Entwicklung und Sicherstellung der notwendigen Qualitätsmerkmale für die Tagespflege in einer EU-Richtlinie,
> - rechtliche Rahmenbedingungen für das Arbeitsfeld Tagespflege,
> - leistungsgerechte Bezahlung und
> - Anerkennung der Kinderbetreuung in Tagespflege als Beruf.
>
> Die Qualitätsmerkmale für die strukturelle und inhaltlich-fachliche Umsetzung der Kinderbetreuung in Tagespflege sind in einer EU-Richtlinie zu verankern.

3.3 Regelungen zur Tagespflege in den Bundesländern

§ 26 SGB VIII legt fest, dass das Landesrecht Näheres über Inhalt und Umfang der im Abschnitt „Förderung von Kindern in Tageseinrichtungen und Tagespflege" geregelten Aufgaben und Leistungen festzulegen habe. Ländergesetze, -verordnungen und -richtlinien sollen demnach die Bestimmungen des SGB VIII für die örtliche Ebene der Jugendhilfe konkretisieren.

Es kann an dieser Stelle keine detaillierte Beschreibung erfolgen, wie die sechzehn Bundesländer § 26 SGB VIII hinsichtlich der Tagespflege umgesetzt haben.[24] Vielmehr soll auf einige ausgewählte Gesichtspunkte eingegangen werden, die bei einer Durchsicht der aktuellen Regelungen und einem Vergleich zwischen den Bundesländern auffallen.

- Generell ist zu konstatieren, dass Ländergesetze gegenwärtig häufig und inhaltlich bedeutsam geändert werden. Dies ist z. B. daran abzulesen, dass seit einer im Herbst 2001 durchgeführten Länder-Erhebung zur Kindertagesbetreuung in etwa zehn Ländern bei den gesetzlichen Grundlagen Modifikationen vorgenommen worden sind. „Die Länderübersicht stellt eine Momentaufnahme dar, da die Organisation der Tagesbetreuung in den alten Bundesländern sich durch gravierende rechtliche und finanzielle Umbrüche auszeichnet" (Janke u. a. 2002: 30). Es muss aus heutiger Sicht ergänzt werden, dass seit 2001 auch mehrere neue Bundesländer erhebliche Veränderungen in ihren Ländergesetzen vorgenommen haben.

---

24 Eine Zusammenstellung der relevanten „Links" zu den Internet-Versionen der Ländergesetze und -regelungen zur Tagespflege findet sich unter www.dji.de/kindertagespflege.

- Gleichzeitig kam es insgesamt bei den Ländergesetzgebungen zu erheblichen Weiterentwicklungen für den Bereich der Tagespflege. Während noch vor nicht allzu langer Zeit darüber geklagt wurde, dass die Tagespflege in den meisten Bundesländern gesetzlich nicht geregelt sei (vgl. Gerszonowicz 2000: 80) bzw. nur etwa die Hälfte der Länder überhaupt Ausführungsbestimmungen zur Tagespflege erlassen habe (vgl. Janke u. a. 2002: 137), hat sich in dieser Hinsicht seit kurzem ein deutlicher Wandel vollzogen. In vielen Ländern werden Kindertageseinrichtungen und Tagespflege inzwischen gemeinsam in einem Ausführungsgesetz geregelt. In manchen Ländern gibt es zumindest verbindliche, wenn auch teilweise zeitlich befristete Vorschriften zu einer Förderung der Tagespflege. Und nur noch bei einer Minderheit von vier Bundesländern gibt es – mit Stand März 2004 – keinerlei rechtliche Grundlagen zur Tagespflege.
- Obwohl die Tagespflege als Betreuungsform in Westdeutschland eine bei weitem längere und bedeutsamere Tradition hat als in Ostdeutschland, zeichnen sich die gesetzlichen Grundlagen zur Tagespflege in den neuen Bundesländern durch im Durchschnitt deutlichere Bemühungen aus, einen für die Qualität dieser Betreuungsform förderlichen rechtlichen Rahmen zu errichten. Dies galt zunächst besonders für Mecklenburg-Vorpommern, das als erstes neues Bundesland die Tagespflege gezielt unterstützt und ihr durch verbindliche Regelungen ein klares Profil gegeben hat. So ist in Mecklenburg-Vorpommern u. a. eine Pflegeerlaubnis ab dem ersten betreuten Kind vorgeschrieben, und von den Eltern wird für die Tagespflege der gleiche Beitrag erhoben wie für Kindertageseinrichtungen. Diese beiden Vorschriften haben nicht zuletzt dazu geführt, dass es einen „grauen Markt" in Mecklenburg-Vorpommern faktisch nicht gibt.[25] Inzwischen wurden aber auch in Brandenburg und Sachsen insoweit vorbildliche Gesetzgebungen erlassen, als z. B. eine Qualifizierung von Tagespflegepersonen gezielt vorgeschrieben und – im Unterschied zu anderen Ländergesetzen – der notwendige Stundenumfang konkretisiert werden. Das Land Brandenburg hat darüber hinaus „Empfehlungen zur Qualität von Tagespflege" herausgegeben, in denen eindrucksvoll dargestellt wird, welche Entwicklungsbedingungen Kinder in der Tagespflege vorfinden müssen, welche vielfältigen Anforderungen an Tagespflegepersonen gestellt und welche Unterstützungsleistungen durch die Jugendhilfe vorgehalten werden müssen.
- Die großen Bemühungen der neuen Länder, die Tagespflege fachlich „aufzuwerten", sind sicherlich auch in dem besonderen Kontext zu sehen, dass die offizielle Einführung und die Förderung der Tagespflege sowohl in der

---

25 Im Unterschied zu den übrigen Ländern, die sich der Bundesregelung im SGB VIII angepasst haben, nach der eine Pflegeerlaubnis erst ab dem vierten betreuten Kind erforderlich ist, und die Betreuung von bis zu drei Kindern dem „freien Markt" überlassen, ist der Begriff „grauer Markt" in Mecklenburg-Vorpommern zutreffend. Da die Eltern aufgrund der öffentlichen Subventionierung der Gebühren einen Vorteil davon haben, die öffentlich geförderte Tagespflege in Anspruch zu nehmen, legen sie auf eine über das Jugendamt – bzw. einen Träger der freien Jugendhilfe – vermittelte Tagesmutter Wert. Die Tagesmütter haben deshalb ebenfalls ein Interesse daran, an die öffentliche Vermittlung angebunden zu sein, zumal auch ihnen zusätzliche Vorteile entstehen, z. B. das Angebot von Fortbildungskursen.

Fachöffentlichkeit als auch bei der Bevölkerung auf teilweise erheblichen Widerstand stoßen. Dies liegt zum einen daran, dass die familiennahe Betreuung der unter Dreijährigen vor der Wende nur gering verbreitet und anerkannt war. Zum anderen wird kritisiert, dass es durch die Einführung der Tagespflege zu einem weiteren Abbau der – gesellschaftlich akzeptierten – institutionellen Kinderbetreuung sowie zu Entlassungen des pädagogischen Personals kommen werde.

- Während die Regelungen in den neuen Bundesländern relativ viele Ähnlichkeiten untereinander aufweisen, gibt es zwischen den Gesetzesbestimmungen in den alten Bundesländern erhebliche Unterschiede. In einigen gesetzlichen Grundlagen wird die Tagespflege lediglich erwähnt, ohne dass deren fachliches Profil näher gekennzeichnet wird. In anderen Ländern – hier sind u. a. Berlin und Schleswig-Holstein zu nennen – bestehen demgegenüber profunde gesetzliche Rahmenbedingungen für dieses Betreuungsangebot. So sorgt z. B. Berlin – wie auch Bremen – durch eine entsprechende Verordnung dafür, dass sich nicht nur die Elternbeiträge für einen Tagespflegeplatz und einen Platz in einer Tageseinrichtung entsprechen, sondern dass außerdem die institutionelle Betreuung und die Tagespflege gleichermaßen gefördert werden. In anderen westlichen Bundesländern kommt es dagegen vor allem dort zu einer Unterstützung der Tagespflege, wo – speziell bei unter Dreijährigen – besonders wenige Plätze in Kindertageseinrichtungen vorhanden sind. So hat etwa Baden-Württemberg seit langem speziell die Tagespflege gefördert; dennoch gibt es erst seit Anfang 2003 eine verbindliche Verwaltungsvorschrift zur Tagespflege.
- In der institutionellen Kinderbetreuung sind neben den Kommunen die Länder an der Finanzierung beteiligt. So übernehmen viele Länder die Investitions- und einen Teil der Personalkosten. Die Tagespflege mit ihrer gänzlich anderen Struktur – so fallen z. B. keine Investitions- und keine laufenden Gebäudekosten an – wird wesentlich seltener auch vom Land unterstützt. Mehrheitlich schreiben die Länder den jeweiligen Trägern der öffentlichen Jugendhilfe die Finanzierungslasten zu. Relativ neue Wege gehen die Bundesländer Baden-Württemberg und Hessen, die im Rahmen einer – allerdings zeitlich zunächst begrenzten – Initiative Zuschüsse zur Altersvorsorge der Tagespflegepersonen leisten sowie den Ausbau der Infrastruktur fördern (z. B. Tagesmütter-Vereine als Träger von Vermittlung, Beratung usw.). Baden-Württemberg bindet die finanzielle Unterstützung der Tagespflegeperson an die erfolgreiche Teilnahme an einem Qualifizierungskurs. In Bayern wird derzeit mit finanzieller Beteiligung des Landes in einem Modellprojekt eine gezielte Förderung der Qualität in der Tagespflege an drei Modellstandorten erprobt. Bei positiven Ergebnissen wird eine flächendeckende Umsetzung angestrebt. Zweifellos weisen solche Finanzierungsansätze auf Länderebene in die richtige Richtung, da sie Anreize für den Auf- und Ausbau einer qualifizierten Tagespflege geben und die finanzschwachen Kommunen unterstützen.

Zusammenfassung

Die gesetzlichen Regelungen der Kinder- und Jugendhilfe auf Bundes- und Länderebene bedürfen verschiedener Modifikationen, um sich als Grundlage für die zukunftsorientierte Weiterentwicklung der Tagespflege als qualifiziertes Angebot längerfristig bewähren zu können.[26] Es ist davon auszugehen, dass die notwendigen Veränderungen nicht ad hoc eingeführt werden können. Damit in einem Zeitraum von etwa zehn Jahren wesentliche Verbesserungen erreicht werden können, bedarf es aber eines umgehenden zügigen Handelns. Als Leitlinie könnte dabei eine Aussage des Elften Kinder- und Jugendberichts dienen: „Vor dem Hintergrund des gesellschaftlichen Reichtums ist die Verteilung der Ressourcen, die der Kinder- und Jugendhilfe zur Verfügung gestellt werden, Ergebnis politischer Willensbildungsprozesse. Politik hat nicht nur die Aufgabe, gesetzliche Aufträge zu formulieren, sondern ebenso die Pflicht, die erforderlichen Voraussetzungen für die Umsetzung der gesetzlichen Aufträge und die Befriedigung berechtigter Ansprüche durch die Bereitstellung der erforderlichen Ressourcen und der entsprechenden finanziellen Mittel zu schaffen" (BMFSFJ 2002b: 261).

- Unter den Gesichtspunkten der Bedarfsgerechtigkeit sowie der Fach-, Sach und Arbeitsmarktgerechtigkeit werden die geltenden gesetzlichen Rahmenbedingungen zur Tagespflege sowie die vorgesehenen Änderungen im SGB VIII beleuchtet.

- Die bisherigen Regelungen im SGB VIII zur Tagespflege haben nur teilweise normative Wirkung entfaltet. Viele Bestimmungen wurden in der Vergangenheit auf Länder- und kommunaler Ebene ungenügend umgesetzt, etwa eine angemessene Bedarfsplanung durch die öffentliche Jugendhilfe (§ 80). Von einem bedarfsdeckenden Angebot von Plätzen für Kinder unter drei Jahren (§ 24) kann vor allem in den westlichen Bundesländern keine Rede sein.

- Der eklatante Mangel an öffentlich vermittelten Betreuungsplätzen – in Tageseinrichtungen oder Tagespflege – führt dazu, dass viele Eltern gezwungen werden, sich auf dem „freien

---

[26] Die Jugendhilfe steht dabei auch vor der grundlegenden Herausforderung, rechtfertigen zu müssen, dass das System der Kindertagesbetreuung und -förderung, zu dem die Tagespflege gehört, sinnvollerweise in ihrem Kontext angesiedelt ist. Es gibt – zumindest für den Kindergarten – eine aktuelle Diskussion über die Frage, ob eine Zuordnung zum Bildungssystem nicht angemessener wäre (vgl. Textor 2003; Wiesner 2003b; Schoch 2003). Angesichts der gegenwärtigen Diskussion zum Stellenwert der „Bildung von Anfang an" und zu der im SGB VIII festgeschriebenen Gleichrangigkeit der Tagespflege mit der institutionellen Kinderbetreuung könnte sich diese Diskussion über den Kindergarten hinaus ausweiten.

Markt" selbst eine Tagespflegeperson zu suchen. Damit gehen sie erhebliche Risiken hinsichtlich der Vertrauenswürdigkeit der Tagespflegepersonen und der pädagogischen Qualität der Betreuung ein. Allerdings ist letztlich auch wenig über die Qualität der öffentlich vermittelten Tagespflege bekannt.

- Nach § 44 SGB VIII ist eine Pflegeerlaubnis erst dann erforderlich, wenn eine Tagesmutter mehr als drei Tageskinder betreut. In dem davor gültigen Jugendwohlfahrtsgesetz war eine Pflegeerlaubnis ab dem ersten betreuten Kind vorgeschrieben. Die Änderung hat dazu geführt, dass viele Jugendämter die Tagespflege inzwischen völlig dem „freien Markt" überlassen. Auch auf die statistische Erfassung der Tagespflege hat dies Auswirkungen: Es gibt keine Angaben zur Anzahl von Tagespflegeplätzen in der amtlichen Kinder- und Jugendhilfestatistik.

- Tagespflege ist im SGB VIII als mit Kindertageseinrichtungen gleichrangiges Angebot geregelt. Zu den Aufgaben von Tagespflegepersonen gehört es, die Kinder durch Betreuung, Bildung und Erziehung in ihrer Entwicklung zu fördern. Im SGB VIII ist bisher nicht deutlich genug festgelegt, durch welche Maßnahmen das angestrebte fachliche Niveau einer qualifizierten Tagespflege zu erreichen ist.

- Der Referentenentwurf zum qualitätsorientierten und bedarfsgerechten Ausbau der Tagesbetreuung stellt einen wichtigen Schritt auf dem Weg zu einer Weiterentwicklung der Tagespflege dar. Weitergehende Regelungen durch Länder und Kommunen für einen qualitätsorientierten Ausbau sind fachlich geboten.

- Die landesrechtlichen Regelungen zur Tagespflege greifen die Bestimmungen des SGB VIII bisher nur teilweise auf. Es gibt – bei insgesamt deutlichen Fortschritten in jüngerer Zeit – große Unterschiede dabei, wie verbindlich und differenziert die Regelungen sind, welchen zeitlichen Horizont sie haben und welche Qualitätsmaßstäbe an die Tagespflege angelegt werden. Das Ziel einer gleichmäßigen Qualitätsentwicklung und -sicherung der Tagespflege in Deutschland wird somit bislang nicht erreicht.

- Von großer Bedeutung für eine Weiterentwicklung der Kindertagesbetreuung sind die vorgesehenen zusätzlichen finanziellen Mittel, die der Bund für einen Ausbau ab 2005 zur Verfügung stellen soll.

Empfehlungen

03 | 01
Bund, Länder und Kommunen müssen die Tagespflege verbindlich und umfassend als gleichrangiges Angebot der Förderung von Kindern regeln.

03 | 02
In den kinder- und jugendhilferechtlichen Bestimmungen auf Bundes- und Länderebene, also nicht nur in dem jetzt vorgelegten „Entwurf eines Gesetzes zum qualitätsorientierten und bedarfsgerechten Ausbau der Tagesbetreuung und zur Weiterentwicklung der Kinder- und Jugendhilfe", muss deutlicher als bisher festgelegt werden, welche Maßnahmen der Qualitätsentwicklung und -sicherung der Tagespflege vorzusehen sind. In diesem Zusammenhang sollte die Pflegeerlaubnis – oder ein vergleichbares Instrument der Eignungs- und Qualitätsüberprüfung – ab dem ersten betreuten Kind wieder eingeführt werden.

03 | 03
Die im Referentenentwurf vorgeschlagenen Neuregelungen sollten Anlass für konstruktive Diskussionen zwischen betroffenen Institutionen und Personen auf allen Ebenen werden mit dem Ziel einer Weiterentwicklung der Tagespflege. Dabei geht es besonders auch um fachliche Bündnisse für eine qualitätsorientierte Tagespflege zwischen allen Beteiligten vor Ort.

03 | 04
Den Akteuren in den Kommunen muss eine verlässliche finanzielle Unterstützung durch Bund und Länder zugesichert werden, damit sie die erforderliche Infrastruktur aufbauen können. Nur so kann Deutschland Anschluss an die europäischen Nachbarländer gewinnen, in denen die staatlich geförderte Tagespflege zu einem anerkannten Segment im Spektrum der familienergänzenden Betreuung und Förderung von Kindern gehört.

Angebot und Nutzung 04

Angebot und Nutzung

Neuere Untersuchungen zum Erwerbsverhalten von Müttern im Zusammenhang mit Angeboten zur Kinderbetreuung machen deutlich, dass unabhängig von den Versorgungsquoten ein Bedarf an Betreuungsangeboten existiert, der vor allem aus den veränderten Erwerbszeiten von Müttern resultiert (vgl. Kap. 1). Nur wenn das Betreuungsangebot die individuellen und vielfältigen Bedarfe von Familien widerspiegelt, können Eltern bedarfsgerechte Arrangements (auch in ihrer Verknüpfung) finden. Ein Ausbau der Betreuungsangebote sollte daher – unabhängig von den erreichbaren Platzzahlen – nicht alleine auf institutionelle Regelangebote setzen, sondern eine Vielfalt an qualifizierten Betreuungsangeboten zum Ziel haben. Hierzu kann und soll die Tagespflege beitragen. Dies gilt inzwischen als Konsens der im Bundestag vertretenen Parteien.[1]

Zur Situation der Kinderbetreuung in Tagespflege in der Bundesrepublik Deutschland lässt sich insgesamt jedoch ein Mangel an aktuellen und zuverlässigen Daten feststellen. Dies führt dazu, dass in der fachlichen Diskussion vor allem Schätzzahlen über die Anzahl von Tagespflegebetreuungen rezipiert werden. Angaben zu quantitativen Ausprägungen stellen derzeit keine gesicherten Erkenntnisse und Planungsgrundlagen dar, sondern lediglich Einschätzungen und Tendenzen, die durch weitere Untersuchungen abgesichert werden müssen.

Unbestritten ist jedoch, dass die öffentlichen Angebote für unter Dreijährige nicht ausreichend sind, um den aktuellen Bedarf an familienexterner Kinderbetreuung abzudecken. Bis zum Jahresende 2002 standen in der Bundesrepublik Deutschland rund 190.000 Plätze in Kindertageseinrichtungen für unter Dreijährige zur Verfügung. Bei ca. 2,2 Mio. Kindern in dieser Altersgruppe ergibt dies im Bundesschnitt eine Versorgungsquote von ca. 9 %. Diese Quote ist im Vergleich zu 1990/1991 aufgrund der Entwicklungen in den östlichen Bundesländern sogar leicht gesunken. Im Ost-West-Vergleich zeigt sich – wenig überraschend – eine drastische Unterversorgung für den Westen von nicht einmal 3 % im Vergleich zu den östlichen Bundesländern mit 37 % (vgl. Statistisches Bundesamt 2004: 25).[2]

---

[1] Zum Ausdruck gebracht wurde das Ziel der gemeinsamen Verantwortung für die Kinderbetreuung zuletzt in den aktuellen Anträgen von Bündnis 90/Die Grünen (Bundestagsdrucksache 15/2580 vom 03.03.2004), FDP (Bundestagsdrucksache 15/2697 vom 11.03.2004) und CDU/CSU (Bundestagsdrucksache 15/2651 vom 09.03.2004).

[2] Die Unterversorgung mit Betreuungsplätzen trifft allerdings nicht nur für die unter Dreijährigen zu, sondern auch auf die Schulkinder nach dem Unterricht (vgl. Statistisches Bundesamt 2004: 33).

Aktuellen Prognosen zufolge wird der Bedarf an Betreuungsangeboten in absehbarer Zeit trotz sinkender Geburten nicht abnehmen. Nach Vorausberechnungen der Platz-Kind-Relationen bis zum Jahr 2015 wäre bei gleich bleibenden Platzzahlen nur eine marginale Verbesserung der Platz-Kind-Relation für unter dreijährige Kinder (0,2 %) und Hortkinder (0,9 %) zu erwarten. Obwohl die Kinderzahlen also sinken, wird es zu keiner Entspannung auf dem Betreuungsmarkt kommen, sofern nicht zusätzlich ausgebaut wird (vgl. Hahlen 2004: 7).

4.1 Die quantitative Seite der Tagespflege

Bei der Tagespflege handelt es sich um einen Sammelbegriff für im Detail unterschiedliche familiennahe Betreuungsformen (vgl. Kap. 2):

- Betreuung im Haushalt der Tagesmutter,
- Betreuung durch eine Kinderbetreuerin im Haushalt der Eltern,
- Betreuung im Rahmen einer Tagesgroßpflegestelle.

Quer liegend zu diesen „Organisationsformen" stellt die Zielsetzung der Betreuung im Rahmen der Kinder- und Jugendhilfegesetzgebung eine weitere Differenzierung dar, indem Tagespflege entweder als Betreuungsdienstleistung nach § 23 (SGB VIII) oder als familienergänzende oder -ersetzende „Hilfe zur Erziehung" (§§ 27, 32, 35 a SGB VIII) gewährt werden kann. Diese Differenzierung betrifft die vom Jugendamt vermittelten und öffentlich geförderten Tagespflegeverhältnisse. Schließlich trägt der heterogene Erwerbsstatus, den Tagesmütter haben können (selbständig, geringfügig angestellt, sozialversicherungspflichtig angestellt), ebenfalls zur Unterscheidung der Formen bei (vgl. Kap. 10). Diese auf unterschiedliche Weise zustande gekommenen Betreuungsverhältnisse lassen sich unterschiedlich gut erfassen. Häufig werden sie in der Betrachtung vermengt, obwohl sie nicht vergleichbare Voraussetzungen haben.

Der Begriff Tagespflege ist unscharf und stellt die Wissenschaft bei Design und Auswertung quantitativer Analysen von Betreuungsarrangements vor die Herausforderung, möglichst fundierte Trennlinien zu anderen Betreuungsarten zu ziehen. Kapitel 2 enthält eine Übersicht zu den unterschiedlichen Formen der Tagespflege sowie Kriterien und Abgrenzungsmerkmale zu anderen Betreuungsarten, die zur Aufbereitung von Befragungsdaten herangezogen werden können.

Eine Annäherung an das Angebot tatsächlich vorhandener Betreuungsplätze in Tagespflege gestaltet sich daher vor allem in zweifacher Hinsicht schwierig: Tagespflege ist – wie oben beschrieben – keine einheitliche, sondern eine ausgesprochen heterogene Betreuungsform. Erschwert bzw. unmöglich wird die Feststellung der Verbreitung der Tagespflege jedoch dadurch, dass Betreuungsverhältnisse im privaten Rahmen geschlossen werden. Eltern und Tagesmütter bzw. Kinderbetreuerinnen suchen und finden sich über den Anzeigenmarkt, und die auf diese Weise privat zustande gekommenen Betreuungsverhältnisse sind der statistischen Erfassung im Einzelnen unzugänglich. Nur in Ausnahmen ist eine Anmeldung bei fachlichen bzw. kommunalen Diensten oder aus steuer- und versicherungsrechtlichen Gesichtspunkten erforderlich. Die derzeitige Rechtslage schreibt eine Pflegeerlaubnis vom öffentlichen Jugendhilfeträger erst ab dem vierten Tageskind vor (§ 44 SGB VIII), und eine Betriebserlaubnis ist ab einer größeren Anzahl von Kindern nötig. Hier unterscheiden sich Länder und Kommunen in ihren Vorgaben (vgl. Kap. 3).

In Kenntnis dieser Tatsachen gibt es dennoch verschiedene empirische Annäherungswege zur Schätzung des zahlenmäßigen Umfangs der Tagespflege, die im Folgenden dargestellt werden und zu denen in diesem Beitrag Verbesserungsvorschläge entwickelt werden.

4.1.1 Kinder- und Jugendhilfestatistik

Die Tagespflege als eine spezifische Form der Fremdbetreuung von unter Dreijährigen wird in der Kinder- und Jugendhilfestatistik, etwa im Rahmen einer eigenen Maßnahmenstatistik, nicht erfasst. Sie ist damit auf den ersten Blick in dieser Statistik nicht existent. Hinweise auf die Tagespflege finden sich jedoch in der Einnahmen- und Ausgabenstatistik der Kinder- und Jugendhilfe. Dabei werden jedoch nur jene Tagespflegeverhältnisse bzw. deren Organisation erfasst, bei denen für die öffentliche Hand Kosten entstehen.[3] Eine Erfassung allein unter Kostengesichtspunkten der öffentlich geförderten Tagespflege stellt zwangsläufig eine Verzerrung der realen Situation dar: Der weit überwiegende Teil der Tagespflege findet in die Kinder- und Jugendhilfestatistiken keinen Eingang, da die Eltern die Kosten zum größten Teil selbst tragen.

Tabelle 4.1 verdeutlicht, dass sich die Gesamtaufwendungen für die Tagespflege von 1993 bis 1997 von 133 Mio. auf unter 97 Mio. reduziert haben und anschließend wieder auf zuletzt 146 Mio. angestiegen sind. Diese Entwicklung könnte am ehesten damit zusammen hängen, dass in den letzten Jahren einzelne Bundesländer ihre Aktivitäten entsprechend ausgeweitet haben (vgl. Kap. 3).

---

3 Unter bestimmten Voraussetzungen werden Eltern die Aufwendungen für die Betreuung ihrer Kinder im Alter von 0 bis 14 Jahren ersetzt. Maßgeblich dafür, ob und inwieweit eine Kostenübernahme durch die öffentliche Hand erfolgt, sind die Kriterien der einzelnen Kommunen. Häufig sind diese Kriterien an die Empfehlungen des Deutschen Vereins angelehnt. Eltern, die ihr Kind in Tagespflege geben, haben nach § 91 SGB VIII ihr Vermögen einzusetzen (vgl. Kap. 3).

Tabelle 4.1: Entwicklung der Kinder- und Jugendhilfeausgaben für Leistungen gem. § 23 SGB VIII „Tagespflege" (Deutschland insg.; 1993–2002; Angaben in 1.000 Euro)

	Insgesamt	Davon Ausgaben für				
		Hilfen der öffentlichen Träger				Förderung der freien Träger
		Zusammen	Personalausgaben	(Geld-)Leistungen für Berechtigte	Sonstige laufende und einmalige Ausgaben	
1993	133.386	132.568	9.483	57.111	65.974	818
1994	125.325	124.599	9.743	58.163	56.694	726
1995	132.423	131.592	11.372	62.053	58.167	831
1996	132.825	131.303	10.553	62.938	57.812	1.522
1997	96.578	94.826	9.431	63.220	22.175	1.753
1998	114.964	112.655	8.959	81.721	21.976	2.309
1999	113.993	111.034	10.264	79.046	21.724	2.959
2000	122.966	119.410	9.922	78.722	30.766	3.557
2001	137.928	120.217	11.123	78.072	31.022	17.711
2002	146.056	127.002	10.846	86.113	30.043	19.053

Quelle: Statistisches Bundesamt: Statistik der Kinder- und Jugendhilfe, versch. Jahrgänge – Ausgaben und Einnahmen der öffentlichen Jugendhilfe

In aller Regel ist es so, dass die „Leistungsberechtigten" unter Kostengesichtspunkten nicht die Tagesmütter sind, sondern die Eltern der Tageskinder. Die Kosten für Tagespflege tragen normalerweise die Eltern (SGB VIII § 91, Abs. 2). Aus der Spalte (Geld-)Leistungen für Berechtigte (Tabelle 4.1) ist zu ersehen, dass die Geldausgaben an Leistungsberechtigte der Tagespflege insgesamt deutlich gestiegen sind. Dies könnte darauf hindeuten, dass Tagespflege bei einkommensschwachen Eltern vermehrt öffentlich gefördert wird. Nach derzeitiger Gesetzeslage haben Eltern nur unter bestimmten Voraussetzungen Anspruch auf Erstattung ihrer Kosten für die Tagesmutter bzw. Kinderbetreuerin. Diesen Anspruch müssen sie durch einen umfangreichen schriftlichen Antrag unter Offenlegung ihrer Vermögensverhältnisse an das zuständige Jugendamt stellen, um eine (einkommensabhängige) Kostenerstattung der Betreuung zu erhalten. Zwar soll im Neuentwurf des SGB VIII (vgl. Wiesner 2004) dieser Sonderweg der Tagespflege entfallen, dennoch wird das Prinzip des Nachrangs der Kinder- und Jugendhilfe verstärkt: Den kommunalen Gebietskörperschaften soll die Möglichkeit eröffnet werden, die Tagespflege analog dem Vorbild der Kostenbeiträge für die Tageseinrichtungen zu regeln (§ 90 SGB VIII). Gleichzeitig sollen eine stärkere Heranziehung einkommensstarker Eltern und die Berücksichtigung des Kindergeldes zu einer stärkeren finanziellen Beteiligung der Eltern an den Betreuungskosten führen (vgl. Wiesner 2004).

Tagesmütter erhalten in der Regel keine Kostenerstattung vom Jugendamt. Im „Sonderfall Tagespflege" sind nicht die Leistungserbringer (Tagesmütter) die Empfänger der Kostenerstattung, sondern die Eltern. Diese zahlen einen (von der Kostenerstattung durch das Jugendamt unabhängigen) individuell (vertraglich) ausgehandelten Geldbetrag an die Tagesmutter. Dabei können Eltern und Tagesmütter sich an Empfehlungen halten, aber der Satz, den die Tagesmutter verlangt, und das, was Eltern letztlich zahlen, sind Verhandlungssache. Ein Zusammenhang zwischen Kinder- und Jugendhilfeleistungen und Honoraren von Tagesmüttern lässt sich aus der Ausgabenstatistik nicht herleiten.

Zwar werden auch öffentliche Mittel direkt an die (selbständige) Tagesmutter gezahlt. Diese Regelung stößt rechtlich aber auf Widerspruch, da damit unklar bleibt, wem der Anspruch auf Kostenersatz (nach § 23, Abs. 3 SGB VIII) zusteht. Ursprünglich sollten Eltern, die die Kosten der erforderlichen Kinderbetreuung nicht aufbringen können, durch diese Regelung entlastet werden. Eine damit einhergehende Steuerbefreiung gebührt faktisch den Personensorgeberechtigten und nicht der Tagesmutter. Hintergrund der Formulierung des § 23, Abs. 3 war vermutlich, den Jugendämtern zu ermöglichen, direkt an die Tagespflegepersonen zu zahlen, damit die Jugendämter sicherstellen können, dass der Aufwendungsersatz auch tatsächlich der Tagesmutter zukommt. Derzeit führt dies zu dem sehr umstrittenen Verfahren, dass öffentliche Mittel von der Tagesmutter nicht versteuert werden müssen, was eine steuerliche Ungleichbehandlung der Einkommenssituation selbständiger Tagesmütter darstellt (vgl. Vierheller 2004).

Die Infrastruktur, also die Trägerseite, wird aus verschiedenen Haushalten bedient: Personal- und Sachmittel eines Vereins werden z. B. durch Länderzuschüsse finanziert. Die finanziellen Wege und Etats, aus denen Kommunen und Landkreise die Träger, z. B. Vereine, fördern, sind vielfältig. Eine trennscharfe Zuordnung dieser Kosten zur Ausgabenstatistik der Kinder- und Jugendhilfe ist daher nicht möglich. Aber Tabelle 4.1 zeigt, dass sich die Fördersummen an die freien Träger im Vergleich zu den Gesamtausgaben am deutlichsten weiterentwickelt haben. Dies ist als Hinweis darauf zu werten, dass das Angebot an Tagespflege in freier Trägerschaft in den letzten zehn Jahren nennenswert ausgeweitet wurde. Insgesamt wird durch diese Ausführungen deutlich, dass eine Herleitung von Platz-Kind-Relationen aus den Ausgabenstatistiken der Kinder- und Jugendhilfe schwierig und in ihrer Aussagekraft begrenzt ist.

Die letzten amtlichen Erhebungen zur Anzahl von Tagespflegen durch das Statistische Bundesamt stammen aus dem Jahr 1989. Diese Situation ist auf die Neuregelung des Kinder- und Jugendhilfegesetzes im Jahr 1991 zurückzuführen. Zu diesem Zeitpunkt entfiel die bisher erforderliche Pflegeerlaubnis für Tagesmütter ab dem ersten Tageskind und im Zuge dessen gleichzeitig die Basis der statistischen Erhebung. Seitdem ist eine Pflegeerlaubnis durch die örtlichen Jugendbehörden erst mit dem vierten Tageskind erforderlich. Die weit überwiegende Anzahl der Pflegeverhältnisse, die nur bis zu drei Tageskinder in einem Haushalt zählen, werden somit statistisch nicht mehr erfasst. Eine Erhebung der Tagespflegeverhältnisse jeder Tagesmutter ab dem ersten Kind, so, wie sie als künftige amtliche Statistik wieder im Gespräch ist (vgl. Wiesner 2003 a), würde eine bessere Übersicht der öffentlich geförderten Tagespflege ermöglichen.

Eine Aussage zur großen Anzahl von Tagespflegen auf dem privaten Markt wird dadurch jedoch nicht möglich. Der private Markt ist dadurch gekennzeichnet, dass Tagesmütter und Eltern sich über Inserate oder Nachbarschaftskontakte finden, ohne das Jugendamt an der Vermittlung zu beteiligen (z. B. weil der örtliche Jugendhilfeträger kein Tagespflegeangebot vorhält oder andere Gründe vorliegen). Dieser Modus bleibt – solange keine Pflegeerlaubnis ab dem ersten Kind notwendig ist – weiter bestehen. Erst wenn Eltern von Tageskindern einen grundsätzlichen Anspruch auf Förderung geltend machen können, haben Tagesmütter und Eltern ein Interesse daran, die Jugendämter über jedes bestehende Tagespflegeverhältnis in Kenntnis zu setzen, da sie hierdurch Vorteile erlangen. Und erst dadurch würde eine Bestimmung der tatsächlichen Anzahl der in Tagespflege betreuten Kinder für das gesamte Bundesgebiet auf der Basis der amtlichen Kinder- und Jugendhilfestatistik möglich.

4.1.2 Erfassung der Anzahl der Tagespflegeverhältnisse auf Länderebene

In den neuen Bundesländern wird die Finanzierung der Kindertagespflege z. T. mit den Einrichtungen gleichgesetzt. Diese Regelung hat nicht nur für die Eltern finanzielle Vorteile, sondern in der Folge entwickelte sich dadurch auch kein privater, informeller und unregulierter Tagespflegemarkt. Hierdurch wird das Angebot an tatsächlichen Plätzen annähernd präzise bestimmbar. In Mecklenburg-Vorpommern ist bereits ab dem ersten Tageskind eine Erlaubnis erforderlich. Im Kindertagesstättengesetz macht der Landesgesetzgeber von seinem Landesrechtsvorbehalt in § 26 SGB VIII Gebrauch und fordert die Erteilung der Erlaubnis durch den zuständigen örtlichen Träger der öffentlichen Jugendhilfe. Diese Erlaubnis ist nicht mit der Pflegeerlaubnis nach § 44 SGB VIII und dem darin formulierten qualitativen Anspruch gleichzusetzen, stellt aber die Aufnahme der Angebote in die örtliche Jugendhilfeplanung sicher (vgl. Becker 2003).

In den alten Bundesländern ist die Einbindung der Tagespflege in die Jugendhilfeplanung bisher kaum erfolgt. Bei der Kindertagespflege handelt es sich um eine Betreuungsform, deren entstehungsgeschichtlicher Hintergrund in den westlichen Bundesländern in der Familienselbsthilfe liegt. Vor diesem Hintergrund sind vereinzelte selbst organisierte Strukturen, z. B. kommunale oder frei-gemeinnützige Zusammenschlüsse, entstanden, vor allem zunächst in den alten Bundesländern. Von diesen gingen hauptsächlich die Qualifizierungsbemühungen aus, und hier finden sich auch vereinzelt statistische Beschreibungen, z. B. im Rahmen von Jahresberichten. Dennoch handelt es sich um von den zuständigen kommunalen Behörden weitgehend unabhängig agierende und auch in den einzelnen Bundesländern wenig vernetzte Strukturen.

Auf Länderebene ist daher derzeit die statistische Basis für valide Aussagen nur in Ausnahmen vorhanden (z. B. Mecklenburg-Vorpommern). Punktuell sind Bemühungen, die Platzzahlen statistisch zu erfassen, auch in den westlichen Bundesländern festzustellen, in denen der freie Markt der Kindertagespflege besonders ausgeprägt ist. Als innovatives Beispiel für ein westliches Bundesland sind die Bestrebungen Baden-Württembergs zu nennen. Das Land hat 2003 damit begonnen, die Tagesmütter durch finanzielle Anreize aus der Grauzone zu holen und bessere Bedingungen für die statistische Erfassung zu schaffen. Damit verbunden ist zugleich das Bemühen um eine bessere Qualifizierung für Tagesmütter.

> **Förderregelungen in Baden-Württemberg als Anreiz zur Erfassung von Tagesmüttern:**
>
> Baden-Württemberg fördert den flächendeckenden Ausbau von Tagesmüttervereinen. Dazu wurde in den Jahren 1995 bis 1999 ein Projekt „Flächendeckender Auf- und Ausbau von Tagesmüttervereinen in Baden-Württemberg" durchgeführt. Das Kinderbetreuungsangebot „Tagespflege" konnte sich dadurch in freier Trägerschaft beispielhaft entwickeln. Es wurde 1999 ein großflächiger Aufbau von Kindertagespflege im Land erreicht: Ein Angebot war in ca. 80 % aller Stadt- und Landkreise zu finden. Angestrebt wird weiterhin die Volldeckung in allen Stadt- und Landkreisen, wozu der Landesverband der Tagesmütter-Vereine Baden-Württemberg e. V. mit seiner durch Landesmittel geförderten Arbeit beiträgt.
>
> Im Rahmen des Konzepts „Kinderfreundliches Baden-Württemberg" soll von 2003 bis 2006 der Ausbau der Kinderbetreuungsangebote für alle Altersgruppen gefördert werden. Dazu werden Fördermittel für die Tagespflege an eine Komplementärförderung in den Kommunen gebunden.[4] Die Zuwendungen werden pro Platz gewährt, d. h. die Anzahl von Plätzen muss von den Kommunen im Rahmen der Zuschussregelungen und der Antragsverfahren festgestellt werden. Beim Landesverband der Tagesmütter-Vereine Baden-Württemberg e. V. waren zum Stand 31.12.2000 ca. 5.268 Tageskinder gemeldet, die von Tagesmüttern betreut wurden. Dies entspricht allerdings nur einem Teil der tatsächlich betreuten Tageskinder. Eine weitere Gruppe Tageskinder wird ausschließlich über die Jugendämter registriert (vom ASD vermittelte Tageskinder).
>
> Die Statistiken der Vereine und die der Jugendämter sollen erstmals für das Jahr 2003 zu einer Gesamtstatistik beim Sozialministerium Baden Württemberg zusammengefasst werden.[5] Da-

---

4 Konzept „Kinderfreundliches Baden-Württemberg" im Internet: www.smbw.de sowie Pressemitteilung des Staatsministeriums Baden-Württemberg vom 26. November 2001.
5 Verwaltungsvorschrift des Sozialministeriums des Landes Baden-Württemberg über die Förderung der Strukturen in der Tagespflege und über die Gewährung von Zuwendungen zur Altersvorsorge von Tagespflegepersonen (VwV Tagespflege) vom 04.02.2003, Az. 63-6930.19-1.

> mit werden die registrierten Tagespflegepersonen, Plätze und vermittelten Kinder nach Altersklassen zusammengeführt.
>
> Daneben gibt es aber immer noch als dritte unbekannte Größe die private Tagespflege. Baden-Württemberg geht den Weg, die Tagesmütter durch finanziell attraktive Angebote, die an fachliche Qualifizierung geknüpft sind, aus der „Grauzone" zu locken. Tagesmütter erhalten im Rahmen der Aufwendungen für die Tagespflege einen Zuschuss zur Altersversorgung, wenn sie bestimmte Voraussetzungen erfüllen, u. a. den Nachweis einer Qualifizierung erbringen.[6] Attraktiv wird dieses Angebot vor allem, wenn die Tagesmutter die Wahl zwischen privater oder gesetzlicher Altersvorsorge treffen kann (vgl. dazu auch Kap. 10).

4.1.3 Zugang über repräsentative Datenreihen

Eine weitere Quelle auf der Suche nach quantitativen Anhaltspunkten sind repräsentative Datenreihen aus Surveys und Längsschnitten. Die vorliegenden deskriptiven Befunde stützen sich auf eigene Auswertungen des DJI-Familiensurveys und des DJI-Kinderpanels sowie des Sozioökonomischen Panels des DIW.[7] Daneben wird vor allem auf die Untersuchungen und Sekundäranalysen von Tietze u. a. (1993), Kraus/Zauter (1993) und Seckinger/van Santen (2000, 2002) Bezug genommen.

(a) Kinderpanel (DJI)

Das Kinderpanel „Wie wachsen Kinder auf?" ist eine prospektive Längsschnittstudie mit drei Befragungswellen, von denen die erste im Herbst 2002 stattfand. Die zweite Welle ist geplant für das Frühjahr 2004, und die dritte Welle soll im Frühjahr 2005 stattfinden. Das Kinderpanel (1. Welle) basiert auf zwei bundesweit repräsentativen Kohortenstichproben in der Altersgruppe von 5- bis 6-Jährigen (1.150 Kinder) und 8- bis 9-Jährigen (1.068 Kinder). Die Studie untersucht im Sinne einer Sozialberichterstattung über Kinder die Lebenslagen von Kindern und Einflüsse auf die Persönlichkeitsentwicklung der Kinder. Im mündlichen Fragebogen für Mütter und allein erziehende Väter wurde die Betreuungssituation erhoben. Es wurde nach verschiedenen Betreuungsformen gefragt, auch nach Kinderbetreuerinnen bzw. Tagesmüttern.

---

[6] „Die Zuwendungen zur Förderung der Strukturen in der Tagespflege können nur an öffentliche Träger oder anerkannte freie Jugendhilfeträger gewährt werden, die (a) die Werbung und Gewinnung von Tagespflegepersonen und damit den Ausbau des Angebots an Tagespflegeplätzen zum Ziel haben, (b) die Vorbereitung, Qualifizierung und Fortbildung von Tagespflegepersonen zum Wohl der zu betreuenden Kinder gewährleisten oder (c) die Beratung, Vermittlung und Begleitung der Personen, die Interesse an der Ausübung der Tagespflege haben, sowie von Tagespflegepersonen und Personensorgeberechtigten der betreuten Kinder sicherstellen." Weitere Voraussetzung ist, dass die Leistungen von geeigneten Fachkräften im Sinne von § 72, Abs. 1 SGB VIII erbracht werden (vgl. ebd. 2).

[7] Die Auswertung der quantitativen Daten erfolgte unter Mitarbeit von Claudia Vorheyer.

(b) Familiensurvey (DJI)

Der Familiensurvey des Deutschen Jugendinstituts „Wandel und Entwicklung familialer Lebensformen" hat Daten zu den drei Zeitpunkten 1988, 1994 und 2000 erhoben. Der Familiensurvey stellt eine repräsentative Befragung in der Bundesrepublik Deutschland dar, in deren Rahmen Daten zu mehr als 10.000 Haushalten mit mehr als 13.000 Kindern erhoben wurden. Die dritte Welle erhob Daten zur Betreuungssituation von 0- bis 6-jährigen Kindern, u. a. zur Betreuung durch Tagesmütter.

(c) Sozioökonomisches Panel – SOEP (DIW)

Das Sozioökonomische Panel (SOEP) ist eine jährlich stattfindende repräsentative Befragung privater Haushalte, die im Auftrag des Deutschen Instituts für Wirtschaftsforschung (DIW) von Infratest durchgeführt wird. Das SOEP gibt es seit 1984. Im Zentrum der Erhebungen stehen die objektiven Lebensbedingungen in verschiedenen gesellschaftlichen Bereichen und die subjektiv wahrgenommene Lebensqualität der Bevölkerung. Es werden kindbezogene Variablen zur Betreuungsform inklusive Tagespflege erhoben. Gefragt wird auch nach dem Grad der Zufriedenheit mit den vorhandenen Möglichkeiten der Kinderbetreuung. Für die vorliegende Analyse wurden eigene Auswertungen zu den aktuell vorliegenden Datensätzen des SOEP zum Erhebungszeitpunkt 2002 vorgenommen. Die Befragung umfasst ca. 13.000 Haushalte und ca. 24.000 Personen.

4.1.4 Anzahl der Betreuungsplätze in Kindertagespflege

Seckinger/van Santen haben Erhebungen in Jugendämtern durchgeführt und anhand von Ergebnissen aus der ersten Welle des Familiensurveys des Deutschen Jugendinstituts, der Jugendhilfestatistik sowie – im Rahmen einer ersten Schätzung – des Sozioökonomischen Panels die Anzahl der Tagespflegen bestimmt. Sie kamen zunächst zu einer Schätzung von 300.000 Kindern (0- bis unter 16-Jährige) in Tagespflege in Westdeutschland (vgl. Seckinger/van Santen 2000) sowie in einer zweiten, auf Daten der dritten Welle des Familiensurveys basierenden Schätzung zu 295.000 Tagespflegeverhältnissen für Gesamtdeutschland (0- bis unter 16-Jährige) (vgl. Seckinger/van Santen 2002: 161). Die Berechnungen erfolgten unter einer Reihe von Annahmen:

- Der Zugang über die Kostenstatistik (vgl. 4.1.1) erfordert eine zugrunde liegende Vorstellung über die pro Tagespflegeverhältnis aufgewendeten Betreuungsstunden. Da hierüber keine Angaben vorlagen, wurden diese zunächst geschätzt, später dann aus den Angaben zur durchschnittlichen Betreuungszeit im Familiensurvey abgeleitet, um von den finanziellen Aufwendungen im Rahmen der Kostenstatistiken der Kinder- und Jugendhilfe auf Betreuungsplätze zu kommen.

- Der Anteil der unter Sechsjährigen in der Tagespflege wurde geschätzt. In Anlehnung an eine Untersuchung von Tietze u. a. (1993) wurde davon ausgegangen, dass die Null- bis Sechsjährigen insgesamt einen Anteil von 81,5 % an allen Kindern in Tagespflege ausmachen.
- Im Ergebnis kamen Seckinger/van Santen in der Schlussfolgerung zu einer Quote von 3 % aller unter Dreijährigen, die von Tagesmüttern betreut werden.
- Bei den Jugendämtern waren für das Jahr 1999 lediglich ca. 54.000 Tagespflegeverhältnisse bekannt, so ebenfalls eine Hochrechnung von van Santen und Seckinger auf der Basis ihrer eigenen Jugendamtsstichprobe. Aufgrund verschiedener Parameter und plausibilisierender Annahmen wurde von den Autoren auf Basis des vorliegenden statistischen Materials ein Verhältnis zwischen öffentlich geförderten und privat finanzierten Tagespflegeverhältnissen von 1 : 4 geschätzt, d. h. auf eine öffentlich geförderte Tagespflege kämen demnach weitere vier nicht öffentlich geförderte Betreuungsverhältnisse.

Aus den vorliegenden Erkenntnissen ist in Anlehnung an van Santen und Seckinger von einer Zahl der unter Dreijährigen in Tagespflege in den Jahren 2000/2002 von ca. 150.000 auszugehen.[8] Hinsichtlich seiner Aussagekraft baut dieser Schätzwert insbesondere darauf, dass (1) die Ausgaben der öffentlichen Kinder- und Jugendhilfe ein hinreichendes Äquivalent für die Berechnung von Plätzen in der Tagespflege sind; dass (2) die bisher vorliegenden Angaben zur durchschnittlichen wöchentlichen Betreuungszeit stimmen; und dass (3) die bisherigen Annahmen zur Altersverteilung in der Tagespflege zutreffend sind. Hierzu sind künftig weitere Untersuchungen nötig, die zu einer valideren Datenbasis für die Tagespflege führen.

Eine Extrapolation der Betreuungsquoten aus den Datensurveys stellt einen weiteren Versuch einer Annäherung an die Zahlenbasis dar, der hinsichtlich der zur Verfügung stehenden Datenbasis ebenfalls Schwächen hinsichtlich des Erklärungsgehalts der realen Anzahl der Tagespflegebetreuungen aufweist (vgl. Tabelle 4.2).

---

8 Unter Berücksichtigung bisheriger Erkenntnisse zur Altersverteilung in der Tagespflege (vgl. Abschnitt 4.2.1) wird davon ausgegangen, dass sich ca. 50 % unter Dreijährige in der Tagespflege befinden. Hinzugerechnet wurden von Seckinger und van Santen die Betreuung durch andere nicht verwandte Personen (z. B. Au-pair, Babysitter), wodurch die Autoren eine Betreuungsquote 0- bis 6-Jähriger durch Tagesmütter von 4,9 % errechneten. Ohne Hinzurechnung anderer nicht verwandter Personen, liegt die Quote im Familiensurvey mit 1,87 % im Vergleich zu den aktuelleren Werten aus Kinderpanel und SOEP sehr niedrig. Sie führt daher vermutlich zu einer Untererfassung, die ihre Ursache in einem hohen Anteil prekärer Haushalte haben kann. Diese machen im Familiensurvey, dritte Welle, einen Anteil von 1.453 Haushalten und damit 14 % der Gesamtheit der 10.318 Haushalte aus. In den Erhebungen des Kinderpanels und des SOEP ist die Tagespflege als Betreuungsform bei Familien in unteren Einkommensbereichen und sozialen Lagen deutlich unterrepräsentiert bzw. so gut wie nicht vorhanden.

Tabelle 4.2: Betreuungsquoten durch Tagespflege (in Prozent)

Datenquelle	0- bis 3-Jährige	3- bis 6-Jährige
Familiensurvey (2000)	3,0	1,3
Kinderpanel (2002)[9]		1,2 (nur 5–6-Jährige)
SOEP (2002)	4,1	1,5

Quelle: DJI-Zahlenspiegel 2002; eigene Berechnungen

Aus den in Tabelle 4.2 dargestellten Betreuungsquoten lässt sich zunächst der Schluss ziehen, dass die Anzahl der Tagespflegeverhältnisse bei den unter Dreijährigen in etwa zwischen 66.000 (3,0 %) und 90.000 (4,1 %) liegt. Die Stichprobenziehung für die genannten Datensurveys unterliegt jeweils Kriterien der Repräsentativität. Dennoch ist Vorsicht bei der Interpretation der Daten angebracht: Zum einen sind die Fallzahlen zur Tagespflege jeweils gering, wodurch sie sehr an Aussagekraft verlieren. Zum anderen ist die Tagespflege derzeit noch ein Angebot, das überwiegend von einkommensstarken Eltern genutzt wird. Die Betreuungsquoten, die sich aus Surveydaten ergeben, sind daher nur begrenzt aussagekräftig. Dies wird deutlich am Beispiel des Niedrigeinkommen-Panels (NIEP), in dem für das Jahr 2000 lediglich eine Betreuungsquote in Tagespflege von 2,4 % feststellbar ist. Gleichzeitig ist im NIEP der Anteil an niedrigen Einkommen von Eltern besonders hoch. Dies führt zu Verzerrungen dergestalt, dass die Betreuungsquote unterschätzt wird. Auch die anderen Surveydaten zeigen diesen Zusammenhang zwischen sozioökonomischem Status der Eltern und Betreuungsform (vgl. 4.2.3).

Festzuhalten ist, dass die Datengrundlage zur Errechnung der Anzahl von Tagespflegebetreuungen nicht gesichert ist. Nimmt man an, dass sich unter den ca. 300.000 Tagespflegekindern nach Schätzung von Seckinger und van Santen (2000, 2002) 50 % unter Dreijährige befinden (vgl. 4.2.3), so entspricht dies ca. 150.000 unter Dreijährigen in Tagespflege. Zieht man die Betreuungsquoten aus verschiedenen weiteren Quellen hinzu, so wird deutlich, dass diese Zahl dadurch deutlich relativiert wird. Zu finden ist eine Bandbreite von 1,4 %[10] bis 4,1 % unter dreijährigen Kindern in Tagespflege. Dies entspricht einer Streuung zwischen 31.000 und 90.000 Kindern.

---

9 Die Betreuungsquoten des Kinderpanels wurden in die Tabelle aus Informationsgründen aufgenommen. Sie sind jedoch hinsichtlich der unter Dreijährigen wenig aussagekräftig: Es liegen nur Angaben über die derzeitige Tagespflegebetreuung der 5- bis 6-Jährigen vor sowie retrospektiv für die Kohorte der 8- bis 9-Jährigen hinsichtlich des Zeitraums vor der Einschulung, also für den Gesamtzeitraum 0–6 Jahre, ohne dass eine Differenzierung nach Geburtsjahr möglich ist. Angenommen wurde eine Grundgesamtheit der Kinder unter drei Jahren von 2,2 Mio. (vgl. Statistisches Bundesamt 2004).

10 Die Quote 1,4 % bildet die Berechnungsgrundlage für Bedarf und Kosten der neu zu schaffenden Plätze in Kindertagespflege im Referentenentwurf für die Novellierung des Kinder- und Jugendhilfegesetzes (vgl. Begründung zum Referentenentwurf 2004).

Ein erstes Fazit aus der oben beschriebenen quantitativen Situation zur Tagespflege besteht darin, dass dringend die Daten- und Planungsgrundlage in der Tagespflege zu verbessern ist, z.B. indem repräsentative Datenerhebungen anhand großer Stichproben durchgeführt werden. Ein zweites, daraus zu ziehendes Fazit ist, dass es derzeit nicht möglich ist, eine verlässliche Zahl zu nennen, die plausibel den realen Stand von Tagespflegebetreuungen wiedergibt. Vielmehr gibt es eine Bandbreite von Ergebnissen, die von 31.000 über 90.000 bis zu 150.000 unter dreijährigen Kindern in Tagespflege reicht.

4.1.5 Größe der Tagespflegestellen

Tietze u.a. (2003) fanden in der Hälfte der in Brandenburg untersuchten 61 Tagespflegestellen bis zu drei Kinder vor, die andere Hälfte betreute 4–6 Kinder (1 Kind: 10%, 2 Kinder: 30%, 3 Kinder: 10%, 4 Kinder: 20%, 5–6 Kinder: 30%). DJI-Recherchen bei Good-practice-Anbietern zeigen, dass Tagesmütter in Mecklenburg-Vorpommern den Spielraum, den das Landesgesetz lässt, meist ausschöpfen und die maximal erlaubten drei Tageskinder betreuen. In den alten Bundesländern finden sich im Schnitt weniger Kinder in einer Tagespflegestelle; Recherchen ergaben eine durchschnittliche Anzahl von 1,8 bis 2,6 Tageskinder pro Tagesmutter.

Sofern man davon ausgeht, dass diese Unterschiede typisch sind für die Differenz zwischen der Tagespflege in den alten und den neuen Bundesländern, könnte dies ein Hinweis darauf sein, dass in den neuen Ländern aufgrund einer stärkeren Erwerbsorientierung von Tagesmüttern sowie einer großen Zahl ausgebildeter, aber arbeitsloser Erzieherinnen (vgl. 4.1.8) ein weitaus größeres Interesse besteht, diese Form der Betreuung erwerbsorientiert anzubieten.

4.1.6 Ost-West-Veränderungen in den Betreuungszahlen

Bisher konnte man davon ausgehen, dass die Mehrzahl der Tagespflegeverhältnisse in den westlichen Bundesländern angesiedelt war, da Tagespflege als Betreuungsform überwiegend nur dort etabliert war. Seckinger und van Santen fanden im Jahr 2000 in lediglich 50% der ostdeutschen Jugendamtsbezirke ein Angebot an Tagespflege vor. Ausgehend von der bedarfsgerecht hohen Anzahl von Einrichtungsplätzen in Ostdeutschland, wurden die Entwicklungsmöglichkeiten für die Tagespflege damals als gering eingeschätzt.

In den vergangenen Jahren wurde die Tagespflege in den neuen Ländern allerdings spürbar auf- und ausgebaut: Mecklenburg-Vorpommern war das erste der neuen Bundesländer, das die Tagespflege im Rahmen des Kindertagesstättengesetzes geregelt hat und für die Eltern gleiche Kostenbedingungen wie in den Tageseinrichtungen geschaffen hatte. Diese Entwicklung spiegelt sich allerdings (noch) nicht in der Statistik. Auf der anderen Seite deuten sich rückläufige Entwicklungen in Berlin und Hamburg, den ehemaligen „Hochburgen" der Tagespflege, an (vgl. Gerszonowicz 2003). Es ist daher zu vermuten, dass sich die Betreuungsquoten mittelfristig einander annähern.

Die Tagespflege steht in den neuen Bundesländern vor Akzeptanzproblemen, die auch vor dem Hintergrund zu sehen sind, dass die vorhandene Einrichtungsstruktur unter Kostenaspekten massiv unter Druck steht. Aus Elternsicht gibt es auch aus finanziellen Gründen eine zurückhaltende Nutzung von Tagespflegeangeboten: Nach einer für Thüringen repräsentativen Untersuchung lehnen 21 % der Alleinerziehenden alternative Betreuungsangebote wie die Tagespflege ab, weil sie Sorge haben, diese Angebote nicht bezahlen zu können (vgl. Hammer 2003).

4.1.7 Regionale Differenzierungen: Stadt-Land-Gefälle und Flächenphänomen

Auch unter regionalen Gesichtspunkten zeigen sich Auffälligkeiten:

- In der für die westlichen Bundesländer repräsentativen Untersuchung von Tietze u. a. (1993) wurde mit Blick auf die Betreuungsformen und -intensitäten ein ausgeprägtes Stadt-Land-Gefälle festgestellt: Kreisfreie Städte boten eine Versorgungsquote von 1,5 % mit Tagespflegeplätzen, während in den Landkreisen die Werte nur bei 0,3 % lagen.
- Berechnungen auf Basis des DJI-Familiensurveys 2000 zeigen ebenfalls die Tendenz einer stärkeren Präsenz der Kindertagespflege in stärker verdichteten Gebieten: Die Anzahl von Kindertagespflegeverhältnissen ist demnach sowohl in Städten als auch in Landkreisen mit mehr als 200.000 Einwohnern signifikant höher als in Städten und Landkreisen mit weniger Einwohnern (vgl. Seckinger/van Santen 2002). In den untersuchten Regionen unter 200.000 Einwohnern war die Tagespflege als Betreuungsform deutlich unterrepräsentiert.
- Nach den neueren Zahlen des Kinderpanels muss die These des „Stadt-Land-Gefälles" weiter differenziert werden: Sowohl in stark als auch in gering verdichteten Gebieten liegt die Betreuungsquote durch Tagesmütter und Kinderbetreuerinnen mit 4,7 % bzw. 4,3 % höher als in Gebieten mit mittlerer Verdichtung. Diese Unterschiede bestätigen einerseits die Ergebnisse des Familiensurveys. Sie liefern darüber hinaus aber auch ein Indiz für die These des „Flächenphänomens" Tagespflege: Tagesmütter und Kinderbetreuerinnen werden auf dem Land (in weniger besiedelten Regionen) stärker nachgetragt (bzw. sind leichter zu bekommen), als dies in Regionen mit mittlerer Bevölkerungsdichte der Fall ist. In Regionen mit mittlerer Bevölkerungsdichte scheint das wohnortnahe Angebot an institutionellen Betreuungsplätzen mit den Erfordernissen der Erwerbswelt (Anzahl von Arbeitsplätzen, Ausdifferenzierung der Arbeitszeiten) relativ betrachtet am besten in Übereinstimmung zu bringen zu sein.

Eine Erklärung für das „Flächenphänomen" ist darin zu sehen, dass wohnortnahe Betreuungseinrichtungen in sehr dünn besiedelten Regionen schwieriger zu gewährleisten sind (z. B. aufgrund der Kostenintensität oder der Mindestgruppengrößen). Die Werte des Kinderpanels stützen aber auch die frühere Beobachtung eines Stadt-Land-Gefälles und weisen darauf hin, dass in städtischen Ballungsräumen ein Betreuungsbedarf existiert, der mit den vorhandenen Einrichtungsplätzen nicht abgedeckt werden kann.

4.1.8 Das andere Qualifikationsprofil – Erzieherinnen als Tagesmütter in Ostdeutschland

Hinsichtlich der pädagogischen Qualifikation von Tagesmüttern zeichnen sich deutliche Ost-West-Unterschiede ab. In Mecklenburg-Vorpommern sind ca. 40 % der Tagesmütter ausgebildete Erzieherinnen, also Frauen, die Vorerfahrungen in einem pädagogischen Beruf mitbringen. Tietze/Pattloch/Schlecht/Braukhane (2003) fanden in ihrer Untersuchung in Brandenburg bei 61 Tagespflegestellen nahezu 50 % Tagesmütter mit einem pädagogischen Berufsabschluss vor. Eine Befragung von 382 Teilnehmerinnen von Qualifizierungskursen in der Tagespflege in sechs Bundesländern ergab einen Anteil von etwa 25 % Teilnehmerinnen an einer Fortbildung für Tagesmütter mit einer pädagogischen Vorbildung. Die Teilnehmerinnen mit pädagogischer Ausbildung waren zumeist arbeitslose Erzieherinnen, überwiegend aus Mecklenburg-Vorpommern (vgl. Keimeleder 2001).

Eine Erklärung hierfür ist darin zu sehen, dass in den neuen Bundesländern die Zahl der Kindertageseinrichtungen seit 1991 um über die Hälfte gesunken ist, wodurch zugleich mehr als 91.000 Arbeitsplätze abgebaut wurden (vgl. Statistisches Bundesamt 2004). Wenn dann gleichzeitig dort eine familiennahe Kinderbetreuung in Tagespflege aufgebaut wird, ist es nicht verwunderlich, dass sich eine erhebliche Zahl arbeitsloser Erzieherinnen für dieses Feld interessiert, da sie berufsnah und perspektivisch möglichst langfristig in der Tagespflege weiterarbeiten wollen und dadurch unter bestimmten Bedingungen eine neue Berufsorientierung in der Tagespflege finden können.

Es wird im Zuge der künftigen Gestaltung der Tagespflege zu klären sein, ob sich aus dieser Entwicklung für die Tagespflege konkrete Perspektiven für ein Berufsbild der Tagespflege ergeben könnten, das nahe an die sozialen und sozialpflegerischen Berufe im System der berufsbildenden Schulen angelehnt werden kann. Konkret übertragbare Berufsbildungsaspekte liefert hierzu die Tagespflege in Österreich, bei der die Qualifizierung von Tagesmüttern im Berufsbild der „sozialen Dienste" eine Durchlässigkeit zu anderen Erziehungsberufen ermöglicht (vgl. Lutter 2003).

4.1.9 Erwerbsperspektiven und Motivlagen von (zukünftigen) Tagesmüttern

Ausbaubemühungen in der Tagespflege müssen die potentiellen Zielgruppen, die diese Tätigkeit ausführen sollen, im Blick behalten. Über die quantitativen Möglichkeiten, die Anzahl von Tagespflegepersonen zu erhöhen, gibt es bislang wenig gesicherte Erkenntnisse. Es ist möglich – auf Basis von Vorarbeiten aus Projekten zur Tagespflege am Deutschen Jugendinstitut –, eine Reihe von Annahmen zu den Erwerbsperspektiven von Tagespflegepersonen und deren zukünftiger Entwicklung zu treffen. Als weitgehend gesichert kann die Tatsache gelten, dass es vorwiegend Frauen sind, die bisher die Tätigkeit ausüben.

In der laufenden DJI-Untersuchung von Good-practice-Modellen kristallisierten sich vier Grundtypen von Tagesmüttern heraus: die „Traditionalen", die „Pragmatischen", die „Berufsorientierten" und die „Perspektivlosen".[11] Diese im Folgenden skizzierten Gruppen dienen als deskriptive Hilfskonstrukte, auch wenn sie die komplexere Realität nicht vollständig abbilden. Sie bieten als eine profilbeschreibende Typologie jedoch wertvolle Hinweise auf Entwicklungspotentiale und -linien des Betreuungsangebots einer künftigen Tagespflege.

> **Tagesmütter-Grundtypen**
>
> 1. Die *Traditionalen*: Frauen mit einem traditionellen Familienbild, die häufig selbst keiner Berufstätigkeit nachgehen und meistens durch den Partner oder den Ehemann finanziell abgesichert sind. Dieser weibliche Lebensentwurf galt als klassische Voraussetzung und Grundbedingung für die längerfristige Tagespflege in den alten Bundesländern. Diese Grundbedingungen sind heute aufgrund veränderter Lebens- und Erwerbsbiographien von Männern und Frauen immer weniger vorauszusetzen. Damit verändern sich auch die Bedingungen, unter denen Tagespflege leistbar ist. Unter „nachbarschaftlichen" Prinzipien – also fast unentgeltlich – wird sie immer weniger an Betreuungsleistung für die Gesellschaft erbringen können. Die Lebenssituation von Frauen verändert sich z. B. auch durch Scheidung. Die „traditionalen" und für die alten Bundesländer lange Zeit „klassischen" Tagesmütter würden zumeist langfristig Kinder betreuen wollen und können. Diese Frauen werden aufgrund der veränderten Voraussetzungen immer weniger zur Verfügung stehen.
>
> 2. Die *Pragmatischen*: Es wächst eine neue Generation von Tagesmüttern nach, in deren Selbstverständnis die Erwerbstätigkeit einen zentralen Platz einnimmt. Dies sind qualifizierte Frauen, deren Kind (oder jüngstes Kind) oft noch unter drei Jahren ist und die sich dafür entscheiden, während der Elternzeit noch ein Tageskind hinzunehmen (nicht selten auch aus dem Grund, weil sie keinen Betreuungsplatz für das eigene Kleinkind finden). Für diese Frauen

---

11 Vgl. Keimeleder (2003): Was ist „qualifizierte" Tagespflege? Vortrag auf der Fachtagung „Auf- und Ausbau einer qualifizierten Kindertagespflege" am 16.10.2003 in Frankfurt/Main, www.dji.de/kindertagespflege. Die Untersuchung der Good-practice-Modelle wurde im Rahmen des DJI-Projekts „Auf- und Ausbau der Kindertagespflege" ergänzt durch eine ExpertInnenbefragung von PraxisvertreterInnen aus Landes- bzw. Bundesarbeitsgemeinschaften und Verbänden der Tagespflege aus dem gesamten Bundesgebiet.

stellt die Tagespflege sowohl einen Qualifikationserwerb als auch eine finanzielle Aufwertung dieser Lebensphase dar. Diese beruflich qualifizierten Frauen aber lassen sich langfristig nicht an die Tagespflege binden. Der „Entlastungseffekt" für den Betreuungsbereich, den diese Tagesmütter erbringen, ist enorm, aber vorübergehender Natur: Wenn diese Frauen in ihren Beruf zurückkehren, suchen sie selbst wieder nach einem Betreuungsplatz für das eigene Kind. Eine hohe Fluktuation (Fluktuation heißt zugleich hoher Aufwand an Qualifizierung und fachlicher Begleitung) ist in dieser Gruppe vorprogrammiert: Die Tätigkeit ist auf „Kurzzeit" angelegt (während der Elternzeit) – allerdings z.T. auch unter der Prämisse: „Wenn ich in der Tagespflege die sozialen Leistungen hätte, die ich durch meinen Beruf bekomme, würde ich es vielleicht auch gerne weitermachen und ausbauen." Dies ist ein Hinweis darauf, dass Bemühungen um ein Berufsbild, bessere Verdienstmöglichkeiten und Anstellungsverhältnisse auch bei einem Teil dieser Frauen greifen würden.

3. Die *Berufsorientierten*: Eine vermutlich große und wachsende Gruppe besteht aus Frauen, die Tagespflege durchaus als neue und auch langfristige Erwerbsperspektive sehen. Dies sind gleichzeitig oft Tagesmütter, die sich engagiert auf Angebote der fachlichen Begleitung einlassen (was in der genannten zweiten Gruppe weniger der Fall ist: eine umfangreiche und zeitaufwendige Qualifizierung „lohnt" aus deren Perspektive weniger). Ein großer Teil dieser Tagesmütter ist arbeitslos oder findet nicht mehr in den erlernten Beruf zurück, z. B. auch aufgrund langer Unterbrechungs- bzw. Erziehungszeiten. In den neuen Bundesländern sind es häufig Erzieherinnen. Der Aspekt der finanziellen Existenzsicherung durch die Tagespflege spielt bei dieser Gruppe eine große Rolle. Häufig sind auch gute räumliche Voraussetzungen zur Umsetzung der Tagespflege vorhanden. Hier ist eine Verknüpfung mit der erstgenannten Gruppe möglich. Drei Kriterien werden als Voraussetzung gesehen, diese Frauen in der Tagespflege zu halten: (1) Tagespflege müsste eine berufliche Perspektive bieten; (2) Struktur und Rahmen für die Tagespflege müssen sich verbessern; (3) der Verdienst müsste angemessen sein.

4. Die *Perspektivlosen*: Eine vierte Gruppe ist in den Frauen zu sehen, für die Tagespflege lebens- und erwerbsperspektivisch explizit eine „Notlösung" darstellt. Während den „berufsorientierten" Tagesmüttern mehrheitlich ein authentisches Interesse an der Tätigkeit und der Förderung von Kindern unterstellt werden kann, haben diese Frauen andere Voraussetzungen, die sie in die Tagespflege führen. Diese lassen sie nur bedingt für die Tagespflege geeignet erscheinen. Aus Untersuchungen ist bekannt, dass z. B. langzeitarbeitslose Personen häufig selbst einen großen Unterstützungsbedarf bei der praktischen Lebensbewältigung haben und eine instabile Lebenssituation oder persönliche und psychische Problematiken mitbringen können. Diese Personengruppen scheiden nicht per se für die Tagespflege aus. Die Motivlage und die Eignung müssen aber besonders sorgfältig überprüft werden. Die Lösung des Versorgungsproblems kann nicht – wie die Versuche einzelner Kommunen zeigen – darin liegen, ungeeignete Personengruppen in die Kindertagespflege zu lotsen. Im Interesse der Kinder müssen die vorhandenen Instrumente der fachlichen Aufsicht besser als bisher umgesetzt werden, um Vermittlungen von Tageskindern in Haushalte von dafür ungeeigneten Personen systematisch auszuschließen.

Quantitativ lassen sich diese vier Gruppen – jenseits ihrer trennscharfen Zuordnung – gegenwärtig nicht genauer bestimmen; hierfür wären weitergehende repräsentative Untersuchungen notwendig. Eine gewisse Ausnahme bilden die arbeitslosen ErzieherInnen in den neuen Bundesländern, deren Zahl sich relativ genau angeben lässt (vgl. Abschnitt 4.1.8).

Tagesmütter unterscheiden sich hinsichtlich ihrer Motive und ihrer Erwerbsperspektiven. Wenn eine Tagesmutter nach möglichst kurzer Unterbrechung wieder in den Beruf einsteigen will, ist die zeitliche Begrenzung von Tagespflegeverhältnissen strukturell angelegt. Es gibt wenig gesichertes Wissen, z. B. über die Verlässlichkeit der Betreuung, über die Qualität der pädagogischen Prozesse und die Folgen von Beziehungsabbrüchen für Kinder. Auch hier sind weitergehende Forschungsarbeiten nötig, um festzustellen, welche Betreuungsqualität unter welchen Bedingungen im Alltag der Tagespflege erreicht werden kann (und soll). Die Eignung von Motiven, Lebens- und Erwerbsperspektiven sind als Faktoren für Stabilität und Qualität von Betreuung in die Überlegungen zu den Ausbaumöglichkeiten der Betreuungsform Tagespflege einzubeziehen. Darin liegen auch Grenzen des Ausbaupotentials der Tagespflege begründet. Weitere Hinweise zu Motiven und Beweggründen, als Tagesmutter tätig zu werden, ergeben sich aus der Untersuchung von Krauß/Zauter (1993) bei 159 Tagesmüttern in Hamburg (vgl. Tabelle 4.3).

Tabelle 4.3: Motive von Tagesmüttern (in %; Mehrfachnennungen möglich)

„Ich habe gerne Kinder um mich"	96,2 %
„Ich wollte etwas sinnvolles tun"	84,4 %
„Ich wollte Spielkamerad/innen für meine eigenen Kinder"	60,4 %
„Ich wollte mir etwas Taschengeld dazuverdienen"	57,1 %
„Ich war darauf angewiesen, etwas zu verdienen"	33,3 %
„Ich hatte für mein eigenes Kind keine Tagespflege gefunden"	10,0 %

Quelle: Krauß/Zauter (1993: 99)

Auch in der Untersuchung von Tietze u. a. (2003) nannte über die Hälfte der befragten Tagesmütter Selbständigkeit und Verdienstmöglichkeit von zu Hause aus, gefolgt von dem Wunsch, Kindern und Eltern zu helfen, als Motive.[12] Teilnehmerinnen an Qualifizierungskursen zur Tagespflege, befragt nach ihren Beweggründen für die Kursteilnahme, wollten damit häufig eine bessere berufliche Perspektive und Ausgangsposition auf einem privaten Angebotsmarkt erzielen, auf dem ein Teil der Eltern sich die qualifiziertere Dienstleistung aussucht und besser bezahlen kann (vgl. Keimeleder 2001).

Ein Fazit dieser Untersuchungen besteht darin, dass immerhin ein Drittel bis die Hälfte der Tagesmütter nach eigenen Angaben auf den Verdienst durch die Tätigkeit angewiesen ist. Es ist davon auszugehen, dass der finanzielle Aspekt als wesentliche Motivation trotzdem noch unterschätzt wird. Vor dem methodischen Hintergrund ist anzunehmen, dass bei diesem Thema eine Tendenz der Antworten in Richtung „sozialer Erwünschtheit" sehr wahrscheinlich ist, d. h. eine vorhandene finanzielle Motivation häufig ungenannt bleibt oder nachrangig (nach sozialen Beweggründen) erwähnt wird.

---

12 Tietze u. a. (2003) untersuchten in Brandenburg Tagespflegestellen in einer Stichprobengröße von 61 Tagespflegestellen bzw. Tagesmütter und 95 Tageskinder.

4.2 Bedarf und Nutzung der Angebote

Zum Jahresende 2002 gab es bundesweit insgesamt 190.000 Plätze für Kinder im Krippenalter. Dem standen ca. 2,2 Mio. Kinder im Alter unter drei Jahren gegenüber. Die Erwerbstätigenquote von Müttern mit einem Kind unter drei Jahren liegt bei 31%, darunter knapp 12% mit einer Vollzeitstelle (vgl. Tabelle 1.1 in Kap. 1). Dies entspräche einem Bedarf von mindestens 682.000 Betreuungsplätzen für Kinder bis zu drei Jahren, rechnet man statistisch jeder erwerbstätigen Mutter ein Kind zu. Werden darüber hinaus auch jene Frauen in die Bedarfsberechnungen einbezogen, die vor der Geburt ihres Kindes ebenfalls erwerbstätig waren und nach der Geburt – unter Umständen auch aufgrund mangelnder Betreuungsmöglichkeiten – die Elternzeit in Anspruch genommen haben, so ergibt sich eine rechnerische Quote von 48,6% Müttern mit insgesamt wenigstens 1.069.200 Kleinkindern (vgl. ebd.). Mehr als 70% der Mütter mit Klein- und Kindergartenkindern würden im Westen mehr arbeiten wollen, wenn sie aufgrund besserer Betreuungsmöglichkeiten dazu in der Lage wären (vgl. McKinsey 2002, 2004). Planungsgrundlagen für den realen Bedarf müssen unfreiwillig aus dem Erwerbsleben ausgeschlossene Frauen einbeziehen, sonst sind sie lediglich ein Abbild des Mangels.

Es zeigt sich, dass allein aufgrund der gestiegenen Erwerbstätigkeit von Müttern mit kleinen Kindern dem gegenwärtigen Angebot an Plätzen in Tageseinrichtungen ein erheblicher, rechnerisch nicht gedeckter Bedarf an qualifizierter Betreuung gegenübersteht. Diese Betreuungslücke wird derzeit überwiegend in den Familien durch Verwandte oder durch soziale Netzwerke in der Nachbarschaft, bei Freunden oder zusammen mit anderen betroffenen Müttern abgedeckt; auch dies belegen die verschiedenen Umfragen. Das Angebot der Betreuung durch Tagesmütter dürfte ebenfalls in erheblichem Umfang zur Bedarfsdeckung beitragen. Allerdings bleibt letztlich ungeklärt, ob für alle Kinder eine zeitlich und qualitativ ausreichende Betreuung zur Verfügung steht; dies muss wohl eher bezweifelt werden.

Da es nach Vorausberechnungen des Statistischen Bundesamtes bis zum Jahr 2015 bei den unter Dreijährigen allein aufgrund demographischer Effekte nicht zu einer Verbesserung der Platz-Kind-Relation kommen wird (vgl. Statistisches Bundesamt 2004: 36), muss das Platzangebot – in der familiennahen Form der Tagespflege oder in der institutionellen Form der Tageseinrichtung – erheblich ausgebaut werden, soll das Ziel erreicht werden, zumindest eine Größenordnung an Plätzen zur Verfügung zu stellen, die der Anzahl gegenwärtig erwerbstätiger Mütter mit Kindern im Alter unter drei Jahren entspricht.

Frauen gehen mit einer Berufsunterbrechung durch Kindererziehung ein hohes finanzielles Risiko ein. Ihre Versorgungslage im Alter und ihre Arbeitsmarktchancen verschlechtern sich dadurch z. T. drastisch (vgl. Schäfer

2002). Um Dequalifizierungsprozesse und finanzielle Einbrüche im Familieneinkommen zu stoppen, sind bessere Betreuungsmöglichkeiten unerlässlich (vgl. Kap. 1). Die Chancen der Vereinbarkeit von Familie und Beruf steigen mit dem Betreuungsangebot. Die Bedarfsorientierung in der Kinderbetreuung erfordert aber nicht nur ein Mehr an Angeboten, sondern Lösungen für atypische Arbeitszeiten und eine Berücksichtigung des über die einzelnen Wochentage unterschiedlichen Bedarfs, also insgesamt flexiblere Lösungen.

Nicht nur Familien bzw. Frauen brauchen bessere Betreuungsmöglichkeiten, auch Kinder brauchen qualifiziertere Betreuung. Insbesondere frühe Bindungs- und Beziehungserfahrungen entfalten eine Bedeutung als Risiko- oder Schutzfaktoren für die Entwicklung der Persönlichkeit. Auch die Ergebnisse aus PISA und IGLU zeigen, dass die Betreuung im Zusammenhang mit dem Erziehungs- und Bildungsauftrag als gesellschaftliche Aufgabe besser umgesetzt werden muss (vgl. Kap. 5).

Zur Planung des Betreuungsbedarfs der unter dreijährigen Kinder scheint es zudem hilfreich und notwendig zu sein, den Bedarf dieser Altersgruppe differenziert zu betrachten. Es ist nicht davon auszugehen, dass der Bedarf bei den unter Einjährigen genauso hoch ist wie bei den Zwei- bis Dreijährigen. Vielleicht plant sogar der größte Teil der Eltern ein, durchaus im ersten Lebensjahr selbst Versorgung und Betreuung des Babys zu übernehmen. Dem steht eine Reihe von Gründen gegenüber, die Betreuung ab dem zweiten Lebensjahr zusätzlich extern zu organisieren. Der Wunsch vieler Eltern, ihrem Kind die Möglichkeit des sozialen Lernens mit anderen Kindern zu bieten, sowie die Notwendigkeit, die Finanzierungslücke nach Ablauf der maximal zweijährigen Erziehungszeit zu schließen, dürften hier vor allem eine Rolle spielen.

4.2.1 Die Bedeutung der Tagespflege für unter Dreijährige

Die Angaben in der Literatur zur Altersverteilung in der Kindertagespflege sind uneinheitlich. Bisher wird davon ausgegangen, dass der Bedarf bei den unter dreijährigen Kindern am höchsten ist. Die aktuellen Surveydaten zeigen, dass auch bei Kindergartenkindern ein Bedarf an Tagespflege besteht. Auch der Bedarf bei Schulkindern ist hoch, wenn diese nicht auf einen der wenigen Hortplätze bauen können und nach der Schule eine zusätzliche Nachmittagsbetreuung brauchen.

Die Untersuchung von Tietze u. a. (1993) ergab deutlich mehr Tagespflegebedarf für unter Dreijährige als für Drei- bis Sechsjährige bzw. ältere Kinder. Dieses Verhältnis lag auch den Schätzwerten von van Santen/Seckinger (2002) zugrunde. Bisher wurden allerdings unterschiedliche Altersverteilungen der Kinder in Tagespflege ermittelt (vgl. Tabelle 4.4).

Tabelle 4.4: Altersverteilung der Kinder in Tagespflege (in %)

	(Krauß/Zauter 1993)[1]	(Tietze u. a. 1993)
Kinder unter 3	32	50
Kinder von 3 bis 6	34	31
Kinder 6 Jahre und älter	34	19[2]
Insgesamt	100	100

1 Die Ergebnisse von Krauß und Zauter beziehen sich nur auf Hamburg.
2 13,2 % 6- bis unter 10-Jährige sowie 5,3 % 10- bis unter 16-Jährige (vgl. Tietze u. a. 1993).

Einen weiteren Anhaltspunkt für die Altersverteilung liefern die Statistiken aus den Bundesländern – soweit vorhanden. Berlin beispielsweise bestätigt die hohe Bedeutung der Tagespflege für die Altersgruppe der Kleinkinder. Im Jahr 2002 wurden in Berlin 5.072 Tageskinder im Alter von 0 bis 10 Jahren (davon 65 % unter Dreijährige) in öffentlich finanzierter Tagespflege betreut. Dies entspricht einem Anteil von 4,6 % an der Kindertagesbetreuung von Kleinkindern (Gesamtquote bei der Versorgungssituation 6,1 %) (vgl. Gerszonowicz 2002). Im Jahr 2001 waren noch 5.620 Tageskinder in Berlin registriert (vgl. Gerszonowicz 2001). Die Zahlen in Berlin sind stark rückläufig, da die Ausgaben der Finanzverwaltung für die Kinderbetreuung gesenkt wurden.[13]

Ein sachdienlicher Einblick in die Altersverteilung von Kindern in der Tagespflege lässt sich nur anhand repräsentativer Stichproben erzielen. Jahresstatistiken von Tagesmüttervereinen zeichnen zwar ein Bild des regionalen Bedarfs, sind hinsichtlich der Bevölkerung eines Bundeslandes aber wenig aussagekräftig.[14]

Die bisherigen Trends, die sich zur Altersverteilung aus den Surveydaten ergeben (Kinderpanel, Familiensurvey, SOEP), zeigen eine deutliche Häufung bei Kleinkindern und Schulkindern.[15] Die Befragungsdaten der ersten Welle

---

13 Vgl. Diskussion um Ausgabensenkung des Berliner Senats in Zusammenhang mit den Kosten für Kinderbetreuung, z. B. Der Tagesspiegel, 11. März 2003. Vgl. auch Gerszonowicz 2003.
14 Ein Beispiel: Die jährliche Statistik des Tagesmüttervereins in Reutlingen bestätigt die Altersverteilung, die Krauß/Zauter (1993) vorfanden. In Reutlingen und Landkreis zeichnet sich seit 1998 kontinuierlich eine Altersverteilung von jeweils ca. einem Drittel Kinder im Alter von 0 bis 3, 3 bis 6 und ab 6 Jahren ab. Im Jahr 2002 wurden statistisch 339 Kinder erfasst. Der Tagesmütterverein Tübingen und Landkreis spiegelt ein anderes Bild: In der Jahresstatistik von 2002 sind Kleinkinder stark überrepräsentiert: Von 283 durch Tagesmütter betreuten Kindern im Jahr 2002 waren 81 Kinder unter 1 Jahr alt, 120 Kinder waren im Alter 1 bis 3. Über 71 % der Kinder waren also im Kleinkindalter. Die restlichen Kinder verteilen sich wie folgt: 34 Kinder bis 6 Jahre, 29 Kinder bis 10 Jahre und 8 Kinder bis 14 Jahre.
15 Der erste DJI-Familiensurvey 1988 ergab für 0- bis 2-Jährige eine höhere Betreuungsquote (3 %) als für 3- bis 5-Jährige (2,3 %). Auch Spieß/Wagner (1997: 105) errechneten für 1997 Quoten von 5 % für 0- bis 2-jährige und nur 2 % für 3- bis 6-jährige Kinder (Quelle: SOEP). Die aktuellen Daten des SOEP (2002) zeigen folgende Verteilung: 3,6 % für 0- bis 2-Jährige und 2,4 % für 3- bis 6-Jährige und damit einen höheren Anteil für jüngere Kinder. Allerdings wird die Schneidung der Altersgruppen normalerweise anders vorgenommen, woraus sich folgendes Bild ergibt: 4,1 % der Kinder unter drei Jahren sowie

des Kinderpanels des Deutschen Jugendinstituts sind hierzu nicht ganz aussagekräftig, denn es fehlt die Altersgruppe der Kleinkinder. Auch geht daraus hervor, dass eine Anzahl von Kindern im Vorschulalter (3,5 % der 5- bis 6-Jährigen) von Tagesmüttern und Kinderbetreuerinnen betreut wird. Auch die Kinder, die zum Zeitpunkt der Befragung bereits 8 bis 9 Jahre alt waren, wurden vor der Einschulung zu 4,3 % von Tagesmüttern betreut. Bei den älteren Kindern wurde nur nach der Hortbetreuung gefragt; somit fehlen Angaben zur Tagespflegebetreuung der Schulkinder.[16]

Die Altersmischung ist ein unter pädagogischen Kriterien bedeutendes Charakteristikum der Kinderbetreuung in Tagespflege. Relevant ist dieses konstitutive Merkmal auch hinsichtlich der Bestimmung von Zielgrößen zur Bedarfsdeckung und Kostenermittlung. Es muss berücksichtigt werden, dass bei einer Tagesmutter nicht nur Plätze für eine Altersspanne entstehen können, also z. B. nur Plätze für 0- bis 3-Jährige. Vielmehr ist immer eine ausgewogene Altersmischung zwischen Tageskindern sowie eigenen Kindern der Tagesmutter anzustreben.

4.2.2 Kürzere Betreuungszeiten und Betreuungsmix

Die Erhebungen des Familiensurveys aus dem Jahr 2000 zeigen eine durchschnittliche Betreuungszeit von 14,38 Stunden wöchentlich (bei 50 % der Betreuungsverhältnisse zwischen 8 und 20 Stunden wöchentlich), woraus sich eine durchschnittliche Betreuungszeit von ca. 3 Stunden täglich ergibt. Daraus wäre zu schließen, dass der Trend, Tagespflege als flexible Kurzzeitbetreuung zu nutzen, zunimmt.[17] Diese Entwicklung wird durch Recherchen bei Good-practice-Anbietern anhand von Vereinsstatistiken bestätigt. In den Jahresberichten – soweit vorhanden – nimmt die wöchentliche Betreuung bei Tagesmüttern unter 20 Wochenstunden in Relation zu Vollzeit- oder Halbtagsbetreuung den größeren Anteil ein. Außerdem wird in den fortschreibenden Jahresstatistiken eine Zunahme bei außergewöhnlichen Betreuungszeiten verzeichnet (z. B. Wochenende, Schichtdienst, frühmorgens, spätabends).

1,5 % der Kinder ab vollendetem 3. Lebensjahr bis zum 6. Lebensjahr (Vorschulalter) werden von Tagesmüttern betreut.

16 Mündliche Befragung von Müttern und allein erziehenden Vätern: „Wie wachsen Kinder auf?". Erhoben im Rahmen des Kinderpanels des Deutschen Jugendinstituts, Erhebungszeitpunkt Herbst 2002 (erste Welle). Befragt wurden Eltern von Kindern aus zwei Alterskohorten: 5- bis 6-Jährige (1.148 Kinder) und 8- bis 9-Jährige (1.042 Kinder).

17 Van Santen/Seckinger vermuteten, dass es dadurch eher zu einer Unterschätzung der Fallzahlen kommt. Sie selbst sind in ihrer Befragung davon ausgegangen, dass die durchschnittliche Betreuungszeit bei 8 Stunden täglich liegt. Die Basis hierfür war die durch Tietze u. a. ermittelte durchschnittliche Betreuungszeit von 8,2 Stunden (vgl. Tietze u. a. 1993: 177). Da dies Konsequenzen hinsichtlich des Nutzens von Kostenstatistiken zur Berechnung der Fallzahlen hat, formulierten sie die Hypothese: „Der Anteil von Kindern, die weniger als acht Stunden am Tag von Tagesmüttern betreut werden, steigt kontinuierlich an. Infolgedessen steigt die Anzahl von Kindern in Tagespflege schneller als die Ausgaben für Tagespflege. Mit anderen Worten: Auf der Basis der Ausgaben wird von uns die tatsächliche Anzahl von Kindern in Tagespflege unterschätzt" (Seckinger/van Santen 2000: 147).

Relativierend ist zu bemerken, dass die Fallzahlen des Familiensurveys gering und daher vorsichtig zu interpretieren sind. Es ist anzunehmen, dass eine differenzierte Analyse Unterschiede in den täglichen und wöchentlichen Betreuungszeiten nach Alter des Kindes aufweist. Darauf deutet auch die Tendenz zum Betreuungsmix hin, die bei älteren Kindern in der Anzahl der Betreuungsarrangements zunimmt. Institutionelle Formen der Betreuung werden mit nichtinstitutionellen, familiennahen Angeboten kombiniert: 15 % der Familien mit unter dreijährigen Kindern nehmen nach den Daten des DJI-Familiensurveys 2000 außer der Betreuung durch eine Tagesmutter auch ein institutionelles Angebot in Anspruch (vgl. van Santen/Seckinger 2002: 160). Dieser Befund sowie die neueren Ergebnisse aus dem Kinderpanel des DJI sind als Hinweise auf einen spezifischeren Betreuungsbedarf zu werten, der durch die institutionelle Betreuung nur bedingt abgedeckt wird, etwa aufgrund begrenzter Regelöffnungszeiten. Die Befragten des DJI-Kinderpanels 2002 beispielsweise greifen zu 40,2 % auf ein bis zwei weitere Betreuungsarrangements jenseits von Eltern und institutionellen Angeboten zurück. Weitere 24,1 %, d. h. in etwa ein Viertel der befragten Eltern, kombinieren sogar drei und mehr Betreuungsarrangements zusätzlich zur eigenen Betreuung in der Familie. Somit befinden sich ca. 34 % der 5- bis 6-jährigen Kinder tagsüber in drei Betreuungsarten (inklusive Betreuung durch Eltern), und immerhin fast 8 % der Kinder müssen sich in vier Betreuungssettings zurechtfinden.

4.2.3 Sozioökonomischer Status der Eltern

Eine weitere Frage ist, welche Kinder mit welchem sozioökonomischen Hintergrund Zugang zu den knappen Betreuungsplätzen finden. Sind der Erwerbsstatus und die Einkommenssituation der Eltern hoch, steigen auch die Chancen der Kinder auf eine umfassende Betreuung (vgl. Spieß/Büchel/ Frick 2002).

Die ersten vorliegenden Auswertungen des DJI-Kinderpanels 2002 weisen ebenfalls in diese Richtung:

- Die Quote der Betreuung durch Tagesmütter steigt mit dem Einkommen der Familien. Das obere Einkommenszehntel der befragten Haushalte des Kinderpanels greift zu 11,1 % auf eine Tagesmutter bzw. Kinderbetreuerin zur Betreuung der Kinder zurück, während das untere Einkommenszehntel sich Tagesmutter oder Kinderbetreuerin überhaupt nicht leisten kann. Unterschieden nach sozioökonomischem Status der Eltern zeigt sich: Kinder aus Familien mit hohem Status werden mit 15,1 % überdurchschnittlich häufig, Kinder aus Familien mit mittlerem und unterem Einkommens- und Schichtstatus mit 1,9 % bis 0,8 % unterdurchschnittlich häufig von Tagesmüttern bzw. Kinderbetreuerinnen betreut.

- Die Quote der Betreuung durch Tagesmütter und Kinderbetreuerinnen ist höher, wenn Eltern ihre Wohnung und ihre Wohnumgebung positiv einschätzen: Familien in positiv bewerteter Wohnumgebung haben mit 5,8 % eine höhere Betreuungsquote als Familien in durchschnittlich bzw. unterdurchschnittlich bewerteter Umgebung (3,4 % bzw. 1,8 %).
- Die Betrachtung der sozialen und wirtschaftlichen Situation der Region ergibt eine gleiche Tendenz: Familien, die in privilegiert und durchschnittlich eingestuften Bezirken und Landkreisen leben, greifen überdurchschnittlich häufig auf Betreuung durch Tagesmütter und Kinderbetreuerinnen zurück. Diese Ergebnisse sind weitere Hinweise darauf, dass die Einkommenssituation der Eltern einen Einfluss auf die Wahl der Betreuungsform hat und die wirtschaftliche Prosperität einer Region sich im Angebot widerspiegelt.

Tietze u. a. (1993) stellten fest, dass Eltern, die in Regionen, Landkreisen und Städten wohnen, in denen die Betreuungsangebote stark unterfinanziert sind, eine doppelte Benachteiligung erleiden: sowohl durch das geringere Platzangebot in diesen Kreisen als auch durch die höhere Elternbeteiligung an den Kosten. In der Bewertung dieses Ergebnisses muss also auch die soziale und sozioökonomische Relevanz der Tagespflege beachtet werden, soll eine gute und qualifizierte Kinderbetreuung sich nicht allein am Geldbeutel der Eltern entscheiden. Lediglich ein breiter ausgebautes und tendenziell finanziell vergleichbar gefördertes öffentliches Angebot an Tagespflege (im Vergleich zu institutionellen Angeboten) könnte zu einer Entprivilegierung der Tagespflege beitragen.

4.2.4 Zeitliche Inanspruchnahme der Tagespflege

Die Vermutung, die Tagespflege habe vor allem dort eine hohe Bedeutung, wo aufgrund der Erwerbszeiten der Eltern eine Betreuung außerhalb der Öffnungszeiten von Einrichtungen erforderlich ist, erfährt durch die Daten des DJI-Kinderpanels eine Bestätigung. Bei vollzeiterwerbstätigen Frauen ist die Quote der Betreuung durch Tagesmütter bzw. Kinderbetreuerinnen mit 6,5 % höher als bei teilzeittätigen mit 5 % sowie nichtberufstätigen Frauen mit 2,1 %. Mit der wöchentlichen Arbeitszeit der Frau steigt mithin der Anteil an von Tagesmüttern betreuten Kindern: Bei Wochenarbeitszeiten von mehr als 41 Stunden kommen überdurchschnittlich häufig Tagesmütter zum Einsatz.

Der Anteil an der Betreuung durch Tagesmütter variiert – auch dies zeigen erste Auswertungen des DJI-Kinderpanels 2002 – ebenfalls mit der Kinderzahl im Haushalt: Bei drei Kindern werden diese in 6,5 % der befragten Fälle von Tagesmüttern bzw. Kinderbetreuerinnen betreut, während dies bei Haushalten mit 1 und 2 Kindern nur in 3,1 % der Fall ist. Dies kann als ein Hinweis darauf gewertet werden, dass eine familiennahe Kinderbetreuung im

Privathaushalt mit steigender Kinderzahl sowohl zeittechnisch als auch ökonomisch immer lohnender erscheint. Jedoch ist diese These durch die Daten vorerst nicht belegbar, da nicht nach im eigenen (Tagesmutter) und im fremden Haushalt (Kinderfrau) betreuten Kindern unterschieden wurde.

4.2.5 Tagespflegebedarf bei Alleinerziehenden

In der Bundesrepublik Deutschland gab es im Jahr 2000 1,77 Mio. allein erziehende Eltern (ohne Lebenspartner im Haushalt). Dies entspricht einem Anteil von 5,8 % aller Haushalte. Die Lebensform der allein erziehenden Familien verzeichnet seit Jahrzehnten statistische Zuwachsraten.[18] Eine Überrepräsentanz von Alleinerziehenden wurde bereits von Tietze u. a. Ende der 80er Jahre für die Tagespflege festgestellt. Sie förderten mittels Befragung der Jugendämter im Jahr 1989 den Befund zutage, dass zwar nur 10 % aller betreuten unter Sechsjährigen, aber immerhin rund 40 % der in Tagespflege betreuten unter Sechsjährigen einen allein erziehenden Elternteil haben (vgl. Tietze u. a. 1993).

Diese Ergebnisse werden durch das Kinderpanel des Deutschen Jugendinstituts bestätigt: Für die Altersgruppe der 5- bis 6-Jährigen findet sich eine häufigere Betreuung durch Tagesmütter bei Alleinerziehenden (4,5 %). Allein erziehende Eltern werden im Allgemeinen bei der Vergabe von institutionellen Plätzen bevorzugt berücksichtigt. Dennoch liegt die Quote der Tagesbetreuung durch Tagesmütter und Kinderbetreuerinnen bei dieser Gruppe über dem Durchschnitt. Dies ist bemerkenswert und deutet darauf hin, dass das Angebot an institutioneller Betreuung für die Gruppe der Alleinerziehenden entweder mengenmäßig nicht ausreichend oder zeitlich nicht bedarfsgerecht ist. Inkompatibilitäten von Betreuungszeiten in Einrichtungen mit denen der Arbeitswelt können von Alleinerziehenden nicht in Absprache mit dem im Haushalt lebenden Partner abgefedert werden, sondern müssen durch zusätzliche bzw. alternative Betreuungsformen kompensiert werden.

4.3 Bilanz und Entwicklungsperspektiven

■ *Privater Tagespflegemarkt*

Der Weg Baden-Württembergs, Tagesmütter durch finanziell attraktive Angebote, die an fachliche Qualifizierung geknüpft sind, aus der „Grauzone" zu locken, beinhaltet Impulse, die auch auf andere westliche Bundesländer

---

18 Seit 1975 ist die absolute Zahl allein erziehender Elternteile um etwa 50 % gestiegen. Etwa 45 % der zwischen 1953 und 1972 geborenen Frauen waren bzw. sind statistisch gesehen im Verlauf ihres Lebens mindestens einmal in der Rolle einer allein erziehenden Mutter (vgl. Engstler/Menning 2003).

übertragbar scheinen. Tagesmütter erhalten im Rahmen der Aufwendungen für die Tagespflege einen Zuschuss zur Altersversorgung, wenn sie bestimmte Voraussetzungen erfüllen, u. a. den Nachweis einer Qualifizierung erbringen.

Insofern kann der vorliegende Gesetzentwurf zur Novellierung des Kinder- und Jugendhilfegesetzes tendenziell zu einer Verbesserung beitragen: Da § 23 künftig zusätzlich auch eine Erstattung der Aufwendungen zu einer Altersvorsorge für Tagesmütter umfasst, kann sich – soweit in den Kommunen die Praxis sich danach ausrichtet – in der Folge in den alten Bundesländern der unreglementierte Markt ausdünnen. Dies hängt damit zusammen, dass die Zuschüsse zur Altersvorsorge, wie in Baden-Württemberg, von der Tagesmutter beantragt werden müssen. Wenn dieser Anreiz finanziell attraktiv ist, werden alle Tagesmütter ein Interesse daran haben, diesen Zuschuss zu erlangen. Indirekt können so – mittels Antragsverfahren – von den Kommunen Angaben zu Anzahl und Ausstattung der vorhandenen Tagespflegeverhältnisse, Kinderzahl und -alter sowie weitere Daten erhoben werden.

Auch unter dem Aspekt der qualitativen Steuerung wirkt sich die Aufnahme des Zuschusses zur Altersversorgung in die Neuregelung tendenziell vorteilhaft aus: Über die „Anbindung" an den Träger, bei dem der Antrag auf Zuschuss zur Altersvorsorge gestellt wird, ist – soweit verlässliche Qualitätskriterien beim Träger vorhanden sind – gewährleistet, dass, wie im Gesetzentwurf gefordert, eine Qualifizierung der Tagesmutter auch wirklich umgesetzt wird. Der Nachweis einer Qualifizierung muss – wie dies auch heute schon Goodpractice-Träger grundsätzlich tun – als Voraussetzung zur Vermittlung eines Tageskindes eingefordert werden.

In den neuen Bundesländern wird teilweise die Finanzierung der Kindertagespflege mit den Einrichtungen gleichgesetzt. Diese Regelung hat viele Vorteile, da direkt und nicht über den „Umweg Altersvorsorge", der private Markt ausgedünnt und das Angebot an tatsächlichen Plätzen annähernd präzise bestimmbar wird.

■ *Bedarfserhebung und -differenzierung*

Die Datenerhebung in der Tagespflege ist vor allem in den westlichen Bundesländern komplex und schwierig. Hierzu tragen die Heterogenität (der Erfassungsmöglichkeiten) der Betreuungsverhältnisse in Tagespflege, der unüberschaubare private Markt und die Praxis der Erhebung in Jugendämtern und Kommunen bei. Die Versorgungsquoten können – auch auf der Grundlage von Repräsentativerhebungen – nur geschätzt werden.

Die Umsetzung der Tagespflege in die Kinder- und Jugendhilfeplanung ist bisher nicht flächendeckend erfolgt. Baden-Württemberg geht hier innovative Wege, deren Transfer auf andere Bundesländer möglich scheint. In den neuen Bundesländern wird die Tagespflege z. T. mit den Einrichtungen gleichgesetzt und in die Kindertagesstättengesetzgebung aufgenommen, wodurch die fachliche und finanzielle Ausstattung geregelt ist. In Mecklenburg-Vorpommern gilt eine Erlaubnispflicht ab dem ersten Tageskind. Hierdurch – vor allem aber wegen der öffentlichen Finanzierung aller Tagespflegeverhältnisse – wird ein privater Markt vermieden und eine landesweite Erfassung der Tagespflege im Rahmen der Kinder- und Jugendhilfestatistik möglich.

In Zukunft sollten bundesweit die gesetzlichen Voraussetzungen für eine Erfassung der öffentlich geförderten Tagespflege ab dem ersten Kind im Rahmen der amtlichen Kinder- und Jugendhilfestatistik geschaffen werden. Dies ist eine zielführende Maßnahme, die geeignet erscheint, den hiesigen Standard an fortschrittliche Bundesländer und europäische Nachbarländer anzugleichen, die bereits einen Vorsprung beim bedarfsorientierten Ausbau und bei der Setzung von Standards in der Tagespflege aufweisen (z. B. Dänemark und Österreich).

Eine Erfassung aller Tagespflegeverhältnisse, also auch derjenigen auf dem privaten Markt – der von der Pflegeerlaubnis unabhängig weiter besteht bleibt –, wird dadurch jedoch nicht möglich. Erst wenn private Tagespflegeverhältnisse in die öffentliche Förderung einbezogen werden (wie in Mecklenburg-Vorpommern, Österreich und Dänemark), haben sowohl Tagesmütter als auch Eltern ein Interesse daran, die Jugendämter über ein bestehendes Tagespflegeverhältnis in Kenntnis zu setzen, weil sie hierdurch finanzielle Vorteile erlangen.[19]

Um den Bedarf der familienexternen Betreuung bei den 0- bis 3-Jährigen zu ermitteln, erscheint es künftig sinnvoll, die Altersjahrgänge differenziert zu betrachten. Bei den unter Einjährigen ist der Bedarf wahrscheinlich weitaus geringer als bei älteren Kindern. Viele Eltern wollen ihr Baby bzw. ihr noch jüngeres Kleinkind selbst versorgen. Vor allem aber ab dem zweiten Lebensjahr sind Eltern aus beruflichen und finanziellen Erwägungen in weit höherem Umfang auf externe Betreuung angewiesen. Ein zu „grobes" Raster bei der Bedarfsermittlung wird den tatsächlichen Bedürfnissen von Eltern unter den hiesigen Bedingungen (z. B. Elternzeitregelung) nicht gerecht.

---

19 Tagesmütter wenden sich in vielen Fällen nicht mehr an das Jugendamt, da die Jugendämter nicht durchgängig zwischen Betreuungen nach § 23 und §§ 27, 32 (Hilfen zur Erziehung) unterscheiden. Erfahrungen aus der Praxis zeigen: Tagesmütter bekommen hierdurch häufiger erziehungsschwierige Kinder vermittelt, ohne auf eine entsprechende Ausbildung zurückgreifen zu können und ohne dass diese pädagogisch anspruchsvollen Leistungen finanziell honoriert werden. Im Allgemeinen liegen die öffentlich bezahlten Tagespflegesätze unter denen des privaten Marktes wie auch den von Tagesmüttervereinen empfohlenen.

■ *Datenbasis erweitern*

Es ist dringend geboten, die Datenbasis über die Kindertagespflege zu verbessern und repräsentative Bevölkerungsbefragungen vermehrt zu nutzen. Bestehende Datenreihen könnten, mit relativ geringem Aufwand, um den Fragenkomplex Kinderbetreuung und Tagespflege erweitert werden (z. B. Mikrozensus, Zeitbudgeterhebung). Der Mikrozensus ist eine jährlich stattfindende schriftliche Befragung eines repräsentativen Anteils von 1 % der Gesamtbevölkerung der Bundesrepublik Deutschland. Im Rahmen der Fragen zum gegenwärtigen Besuch von Hochschule, Schule und Kindergarten wurde bislang für Kinder im Alter bis zu 14 Jahren jährlich folgende Frage gestellt: „Besuchte das Kind in der Berichtswoche (5.–11. Mai) oder in den letzten drei Wochen davor den Kindergarten, die Kinderkrippe oder den Kinderhort?" Einbezogen wurden dabei institutionelle Betreuungsformen wie Kindertagesstätten, Sonderkindergärten und kindergartenähnliche Einrichtungen, z. B. Spielkreise; eine Abfrage zur Betreuungsform Tagespflege erfolgte dabei nicht. Eine differenzierte Analyse auf Basis des Mikrozensus wäre mithin nicht möglich, da eine Gesamtposition erfasst wurde, bei der keine Trennung nach Einrichtungsarten und Betreuungsformen vorgesehen war. Da jedoch dieser Teil in der Mikrozensusbefragung künftig vermutlich ohnehin wegfallen wird, entfällt hier eine entsprechende Weiterentwicklung.

Das Statistische Bundesamt führte von April 2001 bis März 2002 zum zweiten Mal eine Studie zur Zeitverwendung der Bevölkerung durch. Es wurden über 5.000 Haushalte und rund 10.000 Personen befragt. Zusätzlich zu soziodemographischen Basisdaten und Zeitverwendungsstrukturen aller Haushaltsmitglieder in unterschiedlichen Lebens- und Tätigkeitsbereichen werden Formen und Zeitkontingente für empfangene bzw. geleistete Hilfe- oder Unterstützungsleistungen durch Kinderbetreuung erhoben. Daten zur Tagespflege lassen sich daraus derzeit nicht gewinnen, da die Betreuungsformen nicht unterschieden werden.

Bislang vernachlässigt wurde die Dauerbeobachtung der Betreuungssituation. Diese ist nötig, um aktuelle Zahlen und Entwicklungslinien, auch in Ländern und Regionen, nachzeichnen zu können. Verschiedene Erhebungen, Wiederholungsbefragungen und Längsschnitte, wie sie mit dem SOEP am DIW oder dem Familiensurvey, dem Kinderpanel und der Regionaldatenbank am DJI durchgeführt werden, könnten künftig Aussagen dazu liefern und als Voraussetzung einer valideren Datengrundlage in der Tagespflege genutzt und ausgebaut werden. Surveys, die spezifisch die Tagespflege sowie andere institutionenergänzende und alternative Betreuungsangebote untersuchen, in der Kombination mit qualitativen kindbezogenen Fragestellungen (z. B. Betreuungsformen und -karrieren von Kindern im Zusammenhang mit Entwicklungs- und Bildungsverläufen) sind weitere zukunftsweisende Schritte.

Unabhängig von den nur schwach entwickelten Befragungsinstrumenten zur Tagespflege im Rahmen von Bevölkerungsumfragen wird es allerdings in Zukunft unumgänglich sein, im Rahmen der Kinder- und Jugendhilfestatistik Angebot und Nachfrage der öffentlich regulierten Tagespflege eigenständig und differenziert zu erfassen, also z. B. nach Alter, Herkunft und Geschlecht der Tageskinder, nach zeitlichem Umfang und Dauer der Tagespflege. Entsprechende Kriterien müssten gleichzeitig mit dem Ausbau der verbesserten Erfassung der institutionellen Kinderbetreuung in Deutschland eingeführt werden.

■ *Abgrenzung zu anderen Betreuungsformen*

Das Kinder- und Jugendhilfegesetz nimmt Bezug auf die Tagespflege als „gleichwertiges" Betreuungsangebot neben der institutionellen Betreuung. Träger von Angeboten (z. B. Jugendämter, Vereine) sollten vor der Vermittlung von Tageskindern Eignungskriterien auf Tagesmütter anwenden, die für Good-practice-Träger selbstverständlich sind und die es ermöglichen, Tageskinder an qualifizierte bzw. zumindest aus fachlicher Sicht geeignete Tagesmütter zu vermitteln. Mindeststandards in den Eignungskriterien (z. B. Mindestalter der Tagesmutter 21 Jahre, abgeschlossene Berufsausbildung usw.), die – zusammen mit Fachverbänden – noch zu überlegen sind, sollten zukünftig verbindlich anzuwenden sein. Hierdurch würde sich die Tagespflege als gleichwertig und formal zu regelndes Angebot von Babysitting, Au-pair-Betreuung und anderen informellen Angeboten abheben. Diese Grenzen müssen künftig für Eltern und Träger klarer definiert und umgesetzt werden, wenn Tagespflege dem qualitativen gesetzlichen Auftrag gerecht werden soll.

Auch in wissenschaftlichen Erhebungen zur Betreuungssituation muss dies deutlicher als bisher zum Ausdruck gebracht werden. Bei der Formulierung von Fragen ist in künftigen Analysen darauf zu achten, dass die für die Tagespflege typischen Überlappungen zu anderen Betreuungsarten vermieden werden. Hierzu wurden im Rahmen des Gutachtens Kriterien formuliert (vgl. Kap. 2), die zur Operationalisierung bei Befragungen herangezogen werden können und nach denen die Recherchen in Datenbanken erfolgen können. Eine Abgrenzungsproblematik besteht vor allem dort, wo eine Tagesmutter nicht im eigenen Haushalt Tageskinder betreut. Wenn eine Betreuung im Haushalt der Eltern des Tageskindes stattfindet, also bei Betreuungen durch Kinderbetreuerinnen, handelt es sich dem Grunde nach um eine eigenständige Betreuungsform. Dies sollte auch künftig deutlicher zum Ausdruck kommen. Vor allem hier bestehen Abgrenzungsprobleme gegenüber „informellen" Betreuungsarrangements wie Au-pair und Babysitting sowie einem haushaltsnahen Dienstleistungsmarkt, in dem sich unterschiedliche Haushaltstätigkeiten vermischen und eine hohe Anzahl an Migrantinnen tätig sein dürfte. Hierzu sind dringend Forschungsarbeiten nötig, um vorhandene Potentiale und Probleme zu erfassen (z. B. Betreuungsqualität).

Ein weiterer Forschungsbedarf besteht hinsichtlich der Klärung der zeitlichen Inanspruchnahme der Betreuungsform. Was ist regelmäßige Betreuung durch eine Tagesmutter und wo beginnt Babysitting? Hier sind Gespräche mit FachvertreterInnen und Befragungen von Akteuren, vor allem Eltern und Tagesmüttern, notwendig, um deren Sicht auf dieses Problem sowie z. B. Selbst- und Berufsbilder von Tagesmüttern zu erheben. Tagesmütter grenzen sich selbst gerne deutlich von informellen Betreuungsformen und Kinderbetreuerinnen ab; dies ergaben Interviews im Rahmen der DJI-Projekte. An die Tagespflege, deren qualitative Ausgestaltung ansatzweise gesetzlich geregelt ist und deren Qualität weiterhin verbessert werden soll (vgl. Referentenentwurf 2004), sind andere Maßstäbe anzulegen als an informelle Betreuungsangebote (vgl. Kap. 6). Die Abgrenzungsproblematik wurde in anderen europäischen Ländern überwunden, indem klare qualitative Standards für die Tagespflege als formal geregeltes und qualitativ gleichwertiges Angebot zu Institutionen etabliert wurden (z. B. Dänemark und Österreich). Weiterführende wissenschaftliche Studien könnten die Problematik sondieren und für die Weiterentwicklung aufbereiten.

- *Erwerbsperspektiven in der Kindertagespflege*

Es ist die Frage, wer die „Dienstleistung" Kindertagespflege in größerem Maßstab als bisher erbringen kann bzw. für die Tätigkeit geeignet ist. Impulse in Richtung eines Ausbaus müssen die Erwerbsperspektiven und die Motive der Personen berücksichtigen, die für diese Tätigkeit in Frage kommen. Ein hoher Anteil von Tagesmüttern wollte bislang nur auf Zeit in diesem Bereich tätig sein. Die traditionellerweise im Westen lange Zeit vorherrschende Perspektive, die Betreuungsleistung aus sozialen Motiven und fast unentgeltlich zu erbringen, ist für nachwachsende erwerbsorientierte Frauengenerationen nicht mehr zukunftsfähig. Die Typologie der Tagesmütter zeigt, dass für eine Weiterentwicklung der Tagespflege vor allem die beiden Gruppen der *pragmatischen* und der *berufsorientierten* Frauen in Betracht kommen. In beiden Gruppen sind berufliche und finanzielle Anreize ausschlaggebend für die Motivation.

Eine Verbesserung von Einkommenschancen für diese Gruppen ist für den Ausbau der Betreuungsform ebenso wichtig wie die notwendigen Strategien der Qualifizierung und der Qualitätssteigerung. Für beides ist finanzielle Unterstützung seitens der öffentlichen Hand erforderlich (vgl. Tagesmütter-Bundesverband 2001: 27 f.). Ausbaubemühungen müssen die potentiellen Zielgruppen von Tagespflegepersonen und deren Motivlagen integrieren. Das Ziel muss hinsichtlich der Förderung von Kindern zudem darin gesehen werden, Überforderungen von jungen Müttern als Tagesmütter zu vermeiden, langfristige Betreuungen zu ermöglichen und strukturell vorprogrammierte Betreuungsabbrüche zu vermeiden, die insbesondere bei Kleinkindern zu Bindungs- und Entwicklungsstörungen führen können. Zu den Risiken der Betreuungsform Kindertagespflege sind dringend weitere Forschungsarbeiten nötig.

Zusammenfassung

- Tagespflege ist eine heterogene Betreuungsform, die in der Vergangenheit nur unzureichend statistisch erfasst werden konnte, so dass lediglich Schätzungen zur Anzahl der Kinder in Tagespflege möglich sind, die zudem eine erhebliche Streubreite aufweisen.

- Eine amtliche Statistik der Tagespflege fehlt bislang, so dass nicht einmal die öffentlich organisierte Tagespflege dokumentiert werden kann.

- Allerdings wird die überwiegende Zahl der Tagespflege-Betreuungs-verhältnisse in den alten Bundesländern im privaten Rahmen abgeschlossen und ist dadurch der öffentlichen Statistik weitgehend entzogen.

- Die Angaben zur Altersverteilung in der Kindertagespflege sind uneinheitlich. Dennoch ist davon auszugehen, dass der Bedarf bei den unter dreijährigen Kindern sowie bei Schulkindern am höchsten ist.

- Sowohl in stark als auch in gering verdichteten Gebieten und Regionen liegt die Quote der Betreuung durch Tagesmütter und Kinderbetreuerinnen höher als in Gebieten mit mittlerer Einwohnerdichte.

- Tagesmütter in den neuen Bundesländern sind fast zur Hälfte Erzieherinnen.

- Bis zu zwei Drittel der Tagesmütter sind auf den Verdienst durch die Tätigkeit angewiesen.

- (Potentielle) Tagesmütter entsprechen vier Grundtypen und bringen entsprechende Motivlagen und Erwerbsperspektiven in die Tätigkeit mit: die „Traditionalen", die „Pragmatischen", die „Berufsorientierten" und die „Perspektivlosen".

- Bei Wochenarbeitszeiten von Müttern von mehr als 41 Stunden werden die Kinder überdurchschnittlich häufig von Tagesmüttern bzw. Kinderbetreuerinnen zusätzlich betreut.

- Tagespflege häuft sich bei Alleinerziehenden.

- Tagespflege dient zunehmend als flexible Kurzzeitbetreuung und häuft sich bei außergewöhnlichen Betreuungszeiten (Wochenende, Schichtarbeit, frühmorgens und abends).

- Tagespflege ist überdurchschnittlich häufig an hohe Familieneinkommen geknüpft.

Empfehlungen

Tagesmütter und Kinderbetreuerinnen sollen und können zum Ausbau eines qualitativen Betreuungsangebots für unter dreijährige Kinder beitragen. Die konkreten Planungen und Ausbaubemühungen müssen sich dabei auf relevantes Zahlenmaterial stützen können, das für die Tagespflege jedoch nicht vorliegt. Die unzureichende Datengrundlage ist darauf zurückzuführen, dass in der Vergangenheit kaum bzw. nicht systematisch Daten zur Tagespflege erhoben wurden. Hieraus ergeben sich Handlungsperspektiven für die Zukunft:

04 | 01
Die Tagespflege muss auf eine solidere Datenbasis gestellt werden, wozu ein ganzes Maßnahmenbündel erforderlich ist.

04 | 02
Die vorliegenden Tendenzen und Einschätzungen müssen weiter abgesichert werden. Es ist dringend geboten, repräsentative Bevölkerungsbefragungen vermehrt zu nutzen (z. B. Mikrozensus, Zeitbudgeterhebung).

04 | 03
Es sollte eine Dauerbeobachtung der Betreuungssituation angestrebt werden, damit Entwicklungen und Prognosen aufgezeigt werden können. Ergänzend könnten auch Module an bestehende Datensurveys (z. B. Familiensurvey) angedockt werden.

01 | 04
Von Nutzen wäre ein Betreuungssurvey, der spezifisch die Tagespflege sowie andere institutionenergänzende Betreuungsangebote in ihrer Bedarfs- und Fachgerechtigkeit und in ihrer Verknüpfung (Betreuungsmix) untersucht, auch in der Kombination mit qualitativen kindbezogenen Fragestellungen (z. B. Betreuungsformen und -karrieren von Kindern im Zusammenhang mit Entwicklungs- und Bildungsverläufen), mit der Zielperspektive, eine breite Datengrundlage für die Bemühungen um eine kinder- und familiengerechte Politik zur Verfügung zu stellen.

04 | 05
Es sollte angestrebt werden, auch die öffentlich bekannten Betreuungsverhältnisse in Tagespflege in der amtlichen Statistik zu erfassen, um eine Dokumentation der einerseits aus öffentlicher Hand finanzierten und andererseits zwar nicht finanzierten, aber öffentlich bekannten oder vermittelten Betreuungen zu ermöglichen.

04 | 06
Ziel von statistischen Befragungen sollte auch eine größere Aussagekraft hinsichtlich Lebensalter des Kindes und Stundenumfang der Betreuung sein. In den haushaltsbezogenen Untersuchungen (Familiensurvey, SOEP u. a.) sollten sinnvollerweise weitere Tagespflege-Kriterien, wie z. B. Qualifikation der Tagesmutter, Höhe des Honorars erhoben werden.

Empfehlungen

04 | 07
Die definitorischen Übergänge von institutioneller Betreuung und Kindertagespflege einerseits zu nicht formal geregelter privater Betreuung andererseits sind vielfach fließend. Um die Validität und die Reliabilität der Ergebnisse zu erhöhen, sind die Befragungsinstrumente trennschärfer zu konzipieren bzw. durch qualitative Elemente zu ergänzen.

04 | 08
Die Problematik der Abgrenzung zu nicht formal geregelten Betreuungsformen wurde in anderen europäischen Ländern überwunden, indem klare Standards für die Tagespflege als qualitativ gleichwertiges Angebot zu Institutionen etabliert wurden (z. B. Dänemark und Österreich). Weiterführende wissenschaftliche Studien sollten die Übertragbarkeit und die Umsetzung der Qualitätsstandards untersuchen und analog den Zielsetzungen der Nationalen Qualitätsoffensive im Einrichtungsbereich für die Weiterentwicklung der Tagespflege zur Verfügung stellen.

04 | 09
Die Problematik der Erfassung der Tagespflege auf dem privaten Markt wird selbst bei einer Pflicht zur Erteilung einer Pflegeerlaubnis ab dem ersten Kind unabhängig weiter bestehen bleiben. Erst wenn private Tagespflegeverhältnisse in die öffentliche Förderung einbezogen werden, haben Tagesmütter und Eltern ein Interesse daran, die Jugendämter über ein bestehendes Tagespflegeverhältnis in Kenntnis zu setzen, weil sie hierdurch Vorteile erlangen.

04 | 10
Die traditionellerweise im Westen lange Zeit vorherrschende Perspektive, die Betreuungsleistung aus sozialen Motiven und fast unentgeltlich zu erbringen, ist für nachwachsende erwerbsorientierte Frauengenerationen nicht mehr zukunftsfähig. Untersuchungen und Befragungen zu Motivlagen und beruflichen Perspektiven von Tagespflegepersonen bzw. Personal in erzieherischen Berufen sind erforderlich, um Tagespflege auf qualitativ hohem Niveau auszubauen.

Bildung und Erziehung als Herausforderung

05

Bildung und Erziehung als Herausforderung

Vor dem Hintergrund der interdisziplinären Forschungslage besteht derzeit allgemein Konsens darüber, dass Bildung im frühesten Kindesalter beginnt und von Anfang an unterstützt werden muss (vgl. BMFSFJ 2002; Rauschenbach u. a. 2004). Die Argumentation bezüglich des Ausbaus der Kinderbetreuung wird seit den Ergebnissen von PISA und IGLU mit deutlich schärfer konturierten frühkindlichen Bildungskomponenten geführt.[1] Zunehmend wird thematisiert, dass derzeit Entwicklungschancen von Kindern in Deutschland in dieser Altersphase ungenutzt bleiben (vgl. Ministerin Schmidt in BMFSFJ 2003: 9). Die Bundesländer unternehmen gegenwärtig Bemühungen, um den in SGB VIII sehr allgemein gehaltenen Bildungsauftrag für den Bereich der institutionellen Betreuung von Kindern unter sechs Jahren zu konkretisieren. Infolgedessen entstehen Bildungspläne etwa in Bayern, Thüringen, Nordrhein-Westfalen, Berlin und Sachsen-Anhalt.

Die dem Thema Bildung in der frühen Kindheit von fachlicher und sozialpolitischer Seite beigemessene Bedeutung spiegelt sich in Deutschland derzeit jedoch noch nicht auf der investiven Ebene wider. So stellt der OECD-Bericht „Bildung auf einen Blick" (2003) fest, dass die Ausgaben für Bildungseinrichtungen in Deutschland von 1995 bis zum Jahr 2000 nur um 5 % gestiegen sind (vgl. BMBF 2003: 10). Geringere Steigungsraten oder leichte Rückgänge verzeichneten in diesem Zeitraum lediglich die Tschechische Republik, die Slowakische Republik und Norwegen. Überdurchschnittlich hohe Ausgaben – auch im internationalen Vergleich – wurden in Deutschland im Rahmen dieser Ausgaben für den Sekundarbereich II getätigt. Die Ausgaben für den Primarbereich lagen dagegen unter dem Durchschnitt der anderen Länder (vgl. BMBF 2003: 11 f.). Im Elementarbereich finanzierten Eltern in Deutschland für die Betreuung ihrer Kinder einen Kostenanteil von fast 37 %; das ist mehr als doppelt so viel wie im Ländermittel (17,3 %). Die Beteiligung der Eltern an den Kosten liegt in zahlreichen anderen Ländern unter 10 % (u. a. USA, GB, F), in Norwegen und Schweden wird der Elementarbereich vollständig aus öffentlichen Mitteln finanziert (vgl. BMBF 2003: 12).

Fthenakis spricht deshalb für Deutschland von einer nicht mehr aufschiebbaren Neugewichtung des Bildungsauftrags bei der Betreuung von Kindern unter sechs Jahren bei derzeit noch chronischer Unterfinanzierung: „Eine Re-

---

1 Vgl. etwa 11. Kinder- und Jugendbericht, Jugendministerkonferenz „Bildung fängt im frühen Kindesalter an", „Forum Bildung", Sachverständigenrat Bildung bei der Hans-Böckler-Stiftung.

duktion dieser Debatte allein auf eine fiskalische Dimension ... kann keine Zukunftsperspektive eröffnen" (BMFSFJ 2003: 6).

5.1 Der Bildungsauftrag für Tageseinrichtungen und Tagespflege

Der Auftrag zu Bildung und Erziehung der im Rahmen der Leistungen der Jugendhilfe betreuten Kinder wird im SGB VIII an mehreren Stellen thematisiert. Die Richtung des erwünschten erzieherischen Handelns wird normativ wie folgt gefasst: „Jeder junge Mensch hat ein Recht auf Förderung seiner Entwicklung und auf Erziehung zu einer eigenverantwortlichen und gemeinschaftsfähigen Persönlichkeit" (§ 1, Abs. 1). Die Kinder- und Jugendhilfe, zu der die Tageseinrichtungen für Kinder und die Tagespflege gehören, soll „junge Menschen in ihrer individuellen und sozialen Entwicklung fördern und dazu beitragen, Benachteiligungen zu vermeiden oder abzubauen" sowie „Kinder ... vor Gefahren für ihr Wohl schützen" (§ 1, Abs. 3, Satz 1 und 3). Das SGB VIII besagt weiterhin, die „Förderung der Entwicklung des Kindes" (§ 23, Abs. 1) umfasse dessen „Betreuung, Bildung und Erziehung" (§ 22, Abs. 1). Diese Aufgabenstellung geht eindeutig über einen reinen Betreuungsauftrag hinaus.

Tagespflege ist aus der Sicht des Gesetzes „ein Parallel- oder Alternativangebot zu der institutionellen Betreuung von Kindern in Einrichtungen" (Lakies 1996: 56), institutionelle Betreuung und Tagespflege werden als grundsätzlich gleichwertig erachtet (vgl. ebd.: 61; Münder u. a. 1998: 227). Die Aufgabenstellung „Betreuung, Bildung und Erziehung" muss folglich analog für Tageseinrichtungen und Tagespflege gelten. Bei einer Durchsicht der entsprechenden Länderregelungen zeigt sich jedoch, dass der vom Bundesgesetzgeber formulierte Bildungsanspruch für die Tagespflege in den Ausführungsgesetzen der Länder nicht konsequent verankert ist und einseitig institutionenspezifisch verfolgt wird (vgl. Tietze 2004: 10). Der Bildungsauftrag für unter Dreijährige in der Tagespflege droht sich auf dem Weg von SGB VIII in die Landesausführungsgesetze und von dort bis in die Praxis zu verflüchtigen.

5.2 Bildungschancen

Erwiesenermaßen ist bei guter Qualität der Tagesbetreuung insbesondere bei Kindern aus anregungsarmen Herkunftsfamilien mit kompensatorischen Effekten zu rechnen (vgl. Spieß/Tietze 2002; Spieß/Büchel/Frick 2002). Unter dem Aspekt der Bildungsfunktion und des Abbaus von Benachteiligung

(§§ 1 und 9 SGB VIII) ist bei der derzeitigen Angebotssituation außerfamiliärer Betreuung, Bildung und Erziehung für Kinder unter drei Jahren ein Blick auf die momentane Zugänglichkeit der knappen Plätze aufschlussreich:

- Die Datenlage zur Kleinkindbetreuung, insbesondere zur Tagespflege, ist dünn und z. T. widersprüchlich (vgl. Kap. 4). Die geringe Quote außerfamilialer Betreuung ist jedoch unstrittig. In Ostdeutschland besuchen mit 14 % fast viermal so viele Kinder unter drei Jahren eine Einrichtung, wie im Westen (4 %, vgl. Spieß/Büchel/Frick 2002). Die Eltern von ca. einem Drittel aller Kinder lösen ihr Betreuungsproblem durch so genannte „informelle Arrangements" (vgl. ebd.), d. h. vorwiegend durch Großmütter, aber auch durch Nachbarinnen, Au-pairs oder Babysitting. Hier kann die Qualität von Betreuung, Bildung und Erziehung in der derzeitigen Situation kaum gesteuert werden. In Tagespflege sind laut Familiensurvey des DJI ca. 3 % der unter Dreijährigen betreut (DJI 2002: 158).
- In welcher Organisationsform und in welchem Umfang Kinder betreut werden, hängt nach Spieß/Büchel/Frick (2002) stark vom Bildungsniveau ihrer Mütter ab. Kinder von Akademikerinnen im Alter unter drei Jahren sind sowohl in West- als auch in Ostdeutschland bei den umfassend außerfamiliären Betreuungsarrangements deutlich überrepräsentiert. Mütter mit einem höheren Bildungsabschluss messen pädagogischen Qualitätsmerkmalen auch mehr Bedeutung zu als Mütter mit einem niedrigeren Bildungsabschluss (vgl. Spieß/Tietze 2002: 143).

Insbesondere auch im Sinne des Ausgleichs von herkunftsbedingten Benachteiligungen sollten qualitativ gute Betreuungs- und Bildungsangebote in bedarfsgerechtem Umfang für eine möglichst frühe Lebensphase zur Verfügung stehen. Dass die derzeit vorhandenen raren Ganztagsplätze bisher vorwiegend von Kindern von Akademikerinnen in Anspruch genommen werden, ist unter dem Aspekt der Verteilungsgerechtigkeit von Bildungschancen diskussionswürdig (vgl. Spieß/Büchel/Frick 2002). Wenn Chancengleichheit, wie in SGB VIII konnotiert, als Ziel verfolgt werden soll, sollten alle Kinder unabhängig von ihrer Herkunft, ihrem Geschlecht, von der Zugehörigkeit zu bestimmten Einkommensgruppen, Bildungsschichten, ethnischen Gruppierungen Zugang zu Kindertagesbetreuung durchgängig guter pädagogischer Qualität haben. Der Handlungsbedarf für einen Ausbau der Betreuung von Kindern unter drei Jahren scheint gerade auch in bildungspolitischer Hinsicht groß.

5.3 Bildung und Erziehung außerhalb der Familie

Die aktuellen Bemühungen um den Ausbau der außerfamiliären Betreuung von Kindern unter drei Jahren sind eingebettet in einen epochalen Prozess. Betreuung, Bildung und Erziehung von Kindern haben sich historisch zunehmend von der Familie in außerfamiliäre Orte verschoben. Seit Ende der 1960er Jahre weitete sich die Tendenz zur Fremdbetreuung und zur Förderung außerhalb der Familie auch in Westdeutschland auf immer jüngere Altersstufen aus. Wurde der Besuch des Kindergartens langsam selbstverständlicher und erreichte mit dem Rechtsanspruch seit 1996 den Status eines Regelangebots für alle Kinder ab drei Jahren – das mit einer Nutzungsquote von 95 % für die 5- bis 6-Jährigen bei den Eltern eine sehr hohe Akzeptanz erfährt –, so leiteten seit den 70er Jahren altersgemischte Kinderläden und Krabbelstuben für die Kleinsten eine abermals neue Stufe ein: Außerfamiliäre Betreuung von Kindern unter drei Jahren wurde nicht mehr durchgängig nur in Notfällen und nur stundenweise als legitim betrachtet, da sie nicht mehr als nur nachteilig eingeschätzt wurde.

Ermutigt durch Erfahrungen mit guter Praxis in anderen Ländern, in Auseinandersetzung mit einem neuen Geschlechtsrollenverständnis und gestützt durch Forschungsergebnisse, begann in Teilen der Bevölkerung die Überzeugung Raum zu greifen, dass frühe Sozialisationserfahrungen in einem erweiterten Bezugsumfeld sogar vorteilhaft für die Entwicklung von Kleinkindern sein können. Während ein Teil der Eltern so den Kindern immer früher Erfahrungen mit außerfamiliären erwachsenen Bezugspersonen, mit gleichaltrigen und älteren Kindern ermöglichte und im positiven Sinne auch zumutete, hielt sich gesamtgesellschaftlich der Mythos vom „Rabenmuttertum" hartnäckig; die Folge war, dass auch die beiden Hauptakteure im Bereich der Kindertageseinrichtungen, Caritas und Diakonie, sich mit Blick auf Angebote im Bereich der unter Dreijährigen weitgehend zurückhielten. Dass diese neuerdings auch Kinder ab einem Alter von 8 Wochen verstärkt aufzunehmen beginnen und damit den veränderten Bedürfnissen des Arbeitsmarktes und von berufstätigen Frauen bzw. Frauen mit Berufsplanung Rechnung tragen, markiert eine erneute Veränderung, die auch mit dem gewandelten Selbstverständnis frühkindlicher Förderung außerhalb des Elternhauses zusammenhängen dürfte.

Diese offenere Haltung gegenüber außerfamiliärer Betreuung von Kleinkindern spiegelt sich in internationalen Forschungsergebnissen wider. In der sehr breit angelegten US-amerikanischen Langzeitstudie des National Institute of Child Health and Human Development (NICHD) über die Effekte von Early Child Care konnte kein negativer Einfluss früher Betreuungserfahrungen auf die Entwicklung der Bindungsbeziehung zwischen Mutter und Kind festgestellt werden (vgl. hierzu etwa die Publikationen in Child Development Vol. 69–74, [1998–2003] sowie Niedergesäß 2003). Seit einigen Jahren reproduziert sich in der Forschung auch die Erkenntnis, dass neben einer engen Beziehung zwischen Mutter und Kind auch schon für ein Kleinkind gute und konsistente Beziehungen zu anderen Personen bedeutsam sind. Ein weiterer Forschungsbefund besagt, dass auch die Qualität der Beziehung von Bindungspersonen untereinander für das Kind relevant ist (vgl. von Klitzing 2002). Aufbauend darauf beginnt sich die Erkenntnis durchzusetzen, dass Kinder ein Netzwerk vertrauter Beziehungen brauchen, das größer ist als die klassische Triade der Kleinfamilie, und dass ein gutes Betreuungsarrangement als positive Konstante im außerfamilialen Beziehungsnetzwerk eines Kindes fungieren kann.

5.4 Zum Bildungsbegriff bei Kindern unter drei Jahren: das kompetente Kind

Die Säuglingsforschung hat bis in die 1970er Jahre Säuglinge als vorwiegend passive und hilflose Wesen gesehen. In den vergangenen Jahrzehnten hat sich jedoch in der Forschung bestätigt, was beobachten kann, wer Kinder beim Aufwachsen begleitet: Säuglinge sind von Geburt an mit den vielfältigsten Kompetenzen ausgestattet, sie sind begierig, altersentsprechende Lernprozesse zu durchlaufen, sie sind offen, neugierig und beziehungsfähig. Sie sind in der Lage, differenzierte Beziehungen mit verschiedenen Personen in ihrem Umkreis aufzunehmen, und treten auch zu Gleichaltrigen in aktiven Kontakt. Entwicklungspsychologie, Neurobiologie und Pädagogik der frühen Kindheit haben sich intensiv damit beschäftigt, wie Kinder sich mit der Welt, in der sie leben, und deren Gesetzmäßigkeiten auseinander setzen. Aufbauend auf den Befunden hat sich ein moderner Bildungsbegriff etabliert.

5.4.1 Erkenntnisse aus der Entwicklungspsychologie

Die entwicklungspsychologische Forschung belegt, dass sich ein Kind von Geburt an aktiv mit der Welt auseinander setzt und versucht, sie mit allen ihm zur Verfügung stehenden Möglichkeiten zu verstehen (vgl. Montada 1998: 556). Das Kind wird damit zum Akteur bzw. (Ko-)Konstrukteur seiner eigenen Entwicklung. Vor allem seine angeborene Wahrnehmungsfähigkeit hilft einem Kind dabei, aktiv mit der Welt in einen Dialog zu treten. Neuere Erkenntnisse aus der Säuglingsforschung zeigen, dass Neugeborene empfänglich für die verschiedensten Sinneseindrücke und fähig sind, differenziert mit ihnen umzugehen (vgl. Rauh 1998). Sie können Gesichter und elementare Muster erkennen, sie können zwischen optischen und akustischen Wahrnehmungssystemen Verbindungen herstellen und Regelhaftigkeiten erkennen, was ihnen z. B. beim Erlernen von Sprache hilft (vgl. Laewen/Andres 2002b: 55). Sie sind außerdem in der Lage, das Herausstrecken der Zunge, das Öffnen des Mundes und das Bewegen des Kopfes nachzuahmen (vgl. Rauh 1998), und verfügen über Wiedererkennungsfähigkeiten (vgl. Schneider/Büttner 1998). Die Möglichkeit zum Spracherwerb ist angeboren (vgl. Grimm 1998); schon kurz nach der Geburt unterscheidet ein Säugling zwischen sprachlichen und nichtsprachlichen Lauten und zeigt eine klare Präferenz für die Sprache der nächsten Bezugsperson (d.i. noch immer meistens die Mutter). Auch die Grundlagen der Physik erwerben Kinder sehr früh (z. B. das Verständnis der Permanenz der Objekte), ebenso die Möglichkeit, menschliche Handlungen zu interpretieren (vgl. Sodian 1998).

Im Verlauf seiner motorischen Entwicklung erweitern sich die Möglichkeiten der Auseinandersetzung eines Kindes mit seiner Umwelt erheblich, weshalb die motorische Entwicklung auch als Voraussetzung für die intellektuelle und soziale Entwicklung gesehen werden kann. Einfache handlungsnahe Schemata und Strukturen werden dabei differenziert, umgewandelt und in zunehmend komplexere, symbolische Strukturen integriert.

Kinder erweitern wohl auch ihre intellektuellen Möglichkeiten und ihre kognitiven Fähigkeiten schneller als bisher angenommen, so dass kognitive Theorien revidiert werden müssen (Piaget).[2] Neuere entwicklungspsychologische Erkenntnisse zeigen, dass bereits zwei- bis dreijährige Kinder ein Verständnis dafür entwickeln, dass unterschiedliche Menschen unterschiedliche Perspektiven haben können (vgl. Sodian 1998: 627). Auch wurde herausgefunden, dass dreijährige Kinder einfache Kausalerklärungen nachvollziehen können (vgl. Baillargeon/Gelmann 1980). In der Säuglingsforschung konnte sogar gezeigt werden, dass sechs Monate alte Kinder Ursache-Wirkungs-Zusammenhänge erfassen (vgl. Sodian 1998: 630) und Neugeborene bereits visuelle Informationen und motorische Kommandos koordinieren können (vgl. Krist/Wilkening 1991: 185).

Zusammenfassend lässt sich festhalten: Das Kind verfügt offensichtlich von Geburt an über verschiedene Wahrnehmungsmöglichkeiten und ist bereits sehr früh in der Lage, das, was es wahrnimmt, handelnd und denkend zu verarbeiten. Es versieht dadurch die Welt, die es wahrnimmt und erkundet, mit Bedeutung. „Das Kind setzt seine Wahrnehmungen in Beziehung zu seinen Gefühlen und seinen Bedürfnissen, zu seinen Interessen und Absichten und entwirft handelnd und imaginierend Konzepte, in deren Erprobung es handlungsfähiger wird" (Laewen/Andres 2002 b: 65).

5.4.2 Erkenntnisse aus der Neurobiologie

Das von der Entwicklungspsychologie gezeichnete Bild vom Kind und von seinen Bildungsmöglichkeiten findet durch neuere neurobiologische Erkennt-

---

2 Z.B. kann die Annahme Piagets, dass Kinder bis ins Alter von sieben Jahren ausschließlich egozentrisch denken, allem Anschein nach nicht gehalten werden (vgl. Sodian 1998).

nisse Bestätigung. Die Neurobiologie kann nachweisen, dass die Neuronen mit der Geburt im menschlichen Gehirn zwar vollständig ausgebildet sind, dass die Verbindungen zwischen den Neuronen aber erst durch Lernvorgänge nach und nach aufgebaut werden. Lernen ist auch nach den Erkenntnissen der Neurobiologie ein aktiver Prozess, denn was mit den Sinnesorganen aufgenommen wird, muss aktiv verarbeitet werden, damit es auch verstanden werden kann. Das Gedächtnis bringt dabei Ordnung in die Wahrnehmung und fügt die einzelnen Wahrnehmungsinhalte zu einem sinnvollen Ganzen zusammen (vgl. Roth 1997: 12).

In der Neurobiologie wird davon ausgegangen, dass es im Leben von Menschen so genannte „Zeitfenster" für den Erwerb bestimmter Fähigkeiten und Fertigkeiten gibt. „Damit die jeweiligen Zeitfenster für Lernerfahrungen genutzt werden, ist Kindern ein Experimentierverhalten ... und zudem ein Neugierverhalten angeboren" (Scheunpflug 2001: 54 f.). In Ermangelung detaillierten Wissens über die genaue Position der Zeitfenster empfiehlt der Neurobiologe Singer der Pädagogik: „Da bislang nur wenige experimentelle Daten darüber vorliegen, wann das menschliche Gehirn welche Informationen benötigt, ist es wohl die beste Strategie, sorgfältig zu beobachten, wonach die Kinder fragen" (Singer 2001: 68). Die Neurobiologie verweist des Weiteren darauf, dass Lernerfahrungen individuelle Prozesse sind und Aufmerksamkeit und Motivation eine entscheidende Rolle für den Lernerfolg spielen: Je interessanter eine Sache ist, desto besser kann die schnell lernende Hirnstruktur sie aufnehmen (vgl. Spitzer 2002: 34).

Als Fazit der neurobiologischen Erkenntnisse für die Pädagogik fasst Strätz zusammen: „Die Neurobiologie zeigt uns, wie ein Kind seine Entwicklung ‚in die eigenen Hände nimmt'. Es verarbeitet, ordnet und bewertet auf individuelle Weise die Erfahrungen, die es macht, es sucht aktiv ‚lehrreiche' neue Erfahrungen und Herausforderungen" (Strätz 2003: 232). Neurobiologie und Entwicklungspsychologie belegen damit, dass die Eigenmotivation eines Kindes zum Lernen in den ersten Lebensjahren so ausgeprägt ist wie zu keinem späteren Zeitpunkt. Kleinkinder sind von sich aus ständig damit beschäftigt, sich ein Bild von der Welt zu machen. Sie sind praktisch permanent interessiert, wenn sie nicht gerade durch ein Grundbedürfnis daran gehindert werden (vgl. Bostelmann 2004). Sie sind besonders empfänglich und aufnahmefähig. Sie bewältigen riesige Entwicklungsschritte und verhalten sich außerdem kooperativ gegenüber ihren erwachsenen Bezugspersonen, indem sie ihnen durch ihr Verhalten ganz unmittelbar anzeigen, wenn etwas in der Beziehung zwischen ihnen und diesen Erwachsenen nicht stimmt (vgl. Juul 1997).

5.4.3 Perspektiven der Erziehungswissenschaft

Auch die geistes- und sozialwissenschaftliche bzw. pädagogische Perspektive des (Ko-)Konstruktivismus legt nahe, dass Lernen als gemeinsame Konstruktionsleistung zwischen Individuum und Gesellschaft, zwischen Kind und Mitmenschen als Interaktion zwischen Menschen stattfindet (vgl. Lightfood/Valsiner 1992; Valsiner 1994; Gerstenmeier/Mandl 1994). Das Kind setzt sich von Geburt an mit seiner sozialen Umwelt auseinander und versieht sie mit Bedeutung. Vom lebhaften Interesse am menschlichen Gesicht über das Anlächeln von Personen, das Entwickeln von wechselseitigem Spiel und Symbolspiel mit anderen Kindern findet eine kontinuierliche Entwicklung der Interaktion mit anderen Menschen statt (vgl. Rauh 1998). Im Kontakt mit ihnen macht das Kind schon sehr früh einerseits seine eigenen emotionalen Befindlichkeiten deutlich, achtet andererseits aber auch darauf, was seine InteraktionspartnerInnen ihm anzeigen. In gleichaltrigen SpielgefährtInnen findet das Kind PartnerInnen, mit denen es sich über eine geteilte Sicht auf die Welt verständigen kann und ein Bewusstsein seiner selbst erwerben kann (vgl. Youniss 1994; Krappmann 1991).

Im Konstruktions- bzw. Aneignungsprozess des Kindes ist Spiel eine wichtige Aktivität. Auch im Spiel versucht ein Kind die Welt und die Interaktion mit anderen zu verstehen (vgl. Oerter 1998: 252). Es übt Aktivitäten aus bzw. ein, „aus dem Vergnügen heraus, sie zu beherrschen und aus ihnen ein Gefühl der Virtuosität und der Kraft zu schöpfen" (Piaget 1990: 119f.). Beim Spielen arbeitet ein Kind seine subjektiven Erfahrungen, Wünsche, Erlebnisse und Emotionen auf. Es denkt in Bildern, und in seiner Wahrnehmung geht es nicht nur um eine Sache an sich, sondern gleichzeitig auch um seine Beziehung zu dieser Sache. In Phantasien gelangen die Wahrnehmungen der Wirklichkeit und auch die persönliche Bedeutung dieser Wahrnehmungen zum Ausdruck (vgl. Schäfer 1999: 223).

Über die geschilderten komplexen Vorgänge sind Kinder von Anbeginn an als kompetente Subjekte im Bildungsprozess involviert und gestalten diesen in einem entwicklungsangemessenen Umfang immer aktiv mit. Laewen/Andres (2002) bezeichnen aus einem solchen Verständnis heraus „Bildung" als die zentrale Aktivität, über die Kinder sich die Welt aneignen und ihre innere Welt konstruieren. Ein Kind kann demnach nur bedingt gebildet werden; in erster Linie bildet es sich selbst. Erziehung kann somit auch keinen unmittelbar kontrollierbaren Einfluss darauf nehmen, welche Art von Welt ein Kind für sich und in sich aufbaut, sie kann Kinder nicht programmieren. Wenn Selbst-Bildung der Kinder das Ziel von Erziehung sein soll, müssen sich Erwachsene von der Vorstellung verabschieden, Kindern etwas „beibringen" zu können. Die Konzepte früherer Zeiten greifen damit nicht mehr, ErzieherInnen und Tagesmütter können Kindern Bildung nicht „eintrichtern". Sie können Bildungsprozesse von Kindern allerdings ermöglichen und unterstützen (vgl. Laewen/Andres 2002a), Angebote machen und auf die Themen der Kinder eingehen.

Bei aller Anerkennung der Rolle als Ko-Konstrukteure ihrer Bildungsprozesse sind (Klein-)Kinder unter drei Jahren physisch, emotional und in ihren Ausdrucksmöglichkeiten jedoch auch sehr auf Erwachsene angewiesen, die ihre Signale wahrnehmen, verstehen und liebevoll beantworten; responsives Verhalten wird somit zu einem wichtigen Indikator für die Qualität von Betreuung. Das Neugier- und Explorationsverhalten in der frühen Kindheit beispielsweise kann nur dann zur Anwendung kommen, wenn das Kind sich in anspruchsvollen neuen Situationen immer wieder auf eine „sichere Basis" in Form einer Person, zu der es eine sichere Beziehung aufgebaut hat, rückbeziehen kann. Eine solche frühe Bindung ist Grundlage für ein System wechselseitiger Anerkennung, dem für die Entwicklung des Kindes und für die Sicherung sozialen Lebens elementare Bedeutung zukommt (vgl. Leu 1997). Eine Antwort der Erwachsenen auf die Bildungsprozesse der Kinder besteht deshalb darin, sich Kindern als Bindungsperson zur Verfügung zu stellen. „Die Verfügbarkeit einer Bindungsperson ermöglicht dem Kind die sinnliche Erfahrung von Geborgenheit, vom Blickkontakt über die Distanz (visuell) bis hin zum engen Körperkontakt (berühren, gehalten werden, Geruch der Nähe, Wärmeempfindung, taktile Empfindungen, ...). Die für das Kind erfahrbare Bereitschaft der Bindungsperson, sich als Ort der Geborgenheit (...) zur Verfügung zu halten, ermöglicht es dem Kind, sich ohne Furcht vor Kontrollverlust bei unerwarteten Reaktionen der Welt auf Sinneserfahrungen und Wahrnehmungen einzulassen und ihnen handelnd (zunächst subjektive) Bedeutungen zuzuordnen" (Laewen 2002: 69).

Erziehungsarbeit ist somit in starkem Maße Beziehungsarbeit, denn Bildungs- und Lernprozesse finden in sozialem Kontext und als sozialer Prozess statt: Kinder brauchen Beziehung, Interaktion, Zuneigung, Reibung. „In der Regel lernen Kinder in einer konkreten sozialen Situation, in der Interaktion mit anderen Kindern, mit Erzieherinnen, Eltern und anderen Erwachsenen" (Fthenakis 2004: 7). Auch Laewen/Andres verweisen für den institutionellen Kontext auf die Bindungsbeziehungen zwischen Fachpersonal und Kindern (2002a: 110). Interaktion kann demnach als „Kerngeschäft" von Erziehung gesehen werden.

In der vorangegangenen Darstellung der neueren Erkenntnisse über das Lernen von Kindern ist deutlich geworden, dass Erwachsene absichtlich und unabsichtlich Einfluss auf die kindlichen Bildungsprozesse nehmen durch die Weise, wie sie den Kindern begegnen und auf ihre Impulse antworten. Die Mitglieder der Herkunftsfamilie bzw. die sozialen Eltern haben bei sicherer Bindung und einem gemeinsamen Alltag dabei zunächst den stärksten Einfluss.³ Aber auch andere Bezugspersonen, z. B. im Rahmen außerfamilialer Betreuung, beeinflussen das Lernen der Kinder.

5.5 Auswirkungen der Tagespflege auf die Entwicklung von Kindern

Die Effekte von Tagespflege auf die kindliche Entwicklung wurden deutlich seltener untersucht als die Effekte institutioneller Betreuung (vgl. Tietze 2004: 28). Die Brandenburger Studie zur Qualität von Tagespflege von Tietze/Pattloch/Schlecht/Braukhane (2003) und das Modellprojekt Tagesmütter (vgl. Arbeitsgruppe Tagesmütter 1980; Gudat 1982) sind bislang die einzigen deutschen Tagespflegestudien, in denen Auswirkungen auf die kindliche Entwicklung erforscht wurden. Die Studien sind jedoch entweder in der Aussagekraft oder in der Übertragbarkeit dieser Daten begrenzt (vgl. Tietze 2004: 21 und 28). Für das Modellprojekt Tagesmütter wurde resümiert: „Die qualifizierte Familientagespflege, wie sie im Modellprojekt realisiert wurde, ist in ihrer Erziehungsleistung für Säuglinge und Kleinkinder der Erziehung durch die Mutter gleichwertig. ... Die im Modellprojekt betreuten Kinder zeigten in der sozial-emotionalen Entwicklung ... und in der Intelligenzentwicklung keine Nachteile gegenüber vergleichbaren, von der eigenen Mutter betreuten Kindern. In einem speziellen Bereich erwiesen sie sich sogar als überlegen: Die Tagespflegekinder waren weniger sozial gehemmt und weniger ängstlich" (Arbeitsgruppe Tagesmütter 1980: 397). Tagesmütter konnten jedoch seit jenem Modellprojekt in Deutschland nicht mehr unter vergleichbaren Rahmenbedingungen tätig sein (vgl. Kap. 6).

Zur Verdeutlichung des Zusammenhangs zwischen Tagespflege und kindlicher Entwicklung wird deshalb auf ausländische Untersuchungsergebnisse zurückgegriffen. Zwar gibt es bei den ausländischen Untersuchungen einerseits das Problem der bedingten Übertragbarkeit auf deutsche Verhältnisse; andererseits merkt Textor (1998) an, dass die meisten dieser Untersuchungen an kleinen, nicht repräsentativen Stichproben durchgeführt wurden. Bei aller Vorsicht hinsichtlich der Interpretation der Ergebnisse wiederholen sich jedoch zwei Befunde:

1. Die Qualität familienähnlicher Fremdbetreuung wirkt sich positiv auf die sprachlich-kognitive Entwicklung von Kindern aus. Dies wurde in einer kanadischen Studie (vgl. Goelmann/Pence 1987), in einer schwedischen Untersuchung (vgl. Broberg/Hwang/Lamb/Bookstein 1990) und einer US-amerikanischen Studie (vgl. Kontos 1994) bestätigt.

---

3 Ergebnis der NICHD-Studie, „Does Quality of Child Care Affect Child Outcomes at Age 4½?" In: Developmental Psychology 2003, Vol. 39.

2. Es bestehen positive Zusammenhänge zwischen der Qualität der Tagespflegebetreuung und der sozial-emotionalen Entwicklung der Kinder. Diese Zusammenhänge sind ebenfalls durch Studien belegt (vgl. Lamb/Sternberg 1989; Kontos 1994; Howes/Stewart 1987; NICHD Early Child Care Research Network 2001; Clarke-Stewart/Vandell/Burchinal/O'Brien/McCartney 2002).

Die Frage der Qualität ist beim anstehenden Ausbau der Tagespflege als eines Moduls im System der Betreuung für Kinder unter drei Jahren somit relevant für die zu erwartenden Bildungseffekte auf diese Kinder. Um jedoch die Frage der Qualität für den Alltag der Tagespflege angemessen weiterverfolgen zu können, lohnt ein Blick auf die Tageseinrichtungen und die Frage, wie dort der Bildungsauftrag und die neuesten Erkenntnisse über Lernen umzusetzen versucht wird.

5.6 Ein Blick auf Tageseinrichtungen: Förderung von kindlichen Bildungsprozessen

Im Bezug auf die Tageseinrichtungen setzten die Forschungsergebnisse und die Inhalte der Bildungsdebatte jüngst die Ausarbeitung von Bildungs- und Erziehungsplänen für den Elementarbereich in Gang.[4] In allen gesichteten Entwürfen beziehen sich die AutorInnen auf den internationalen Stand der Diskussion und integrieren neben den aktuellen Forschungsbefunden z. T. auch Erkenntnisse aus guter Praxis.

Im Querschnitt wird etwa folgender Kanon von Entwicklungsfeldern angeführt:

- soziale Entwicklung,
- emotionale Entwicklung,
- körperliche Entwicklung/Bewegung,
- Weltwissen und naturwissenschaftlich-mathematische Grunderfahrungen,
- Kreativität/Gestalten/ästhetische Bildung,
- Kommunikation/sprachliche Kompetenz.

Bei Schäfer werden explizit die sinnliche Wahrnehmung und die Förderung der Vorstellungswelt und des Spiels in den Vordergrund gestellt (vgl. Schäfer 2003). Ergänzt wird dieser Kanon in einigen Konzepten durch die Erwäh-

---

[4] So z. B. im „Berliner Bildungsprogramm für Kindertageseinrichtungen" (Preissing), im „Bayerischen Bildungs- und Erziehungsplan für Kinder in Tageseinrichtungen" (Fthenakis), in den „Thüringer Leitlinien für frühkindliche Bildung" (unter Bezugnahme auf den Kriterienkatalog der Nationalen Qualitätsinitiative NQI), im „Offenen Bildungsplan für Kindertageseinrichtungen in Nordrhein-Westfalen" (Schäfer).

nung von Musik bzw. Medien/Technologie als eigenen Förderbereichen. Als zur Persönlichkeitsentwicklung gehörend wird einerseits auf die notwendige Förderung kindlicher Autonomie und Individualität, andererseits auf die Förderung sozialer Fähigkeiten verwiesen.

Es wird allerorten versichert, dass Kinder in Tageseinrichtungen zukünftig keinesfalls einseitig für die Anforderungen der Schule trainiert werden sollen (vgl. Schäfer 2003), doch die Aufforderung, eine bisherige vermeintliche Praxis der „Kuschel-Pädagogik" zu beenden, ist ebenfalls allgegenwärtig (vgl. Der Spiegel 22/2002). Preissing stellt fest, dass die neuen Bildungspläne für den Vorschulbereich mehrheitlich „zwar einen neuen Bildungsbegriff definieren, dann aber – wenigstens in Teilen – Bildung doch wieder mit Schule gleichsetzen, mit kognitivem Wissenserwerb, kurz: Sie verharren im klassischen Bildungsverständnis" (Preissing 2003: 11). Ganzheitliche Förderung wird deshalb von vielen Seiten als Leitkriterium für die Förderung im Elementarbereich herausgestellt:

- Kinder machen „... Rundum-Erfahrungen viel zu selten ... Wir kümmern uns nach PISA zu sehr um die Sprache", so der Hirnforscher Singer (vgl. Der Spiegel 43/2003: 208).
- Spracherwerb als klassischer Bereich frühkindlicher Bildung „ist ein individueller, ein dialogischer und ein sozialer Bildungsprozess und sollte unter einem ganzheitlichen Ansatz eng in die Aktivitäten des Kindes eingebunden sein. ... Dabei werden die Kinder von der Erzieherin als kompetente Gesprächspartner akzeptiert, deren Meinungen und Auffassungen sie respektiert und Ideen aufgreift" (Thüringer Ministerium für Soziales, Familie und Gesundheit/Thüringer Kultusministerium 2003).
- „Grundlagen der Bildung und Erziehung von Kindern bis zur Einschulung sind sinnliche Wahrnehmung, Bewegung und Spiel" (Fthenakis 2004: 8).

Strätz weist auf zwei Hauptaufgaben bei der Förderung von Kindern hin: „Die Fragen und die anstehenden Entwicklungsschritte des Kindes zu erspüren und seine Umgebung so zu gestalten, dass das Kind diese nächsten Schritte mit Erfolg gehen kann" (Strätz 2003: 232). Laewen (2002) konkretisiert und führt im Zusammenhang mit Bildung und Erziehung in Kindertageseinrichtungen aus, dass die notwendige Antwort der Erwachsenen auf die Selbstbildungsprozesse der Kinder, d.h. die Unterstützung und Herausforderung dieser Prozesse, prinzipiell zwei Formen annehmen kann:

1. Gestaltung der Umwelt des Kindes. Dazu gehören
   (a) die Architektur der räumlichen Umwelt innen und außen, im engeren Sinne die Raumgestaltung und die materielle Ausstattung, und
   (b) die Gestaltung von Zeitstrukturen und Situationen.
2. Gestaltung der Interaktion zwischen Erwachsenen und Kind. Dazu gehören

(a) die Zumutung von Themen durch die Erwachsenen,
(b) die Beantwortung der Themen der Kinder durch die Erwachsenen,
(c) die Wahl des Dialogs als Form der Interaktion.

Im Bezug auf die außerfamiliäre Betreuung, Erziehung und Bildung von Säuglingen und sehr kleinen Kindern wird in Deutschland von der Fachpraxis gerade erst damit begonnen, auf dem aktuellen Kenntnisstand systematisch über Ziele und Methoden zu reflektieren. Auf einer Tagung zu pädagogischen Zielen und angemessenen Rahmenbedingungen für die außerfamiliale Betreuung von Kindern unter einem Jahr (Frankfurt/M. 2002) wurden erhebliche Erkenntnislücken identifiziert (vgl. Niedergesäß 2003):

- Wie können Erfahrungsräume für Kleinstkinder angemessen gestaltet werden, wenn davon ausgegangen wird, dass Bildung schon mit der Geburt beginnt?
- Wie können Erzieherinnen oder auch Tagesmütter ein Verständnis für das spezifische Erleben von Kleinstkindern in der Gruppe entwickeln?
- Wie können die altersspezifischen Bedürfnisse der Kleinst- und Kleinkinder in einer Gruppe gut berücksichtigt werden, so dass kein Kind zu kurz kommt?

Praktikerinnen verlangen nach konkreter Unterstützung und richten den Blick auf das fortgeschrittene benachbarte Ausland. Hier bieten sich z. B. in den Modellen von Emmi Pikler und Reggio Emilia langjährig praxisbewährte und theoretisch reflektierte Orientierungen und Anregungen. Im Ansatz von Pikler wird bei Kleinkindern sehr bewusst auf die alltägliche Pflege als elementare Situation der Kommunikation und der Interaktion sowie auf die Bewegungsentwicklung Wert gelegt (vgl. Pikler 1988). Den Kindern wird die Gelegenheit gelassen, ihrem individuellen Entwicklungstempo zu folgen und jeden Entwicklungsschritt eigeninitiativ zu beginnen. Wird in guter Förderabsicht vorgegriffen und zu früh Einfluss genommen, so werden nach Pikler elementare Erfahrungen sowie die Eigeninitiative der Kinder unterbunden und die Persönlichkeitsentwicklung beeinträchtigt (vgl. Pikler 1994). Die Kinder und ihre Eigenimpulse stehen auch im Mittelpunkt der Pädagogik von Reggio Emilia, die im deutschen Sprachraum vor allem von Laewen und Andres reflektiert und wissenschaftlich kontextualisiert wird. Die Krippen und Kindergärten in Reggio werden weltweit als Best-practice-Einrichtungen mit Beispielcharakter für öffentliches Betreuen, Bilden und Erziehen von Kindern im Vorschulalter sowohl bezüglich der Gestaltung der Umwelt als auch bezüglich der Gestaltung der Interaktion konsultiert (vgl. Dreier 1999).

Vor dem Hintergrund dieser Einsichten, Befunde und Entwicklungen im institutionellen Kontext der Kinderbetreuung stellt sich folgerichtig die Frage, wie diese Facetten einer bildungsbezogenen Entwicklung von Kleinkindern und der damit korrespondierenden Förderbereiche und -aufgaben in die Diskussion um die Bildungsqualität von Tagespflege für unter Dreijährige eingehen können.

5.7 Der Bildungs- und Erziehungsauftrag in der Tagespflege

Gute Tagespflege sollte so beschaffen sein, dass sie das Kind in seinen Bildungsprozessen unterstützt, also auf seine Bildungsfähigkeiten eingeht und diese herausfordert. Dazu gehört es, die Bildung seiner Sinne zu unterstützen, Imagination, Phantasie und szenisches Spiel zu ermöglichen, die Entwicklung der Sprache als einer symbolischen Welt anzuregen und dem Kind den Aufbau stabiler und vertrauensvoller zwischenmenschlicher Beziehungen als Grundlage für Wohlbefinden und Voraussetzung für weltzugewandte weitere Entwicklung zu sichern. Zu dieser pädagogischen Förderung gehört auch, dass dem Kind eine beschützende, seinen Möglichkeiten entsprechende Umwelt bereitgestellt wird, die seinen Bedürfnissen nach Schutz und Pflege genügt, die auf seine Sicherheit und Gesundheit gerichtet ist, Anforderungen gesunder Ernährung wie auch den Bedürfnissen des Kindes nach Entspannung, Ruhe, persönlicher Geborgenheit und Schlaf genügt (vgl. Tietze 2004: 19). Das Kind braucht innerhalb dieser Umwelt altersgemäßen Freiraum (vgl. Andres 1997), um sie eigenständig erforschen und sinnlich begreifen zu können. Erwachsene Bezugspersonen können in diesem Setting „Forschungsassistenz" (vgl. Laewen/Andres 2002b) bzw. „Hilfe zur Selbsthilfe" (Montessori, vgl. Schäfer 2003) leisten. Zugewandte Aufmerksamkeit für die Signale des Kindes ist dabei elementar wichtig. Eine Tagesmutter muss ein Kind verstehen, auch wenn sich dieses sprachlich noch nicht artikulieren kann und sie dieses nicht so kennt wie ihr eigenes. Sie muss erkennen: Was drückt das Kind aus? Was sind seine Bedürfnisse? Welche Frage bewegt sie oder ihn jetzt gerade?

Tagespflegepersonen begleiten und unterstützen bei Kindern unter drei Jahren basale Entwicklungen auf allen Ebenen: körperlich, emotional, persönlichkeitsbezogen. In der Bewegungsentwicklung (auf dem Bauch liegen, sitzen, krabbeln, aufstehen, gehen, laufen), der Entwicklung der Kontrolle über die Ausscheidungen und in der Entwicklung der Persönlichkeit als Individuum in Beziehung zu den Mitmenschen werden Grundlagen für Ich-, Sozial-, Sach- sowie lernmethodische Kompetenzen gebildet. In diesem frühen Lernen wird – je nachdem, ob ein Kind in seinen Aneignungsprozessen ermutigt oder entmutigt wird – die Fähigkeit zu lebenslangem Lernen angelegt. Was hier versäumt wird, kann später nur mit großem Aufwand aufgeholt oder verändert werden. In der frühen Kindheit wird auch der Grund für die Fähigkeit gelegt, mit späteren Risikofaktoren umzugehen (Resilienz). Die frühe Kindheit ist die lernintensivste und prägendste Phase im Leben eines Menschen.

Struktureller Vorteil der Betreuungsform Tagespflege ist, dass Kleinkinder viel Aufmerksamkeit bekommen können, da die Anzahl der gleichzeitig anwesenden Kinder in einer Tagespflegestelle in der Regel überschaubar ist. Kinder in Tagespflege machen gegenüber der Situation in einer Tageseinrichtung zwar meist quantitativ begrenzte Gruppenerfahrungen, denn die Auswahl der Peers ist kleiner. Andererseits sind aufgrund der kleineren und häufiger auch altersgemischten Gruppen in Tagespflege die Chancen für intensive vertiefte Interaktion mit der Tagespflegeperson und mit ausgewählten anderen Kindern – und damit auch für entwicklungsfördernde soziale Prozesse – prinzipiell gut.

Eine weitere Spezifik der Tagespflege besteht darin, dass Tagesmütter sich als verlässliche nahe Bezugspersonen im eigenen häuslichen Umfeld zur Verfügung stellen müssen und dazu sowohl emotionale Einfühlung/Nähe als auch professionelle Distanz brauchen. Ein unklares, wenig professionelles Rollenverständnis (Tagesmütter als die „besseren" Mütter „ihrer" Tageskinder) führt häufig zu Konflikten bis hin zu Betreuungsabbrüchen (vgl. Kap. 6).

Schließlich bietet Tagespflege die Chance, die Realsituation eines funktionierenden Haushalts unter dem Bildungsaspekt nutzen zu können (vgl. auch Laewen/Andres 2002b). Diese Realsituation eignet sich gut für die punktuelle Einbeziehung der Kinder und für die Setzung von pädagogischen Impulsen. Was in der „künstlichen" Situation einer Tageseinrichtung eigens hergestellt werden muss – ein Bezug zum Alltag –, ist in der Tagespflege alltägliche Realität.

Auf dem jetzigen Stand kann zumindest ganz allgemein formuliert werden, wie Tagesmütter Bildungsprozesse von Kleinkindern unterstützen können:

- freien Zugang zu vielfältigen und anregenden Materialien bieten;
- Neugier und Wissensdrang der Kinder unterstützen;
- zugewandte, liebevolle Beobachtung der Kinder (Mit welchen Themen beschäftigen sie sich? Wie können sie darin unterstützt werden?);
- Verzicht auf durchgängig unangefragte Bewertungen und Korrekturen;
- Anerkennen der Kinder als kompetenter InteraktionspartnerInnen;
- Kontakt zu den Tageskindern bewusst gestalten;
- Kontakt der Kinder untereinander fördern;
- Alltagssituationen bewusst wahrnehmen und gestalten.

Die Erstellung von pädagogischen Konzepten analog zu Tageseinrichtungen auch für Tagespflegestellen, wie sie in Berlin unterstützt wird (vgl. Fortbildungsangebote der „Familie für Kinder gGmbH"), ist insgesamt noch wenig verbreitet, wäre jedoch wünschenswert und in den Effekten für die pädagogische Prozessqualität auch förderlich (vgl. Tietze/Pattloch/Schlecht/Braukhane 2003). Denn auch Tagespflegepersonen müssen sich angesichts der

Bedeutung ihrer Tätigkeit für das Kind dessen bewusst sein, wie sie die Kinder im Alltag in ihren Bildungsprozessen unterstützen können. Tagesmütter müssen wie Erzieherinnen wissen, dass sie an das Interesse der Kinder anknüpfen und ihnen individuelle Lernwege ermöglichen müssen. Sie müssen wissen, dass kindliche Entwicklung in Schüben erfolgt (Lernfenster), in Abhängigkeit von körperlicher Reifung und starkem Interesse, und sie müssen entsprechende Angebote machen können. Tagespflegepersonen sollten in der Lage sein, ihr Zusammensein mit den Kindern reflektiert und bewusst zu gestalten, in dem Wissen, warum sie welche Dinge auf welche Weise tun und was mögliche Wirkungen ihres Handelns sein können. Um dieses Reflexionsniveau zu erreichen, sind Qualifizierung und Praxisbegleitung unerlässlich (vgl. Kap. 6).

Konkrete Handlungshilfen für den bildungspädagogischen Alltag sind noch wenig erarbeitet, obwohl an die Tagespflege formal derselbe Anspruch an die Erfüllung des gesetzlichen Bildungs- und Erziehungsauftrags gestellt wird wie an Tageseinrichtungen (§ 22 SGB VIII, an gleicher Stelle im Entwurf zur Gesetzesänderung): Durch Betreuung, Bildung und Erziehung sollen Tagespflegepersonen die Entwicklung der Tageskinder zu eigenständigen und gemeinschaftsfähigen Persönlichkeiten fördern. Da dieser Auftrag in SGB VIII bisher nicht ausformuliert ist (auch nicht im Referentenentwurf für die Tagespflege, vgl. Kap. 3), steht dies als gemeinsame Gestaltungsaufgabe von Fachpraxis und Wissenschaft an. In Dänemark ist der Bezug auf einen gemeinsamen Bildungsplan für Kindertageseinrichtungen und Tagespflege seit August 2004 per Gesetz verbindlich. Was unter Bildungsqualität in der Tagespflege verstanden werden kann, muss unter Anerkennung der Spezifik der Betreuungsform analog zu den Bildungsplänen in Kindertageseinrichtungen auch in Deutschland expliziert werden.

5.7.1 Die Bildungswirklichkeit der Tagespflege

Über die Umsetzung des Bildungs- und Erziehungsauftrags und die pädagogische Qualität im Alltag der Tagespflege in Deutschland ist derzeit noch wenig bekannt (vgl. Tietze 2004: 20). Tietze/Pattloch/Schlecht/Braukhane (2003) haben mit ihrer Untersuchung zur pädagogischen Qualität in Tagespflegestellen im Land Brandenburg einen Teil der Kenntnislücken systematisch zu schließen versucht. Für ein Bundesland eröffnete sich dadurch ein Einblick in die empirisch erfahrbare Wirklichkeit pädagogischer Qualität von Tagespflege; die Übertragbarkeit der Ergebnisse ist offen. Tietze u. a. unterscheiden drei Bereiche pädagogischer Qualität:
1. *Orientierungsqualität* bezieht sich auf Einstellungen der Tagespflegepersonen, also auf das Bild vom Kind, Auffassungen über Erziehungsziele und -maßnahmen, über Aufgaben der Herkunftsfamilie usw.;
2. *Strukturqualität* bezieht sich auf Rahmenbedingungen der Tagespflegestelle, d. h. auf räumliche und materielle Gegebenheiten, die Organisations-

struktur, die Einbindung in ein System fachlicher Begleitung, die vertragliche und arbeitsorganisatorische Absicherung der Tätigkeit usw.;
3. *Prozessqualität* bezieht sich auf die Dynamik des pädagogischen Geschehens im engeren Sinne, also auf die Bildungsmöglichkeiten, den Umgang mit dem Kind, die Interaktionen zwischen allen Beteiligten usw.

Zur Erfassung der damit verbundenen Qualität haben Tietze u. a. die in US-amerikanischen und auch in internationalen Studien gebräuchlichen standardisierten wissenschaftlichen Messinstrumente, so genannte „Einschätzskalen", verwendet (vgl. Tietze 2004: 23 f.). Das sind konkret folgende Instrumente:
1. *Family Daycare Environment Rating Scale (FDCERS)* von Harms/Clifford (1991), in ihrer deutschen Übersetzung als „Tagespflege-Einschätz-Skala" (TAS, unveröffentlichte Forschungsversion von Tietze/Buchwald/Gerszonowicz 2000); Die Qualitätseinschätzung mit der TAS basiert auf einer ca. dreistündigen Beobachtung durch speziell trainierte BeobachterInnen und einem anschließenden Interview mit der Tagespflegeperson;
2. *Caregiver Interaction Scale (CIS)* von Arnett (1989) für die Erfassung der Interaktionen der Tagespflegepersonen mit den Kindern;
3. *Home Observation for Measurement of the Environment (HOME)* von Caldwell/Bradley (1984) für die Erfassung weiterer Aspekte von Prozessqualität;
4. *Observational Record of the Caregiving Environment (ORCE)* zur qualitativen Einschätzung des Verhaltens von Tagespflegepersonen und für Häufigkeitszählungen von Interaktionen;
5. *Parent Caregiver Relationship Scale* von Elicker/Noppe/Noppe (2000) zur Einschätzung der Beziehung zwischen Eltern und Tagespflegeperson.

Tietze/Pattloch/Schlecht/Braukhane kamen im Rahmen ihres Untersuchungssettings in Brandenburg zu dem Ergebnis, dass bei der Qualität insgesamt „eine erhebliche Streuung gegeben ist". Sie ermittelten „bei rund jeder siebten Tagespflegestelle eine unzureichende Prozessqualität ..., bei knapp zwei Dritteln aller Tagespflegestellen ... eine mittelmäßige Qualität, und ein weiteres Siebtel der Tagespflegestellen weist eine gute bis sehr gute Qualität auf" (Tietze 2004: 25 f.).

Bezüglich der Stärken der untersuchten Tagespflegestellen wurde gefunden, dass sie „in einer freundlichen und den Kindern zugewandten Atmosphäre, einem Eingehen auf Signale der Kinder nach Trost, Nähe, Körperkontakt und Aufmerksamkeit, einem auf die Aktivitäts- und Ruhebedürfnisse der Kinder abgestimmten Tagesablauf, einer Balance von Innen- und Außenaktivitäten und einer Bereitstellung zahlreicher Spielmöglichkeiten" liegen (Tietze/Pattloch/Schlecht/Braukhane 2003: 45). Verbesserungsbedürftig erschienen Aspekte, „die als frühe Bildungsanregungen verstanden werden können, z. B. in den Bereichen Bewegung/Spiel, Sprachverstehen, Auge-Hand-Koordination, Musik und Bewegung, künstlerisches Gestalten, kognitive Anregungen" (ebd.: 45).

Der Befund über die große Streuung der pädagogischen Qualität und der geringen durchschnittlichen Qualität entspricht Forschungsergebnissen aus den USA. In einer empirischen Untersuchung in den USA „wurden nur 9% der Tagespflegestellen als von guter Qualität (d. h. entwicklungsfördernd) beurteilt. 56% der Tagespflegestellen wiesen nur eine ausreichende/bewahrende Qualität auf, und 35% wurden sogar als unzureichend eingeschätzt. In sechs Untersuchungen, in denen die ‚Family Day Care Rating Scale' (FDCRS) eingesetzt wurde, lagen die Durchschnittswerte der Qualität von Tagespflege nur zwischen ‚fast ausreichend' und ‚fast gut'. Auch bei neueren Untersuchungen mit der FDCRS wurde im Durchschnitt nur die Qualität ‚ausreichend' erzielt" (Tietze 2004: 26).

Über die für Deutschland relevanten konkreten Befunde für das Land Brandenburg hinaus kann die Black Box „Qualität im Alltag der Tagespflege" derzeit nur durch Hinweise weiter erhellt werden. So wurde im Forschungsprojekt zur Erarbeitung des DJI-Curriculums „Qualifizierung in der Kindertagespflege" (vgl. Weiß/Stempinski/Schumann/Keimeleder 2002) deutlich, dass angehende oder bereits praktizierende Tagesmütter immer wieder auch rigide Erziehungseinstellungen vertraten und dass ihnen Wissen über entwicklungsbezogene kindliche Handlungsmöglichkeiten fehlte. Im DJI-Curriculum sind deshalb in dem Themenbereich „Förderung von Kindern" die Bausteine „Entwicklung von Kindern/Kinder beobachten und wahrnehmen", „Erziehung von Kindern" und „Bildung in der Tagespflege" mit jeweils mehreren Veranstaltungen entsprechend ausgearbeitet. Die Qualifizierung der Tagespflegepersonen wird derzeit bundesweit jedoch so disparat gehandhabt – oder geschieht gar nicht –, dass keineswegs davon ausgegangen werden kann, dass angehende Tagesmütter überall mit diesen Themen vertraut gemacht werden. Eine Verpflichtung auf praxisvorbereitende und -begleitende Qualifizierung als Voraussetzung für die Ausübung der Tätigkeit (in einem Umfang, der die Integration der genannten Themen erlaubt) brächte hier sicher notwendige Verbesserungen, sicherte jedoch noch keineswegs automatisch den Transfer in die Praxis (vgl. Kap. 6).

Als Orte vergleichsweise guter Qualität können die punktuellen Modelle guter Praxis angenommen werden, in denen aus der Fachbasis heraus Initiativen unternommen und Strukturen zum Aufbau von Qualität etabliert wurden. Zwar wird dort die pädagogische Prozessqualität derzeit nicht empirisch-systematisch erhoben, doch sind aufgrund der Tatsache, dass praxisbegleitend an der kontinuierlichen Entwicklung und Sicherung von Qualität gearbeitet wird, entsprechend positive Effekte zu vermuten.

Keinerlei systematische Qualitätsaussagen können getroffen werden über den großen freien Markt der Tagespflege, der in der gegenwärtigen Praxis einer systematischen Qualitätsentwicklung und -sicherung weitgehend entzogen ist. Es werden allerdings immer wieder spektakuläre Missstände bekannt, und viele Eltern haben aufgrund kolportierter oder selbst gemachter schlechter Erfahrungen erhebliche Vorbehalte gegenüber der Betreuungsform.

5.7.2 Der Bildungs- und Erziehungsort Familie

Tagespflege ist als familiennahe Form der Betreuung, Bildung und Erziehung den Einflussfaktoren familiärer Erziehung und Bildung weit stärker unterworfen als institutionelle Betreuungssettings. Familie birgt in sich das Potential des kulturellen und sozialen Kapitals (vgl. Brake/Büchner 2003), der wichtigsten Ressource und Voraussetzung für die lebenslangen Bildungsprozesse von Kindern (vgl. BMFSFJ 2002). Familie ist im günstigen Fall Ort der Geborgenheit, der vertrauten persönlichen Beziehungen und der frühesten positiven Sozialisationsprozesse. Mit diesen Potentialen wird Familie häufig als per se positiver Lebenszusammenhang und förderliches Beziehungsgefüge assoziiert. Davon kann jedoch nicht selbstverständlich ausgegangen werden. Familienerziehung birgt auch folgende Risiken:

- Ganz allgemein kann gesagt werden, dass Familien zunehmenden Belastungen ausgesetzt sind, die die Erziehungsarbeit erheblich erschweren können: Arbeitslosigkeit und Arbeitsüberlastung, zunehmende Flexibilitätsanforderungen der Arbeitswelt, finanzielle Engpässe, Partnerschaftsprobleme und hohe Scheidungsraten, Unvereinbarkeit von Zeitplänen, hoher Selektionsdruck im Bildungssystem, Abwesenheit von Vätern in der Beziehung zu ihren Kindern bzw. Zurückhaltung von Partnern/Vätern bei gesellschaftlich reproduktiven Aufgaben usw.
- Körperliche Bestrafung von Kindern, seelische Verletzungen und entwürdigende Behandlung in der Tradition einer „schwarzen Pädagogik" sind in Deutschland offenbar noch häufig anzutreffen (vgl. Rutschky 1997). In der schwarzen Pädagogik wurde der Aufbau der Bindungsbeziehung zwischen Mutter und Kind von Geburt an systematisch behindert (vgl. Dill 1999). Mütter, die sich ihren weinenden Kindern zuwandten, wurden ermahnt, „Verwöhnung" zu vermeiden und den Willen des Kindes gegebenenfalls zu „brechen". Angesichts der Befunde, dass etwa 80 % der Kinder und Jugendlichen in Deutschland Formen von Gewalt in der Erziehung erfahren[5] und 1997 in einer repräsentativen Umfrage 81 % der Befragten der Meinung waren, in bestimmten Situationen könne Kindern ein Klaps nicht schaden[6], sprach die frühere Bundesfamilienministerin Bergmann von einem notwendigen Bewusstseinswandel im Umgang mit Kindern. Schneewind berichtet, dass gar nur 10 % der Eltern einen förderli-

---

5 dpa-Pressemeldung anlässlich der Tagung „Gewaltfreies Erziehen in Familien – Schritte der Veränderung", Berlin 2000.
6 Pötzl, in: Spiegel special 12/97.

chen Erziehungsstil praktizieren (2002). Die Ächtung von Gewalt in der Erziehung schrieb der Deutsche Bundestag im Jahr 2000 gesetzlich fest (BGB § 1631, Abs. 2).
- Sucht als Familienkrankheit mit Auswirkungen auf alle Beteiligten ist weit verbreitet. Die Zahl alkoholkranker Menschen in Deutschland wird derzeit auf bis 4,5 Millionen geschätzt; die Dunkelziffer ist enorm (vgl. BStMASFFG 1997). Alkohol verringert Hemmschwellen und ist oft auch involviert bei Gewalt gegen Frauen und Kinder oder bei sexuellem Missbrauch von Kindern. Begründete Schätzungen gehen dahin, dass jedes vierte Mädchen bis zum Alter von 18 Jahren sexualisierte Gewalt erfahren hat. 50 bis 75 % der Täter sind Familienangehörige; dazu kommen Nachbarn und gute Freunde der Familie; nur 6 % sind Fremdtäter.[7]
- Nicht zuletzt die Befunde und Zahlen aus Psychotherapie und Medizin verdeutlichen, dass viele Kinder durch familiale (und institutionelle) Erziehung Schädigungen erfahren. Immer mehr Kinder leiden an psychosomatischen Störungen, immer mehr Kindern werden Psychostimulanzien (z. B. Ritalin) verabreicht.[8] Mütter und Väter wollen meist gute Eltern sein, sind bei zunehmendem Druck von außen aber häufig überfordert und erfahren wenig Unterstützung. Seit einigen Jahren wird die Notwendigkeit betont, die erzieherischen Kompetenzen von Eltern auszubauen (vgl. Tschöpe-Scheffler 2003).

Es kann also nicht ohne weiteres vorausgesetzt werden, dass durch einen familialen Rahmen Kindern ein entwicklungsfördernder Raum gleichsam naturgegeben in optimaler Weise zur Verfügung gestellt werden kann (vgl. Schneewind 2001). Ebenso wenig kann dies für die Tagespflege als einem privaten, familiennahen Betreuungs-, Bildungs- und Erziehungssetting, das für Dritte kaum einsehbar ist, angenommen werden. Die pädagogischen Beziehungsqualitäten von Tagesmüttern und ihre Kompetenzen bezüglich Förderung im frühen Kindesalter können ebenso wenig als geschlechtsspezifisch veranlagungsbedingt vorausgesetzt werden. Tagesväter stellen sich als Betreuungspersonen nur in zu vernachlässigender Anzahl zur Verfügung.

Vor dem Hintergrund der benannten pädagogischen Rahmenbedingungen und bisher fehlender flächendeckender Qualitätsentwicklungs- und -sicherungsmaßnahmen ist es mithin nicht verwunderlich, wenn Ergebnisse empirischer Untersuchungen ergeben, dass die Qualität von Tagespflege sehr unterschiedlich und breit gestreut ist und im Durchschnitt geringer ausgeprägt als in Einrichtungen (vgl. Tietze 2004: 26). Wichtige Ursachen hierfür liegen unzweifelhaft in der mangelnden Strukturqualität des Betreuungssystems Tagespflege. Ausgehend von diesem defizitären Ist-Zustand, wäre für eine zukunftsorientierte Entwicklung zu eruieren, wie der Bildungsauftrag für

7 Vgl. BMFSFJ 2001 b.
8 Vgl. Hurrelmann 2002.

Kinder unter drei Jahren in der Praxis konkret inhaltlich umgesetzt werden kann. Unabdingbar müssen jedoch auch die dazu erforderlichen Infrastrukturbedingungen geschaffen werden. Gelingt dies nicht, besteht die Gefahr, dass die Tagespflege bildungspolitisch hinter die Arbeit mit Bildungsplänen in den Einrichtungen zurückfällt und sich somit als ein Betreuungsarrangement zweiter Klasse etabliert.

Zusammenfassung

- Entwicklungspsychologische, neurowissenschaftliche und frühpädagogische Erkenntnisse belegen, dass Kinder sich von Anfang an bilden. Erwachsene können jedoch erheblichen Einfluss nehmen auf die kindlichen Bildungsprozesse durch Gestaltung der Interaktion und der kindlichen Umwelt.

- Die dem Thema Bildung in der frühen Kindheit von fachlicher und sozialpolitischer Seite beigemessene Bedeutung spiegelt sich in Deutschland noch nicht auf der investiven Ebene.

- Der in SGB VIII definierte Auftrag zu Betreuung, Bildung und Erziehung gilt gleichermaßen für Tageseinrichtungen und Tagespflege. Der Bildungsauftrag verflüchtigt sich derzeit jedoch auf dem Weg in die Praxis.

- Gute Qualität von Tagespflege wirkt sich positiv auf die sprachlich-kognitive und die sozial-emotionale Entwicklung von Kindern aus.

- Es kann nicht davon ausgegangen werden, dass Tagespflege als familiennahes Betreuungs-, Bildungs- und Erziehungssetting einen entwicklungsfördernden Raum gleichsam naturgegeben in optimaler Weise bereitstellt.

- Die Strukturqualität in der Tagespflege ist defizitär und nicht flächendeckend vorhanden. Die pädagogische Qualität in der Tagespflege ist, soweit Erkenntnisse vorliegen, breit gestreut: Es gibt sowohl punktuelle Modelle guter Praxis mit ausgebauten Strukturen, als auch einen großen freien, ungesteuerten Markt, der sich ohne Bindung an Strukturen der Qualitätsentwicklung und -sicherung entzieht. Insgesamt und im Durchschnitt gesehen ist die pädagogische Qualität in der Tagespflege deshalb eher nicht befriedigend.

Empfehlungen

05 | 01
Das SGB VIII besagt: In der Kindertagesbetreuung als einer Leistung der Jugendhilfe sollen Benachteiligungen vermieden oder abgebaut werden und Kinder vor Gefahren für ihr Wohl geschützt werden. Wenn diese Vorgaben als Ziele verfolgt werden sollen, müssen alle Kinder, unabhängig von ihrem sozialen oder persönlichen Hintergrund, von Anfang an Zugang zu Betreuung und Förderung durchgängig guter pädagogischer Qualität erhalten.

05 | 02
Um die pädagogische Qualität der Tagespflege verbessern zu können, muss die Strukturqualität der Tagespflege verbessert (vgl. Kap. 6) und gute Prozessqualität, die den entwicklungsfördernden Umgang mit dem Kind unterstützt, gesichert werden.

05 | 03
Was unter Bildungsqualität in der Tagespflege verstanden werden kann, muss analog zu Bildungsplänen und Qualitätskriterienkatalogen für Tageseinrichtungen auch für die Tagespflege expliziert werden. Konkrete Handlungshilfen für den bildungspädagogischen Alltag sind zu erarbeiten.

Qualität – Aufbau, Sicherung, Feststellung

06

Qualität – Aufbau, Sicherung, Feststellung

Tagespflege kann als eine familiennahe Betreuungsform, dem Wunsch- und Wahlrecht von Eltern entsprechend, eine Option für diejenigen sein, die für ihre kleinen Kinder ein eher persönliches Betreuungsarrangement „im kleinen Rahmen" bevorzugen. Das Angebot Tagespflege kann prinzipiell als ausbaufähig angesehen werden und auch in Deutschland mehr noch als bisher ein ernst zu nehmender Baustein im System der Kindertagesbetreuung werden. Dies setzt allerdings einen nachhaltigen Qualitätsschub voraus. In ihrer derzeitigen Gestalt ist die Tagespflege in Deutschland ausgesprochen heterogen, störanfällig und – soweit hierüber Aussagen möglich sind – in der pädagogischen Qualität verbesserungsbedürftig (vgl. Kap. 5). Die Qualitätsfrage wird unter den gegenwärtigen Bedingungen vielfach gar nicht gestellt. Auswahl und Bearbeitung von Qualität bleiben den Eltern allzu oft als individuell zu lösende Aufgabe überlassen. Dass sowohl Eltern als auch Tagespflegepersonen in dieser Situation vielfach überfordert sind (vgl. Völschow 2003), zeigt sich auch in der geringen Stabilität vieler Betreuungsverhältnisse.

Im vorliegenden Kapitel werden zunächst zentrale Rahmenbedingungen für pädagogische Qualität, wie sie durch wissenschaftliche Untersuchungen und Fachpraxis belegt sind, vorgestellt (6.1 und 6.2). Anschließend werden konkrete Maßnahmen zur Schaffung einer fachlichen Infrastruktur zum Aufbau, zur Sicherung und Weiterentwicklung pädagogischer Qualität in der Tagespflege diskutiert (6.3 und 6.4). Die Dimensionen dieser qualitätsbezogenen Infrastruktur lassen sich auf drei Ebenen festmachen:

- der Auswahl und Zulassung von geeigneten Tagespflegepersonen (6.3.1),
- der fachlichen Begleitung der Tagespflege (6.3.2) sowie der personellen Absicherung der Dienste durch einen „Fachdienst Tagespflege" (6.3.3),
- der unabhängigen, systematischen Feststellung von Prozessqualität der Tagespflegestellen sowie von Qualität des lokalen Stützsystems (6.4).

Strukturqualität ist eine notwendige, jedoch keine hinreichende Bedingung für die pädagogische Qualität der Tagespflege. Neben Aussagen zu den Trägersystemen für die fachliche Infrastruktur (6.3.4) finden sich deshalb in diesem Kapitel auch Überlegungen zum Aufbau eines die oben genannten Dimensionen umfassenden Systems zum Aufbau, zur Sicherung und Weiterentwicklung von Qualität (6.4.2, 6.5).

6.1 Betreuungsstabilität als Qualitätsmerkmal: notwendige Verbesserungen

Es ist ein basales Merkmal von Qualität für jede Betreuungsform, gerade kleinen Kindern im Rahmen der Tagesbetreuung Bezugssysteme zur Verfügung zu stellen, die möglichst kontinuierlich stabil sind (vgl. Kap. 5). Bereits das Modellprojekt „Tagesmütter" der 1970er Jahre bestätigte, dass sich Abbrüche von Pflegeverhältnissen zum Nachteil der betreuten Kinder auswirken (vgl. BMJFG 1980; Andres 1997). Doch die Stabilität von Tagespflegeverhältnissen ist unter den gegenwärtigen Organisationsbedingungen häufig prekär. Laewen/Hédervári/Andres (1991) fanden in ihrer Untersuchung in West-Berlin heraus, dass mehr als 40 % der erfassten 4.500 Tagespflegeverhältnisse höchstens sechs Monate Bestand hatten. Verschiedene Faktoren wirken sich derzeit negativ auf die Stabilität aus:

- Tagesmütter beenden laufende Tagespflegeverhältnisse in nicht unerheblicher Anzahl aufgrund von beruflichen Veränderungen (vgl. Stranz 1995). Fehlende berufliche, soziale und pekuniäre Anerkennung für die Tätigkeit spielt dabei eine bedeutsame Rolle und führt dazu, dass sich die Betätigung als Tagesmutter bei sehr vielen Frauen biographisch als lediglich vorübergehend und provisorisch während der Familienphase manifestiert. Viele Frauen können sich die Tätigkeit als Tagesmutter derzeit finanziell nur „leisten", weil sie in Partnerschaften nach dem klassischen „Ernährermodell" gebunden sind (männliche Erwerbstätigkeit plus weibliche häusliche Versorgungsleistung und eventuell geringer Zuverdienst). Um eine zumindest mittelfristige Motivation entwickeln zu können, brauchen Tagesmütter als Gegenwert für ein klares Anforderungsprofil ihrer Tätigkeit (vgl. unten) vor allem einen ökonomisch realen und beruflich anschlussfähigen Rahmen (vgl. Kap. 10 und 11). Die derzeit verbreiteten Honorare von weniger als 2 Euro pro Stunde für Betreuungen im Auftrag der öffentlichen Hand sind nicht marktfähig und in keiner Weise geeignet, eine solche Motivation zu fördern.[1] Auch unter dem Aspekt der wirtschaftlichen Verwendung öffentlicher Mittel scheint es wenig zweckmäßig, fortlaufend in Akquise und Neuqualifizierung immer neuer Tagespflegepersonen zu investieren.

- Auch Eltern beenden Pflegeverhältnisse vorzeitig. Die derzeit im Vergleich zu Tageseinrichtungen wesentlich höhere finanzielle Belastung für die Tagespflege (Ausnahme Berlin) bei gleichzeitig geringerer Verlässlichkeit führt häufig dazu, dass Eltern beim Freiwerden eines institutionellen Platzes ihr Kind sofort aus der Tagespflege nehmen. Häufig erfolgt die Entscheidung für ein Tagespflegeverhältnis in Ermangelung eines institu-

---
1 Recherchiert im aktuellen DJI-Projekt „Kinderbetreuung in Tagespflege" z. B. für Kommunen in Niedersachsen, Schleswig-Holstein und Nordrhein-Westfalen, vorfindbar sicher aber auch in anderen Bundesländern.

tionellen Platzes als „zweite Wahl" aus der Not heraus, schnell eine Betreuungsmöglichkeit für ein Kind finden zu müssen. Bei veränderter Angebotslage wird dann auf die eigentlich gewünschte, weil günstigere und qualitativ besser gesicherte Betreuungsform zurückgegriffen. Dieses Motiv wird so lange bestehen, bis Eltern von Zuverlässigkeit und Qualität dieser Betreuungsform überzeugt sein werden und die Höhe der Elternbeiträge der in Tageseinrichtungen entspricht.

- Nach Stranz (1995) basieren 20 bis 25 % der Probleme, die zum Abbruch eines Tagespflegeverhältnisses führen, auf Spannungen zwischen Eltern und Tagespflegepersonen. Tagespflege ist – anders als eine Tageseinrichtung – ein komplexes bifamiliäres Gefüge, in dem sich Kinder und Eltern persönlich arrangieren müssen. Das Tageskind wird in einen zweiten privaten, emotionalen Beziehungszusammenhang gestellt, in dem zudem unter Umständen ein anderer Erziehungsstil und andere familiäre Rollendefinitionen, andere Schicht- oder Religionszugehörigkeiten bestehen. Aus der Sicht der Tagesfamilie ergeben sich mit der Aufnahme eines Tageskindes für alle Beteiligten, also auch für die eigenen Kinder der Tagesmutter und für den Partner, erhebliche Konsequenzen und Verantwortlichkeiten. Tagespflege ist deshalb zur Vermeidung und zur Bewältigung besonderer Konfliktlagen, die aus der Spezifik der Betreuungsform resultieren, immer auf zeitnah verfügbare externe Hilfen angewiesen – die derzeit flächendeckend noch fehlen.

Soll die gesetzlich gebotene Gleichrangigkeit mit den institutionellen Leistungen hergestellt werden, muss die Stabilität von Betreuungs- und Förderleistungen der Tagespflege erheblich verbessert werden. Die ausgesprochen personenabhängige Betreuungsform muss dazu flächendeckend aus der „Grauzone" geholt und zu einem qualitativ besser als bisher gesicherten Angebot der Betreuung und Förderung von Kindern entwickelt werden. Über die oben genannten Punkte hinaus muss die Tagespflege zu diesem Zweck dort stabilisiert werden, wo sie aufgrund ihres spezifischen Profils systemische Schwächen aufweist, und sie muss – ebenso wie die Tageseinrichtungen – in ein flächendeckendes System von Qualitätsaufbau, -entwicklung und -feststellung eingebunden werden. Bevor die für eine zukunftsorientierte Entwicklung als notwendig erachteten Eckpunkte dieses Systems zusammengefasst werden (vgl. 6.3), soll ein Blick auf Wissenschaft und Fachpraxis verdeutlichen, welche Erkenntnisse und Arbeitsgrundlagen bereits vorliegen.

6.2 Verbesserung der Qualität durch Ausgestaltung der Strukturbedingungen

Stabilität von Tagespflegeverhältnissen ist eine qualitätsrelevante Grundbedingung, aber für sich genommen noch nicht hinreichend. Tagespflegeverhältnisse mit einem unzureichenden Qualitätsniveau können gleichwohl über lange Zeit bestehen. Vor diesem Hintergrund muss sich das Augenmerk auf weitere qualitätsrelevante Rahmenbedingungen richten, die auf der Grundlage von wissenschaftlichen Untersuchungen und Erfahrungswissen von ExpertInnen als bedeutsam angesehen werden können. Hierzu zählen verschiedene Aspekte der Vorbereitung, Qualifizierung und Lizenzierung von Tagespflegepersonen ebenso wie ihre berufsbegleitende Fortbildung, ihre Verankerung in einem qualifizierten Netzwerk und ihre fachliche Begleitung.

Untersuchungen aus dem In- und Ausland belegen, dass pädagogische Prozessqualität über den Ausbau der Strukturqualität fachlich und fachpolitisch mit steuerbar ist, allerdings nicht zur Gänze in ihr aufgeht (vgl. Tietze 2004). Im internationalen Vergleich werden strukturelle Defizite in Deutschland deutlich (vgl. BMFSFJ 2003: 9).

6.2.1 Hinweise zur Strukturqualität in wissenschaftlichen Untersuchungen

Seit vielen Jahren bestätigen Forschungsprojekte einige Faktoren, die die Strukturqualität von Tagespflege positiv beeinflussen:

- In dem vom Deutschen Jugendinstitut wissenschaftlich begleiteten „Modellprojekt Tagesmütter" der 1970er Jahre (vgl. Arbeitsgruppe Tagesmütter 1980) wurde die Qualitätssicherung aufgrund der damals noch großen grundsätzlichen Skepsis gegenüber außerfamilialer Kleinkindbetreuung bewusst verantwortlich angelegt:
  – Die Tagesmütter wurden nach ihrer Eignung für die Tätigkeit ausgesucht.
  – Sie wurden durch einen Einführungskurs auf ihre Tätigkeit vorbereitet.
  – Sie verpflichteten sich, wenigstens zwei Jahre als Tagesmütter tätig zu sein.
  – Sie nahmen teil an 14-tägigen Gruppentreffen.
  – Sie nahmen 4-mal jährlich an Qualifizierungsseminaren übers Wochenende teil.
  – Für 20 Tagesmütter standen zwei Fachberaterinnen zur Verfügung.
  – Die Bezahlung war im Verhältnis besser als heute, Versicherungsleistungen wurden übernommen.
  – Es wurde ein Vertretungssystem über Springerinnen installiert.

Nach Beendigung des Tagesmütter-Modellprojekts wurden die noch heute aktuellen Merkmale der Strukturqualität jedoch an keinem Modellort systematisch implementiert.

- Textor hat die internationalen Studien zum Thema Qualität in der Tagespflege seit 1980 gesichtet und resümiert: „Eine qualitativ hochwertige Familientagespflege zeichnet sich u. a. durch eine einschlägige Ausbildung der Tagespflegeperson, ... Registrierung der Tagespflegestelle anhand bestimmter Kriterien, das Einhalten bestimmter Standards, kindgemäße Räumlichkeiten, das Vorhandensein entwicklungsfördernder (Spiel-)Materialien, positive Interaktionen zwischen Tagespflegeperson und Kind, vielfältige Beschäftigungen und eine begleitende Beratung durch sozialpädagogische Fachkräfte aus" (Textor 1998: 83). „Ferner wirkte sich positiv auf die Qualität der Familientagespflege aus, wenn die Befragten hierin eine Beschäftigung auf Dauer sahen, ein professionelles Selbstverständnis besaßen, Kontakt zu anderen Tagespflegepersonen hatten bzw. Mitglied eines Verbandes waren und bereits viel ‚Berufserfahrung' hatten" (ebd.: 79).
- Karlsson, die 1994 im Auftrag des EU Childcare Net eine vergleichende Untersuchung zu Tagespflege in Europa durchgeführt hat, konstatiert: In vielen europäischen Ländern wird über die Verbesserung der Qualität in der Tagespflege nachgedacht. „Die meisten WissenschaftlerInnen sind sich einig, dass der beste Weg, Qualität in der Tagespflege zu verbessern, ist, die Professionalität unter den Tagesmüttern zu verbessern. ... Die Qualität der Tagespflege steigt mit dem Grad der Professionalität und der Intensität der Kooperation mit anderen Tagesmüttern" (Karlsson 2002: 38 und 40).
- Erdmann stellt fest, dass diejenigen, die pädagogisch mit Kindern arbeiten – im Falle der Tagespflege also die Tagesmütter –, „mit ihrem Engagement, ihrer Motivation, ihrer Kreativität, ihrer Fachkompetenz, ihrer Persönlichkeit entscheidend sind für die Qualität. Qualitätsentwicklung sei deshalb vor allem auch die Weiterentwicklung der Fachkompetenz und Persönlichkeit der Tagespflegepersonen" (Erdmann 1999: 20). Umgekehrt habe die „Mitarbeiterzufriedenheit" einen enormen Stellenwert für gute pädagogische Arbeit. „Personalentwicklung ist eine notwendige Grundlage für die Weiterentwicklung der Qualität" (ebd.: 15).
- Auch in der Brandenburger Studie zur pädagogischen Qualität der Tagespflege ergaben sich bei den 61 untersuchten Tagespflegestellen Hinweise darauf, dass die Qualität der pädagogischen Arbeit einer Tagesmutter positiv beeinflusst wird durch eine pädagogische Ausbildung, durch einen Vorbereitungskurs und einen höheren allgemein bildenden Schulabschluss, ebenso durch den Austausch mit anderen Tagesmüttern, durch Beratung, durch das Lesen von Fachliteratur sowie durch das Erarbeiten einer schriftlichen pädagogischen Konzeption (vgl. Tietze/Pattloch/Schlecht/Braukhane 2003).

- In weiteren Untersuchungen werden darüber hinaus eine moderate Altersmischung und gesetzliche Regulierungen bzw. Regulierungen durch einen Träger als Faktoren für eine bessere Prozessqualität genannt (vgl. Tietze 2004: 27).
- Völschow fasst in ihrer Studie zusammen, dass „im Sinne der Qualitätssicherung ein eng geknüpftes Informations-, Beratungs- und Begleitungsnetz durch entsprechend professionalisierte Vermittlungseinrichtungen unverzichtbar" bleibt (Völschow 2003: 160).

6.2.2 Fachpraktisch basierte Initiativen zur Verbesserung der Strukturqualität

Maßnahmen des Qualitätsaufbaus, der Qualitätssicherung und -weiterentwicklung in der Tagespflege sind in Deutschland bisher in einigen lokalen Modellen guter Praxis installiert worden. Hier bemühten sich engagierte Tagesmütter und ihre Zusammenschlüsse kontinuierlich, ihre Arbeit zum Wohle der Kinder zu verbessern, und engagierte Einzelpersonen sorgten in kommunalen und regionalen Verwaltungen für Verbesserungen im Rahmen ihrer Wirkmöglichkeiten. Diese Beispiele guter Praxis bieten einen brauchbaren Fundus an Lösungsmöglichkeiten für regional spezifische Problemstellungen (vgl. Zwischenergebnisse im Projekt „Kinderbetreuung in Tagespflege. Auf- und Ausbau eines qualifizierten Angebots").[2] Anregungscharakter für die Konzepte der Tagespflege in Deutschland hatten dabei die Modelle guter Praxis im sozialpolitisch und fachlich fortgeschrittenen benachbarten Ausland; aktuell sind dies vor allem Dänemark und Österreich (vgl. Bock-Famulla 2003; Lutter 1999).

In Deutschland haben der Tagesmütter-Bundesverband (tmBV) und seine regionalen Vereine bei der Weiterentwicklung der Tagespflege eine wichtige Rolle gespielt. Der tmBV hat zur Rahmung der Tagespflege auch umfassende Qualitätsempfehlungen vorgelegt (vgl. tmBV 2002). Darin heißt es: „Eltern und Tagespflegepersonen müssen durch eine gründliche Vorbereitung, sorgfältige Vermittlung und kontinuierliche fachliche Begleitung unterstützt werden. Dies dient der Kontinuität und dem Gelingen der Tagespflege und damit dem Wohlbefinden und der Förderung der Entwicklung des Kindes" (ebd.: 18). „Dass Praxisbegleitung in sozialpädagogischen Tätigkeitsfeldern sinnvoll und notwendig ist, steht aus fachlicher Sicht außer Frage. ... Insbesondere die isolierte Arbeitssituation und die unter Umständen unzureichende Qualifikation der Tagespflegeperson machen die Praxisbegleitung dringend notwendig" (ebd.: 24). Als zur Praxisbegleitung gehörend werden im Wesentlichen genannt:

---

2 Projekt im Auftrag des BMFSFJ, durchgeführt am DJI unter Mitarbeit von Lis Keimeleder, Marianne Schumann, Susanne Stempinski, Karin Weiß; www.dji.de (Projekte, Kinderbetreuung in Tagespflege, Erste Ergebnisse aus dem Projekt).

- Qualifizierung und Fortbildungsangebote,
- Beratung von Tagespflegepersonen und Eltern,
- Aufbau von Netzwerken,
- Gesprächsgruppen,
- Supervision,
- Vermittlung.

Gleichgerichtete, z. T. weitergehende Vorschläge wurden 1997 vom Fachkolloquium „Kinderbetreuung in Tagespflege" an der Universität Frankfurt/M. gemacht, einem Gremium aus fachpraktischen Expertinnen und Fachwissenschaftlerinnen. Als wichtige Aspekte, um die Qualität in der Tagespflege zu entwickeln und zu sichern, wurden genannt (vgl. Balser/Helbig/Hahn/Limbach-Perl/Kallert 1997: 20 f. und 2001: 47 f.):

- „begleitende Beratung, Hausbesuche, Hospitation in den Tagespflegefamilien sowie begleitende Beratung für Eltern der Tagespflegekinder,
- Bereitstellung von Qualitätszirkeln für Tagesmütter, Tagespflegefamilien und Eltern von Tagespflegekindern in Form von Fortbildung, Fachaustausch sowie Möglichkeiten der formellen und informellen Begegnungen,
- vorbereitende und begleitende Qualifizierung, die mit einem Zertifikat abschließt,
- Bereitstellung von Rahmenbedingungen für Tagespflege, wie gesetzliche Regelungen der Tagespflege auf Landesebene, Empfehlungen von Standards und eine sichere und ausreichende Finanzbasis,
- Wahrnehmung der planerischen Verantwortung durch den Jugendhilfeträger, Ausweisung und Deckung des Bedarfs an Tagespflegebetreuung und Bereitstellung bzw. Delegation der Begleitangebote für Tagespflegefamilien,
- Schaffung kommunaler oder regionaler Netzwerke der Kinderbetreuung (insbesondere in ländlichen Gegenden), in denen Tagespflege ihren Raum neben vergleichbaren Angeboten hat und damit eingebunden ist in Systeme von Qualifizierung, Finanzierung und Unterstützung (z. B. Krankheitsvertretung),
- soziale und rechtliche Absicherung der Tagespflegepersonen (Versicherungs- und Altersvorsorgemaßnahmen, Klärung des professionellen Status),
- Dokumentation als Voraussetzung, um Bedarfslagen adäquat einzuschätzen, Schwachstellen benennen und analysieren zu können sowie Verbesserungsmaßnahmen und Lösungen von Problemen anzustreben,
- öffentliche Darstellung sowie Selbst- und Fremdkontrollsysteme, um von einem willkürlichen, individualistischen Qualitätsbegriff zu einem verbindlich sichernden Qualitätssystem in der Tagespflege zu kommen,
- Bereitstellung von Fachpersonal und Etablierung von Fachberatung,
- Inanspruchnahme wissenschaftlicher Begleitforschung und Förderung wissenschaftlich begleiteter Projekte".

Mit dem Wissen aus den in Deutschland und anderen Ländern gesammelten Erfahrungen können im Folgenden wichtige Rahmenbedingungen einer qualitativ guten und bedarfsgerechten Förderung der Kinder durch Tagespflege angegeben werden. Über die „Säulen der Tagespflege" besteht fachlich weitgehend Konsens. Viele der für eine Verbesserung der Situation notwendigen Grundlagen sind vorhanden, es gibt praxiserprobte Konzepte, Methoden und Curricula (vgl. Textor 1998). Die bekannten Gefährdungen qualitativ nicht gesicherter Tagespflege lassen sich minimieren, die Chancen aus einem Angebot qualifizierter Tagespflege können offensiv genutzt werden: „Es ist an der Zeit, dass diese Erkenntnisse zum Wohle der betroffenen Kinder von der Jugendhilfe aufgegriffen und umgesetzt werden" (Textor 1998: 83).

6.3 Schaffung fachlicher Infrastruktur: ein integriertes Maßnahmensystem zur Qualitätsverbesserung der Tagespflege

Die Tagespflege muss, wie im Referentenentwurf zur geplanten Änderung des SGB VIII angekündigt, „qualitätsorientiert" ausgebaut werden, um zu einem gleichwertigen Baustein im System der öffentlichen Kinderbetreuung zu werden. Will man dem Wohl und den Bildungsprozessen von Kindern in Tagespflege Rechnung tragen, bedarf es der Verbesserung von Verfahren und der Implementierung effizienter Strukturbedingungen.

Die rechtliche Basis für die Implementierung einer fachlich begründeten Infrastruktur eines örtlichen Tagespflegeangebotes findet sich in SGB VIII derzeit noch unter § 23, Abs. 2 und 4: Tagespflegepersonen und Eltern „haben Anspruch auf Beratung in allen Fragen der Tagespflege", und „Zusammenschlüsse von Tagespflegepersonen sollen beraten und unterstützt werden". Damit die in Tagespflege betreuten Kinder die implizit gesetzten vergleichbar guten Bedingungen wie Kinder in Tageseinrichtungen[3] in der Praxis auch tatsächlich vorfinden können, ist im Rahmen der Änderungen von SGB VIII größtmögliche Verbindlichkeit und Konkretion anzustreben. Der Gesetzentwurf vom April 2004 geht mit den in § 23, Abs. 1, 3 und 4 neu gefassten Aussagen zur fachlichen Rahmung der Tagespflege sowie zum Förderungsauftrag in § 22, Abs. 2 zwar über das Bisherige hinaus, ist aber aus fachlicher Sicht deutlich ergänzungs- und konkretisierungsbedürftig (vgl. Kap. 3). Denn als Zielgröße ist dort nicht riskante Aufbewahrung oder zufällige Qualität definiert; vielmehr soll systematisch gesicherte zukunfts- und PISA-fähige Qualität der Betreuung, Bildung und Erziehung hergestellt werden (vgl. Förderungsauftrag im Referentenentwurf).

---

3 In der gegenwärtig noch gültigen Fassung des SGB VIII stellen § 23, Abs. 1 und § 5 die Gleichwertigkeit heraus, im Referentenentwurf zur Änderung des SGB VIII vom April 2004 ist es neben § 5 der § 22, Abs. 1.

Im Folgenden sollen zentrale Konstituenten guter Qualität in der Tagespflege im Rahmen eines integrierten Modells dargestellt werden. Dabei werden drei Bereiche von Qualität unterschieden, die für die Tagesmütter und die Trägerseite jeweils eigene Ausprägungen haben:

- *Aufbau von Qualität:* Zulassungsverfahren mit Eignungsfeststellung und Grundqualifizierung (6.3.1);
- *Sicherung und Weiterentwicklung von Qualität:* tätigkeitsbegleitende Qualifizierung, Einbindung in ein qualifiziertes Netzwerk für die Tagespflegepersonen, fachliche Beratung und Praxisbegleitung sowie Fachvermittlung und Vorhalten eines Vertretungssystems als fachliche Dienstleistung für Eltern und Tagespflegepersonen (6.3.2);
- *Feststellung von Qualität:* unabhängige Feststellung von Qualität, bezogen auf die Tagespflegestellen und das lokale Unterstützungssystem (6.4).

Die vorgenommene Systematik orientiert sich dabei an den vorgenannten wissenschaftlichen Erkenntnissen, an den Empfehlungen von ExpertInnen sowie an den Erkenntnissen des laufenden DJI-Projekts zur Kinderbetreuung in Tagespflege.

6.3.1 Aufbau von Qualität: Zulassung, Eignungsfeststellung und Grundqualifizierung für die Tätigkeit als Tagespflegeperson

Betreuung, Bildung und Erziehung eines Kindes in Tagespflege stellen eine anspruchsvolle pädagogische Vertrauensdienstleistung dar, die in einem öffentlich verantworteten System der Tagesbetreuung nur dann zustande kommen sollte, wenn auf Seiten der Tagespflegestelle die dafür erforderlichen Voraussetzungen gegeben sind.

Bei potentiellen AnbieterInnen kann, auch wenn sie eigene Kinder betreuen oder betreut haben, keineswegs selbstverständlich davon ausgegangen werden, dass sie die erforderlichen fachlichen, persönlichen und räumlichen Voraussetzungen für die Tätigkeit mitbringen und ihnen alle Implikationen bezüglich ihrer Familiensituation und ihrer beruflichen Planungsperspektive, die mit der Aufnahme der Tätigkeit verbunden sind, bewusst sind (vgl. Kap. 5.7.2).

In Analogie zur Betriebserlaubnis für Einrichtungen, die Kinder ganztägig oder für einen Teil des Tages betreuen (vgl. § 45 SGB VIII), muss aus fachlicher Sicht deshalb auch für die Tagespflege vor der Aufnahme eines Kindes eine Zulassung für die Tätigkeit eingeholt werden, um zu verhindern, dass ungeeignete BewerberInnen vermittelt werden. Derzeit bestehen Verpflichtung zur Überprüfung und Vorbehalt der Erlaubnis erst ab dem vierten in Tagespflege betreuten Kind (§ 44, Abs. 3 SGB VIII). Fachlich und aus Perspektive des Kindes ist diese Setzung nicht vertretbar. Es kann nicht hingenommen werden, „dass bei einem großen Teil betreuter Kinder ... große Unsicherheiten hinsichtlich der Betreuungsqualität bestehen und Kindeswohlgefährdungen möglicherweise nicht offenbar werden" (vgl. Blüml 1996: 609 f.). Eine Tagespflegeperson muss für ein Betreuungs- und Bildungsangebot im privaten Haushalt persönlich geeignet und fachlich für ihre Tätigkeit qualifiziert bzw. vorbereitet sein. Der Referentenentwurf enthält hierzu in § 23, Abs. 1 leider nur die vage Formulierung „geeignete Tagespflegeperson". Von fachlicher Seite wird eine Ergänzung im Sinne von „fachlich qualifiziert und persönlich geeignet" als notwendig reklamiert (vgl. Stellungnahme der GEW zum Referentenentwurf vom 27.4.2004: 14).

Im Verfahren der Zulassung für die Tätigkeit sollten deshalb die folgenden Komponenten berücksichtigt werden:

(a) Eignungsfeststellung

Voraussetzung für die Zulassung ist neben dem Nachweis einer tätigkeitsvorbereitenden Qualifizierung (vgl. unten) und der Bereitschaft zu weiterer tätigkeitsbegleitender Qualifizierung zunächst eine erfolgreiche Feststellung der persönlichen Eignung für die Tätigkeit durch pädagogisches Fachpersonal. Um die Eignung beurteilen zu können, müssen mindestens ein persönliches Erstgespräch und ein Hausbesuch bei der zukünftigen Tagespflegeperson stattfinden.

Die sorgfältige Erstüberprüfung der Geeignetheit einer Bewerberin/eines Bewerbers gilt in Modellen guter Praxis als zentrale Qualitätsmaßnahme. Fachlich-inhaltliche Kriterien zur Einschätzung können für eine einheitliche Regelung daher zum großen Teil auf Basis vorliegender Erfahrungen, Erkenntnisse und Materialien von einem Fachgremium erstellt werden.[4] Kriterien zur Einschätzung der persönlichen und fachlichen Voraussetzungen wie auch zu Wohnung/Haus und Wohnumfeld liegen vor.

(b) Persönliches Erstgespräch mit der Bewerberin/dem Bewerber

Am Anfang eines weitergehenden Kontakts mit einer potentiellen Tagespflegeperson sollte ein qualifiziertes Beratungsgespräch stehen. Im Verlauf dieses Erstgesprächs sollte(n)

- über rechtliche, organisatorische und finanzielle Bedingungen der Tagespflegetätigkeit aufgeklärt werden;

---

4 Vgl. hierzu z. B. die Veröffentlichungen des Frankfurter Fachkolloquiums „Kinderbetreuung in der Tagespflege", die fachlichen Empfehlungen des Tagesmütter-Bundesverbandes, die Empfehlungen zur Qualität von Tagespflege im Land Brandenburg, die Broschüre über Qualitätsstandards der Landesvereinigung für Kinderbetreuung in Tagespflege NRW und die Empfehlungen zur Qualität von Kinderbetreuung in Tagespflege in Hessen (Entwurfsfassung).

- die erforderlichen fachlichen Vorbereitungen, Qualifizierungen und tätigkeitsbegleitenden Maßnahmen dargestellt werden;
- die Erwartungen und die Selbsteinschätzung der Interessentin/des Interessenten, auch im Umgang mit Kindern und deren Eltern, besprochen werden;
- die familiäre Situation der angehenden Tagespflegeperson einschließlich der zu erwartenden Akzeptanz der Tätigkeit durch alle Familienmitglieder thematisiert werden, speziell auch im Hinblick auf die Öffnung des Haushalts nach außen;
- die Perspektive und die Vorkenntnisse und -erfahrungen der Interessentin/ des Interessenten erfragt werden.

Der Informationsaustausch, die Auslotung der Lebenssituation und die Motivabklärung an diesem frühen Punkt sind wichtige Voraussetzungen dafür, Fehleinschätzungen und überhöhte Erwartungen zu vermeiden, spätere Überforderung auszuschließen und so dem Abbruch eines Betreuungsverhältnisses vorzubeugen. Besonders bei Interessentinnen mit prekärem Lebenshintergrund, die zunehmend über Arbeitsvermittlungen geschickt werden und unter besonderem Druck der Aufnahme eines Beschäftigungsverhältnisses stehen, muss dieses Erstgespräch mit großer Sorgfalt geführt werden.

Das Erstgespräch muss von einer von der öffentlichen Jugendhilfe direkt oder indirekt autorisierten und entsprechend qualifizierten Fachkraft geführt werden. Es muss so gestaltet werden, dass bei allen für eine Zulassungsentscheidung relevanten Aspekten ein klares Bild entsteht. Die Ergebnisse des Gesprächs müssen so dokumentiert werden, dass sie – wie bei Eignungsfeststellung und Hausbesuch – von autorisierten Dritten nachvollzogen werden können.

(c) Hausbesuch

Der Hausbesuch sollte in Anwesenheit aller Familienmitglieder stattfinden, um Einblick in die häusliche und familiäre Situation der Bewerberin/des Bewerbers gewähren zu können. Hierbei verschafft sich eine pädagogische Fachkraft einen Eindruck von der Beziehung der potentiellen Tagespflegeperson zu den eigenen Kindern und ihrem erzieherischen Verhalten, von der Familiendynamik sowie den räumlichen Verhältnissen (Ausstattung, Gefahrenquellen usw.).

In der aktuellen Praxis der Tagespflege werden Hausbesuche aus Kapazitätsgründen oft nicht durchgeführt. Solchermaßen übersehene Gefährdungspotentiale wie z. B. rigide Erziehungsmethoden oder Sicherheitsmängel haben in der Vergangenheit den Ruf der Betreuungsform immer wieder geschädigt und Eltern verunsichert.

Da die Qualität der Personendienstleistung Tagespflege stark an die Tagespflegeperson und ihre Lebenssituation gebunden ist, können Gefährdungspotentiale für Tageskinder jederzeit, auch nach einem ersten Hausbesuch, auftreten. Fachlich wünschenswert ist, dass in Deutschland so wie in Dänemark Hausbesuche regelmäßig mehrmals jährlich zur Qualitätssicherung durchgeführt, aber auch für die Qualitätsentwicklung der pädagogischen Arbeit genutzt werden.[5]

(d) Ausschlusskriterien

Gegebenenfalls müssen zu definierende Kriterien für den Eignungsvorbehalt zur Anwendung kommen wie z. B. Suchtprobleme, mangelnde Sensibilität im Umgang mit Kindern und anderen Menschen, mit dem Grundgesetz unvereinbare Weltanschauung, gewaltbereiter Partner (vgl. Balser/Helbig/ Hahn/ Limbach-Perl/Kallert 2001). Die Kriterien für die Eignung können durch die Bescheinigungen über Gesundheit und polizeiliche Unbescholtenheit ergänzt werden (Tagespflegeperson und im Haushalt lebende/r Partner/in).

(e) Vorbereitende tagespflegespezifische Qualifizierung

Als Voraussetzung für die Zulassung und vor Aufnahme eines ersten Kindes sollten BewerberInnen für eine Tagespflegetätigkeit – neben dem Nachweis über den Hauptschulabschluss als Mindestbildungsstandard – eine tätigkeitsvorbereitende fachliche Qualifizierung absolvieren. Diese muss als Einstieg – in einer Übergangsphase auf dem Weg zu einer stärkeren Verberuflichung – mindestens einen Umfang von 30 Stunden haben sowie einen Erste-Hilfe-Kurs für Säuglinge und Kleinkinder umfassen.

Im Deutschen Jugendinstitut wurde mit dem Curriculum „Qualifizierung in der Kindertagespflege" (Weiß/Stempinski/Schumann/Keimeleder 2002) ein umsetzungsorientierter Vorschlag im Umfang von insgesamt 160 Stunden erarbeitet, der sich in eine vorbereitende Einführungsphase (30 Stunden) sowie eine praxisbegleitende Vertiefungsphase (130 Stunden) mit in sich geschlossenen, kompatiblen Modulen unterteilt. Die Module der Einführung und der Vertiefung können miteinander kombiniert werden. Vorbereitend sollten folgende inhaltliche Aspekte behandelt werden: allgemeine und (sozial-)rechtliche Grundlagen der Tagespflegetätigkeit, Motivationsklärung, Rollen- und Arbeitsfeldklärung, Grundlagen von Betreuung, Erziehung und Bildung von Kindern in Tagespflege, Grundwissen zur Kooperation mit den Eltern, eventuell Hospitation bei erfahrenen Tagespflegepersonen.

---

5 In Dänemark werden fünfmal jährlich Hausbesuche durchgeführt, in der Probezeit sogar alle zwei Wochen (vgl. Bock-Famulla 2003).

Die praxisvorbereitende Qualifizierung sollten alle InteressentInnen für die Tagespflegetätigkeit absolvieren. Die Teilnahme an der Qualifizierung von insgesamt 160 Stunden sollte für die zukünftigen Tagespflegepersonen kostenfrei sein. Werden zunächst Kosten erhoben, sollten sie den Tagespflegepersonen bei Ausübung der Tätigkeit für mindestens zwei Jahre erstattet werden. Längerfristig sollten jedoch derartige Qualifizierungen der Doppelperspektive schrittweise höherer Entlohnung sowie der Anerkennung anschlussfähiger Abschlüsse in pädagogischen Arbeitsfeldern dienen.

Als Äquivalent dafür, dass Tagespflegepersonen sich einer Eignungsüberprüfung unterziehen, sich qualifizieren und sich in ein System fachlicher Begleitung integrieren, könnten sie neben verbesserter Honorierung eine Lizenz erhalten, die sie gegenüber Eltern als potentiellen „KundInnen" in ihrer anerkannten Befähigung zur Tagespflege ausweist.

Bis zur verbesserten beruflichen Regelung sollte die Zulassung für die Tätigkeit als Tagespflegeperson erteilt werden, wenn folgende Voraussetzungen erfüllt sind:

- Erfüllung der Voraussetzungen für die Eignungsfeststellung,
- Vorlage des Nachweises über die vorbereitende Qualifizierung,
- Erklärung der Bereitschaft, sich im Laufe von zwei Jahren im Umfang von mindestens 130 Stunden tätigkeitsbegleitend vertiefend zu qualifizieren,
- Bereitschaft, sich in ein integriertes System fachlicher Begleitung einzubringen (vgl. Kap. 6.3.2).

6.3.2 Sicherung und Weiterentwicklung von Qualität: fachliche Praxisbegleitung

Solange die Tätigkeit in der Kindertagespflege nicht als Beruf und über eine entsprechende Ausbildungsordnung geregelt ist, muss praxisbegleitend bearbeitet werden, was nicht wie bei anderen Qualifikationsprofilen berufsvorbereitend qua Ausbildung erworben wird. Da die meisten der als Tagesmütter tätigen Frauen in den westlichen Bundesländern nicht pädagogisch vorgebildet sind, brauchen sie neben der beschriebenen Grundqualifizierung ein „Training on the Job" entlang ihren konkreten alltäglichen Frage- und Problemstellungen. Aber auch Tagespflegepersonen mit pädagogischer Vorbildung, wie sie häufig in den neuen Bundesländern zu finden sind, brauchen auf die Spezifik der Tagespflege bezogene Qualifizierung und zumindest anfänglich fachliche Beratung und Begleitung (vgl. Keimeleder/Schumann/Stempinski/Weiß 2001). Eine völlige Anerkennung einschlägiger fachlicher Vorqualifikationen wäre erst dann zu empfehlen, wenn das Arbeitsfeld „Tagespflege" zu einem eigenen Modul in den entsprechenden Fachausbildungen wird.[6] Aufgrund ihrer isolierten Arbeitssituation im Privathaushalt sind alle Tagespflegepersonen zur Kontextualisierung ihrer Tätigkeit auf regelmäßigen Austausch und Reflexion mit KollegInnen angewiesen.

Über Qualitätssicherung und -entwicklung im Prozess der fortlaufenden Tätigkeit werden in Modellen guter Praxis gute Erfolge erzielt. Die Fachpraxis hat hier punktuell geeignete Verfahren etablieren können. Diese Verfahren müssen jetzt flächendeckend umgesetzt, professionalisiert und mit der dafür notwendigen Ausstattung optimiert werden.

(a) Tätigkeitsbegleitende tagespflegespezifische Qualifizierung

Wichtige Komponente im Rahmen der Praxisbegleitung ist die vertiefende tagespflegespezifische Qualifizierung. Auch hier muss sich die anvisierte Neuregelung der Betreuungsform daran messen lassen, inwieweit sie geeignet ist, den bisherigen Widerspruch zwischen bekundetem Interesse an einer Verbesserung der Situation von Bildung in der frühen Kindheit einerseits und der Ausstattung dieses sozialpolitischen Bereichs andererseits zu überwinden. Unter den Bedingungen fehlender beruflicher Regelung wird bei der Qualifizierung auch künftig ein sensibles Gleichgewicht gewahrt werden müssen, um das System nicht kollabieren zu lassen: In einer Übergangsphase müssen die fachlichen Erforderlichkeiten für die anspruchsvolle und öffentlich verantwortete Bildungsaufgabe vereinbart werden mit der Zumutbarkeit von Anforderungen an Personen, die in einem zur Zeit deregulierten Niedriglohnsektor tätig sind.

Bisher sind vorbereitende Qualifizierung auch aufgrund dieser störanfälligen Homöostase außerhalb von Modellen guter Praxis häufig in einem sehr geringen Umfang von (weit) unter 30 Stunden und praxisbegleitende Qualifizierung in Form von gelegentlichen Fortbildungsveranstaltungen in ebenfalls eher geringem Umfang vorgehalten worden. Aus fachlicher Sicht ist diese Situation absolut unbefriedigend. Anzustreben ist deshalb perspektivisch unbedingt eine Regelung mit Anschluss zu anderen pädagogischen Berufen wie z. B. in Österreich geplant (ca. 1.400 Stunden Qualifizierung in vier Jahren, vgl. Lutter 1999). Richtungsweisend sind in diesem Zusammenhang auch die Aktivitäten in Niedersachsen, wo ab Herbst 2004 modellhaft ein Ausbildungsgang mit dem Schwerpunkt Tagespflege angeboten wird, der über den Status einer/eines „Sozialassistentin/en" Durchlässigkeit bis zum ErzieherInnen-Beruf herstellt (vgl. Kap. 10).

---

6 Bei der Duchführung der Qualifizierung sollten die DozentInnen eigene Kenntnisse über die Tagespflege haben, was derzeit eher selten der Fall ist (vgl. Karlsson 2002; Keimeleder/Schumann/Stempinski/Weiß 2001). Der Transfer von der Anwendung des Gelernten in Einrichtungen zur Umsetzung in Tagespflege bleibt den Tagespflegepersonen damit allein überlassen. Zudem bleiben Themen, die für die Tagespflege anders relevant sind als für Tageseinrichtungen (z. B. bei der Zusammenarbeit mit Eltern), oft ausgespart, wenn die Qualifizierung nicht speziell auf Tagespflege zugeschnitten ist.

Es wird empfohlen, den Umfang der obligatorischen Qualifizierung ab sofort auf einem Mindestniveau verbindlich zu definieren. Die im aktuellen Referentenentwurf zur Änderung des SGB VIII gesetzte Formulierung „Teilnahme an Lehrgängen" ist für die Gewährleistung einer in der Praxis erwünschten Umsetzung zu unspezifisch; sie muss, wenn sie qualitätssichernde Wirkung erreichen soll, quantifiziert und spezifiziert werden (vgl. hierzu auch die Stellungnahme der GEW zum Referentenentwurf vom 27.4.2004).

Im Sinne eines funktionierenden Tagespflegesystems wird die Definition des Qualifizierungsumfangs in einem Maße erfolgen müssen, in dem Tagesmütter nicht von der Tätigkeit abgeschreckt werden durch Anforderungen, die im Verhältnis zur Honorierung unangemessen sind. Auch sollte vermieden werden, dass bereits tätige Tagesmütter dem Tätigkeitsfeld durch überfordernde Nachqualifizierungen aufgrund einer Neuregelung verloren gehen. Für den Übergangszeitraum bis zu einer geregelten Verberuflichung der Tätigkeit mit einer entsprechenden Ausbildung wird deshalb vorgeschlagen, den Umfang der tätigkeitsbegleitenden tagespflegespezifischen Qualifizierung kurzfristig zunächst auf 130 Stunden (zuzüglich die 30-stündige Praxisvorbereitung) festzulegen. Dass dieser Vorschlag konsensfähig ist, belegen die Umsetzung dieses Volumens in Mecklenburg-Vorpommern und in Sachsen sowie das Angebot der Bundesarbeitsgemeinschaft der Freien Wohlfahrtsverbände (BAGFW) zur Sicherstellung einer Infrastruktur für einen qualifizierten Ausbau der Tagespflege (vgl. Eckpunktepapier 2004). Ebenfalls akzeptiert ist das Volumen durch die freien Tagespflegeträger in Nordrhein-Westfalen (vgl. Landesvereinigung für Kinderbetreuung in Tagespflege NRW 2004).

Gemessen an den üblichen Standards von Beruflichkeit (geregelte Ausbildung und Bezahlung) erscheint ein Qualifizierungsumfang von 160 Stunden außerordentlich gering. Er ist nur als Übergangslösung zu rechtfertigen durch die aktuell defizitären Organisationsbedingungen der Betreuungsform. Dieses Volumen kann lediglich als „Grundqualifizierung" verstanden werden, die aufbauend ergänzt werden muss. Dennoch wäre ihre tatsächliche flächendeckende Umsetzung bereits eine deutliche Verbesserung gegenüber der jetzigen defizitären Praxis. Perspektivisch anzusteuerndes Ziel bleibt eine den Erwartungen an die Gestaltung von Betreuung, Bildung und Erziehung von Kindern unter drei Jahren angemessene Ausbildung derjenigen Personen, die diese Tätigkeit ausführen. Eine Erhöhung der Anforderungen muss dann jedoch mit einer entsprechend höheren Honorierung und anderen Vorteilen für die Tagespflegepersonen auf der Output-Seite verbunden sein.

Inhaltliche Schwerpunkte der Qualifizierung sind Wissen über Entwicklung, Bildung, Förderung von Kindern, Sicherheits- und Gesundheitsaspekte/ Ernährung, Erziehung und Beziehung, Spielpädagogik, Schwellensituationen wie Eingewöhnung und Abschied, Kooperation und Kommunikation mit Eltern, Zeitmanagement und Umgang mit Stress sowie berufsbezogene

Grundlagen. Dabei ist der besondere Blickwinkel der tätigkeitsspezifischen Bedingungen wie gemeinsame Betreuung von eigenen und fremden Kindern, Vereinbarung von Haushaltsmanagement und Bildungsaufgabe, Tätigkeit im eigenen Haushalt einzunehmen. Vorteil der praxisbegleitenden Qualifizierung ist, dass Praxisprobleme gemeinsam reflektiert und besprochen werden und zum exemplarischen, praxisbezogenen Lernen genutzt werden können. Ein Teil jeder Qualifizierungseinheit sollte deshalb gezielt der Praxisreflexion gewidmet werden. Abgeschlossen werden sollte die Qualifizierung mit einer Prüfung und einem Zertifikat. Entsprechende Verfahren bezüglich dieser einzelnen Schritte sind im DJI-Curriculum beschrieben.

Nicht zuletzt weil die Orientierungsqualität der Tagespflegepersonen günstig beeinflusst werden soll (z. B. bezüglich gewaltfreier Erziehung, vgl. Kap. 5.7.2), weil sich Einstellungen und mit biographischen Erfahrungen verknüpfte Handlungsmuster jedoch nur über längere Zeitläufe durch entsprechende Praxis verändern lassen, sollten Tagespflegepersonen zur Qualitätssicherung und -entwicklung auch nach absolvierter Qualifizierung in fachliche Kontexte eingebunden bleiben. Hier bieten sich – bereits während der Qualifizierung und in Kombination mit ihr – begleitende Gesprächsgruppen bzw. Supervisionen an, in denen Praxisreflexion stattfinden kann.

(b) Begleitende moderierte Gesprächsgruppen:
Netzwerke zur fachlichen Reflexion

Regelmäßige praxisbegleitende moderierte Gesprächsgruppen für die Tagespflege, in denen die alltägliche Arbeit mit Kindern und Eltern reflektiert, unterstützt und gegebenenfalls korrigiert werden kann, sind vor allem aus zwei Gründen empfehlenswert:

1. Erkenntnisgewinn durch Austausch
   Wie in jedem Berufsfeld wird auch bei der Tagespflege davon ausgegangen, dass sich das in der Qualifizierung Erworbene in der Praxis umsetzt. Garantie dafür gibt es keine – genauso wenig wie in jedem anderen Beruf. Qualität in der sozialen Praxis konstruktiv zu supervidieren und weiterzuentwickeln, ist lerntheoretisch wünschenswert und aufgrund des geringen Qualifizierungsumfangs in der Tagespflege unerlässlich. Die dabei entstehenden Gruppenerfahrungen können für die Qualifizierungsprozesse genutzt werden.

2. Relativierung der isolierten Arbeitssituation
   Tagesmütter arbeiten isoliert im Privathaushalt. Die Tagespflege ist dringend auf eine strukturelle Kompensation dieses spezifischen Merkmals der Betreuungsform angewiesen, um bezüglich Qualität eine Annäherung an die Standards institutioneller Betreuung gewährleisten zu können. Ein fachlicher und kollegialer Rahmen muss bei der Tagespflege erst expliziert

werden. Die Einbindung in ein Netzwerk von „KollegInnen" und dadurch mögliche persönliche und fachliche Weiterentwicklung können auch eine zusätzliche Form von immateriellem Anreiz für die Tätigkeit darstellen. Da generell wünschenswert ist, dass die Qualitätsaspekte für die pädagogische Arbeit klarer als bisher gefasst werden und Tagespflegestellen, ebenso wie Tageseinrichtungen, mit einer pädagogischen Konzeption arbeiten sollten (vgl. Kap. 5.7), könnten fachliche Netzwerke hier einen Beitrag leisten. Konzeptionen könnten im Rahmen und mit Unterstützung der begleitenden Gruppen erstellt und in ihrer Umsetzung supervidiert werden. Langfristig sinnvoll wären im Sinne der Arbeit an der pädagogischen Prozessqualität aus fachlicher Sicht auch regelmäßig mehrmals jährlich stattfindende Hausbesuche im Sinne von „In-house-Schulungen".

(c) Fachliche Einzelberatung für Tagespflegepersonen und Eltern

Die Möglichkeit zu fachlicher Einzelberatung muss für eine Tagespflegeperson, aber auch für Eltern, grundsätzlich vorhanden und ohne lange Wartezeiten möglich sein. Ansonsten laufen Betreuungsverhältnisse Gefahr, bei Problemen abgebrochen zu werden (vgl. 6.1). Da in jedem Tagespflegeverhältnis zwei Familiensysteme direkt ineinander greifen, gibt es eine Fülle klassischer Spannungsfelder, aus denen jederzeit Probleme erwachsen können: unterschiedliche Vorstellungen über die Berufs- und Mütterrolle, Alters- und Erfahrungsgefälle Tagesmutter/Mutter, unterschiedliche Erziehungs-, Lebens- und Wertvorstellungen (Strafen, Freiheit und Grenzen, Essen, Rauchen, Fernsehen, Computer ...). Zu vermeiden ist, dass Kinder „zwischen die Fronten" geraten. Zusammenfassend können praxisbegleitende Qualifizierung, moderierte Gesprächsgruppen zur Praxisreflexion und die Möglichkeit zur Einzelberatung durch einen „Fachdienst Tagespflege" (vgl. 6.3.3) aus Sicht der Tagespflegepersonen als Kernelemente der fachlichen Begleitung und der Qualitätssicherung im Sinne eines dialogischen Verfahrens gelten.

Aus Sicht der Eltern, aber auch aus Sicht der Tagespflegepersonen, sind weitere zentrale Dienste einer fachlich begleitenden Infrastruktur für die Tagespflege
- die Fachvermittlung und
- ein Vertretungssystem.

(d) Eltern-Erstberatung im Vorfeld der Vermittlung

Eltern brauchen im Vorfeld der Vermittlung Beratung. Dass sie sich an einer zentralen Stelle einen Überblick über sämtliche Möglichkeiten der Kinderbetreuung am Ort verschaffen können, ist bisher kaum der Fall. Hier sind durch die Jugendämter entsprechende Vorkehrungen zu treffen. Der Bedarf der Eltern und ihres Kindes sowie grundlegende Fragen zur Tagespflege als geeigneter Betreuungsform müssen geklärt werden. Unter anderem ist Beratung hinsichtlich der Finanzierungsmöglichkeiten nötig; dabei ist gegebenenfalls auch das Antragsverfahren für die Kostenübernahme durch das Jugendamt zu begleiten.

Sorgfältige Vermittlung hat einen positiven Einfluss auf die Qualität eines Tagespflegeverhältnisses (vgl. 6.2.1). Anzustreben ist zum Zwecke eines stabilen Betreuungsrahmens eine möglichst gute Passung von Tagesfamilie und Tageskind (Lage der Pflegestelle, Erziehungsstil der Tagesmutter, Altersspektrum der bei ihr betreuten Kinder, besondere Bedarfe des Tageskindes usw.). Für eine reibungslose Betreuungspartnerschaft empfiehlt die Fachpraxis den Abschluss eines Betreuungsvertrags (vgl. tmBV 2002 b).

(e) Persönlich moderierte Fachvermittlung

Das Finden einer geeigneten, zuverlässigen und guten Tagesmutter stellt sich für Eltern in der gegenwärtigen Situation oft als großes Problem dar. Insbesondere auf dem freien Markt gibt es bis dato kein verlässliches Kriterium, nach dem Eltern die von einer Tagesmutter gebotene Betreuungsqualität einschätzen könnten. Gerade in der Situation mit einem Baby fühlen sich junge Eltern häufig bei der Auswahl überfordert. Angesichts der häufig entstehenden Notsituationen, kurzfristig eine Betreuungslösung für ein Kind finden zu müssen – die neuen Regelungen der Arbeitsförderung verschärfen hier Dilemmata –, werden unter Umständen Kompromisse eingegangen, die zu Abbrüchen führen und damit zu Lasten des Kindes gehen. Viele Eltern verlassen sich in dieser Situation darauf, dass alle Tagesmütter gleich geeignet und gut sind. Das ist erfahrungsgemäß nicht so. Aus der Forschung ist außerdem bekannt, dass Eltern mit geringer Erziehungskompetenz sich leichter mit ungeeigneten Betreuungsarrangements zufrieden geben.[7]

Die Vermittlung qualifizierter Tagespflegeplätze kann sich deshalb keineswegs darauf beschränken, den Austausch von Adressen zwischen Tagesmüttern und Eltern möglichst effizient zu managen. Schriftliche Informationen oder Börsen auf Internet- oder Infoboard-Basis können zwar erste Orientierungen und wichtige Informationen geben, eine qualifizierte persönliche Beratung jedoch nicht ersetzen.

(f) Vertretungssystem

Das Einrichten/Unterstützen eines fachlich verantwortbaren Vertretungssystems für die Tagespflege ist unerlässlich und maßgeblich für die Verlässlichkeit der Betreuungsform gegenüber den Eltern. Eine Systemlösung muss strukturell gedacht und konzipiert werden; die Verantwortung hierfür kann

---

7 So ein Befund der Studie des National Institute of Child Health and Human Development (NICHD), Early Child Care Research Network (vgl. Clarke-Stewart u. a. 2002, zit. n. BMFSFJ 2003: 36).

nicht wie bisher individualisiert bei den Tagespflegepersonen verbleiben. Diejenigen Personen, die die Vertretung übernehmen, müssen den Kindern schon vor dem Vertretungsfall vertraut sein. Diese Vertrautheit muss über regelmäßige Begegnungen hergestellt werden. In Modellen guter Praxis werden Vertretungssysteme über „Springerinnen" oder in kollegialer Absprache organisiert und finanziert (so z. B. in Wiesbaden).

6.3.3 „Fachdienst Tagespflege": Stellenkapazität als Merkmal von Strukturqualität

In den bisherigen Abschnitten dieses Kapitels wurde ausgeführt, dass und wie die Struktur- und die Orientierungsqualität der Tagespflege durch ein integriertes System fachlicher Strukturmaßnahmen aufgebaut, verbessert und stabilisiert werden können und dass hierdurch günstige Auswirkungen auf die Prozessqualität der Tagespflege zu erwarten sind (vgl. Kap. 6.2). Die Ausstattung der fachlichen Infrastruktur durch entsprechende Personalkapazität fungiert daher als eine wichtige Steuerungsgröße der Betreuungsform am Ort. Die Einbettung der Tagespflege in ein System fachlicher Dienstleistungen ist eine wichtige Bedingung für die Vergleichbarkeit mit Betreuung, Bildung und Erziehung von Kindern in Institutionen. Das heute teilweise problematische Image des Angebotssegments Tagespflege resultiert zu großen Teilen aus Versäumnissen in diesem Bereich.

Der Umfang der Personalkapazität für einen zu installierenden „Fachdienst Tagespflege" mit einer oder mehreren „FachberaterInnen für Tagespflege" wurde auf dem Stand der Auswertungen im laufenden DJI-Projekt „Kinderbetreuung in Tagespflege" aus Modellen guter Praxis abgeleitet. Dabei wurde berücksichtigt, dass in allen untersuchten Modellen guter Praxis einige Leistungsbereiche, die fachlich für notwendig erachtet wurden, aus Kapazitätsmangel nicht im erforderlichen Umfang vorgehalten werden konnten.[8] Um dringendste Belange aufzufangen, wird derzeit in allen untersuchten Modellen guter Praxis ein Anteil ehrenamtlicher, unbezahlter Arbeit geleistet. Dieser Anteil erreicht besonders bei kleinen freien Trägern – dies sind vor allem die Tagespflegevereine – mit bis zu 20 % der bezahlten Arbeitskapazität ein hohes Niveau. Vor diesem Hintergrund wird deutlich, dass die fachliche Arbeit auf dem erreichten Qualitätsniveau derzeit vielfach ohne die unbezahlte Zuarbeit engagierter Frauen nicht zu bewältigen wäre (vgl. Hermann-Stojanov 2003). Ehrenamt bedeutet jedoch immer auch eine strukturelle Schwäche hinsichtlich der nötigen Verlässlichkeit von Qualität. Das Ehrenamt in der Tagespflege wurde zudem bisher von einer Generation von Frauen getragen, die sich in ihrer ausschließlichen Angewiesenheit auf das männliche Familienernährer-Modell nicht mehr reproduziert.

---

8 Zum Beispiel kein Kontakt zu Tagesmüttern und Eltern, die sich nicht von sich aus melden; keine Hausbesuche; wenig Qualifizierung; kaum begleitende Fachberatung.

Unter den gegenwärtigen Bedingungen ergab sich auf Basis der im DJI-Projekt „Kinderbetreuung in Tagespflege" erhobenen zeitlichen Quantifizierungen für die Bereiche fachlicher Leistungen folgender Personalbedarf: Ein integriertes fachliches Begleitsystem benötigt mindestens einen Personalschlüssel von 1 : 40, um die oben aufgeführten Leistungsbereiche *ohne* Ehrenamt abdecken zu können. Die Aufgaben sollten von einer oder mehreren „FachberaterInnen für Tagespflege" im Rahmen eines „Fachdienstes Tagespflege" übernommen werden. Der Schlüssel 1 : 40 besagt, dass eine (sozial-)pädagogische Fachkraft mit einer vollen Stelle 40 Tagespflegeverhältnisse in allen oben genannten Bereichen begleiten kann. Das umfasst den Kontakt zu 40 Tageskindern, zu deren Eltern und zu den Tagesmüttern. Der durch die hohe Fluktuation sowohl bei den Tagesmüttern als auch bei den Tageskindern bedingten Dynamik ist bei der Ermittlung des Personalschlüssels Rechnung getragen.

Die „Fachberaterin für Tagespflege" sollte sozialpädagogisch qualifiziert sein und gemäß dem Tätigkeitsprofil bezahlt werden. Zusätzlich muss pro voller Stelle eine 0,3 Stelle für Verwaltung und Sachbearbeitung BAT VIb berechnet werden. Außerdem müssen Sachkosten in Höhe von 20 % der Personalkosten kalkuliert werden (vgl. auch Kap. 12). Völschow hat in ihrer Untersuchung herausgestellt, dass aufgrund der nicht erfolgten Verberuflichung der Tagespflegetätigkeit die „Aufgaben der Mitarbeiterinnen von Tagespflegeberatungs- und -vermittlungsstellen so komplex sind, dass sie – im Hinblick auf eine qualitativ hochwertige Tagespflege – nicht als Nebentätigkeit ohne entsprechende Qualifizierung ausgeübt werden sollten. ... Eine fundierte Qualifikation der Vermittlerinnen, sowohl im Bereich der Erwachsenen- als auch der (Kleinkind-)Pädagogik, sollte daher für die Vermittlungstätigkeit Voraussetzung sein. ... Durch entsprechende Ressourcenbereitstellung sollte eine professionelle Konzeption und Arbeit der Vermittlungs- und Beratungsstellen als qualitätssichernde Instanz für die Tagespflege gefördert werden" (Völschow 2003: 159 f.).

Einige Anforderungen an ein fachliches Begleitsystem für die Tagespflege würden sich gegebenenfalls ändern, wenn die Arbeitsbedingungen von Tagespflegepersonen verbessert würden und sie in Anstellungsverhältnissen tätig bzw. erheblich besser honoriert und mit der Tätigkeit beruflich anschlussfähig würden, wie im benachbarten Ausland. Die Notwendigkeit zur tätigkeitsbezogenen Qualifizierung und zur kollegialen Vernetzung aufgrund der isolierten Arbeitsweise, zur Organisation eines Vertretungssystems sowie die Angewiesenheit auf die Möglichkeit, zeitnah Fachberatung in Anspruch zu nehmen, bleiben aufgrund der Charakteristika der Betreuungsform jedoch bestehen. Internet und Telefonberatung können die persönliche fachliche Begleitung auch in Zukunft nicht ersetzen (vgl. Kap. 7).

> **Aufgaben eines „Fachdienstes Tagespflege"**
>
> Ein integriertes System von Maßnahmen zur Verbesserung der Qualität von Tagespflege umfasst
>
> *Zulassung zur Tätigkeit*
> - Eignungsüberprüfung inklusive Erstgespräch und Hausbesuch
> - Vorbereitende tagespflegespezifische Qualifizierung
>
> *Fachliche Praxisbegleitung*
> - Tätigkeitsbegleitende tagespflegespezifische Qualifizierung
> - Begleitende moderierte Gesprächsgruppen für Tagesmütter
> - Fachliche Einzelberatung für Tagesmütter und Eltern
> - Persönlich moderierte Fachvermittlung
> - Vertretungssystem
> - Öffentlichkeitsarbeit: Anwerbung von Tagespflegepersonen und Information für Eltern
> - Kooperation mit relevanten gemeindeorientierten Diensten
> - Koordination mit Aufgabenbereichen bei anderen Trägern
> - Organisation gemeinsamer Aktivitäten von Eltern und Tagesmüttern
> - Fachliche Sachbearbeitung

6.3.4 „Fachdienst Tagespflege" bei einem anerkannten Rechtsträger: rechtlich-organisatorische Verankerung qualitätsrelevanter Rahmenbedingungen

Die Ansiedelung eines „Fachdienstes Tagespflege" ist im Rahmen der öffentlichen Verantwortung für Betreuung und Förderung von Kindern zu diskutieren. Das SGB VIII macht grundlegende Aussagen über die Rechtsträgerschaft der Leistungen zur Förderung von Kindern in Tageseinrichtungen und Tagespflege:

- Angebote in Tageseinrichtungen und Tagespflege werden als gemeinsame Gestaltungsaufgabe öffentlicher und freier Träger der Jugendhilfe dargestellt (§ 3, Abs. 2; § 4, Abs. 2).
- „Die Träger der öffentlichen Jugendhilfe haben für die Erfüllung der Aufgaben ... die Gesamtverantwortung einschließlich der Planungsverantwortung" (§ 79, Abs. 1).
- Die zur Erfüllung der Aufgaben erforderlichen und geeigneten Einrichtungen, Dienste und Veranstaltungen sollen rechtzeitig und ausreichend zur Verfügung stehen (§ 79, Abs. 2).
- Voraussetzung für die Förderung der Tätigkeit eines freien Trägers durch einen öffentlichen Träger ist, dass der jeweilige Träger „gemeinnützige Ziele verfolgt" und „eine angemessene Eigenleistung erbringt. ... Eine auf Dauer angelegte Förderung setzt in der Regel die Anerkennung als Träger der freien Jugendhilfe ... voraus" (§ 74, Abs. 1).

Im Bezug auf die Rechtsträgerschaft für Jugendhilfeleistungen hat sich in Deutschland eine plurale Landschaft entwickelt. Die Rechtsträgerschaft kann im Fall der öffentlichen Jugendhilfe durch die Jugendämter ausgeübt werden. Im Rahmen der Jugendhilfe in freier Trägerschaft umfasst sie eine Vielfalt von gemeinnützigen Akteuren, von Wohlfahrtsverbänden, Vereinen und sonstigen Organisationsformen, teilweise auch von gewinnorientierten gewerblichen Betrieben oder privatwirtschaftlichen Agenturen. Die Rolle der gewerblichen Träger in der Jugendhilfe ist derzeit jedoch verschwindend gering (vgl. Merchel 2003: 175). Als neue Entwicklungen bei den Trägerschaften zeichnet sich die Gründung von kommunalen Eigenbetrieben bzw. die Abgabe der Trägerschaft an gGmbHs ab (in Berlin z. B. „KLAX gGmbH" und „Familien für Kinder gGmbH").

Anders als bei der Betreuung in Kindertageseinrichtungen, die mehrheitlich in die etablierten Fach- und Verwaltungsstrukturen großer kommunaler Träger oder großer Wohlfahrtsverbände eingebunden ist, organisieren und erbringen bei der Tagespflege derzeit viele kleine Vereine in wenig abgesicherten und personell unterausgestatteten, häufig ehrenamtlich unterfütterten Strukturen die Leistungen der fachlichen Begleitung. Diese Tagespflegevereine halten – größtenteils durch eigeninitiiertes Qualitätsmanagement – ganz überwiegend qualifizierte fachliche Dienste vor, für die die Beteiligten allerdings häufig den Preis eines umfangreichen ehrenamtlichen Engagements bezahlen. Aufgrund ihres guten Angebots haben die Träger der öffentlichen Jugendhilfe vielfach Leistungen zur Tagespflege offiziell an diese kleinen Fachträger delegiert, ohne diese aber hinreichend mit Stellenanteilen abzusichern.

Wie auch immer Rechtsträger eines fachlichen Begleitsystems für Tagespflege organisiert sind – ob als öffentliche Verwaltung, als Vereine, als gGmbHs oder gewinnorientiert gewerblich –, sie müssen aus Sicht der Kinder, der Eltern und der Tagespflegepersonen sowie aus fachlicher Sicht das Spektrum der für ein qualitativ gutes und verlässliches Tagespflege-Angebot notwendigen fachlichen Unterstützungsleistungen entweder selbst vorhalten oder es durch Kooperation mit anderen Partnern sicherstellen (z. B. Bildungsträgern).

Qualitätsprofil der Rechtsträger

Fachpraxis und Wissenschaft haben damit begonnen, Qualitätskriterien für Träger zu formulieren. Das Frankfurter Fachkolloquium „Kinderbetreuung in der Tagespflege" (Balser u. a. 1997; Balser u. a. 2001) definierte die notwendige Qualität eines Rechtsträgers für die Tagespflege wie folgt: „Die Qualität von Trägern zeigt sich grundsätzlich darin, wie sie die in SGB VIII definierten Aufgaben erfüllen. ... Gegenüber Kindern, Eltern, Tagespflegefamilien und Fachpersonal sorgen sie für die Einhaltung und Überprüfung der zugesicherten Qualität." „Der Träger vermittelt Tagespflegepersonen, ... er wählt Tagespflegepersonen aus und sorgt für oder nutzt vorhandene Angebote anderer Träger wie Vermittlung, Beratung, Begleitung, Fortbildung und Treffpunkte. Der Träger unterstützt Zusammenschlüsse von Tagespflegepersonen und berät bei deren Interessenformulierung. Er verpflichtet die Tagespflegepersonen zu Fortbildung, erarbeitet Richtlinien und sorgt für einen verbindlichen Rahmen bezüglich der Kriterien für die Auswahl der Tagespflegepersonen" (1997: 15 f. und 2001: 42 f.). Der Träger habe auch die Finanz- und Rahmenverantwortung zu übernehmen, d. h. für die Bereitstellung der Mittel zu sorgen und geeignete Räume anzubieten. Weitere Aufgabe sei die Personalverantwortung: „Der Träger widmet der Personalauswahl, der Personalentwicklung und der Personalqualifizierung besondere Aufmerksamkeit. Er sorgt für angemessene Personalkapazität zur Vermittlung, Begleitung und Qualifizierung. Mit Einstellung von Honorarkräften übernimmt er die Verpflichtung, diese kontinuierlich in kooperative Arbeitszusammenhänge einzubinden" (ebd. 1997: 16 und 2001: 43). Der Träger sei zudem auch für die Wahrnehmung der Interessen gegenüber der politischen Öffentlichkeit verantwortlich.

In den Qualitätsstandards zur Tagespflege der Landesvereinigung für Kinderbetreuung in Tagespflege in NRW (2004) wird die Qualität eines Trägers in folgenden Dimensionen beschrieben: Strukturqualität, personelle Ressourcen, räumliche und sachliche Ausstattung, Prozessqualität, Öffentlichkeitsarbeit und Ergebnisqualität.

Im Rahmen der Nationalen Qualitätsinitiative im Auftrag des BMFSFJ wurden erstmals auch Qualitätskriterien für Träger von Kindertageseinrichtungen aufgestellt (vgl. Fthenakis/Hanssen/Oberhuemer/Schreyer 2003), um die bisherigen punktuellen Bemühungen zur Etablierung von Standards (z. B. Deutscher Verein 2001) zu bündeln. Das Profil eines qualitativ guten Trägers wird dabei in zehn Dimensionen beschrieben, von denen in Übertragung auf die Notwendigkeiten in der Tagespflege folgende neun relevant sind:

- Organisations- und Dienstleistungsentwicklung,
- Konzeption und Konzeptionsentwicklung,
- Qualitätsmanagement,
- Personalmanagement,
- Finanzmanagement,
- Familienorientierung und Elternbeteiligung,
- gemeinwesenorientierte Vernetzung und Kooperation,
- Bedarfsermittlung und Angebotsplanung,
- Öffentlichkeitsarbeit.

Im Bezug auf die Träger sind somit, wie auch bei den Inhalten einer tagespflegespezifischen Fachstruktur, Konzepte und Kriterien vorhanden. Das deutsche Jugendhilfesystem hat in rechtlicher, struktureller und organisatorischer Hinsicht durchaus das Potential (zumindest keine entgegenstehenden Regelungen), eine qualitätssichernde Rahmung für die Tagespflege zu etablieren. Es schreibt eine solche allerdings nicht eindeutig vor – auch im Referentenentwurf zur Änderung des SGB VIII nicht – bzw. gibt sich mit Organisationsstrukturen und -ausstattungen zufrieden, die diese erforderliche Rahmung nicht leisten können.

Bei Tagespflegevereinen konzentriert sich gegenwärtig das fachlich größte Know-how zur Tagespflege in Deutschland (vgl. Kap. 8). Dies erkennen auch die etablierten Wohlfahrtsverbände an, die in ihrem Eckpunktepapier zum qualifizierten Ausbau der Tagespflege (vgl. BAGFW 2004) ausdrücklich erwähnen, dass sie bei ihren Angeboten „die gewachsenen Strukturen der örtlichen Tagespflege- und Selbsthilfeorganisationen angemessen berücksichtigen" wollen. Tagespflegevereine können ihre Leistung jedoch – genau wie andere Trägerinstanzen – nicht auf ehrenamtlicher Basis erbringen, sondern brauchen für eine fachliche Arbeit ein ausreichendes Stellenkontingent. Die Liga der Freien Wohlfahrtspflege stimmt auch in diesem Punkt überein und erklärt in dem nach langer Zurückhaltung gegenüber der Betreuungsform Tagespflege unlängst vorgelegten Angebot für qualifizierte Infrastrukturbedingungen die Bereitschaft zur Umsetzung, „wenn ein entsprechendes Entgelt von den örtlichen Trägern gewährleistet wird" (ebd.).

Dass tendenziell konfligierende Ziele und Funktionen miteinander verbunden werden, ist ein weiterer Erklärungsansatz für den derzeit unbefriedigenden Status quo der Tagespflege. Eine Instanz, die für die Eruierung des Bedarfs an Tagespflege und zugleich für die Befriedigung des Bedarfs durch eine hinreichende Platzzahl inklusive der Ko-Finanzierung der entsprechenden Plätze zuständig ist, wird die Bedarfsfeststellung anders vornehmen als eine Instanz, bei der diese Koppelung nicht gegeben ist. In Analogie dazu lässt sich schließen, dass auch eine Instanz, die Qualitätsfeststellungen vornimmt, weniger in einen Zielkonflikt gerät, wenn sie nicht zugleich auch für Qualifizierung, Beratung und Qualitätsentwicklung die Verantwortung trägt. Insofern wird bei einem verbesserten System der Tagespflege auch auf eine Entflechtung von Interessen und Zuständigkeiten bei den Funktionsträgern zu achten sein – unabhängig davon, ob die Funktionen bei freien oder öffentlichen Trägern angesiedelt sind oder in einer spezifischen Weise zwischen diesen aufgeteilt werden (zu Vorschlägen der Bedarfsermittlung vgl. Kap. 8).

6.4 Qualitätsfeststellungsverfahren: Möglichkeiten zur Verbesserung von pädagogischer Qualität der Tagespflege

Neben dem Aufbau und der Begleitung von Qualität auf Tagespflegepersonen- sowie Trägerseite bilden Qualitätsfeststellungsverfahren das dritte zentrale Element für die Sicherung der Tagespflege als hochwertiges, der institutionellen Betreuung, Bildung und Erziehung von Kindern vergleichbares Angebot. Eignungsfeststellung, Zulassung, vorgängige wie auch begleitende Qualifizierung, Beratung und Vernetzung sind die Kernelemente für Qualitätsentwicklung, ohne die jede Form der Qualitätsfeststellung weitgehend ins Leere stoßen dürfte. Andererseits garantieren auch entwickelte Formen der Eignungsfeststellung und der Qualifizierung, der tätigkeitsbezogenen Fortbildung und Beratung keineswegs ein generell hohes Niveau oder auch nur in allen Fällen ein Mindestniveau an pädagogischer Prozessqualität. Belegt wird dieser Sachverhalt durch Untersuchungen in Kindertageseinrichtungen, bei denen Zulassung (Betriebserlaubnis), Qualifizierung und Eingangsfeststellung beim pädagogischen Personal (Ausbildung, Prüfung), tätigkeitsbegleitende Fortbildung und Fachberatung sowie strukturelle Rahmenbedingungen (Räumlichkeiten, Ausstattung, Gruppengrößen) weitgehend geregelt sind und dennoch eine hohe Streuung in der pädagogischen Prozessqualität bzw. ein im Durchschnitt nur mittelmäßiges Niveau gegeben ist. Auch finden sich Einrichtungen, in denen selbst minimale Qualitätsstandards nicht erreicht werden (vgl. Tietze 1998).

In die gleiche Richtung weisen für den Tagespflegebereich die Befunde aus der Brandenburger Studie (vgl. Tietze/Pattloch/Schlecht/Braukhane 2003). Von daher bedürfen Ansätze der Qualitätssicherung über entsprechende Rahmenbedingungen hinaus der Ergänzung durch direkte Qualitätsfeststellung im Hinblick auf die pädagogischen Prozesse. Dabei sind Qualitätsentwicklung und Qualitätsfeststellung in einem Rückkopplungsverhältnis zu sehen. Die Ergebnisse von Qualitätsfeststellungsverfahren dokumentieren, ob die erforderlichen Standards erreicht sind, und geben Hinweise für die weitere Qualitätsentwicklung.

Die Qualitätsfeststellung kann und sollte sich auf zwei Ebenen beziehen:

- Qualitätsfeststellung beim lokalen Träger des Tagespflegesystems, sei es ein öffentlicher, ein freier oder ein privatwirtschaftlicher Träger, sowie
- Qualitätsfeststellung in der einzelnen Tagespflegestelle.

Beide Ebenen sind dabei im Zusammenhang zu sehen: Ohne ein funktionierendes lokales Trägersystem, das die oben beschriebenen Leistungen von der Eignungsfeststellung bis zur begleitenden Beratung erbringt, ist eine zufrieden stellende Qualität der pädagogischen Arbeit in der einzelnen Tagespflegestelle angesichts der gegenwärtig vorhandenen unzulänglichen Rahmenbedingungen kaum zu erwarten. Andererseits garantiert eine zufrieden stellende Trägerqualität noch keine gute Qualität der konkreten pädagogischen Arbeit in der einzelnen Tagespflegestelle.

6.4.1 Qualitätsfeststellung beim lokalen Träger der Tagespflege

Öffentlich verantwortete pädagogische Formen der Betreuung, Bildung und Erziehung von Kindern werden von einem Träger angeboten, der die Verantwortung für die Qualität dieses Angebots trägt. Die pädagogische Qualität des Angebots ist damit eine Funktion der Trägerqualität (vgl. hierzu die Ausführungen zum „Fachdienst Tagespflege" unter 6.3.3 und 6.3.4). Es gibt verschiedene Ansätze, die Qualität von Trägern als Organisationen, die für die Güte einer Dienstleistung, hier der pädagogischen Dienstleistung der Tagespflege, Verantwortung tragen, festzustellen und zu entwickeln. Zu denken ist hier an Audits nach DIN ISO-Normen 2000 ebenso wie an Qualitätsfeststellungs- bzw. Qualitätsentwicklungsverfahren, wie sie im Trägerprojekt der Nationalen Qualitätsinitiative entwickelt wurden (vgl. Fthenakis/Hanssen/Oberhuemer/Schreyer 2003).

Zu denken ist aber auch an eine bundesweit agierende, auf die Tagespflege spezialisierte Akkreditierungsagentur, die für Fach- und Organisationsstandards für Träger(organisationen) in der Tagespflege steht und damit einen fachlich begründeten Orientierungsrahmen für öffentliche wie freie Träger der Tagespflege bereitstellt. Gerade in einem Bereich wie der Tagespflege, in dem Trägerverantwortlichkeiten für qualitativ hochwertige Tagespflege von den örtlichen Trägern der Jugendhilfe bislang meist nur unzureichend wahrgenommen wurden oder unterausgestatteten Trägervereinen übertragen wurden, dürfte einem solchen Orientierungsrahmen eine wichtige Leitfunktion zukommen. Er würde ausschließen, dass alles und jedes an (unzureichender) Trägerstruktur und Trägerleistung als potentiell zulässig betrachtet werden kann, und stattdessen realistische Standards setzen. Die Einhaltung dieser Standards wäre zugleich die Voraussetzung für eine Akkreditierung als fachlich legitimierter Tagespflegeträger. Das Akkreditierungsverfahren könnte dabei kostenmäßig relativ unaufwendig gestaltet werden, indem die Akkreditierungskriterien in schriftlicher Form gefasst würden und Akkreditierungswillige (öffentliche wie freie oder private Träger) zunächst eine Selbstevaluation im Hinblick auf die Akkreditierung vornähmen, die (bei entsprechend positiven Voraussetzungen) im Rahmen des Besuchs eines Vertreters der Akkreditierungsinstanz am Ort validiert würde.[9]

Eine solche Akkreditierungsagentur sollte als eine ausschließlich fachlichen Standards verpflichtete Non-Profit-Organisation gegründet werden. Ihr sollte die Akkreditierung von Trägern/Trägerorganisationen der Tagespflege wie auch die Weiterentwicklung entsprechender Standards für die Akkreditierung obliegen. Die Rückbindung an die Bedürfnisse der Praxis kann dadurch sichergestellt werden, dass einer solchen bundesweit agierenden und aus Bundesmitteln zu finanzierenden Akkreditierungsagentur ein Beirat aus Ländervertretern und Vertretern der kommunalen und freien Spitzenverbände beigegeben wird. Der Einstieg in ein solches System der Qualitätsfeststellung auf der Trägerebene sollte auf der Basis von Freiwilligkeit und Wettbewerb erfolgen.

---

9 Vgl. hierzu das strukturell ähnliche Akkreditierungsverfahren der National Association for the Education of Young Children (NAEY 1998), bei dem ein „Validator" der Akkreditierungsstelle die Selbstevaluation der Organisation überprüft.

6.4.2 Qualitätsfeststellung auf der Ebene der einzelnen Tagespflegestelle

Qualitätssichernde Maßnahmen auf der Ebene der einzelnen Tagespflegestelle und die Implementierung eines Systems der Feststellung der Qualität bei ihrem Träger/ihrer Trägerorganisation machen ein bestimmtes pädagogisches Qualitätsniveau bei einer so gerahmten Tagespflegestelle wahrscheinlich, bestimmen es jedoch nicht. Vor diesem Hintergrund sollte die Qualitätsfeststellung bei der Trägerorganisation ergänzt werden durch eine Qualitätsfeststellung bei der einzelnen Tagespflegestelle selbst. Dies erscheint insofern wichtig, als jedes einzelne Kind einen Anspruch auf einen in der Realität qualitativ guten Tagespflegeplatz hat und nicht nur auf einen Tagespflegeplatz, bei dem pädagogische Qualität aufgrund der gegebenen Rahmenbedingungen mehr oder weniger wahrscheinlich, aber letztlich unbekannt ist. Die Verantwortung für die Entwicklungs- und Bildungsmöglichkeiten des einzelnen Kindes erfordert, dass ein Tagespflegeplatz, zumindest ein solcher in öffentlicher Verantwortung, nach Maßgabe gegebener Fachkenntnisse als entwicklungs- und bildungsfördernd anerkannt ist.

In Modellen guter Praxis erfolgte bislang eine Qualitätsüberprüfung systemintern im Rahmen der fachlichen Begleitung, jedoch keine Qualitätsüberprüfung im engeren Sinne, da diese ausgewiesene Kriterien und Verfahren voraussetzt, die zu hinreichend objektiven Ergebnissen führen. Um vorprogrammierte Interessenkonflikte auszuschließen, sollte die Qualitätsüberprüfung nicht von Vertretern des „Fachdienstes Tagespflege" oder dem Träger selbst vorgenommen werden. Vorgeschlagen wird, dass die Qualitätsfeststellung durch eine unabhängige, von der Trägerorganisation der Tagespflegestelle unabhängige Instanz vorgenommen wird und – bei positivem Ausgang – durch die Verleihung eines pädagogischen Gütesiegels dokumentiert wird. Die Durchführung der Qualitätsfeststellung für ein Gütesiegel sowie die Verleihung des Gütesiegels könnten von derselben Agentur vorgenommen werden, die die Akkreditierung der Trägerorganisation vornimmt.

Kernelemente einer Qualitätsfeststellung, die zur Verleihung eines Gütesiegels führt, sollten sein:

- Begutachtung zentraler Aspekte der Strukturqualität;
- Begutachtung zentraler Bedingungen der Orientierungsqualität (Ausbildung, Fortbildung, schriftliche Konzeption);
- Begutachtung zentraler Aspekte der Prozessqualität auf der Grundlage einer mehrstündigen Beobachtung in der Tagespflegestelle mit Hilfe eines anerkannten Beobachtungsverfahrens;
- Begutachtung bei allen Merkmalen nach einem standardisierten, Vergleichbarkeit sichernden Verfahren.

Bei positiver Begutachtung wird das Gütesiegel verliehen, bei substantiellen Mängeln, verbunden mit einer differenzierenden Information über Stärken und Schwächen, die im Detail zu benennen sind, erst nach einer entsprechenden Mängelbehebung, für die die Trägerorganisation und die betreffende Tagespflegestelle gemeinsam verantwortlich sind. Das Gütesiegel hat Gültigkeit für einen definierten Zeitraum (z. B. ein oder zwei Jahre) und muss dann erneuert werden.

Die Leistungen eines Gütesiegels können hauptsächlich in folgenden Punkten gesehen werden:

1. Ein Gütesiegel sichert jedem in die öffentlich geförderte Tagespflege einbezogenen Kind eine geprüfte Betreuungs-, Bildungs- und Erziehungsqualität.
2. Ein Gütesiegel trägt bei der öffentlich verantworteten Dienstleistung Bildung, Betreuung und Erziehung wesentlich zum „Verbraucherschutz" von Kindern und Eltern bei.
3. Ein Gütesiegel stellt für alle Eltern die erforderlichen Qualitätsinformationen bereit, die in einem unkontrollierten System vorwiegend nur von privilegierten Eltern eingeholt werden können.
4. Die anonymisierte Auswertung von Gütesiegelfestlegungen auf der lokalen Ebene des Tagespflegestellenträgers wie auch auf höheren Aggregationsebenen stellt grundlegende Informationen für die Steuerung und die Weiterentwicklung des Tagespflegesystems zur Verfügung.
5. Ein Gütesiegel kann als nachhaltig wirksamer Anreiz für generelle Qualitätsverbesserung in der Tagespflege genutzt werden, indem Tagespflegestellen mit Gütesiegel einen höheren öffentlichen Zuschuss erhalten als solche ohne Gütesiegel.

Für die konkrete Ausgestaltung eines Gütesiegelsystems sollte eine Fachkommission eingerichtet werden, die die Einzelheiten konkretisiert, u. a. auch die Frage der Einführung eines gestuften Gütesiegels thematisiert (vgl. Spieß/ Tietze 2001). Die Einführung eines Gütesiegels sollte dann im Rahmen regionalisierter Modelle erprobt und seine Verbreitung im Falle der erfolgreichen Erprobung auf dieser Grundlage vorgenommen werden.

Die Tagespflege als bisher wenig gesteuertes System der Bildung, Betreuung und Erziehung benötigt qualitätssichernde Strukturen, besonders wenn sie einen größeren Anteil als bisher im öffentlichen System übernehmen soll. Ihre geringe Verankerung in den traditionellen Steuerungsmechanismen der Jugendhilfe, von einzelnen regionalen Ausnahmen abgesehen, und ihre auch künftig zu erwartenden vielfältigen Erscheinungsformen machen sie strukturell für unzureichende Qualität anfällig. Von daher kommt innovativen Formen der Qualitätssicherung im Tagespflegebereich eine noch höhere Dringlichkeit zu als entsprechenden Ansätzen im institutionellen Bereich der Kinderbetreuung.

Qualitätsfeststellung durch eine vom Träger-, Qualifizierungs- und Beratungssystem unabhängige externe Instanz steht im Jugendhilfesystem in Deutschland allerdings erst in den Anfängen. Vor einer breiteren Einführung, die auf der Basis von Freiwilligkeit erfolgen kann, sind verschiedene Fachfragen zu klären. Dazu gehört die Verständigung über angemessene Kriterien, die ausschließen, dass leichte Messbarkeit über inhaltliche Bedeutsamkeit dominiert. Nicht nur die Qualitätsfeststellungen müssen zuverlässig und valide sein; auch die sensible Prüfungssituation im privaten Lebensumfeld muss berücksichtigt werden. Außerdem muss das Verfahren sowohl erhebungsökonomisch gestaltet sein als auch in der Praxis Akzeptanz finden. Denn die Implementierung eines für den sozialen Bereich neuen Steuerungssystems würde in einem der schwächsten und defizitärsten Segmente des Bildungswesens beginnen, während noch in keinem anderen der wesentlich besser geregelten pädagogischen Bereiche ein Gütesiegelsystem etabliert ist.

Vor diesem Hintergrund wird Qualitätssicherung durch externe Qualitätsfeststellung und Gütesiegelverleihung nur mittelfristig zu erreichen sein. Die Vorarbeiten und Erprobungen im Rahmen von Modellprojekten sollten jedoch unmittelbar beginnen.

6.5 Qualität durch Investition

Wenn Tagespflegeverhältnisse nicht professionell angebahnt und begleitet werden, wenn sie nicht ausreichend überprüft werden und wenn nicht oder nicht ausreichend tagespflegespezifisch qualifiziert wird, entstehen Risiken:

1. Für die Tagespflege nicht geeignete Personen werden vermittelt,
2. das Wohl der betreuten Kinder kann nicht gewährleistet werden,
3. der Bildungsauftrag kann nicht erfüllt werden.

Da Kinderbetreuung in Deutschland auch für Kinder unter drei Jahren in der Tagespflege unter dem Aspekt des Kindeswohls, unter dem Bildungsaspekt und unter dem Aspekt des Abbaus von Benachteiligungen gesehen werden soll, muss konsequenterweise – analog zu den Tageseinrichtungen hierfür auch öffentliche Verantwortung für Qualifizierung, Vermittlung, Begleitung und Qualitätssicherung übernommen werden. Dies betrifft jegliches regelmäßige Betreuungsarrangement in Tagespflege.

Die Diskussion um den Ausbau der Tagespflege als ein der Wahlfreiheit von Eltern verpflichtetes Angebotssegment spielt sich jedoch aktuell in einem

Kontext ab, in dem die für pädagogische Qualität erforderlichen Rahmenbedingungen wegzubrechen drohen (vgl. Tietze u. a. 1998: 20). Der Ausbau ist insofern eingebettet in einen Prozess wachsender Qualitätsansprüche bei sich verringernden finanziellen Ressourcen, der in den Tageseinrichtungen z. T. schon zur Absenkung von Standards geführt hat.

Tagespflege ist für die öffentlichen Kassen gegenüber der Betreuung, Bildung und Erziehung von Kleinkindern in Einrichtungen eine kostengünstige und flexible Variante, in der schon von jeher subjektbezogen vergütet wird. Sollen die mit ihr derzeit verbundenen Risiken aber beseitigt werden und der Ausbau qualitativ verantwortbarer Betreuung von Kindern unter drei Jahren in Tagespflege gelingen, wird, wie schon von Fthenakis empfohlen, „Qualitätssicherung durch Mehrinvestition" notwendig sein (vgl. BMFSFJ 2003: 289).

Die Länder sind nach § 82 SGB VIII aufgefordert, die Tätigkeit der Kommunen auch im Sinne der Weiterentwicklung zu fördern und sie bei der Wahrnehmung ihrer Aufgaben zu unterstützen. Vor diesem Hintergrund beteiligen sich alle Länder zwar an der Förderung von Tageseinrichtungen, die Gestaltungs- und Förderaufgaben zur Tagespflege nehmen bisher aber nur wenige Länder wahr. Die „Föderalismusfalle" (vgl. Sell 2002) wird hierzulande häufig als Begründung angeführt, wenn die Frage auftaucht, warum in Deutschland nicht möglich scheint, was im benachbarten Ausland vergleichsweise gut funktioniert. Sell schlägt, wie verschiedene andere Wirtschaftsfachleute und WissenschaftlerInnen vor ihm die Einrichtung einer „Kinderkasse" nach französischem Modell und die Mitwirkung des Bundes vor, um die Finanzierung der Kindertagesbetreuung nicht mehr von der Haushaltslage der Kommunen und der Länder abhängig zu machen (vgl. BMFSFJ 2003: 303).

Zusammenfassung

- Das Angebot Tagespflege kann in Deutschland mehr noch als bisher ein ernst zu nehmender Baustein im System der Kindertagesbetreuung werden. Dies setzt allerdings einen nachhaltigen Qualitätsschub voraus. In ihrer derzeitigen Gestalt ist die Tagespflege in Deutschland heterogen und störanfällig. Die Qualitätsfrage wird gegenwärtig weitgehend den überforderten Eltern als individuell zu lösende Einzelfallentscheidung überlassen.

- Die Stabilität von Tagespflegeverhältnissen ist unter den gegenwärtigen Organisationsbedingungen prekär. Abbrüche und häufige Wechsel von Pflegeverhältnissen wirken sich jedoch zum Nachteil der betreuten Kinder aus. Soll die gesetzlich gebotene Gleichrangigkeit mit den institutionellen Leistungen hergestellt werden, muss die Stabilität erheblich verbessert werden.

- Die gegenwärtige Situation ist dadurch gekennzeichnet, dass Tagespflege von vielen Tagesmüttern als nur vorübergehende, provisorisch gestaltete Tätigkeit betrachtet wird und Tagesmütter laufende Tagespflegeverhältnisse in nicht unerheblicher Anzahl aufgrund beruflicher Veränderungen abbrechen. Aber auch Eltern beenden Tagespflegeverhältnisse oft vorzeitig, denn im Vergleich zur Kindertagesstättenbetreuung fallen für sie häufig höhere Kosten für die strukturell geringere Verlässlichkeit der Tagespflege an. Oftmals betrachten derzeit Eltern deshalb die Tagespflege mangels eines Platzes im Bereich institutioneller Betreuung auch als zweite Wahl. Spannungen zwischen Eltern und Tagespflegepersonen aufgrund unterschiedlicher Leitvorstellungen führen wegen mangelnder fachlicher Begleitung derzeit auch immer wieder zu Abbrüchen.

- Untersuchungen im nationalen wie im internationalen Rahmen zeigen, dass die Qualität der Tagespflege u. a. dann besser ausfällt, wenn die Tagespflegepersonen lizenziert sind, eine entsprechende Qualifizierung und ein professionelles Selbstverständnis aufweisen, untereinander vernetzt sind, in ihrer Tätigkeit ein auf Dauer angelegtes Beschäftigungsverhältnis sehen und fachlich begleitet werden.

- Vor diesem Hintergrund haben nationale wie internationale ExpertInnen und Fachgremien qualitätssichernde Kriterien und Maßnahmen zusammengestellt, an denen ein qualitativ gutes Tagespflegesystem orientiert sein sollte.

- Mit dem Wissen aus den in Deutschland und anderen Ländern gesammelten Erfahrungen können die für die Sicherstellung einer qualitativ guten Förderung der Kinder durch Tagespflege erforderlichen Rahmenbedingungen angegeben werden. Die für eine Verbesserung der Situation notwendigen Grundlagen sind zum großen Teil vorhanden; es gibt praxiserprobte Konzepte, Methoden, Curricula. Die Zukunftsaufgabe besteht in einer konsequenten Umsetzung des vorhandenen Wissens.

- Dazu gehören u. a. Eignungsfeststellung und Zulassung von Tagespflegepersonen, eine der Tätigkeitsaufnahme vorgeschaltete Vorqualifizierung, eine tätigkeitsbegleitende Weiterqualifizierung, fachliche Begleitung (Fachvermittlung, Beratung, Vernetzung, Vertretungssystem), Qualitätsfeststellung in den Tagespflegestellen wie auch bei ihren Trägerorganisationen. Mit diesen Maßnahmen kann die Tagespflege als hochwertiges, der institutionalisierten Form der Betreuung, Bildung und Erziehung qualitativ vergleichbares Angebot gesichert werden.

Empfehlungen

06 | 01
Um die Stabilität und die pädagogische Qualität in der Tagespflege zu verbessern und zu sichern, sollte ein System stützender Rahmenbedingungen geschaffen werden. Dieses muss sich auf die gesamte Spannbreite von der Eignungsfeststellung einer Tagespflegestelle über die Fachvermittlung und die fachliche Begleitung bis zur Evaluation der konkreten pädagogischen Qualität erstrecken. Die Überprüfung sollte sich dabei auch auf die Qualität der Trägerorganisation beziehen.

06 | 02
Im Rahmen eines auf der Ebene des öffentlichen oder freien Trägers einzurichtenden Fachdienstes Tagespflege sollte auf der Grundlage von Gespräch und Hausbesuch eine Eignungsfeststellung vorgenommen werden. Die Eignungsfeststellung sollte nach überregional geltenden Kriterien vorgenommen werden und muss für Dritte nachvollziehbar dokumentiert werden.

06 | 03
Vor Aufnahme der Tagespflegetätigkeit sollte eine tagespflegespezifische Vorqualifizierung erfolgen. Sie sollte einen Umfang von wenigstens 30 Stunden (vgl. DJI-Curriculum Weiß/Stempinski/Schumann/Keimeleder 2002) sowie einen Erste-Hilfe-Kurs für Säuglinge und Kleinkinder umfassen.

06 | 04
Tätigkeitsbegleitend sollte eine Weiterqualifizierung erfolgen. Kurzfristig kann hier das DJI-Curriculum mit 130 Stunden als Grundqualifizierung betrachtet werden. Mittelfristig sollten Qualifizierungen angeboten werden, die in Umfang und Anspruch am Niveau einer Fachtätigkeit im Bereich institutioneller Betreuung, Bildung und Erziehung orientiert und damit beruflich anschlussfähig sind.

06 | 05
Im Rahmen der fachlichen Begleitung durch den Fachdienst Tagespflege sollten Tagespflegepersonen insbesondere auch in moderierte Gesprächsgruppen einbezogen werden. Diese Gruppen dienen dem Austausch und der Reflexion der fachlichen Arbeit der isoliert im privaten Haushalt tätigen Tagespflegepersonen.

06 | 06
Daneben sollte im Rahmen der fachlichen Begleitung durch den Fachdienst Tagespflege allen Tagespflegepersonen und auch allen Eltern von Tageskindern qualifizierte Beratung bei der Fachvermittlung und während des Betreuungsverhältnisses zur Verfügung stehen.

06 | 07
Jede öffentlich geförderte Tagespflegestelle sollte in ein Vertretungssystem eingebunden sein, das eine qualifizierte Ersatzbetreuung bei Urlaub, Krankheit oder sonstigem Ausfall der Tagespflegeperson ermöglicht.

06 | 08
Beim Einrichten eines Fachdienstes für die Tagespflege sollte zur Abdeckung aller Leistungsbereiche die Personalrelation 40 Tagespflegeverhältnisse pro Fachkraft eingehalten werden.

Empfehlungen

06 | 09
Qualitätsunterstützende Rahmenbedingungen machen Qualität wahrscheinlich, können diese jedoch nicht allein sichern. Direkte Qualitätsfeststellungen auf der Ebene der Trägerorganisation wie auch auf der Ebene der einzelnen Tagespflegestelle sollten ergänzend die Qualitätssicherung gewährleisten.

06 | 10
Für die Qualitätssicherung auf der Ebene der einzelnen Tagespflegestelle wird ein pädagogisches Gütesiegel vorgeschlagen, das auf der Grundlage einer direkten Qualitätsfeststellung am Ort vergeben wird und als Außenausweis und Qualitätsinformation für Eltern dienen kann. Geprüfte Qualität sollte mit höherer Bezahlung einhergehen.

06 | 11
Akkreditierung und Gütesiegelvergabe müssen nach überregional geltenden Kriterien von einer unabhängigen Instanz vergeben werden. Dafür sollte eine überregionale trägerunabhängige Non-Profit-Organisation eingerichtet werden.

Tagespflege online
Möglichkeiten und Grenzen der Internetnutzung

07

Tagespflege online

Möglichkeiten und Grenzen der Internetnutzung

Ein Klick auf die Suchmaschine „Google" führt beim Stichwort „Tagesmütter" immerhin zu mehr als 70.000 Einträgen. Diese enorme Anzahl lässt erkennen, dass das Medium Internet sich seinen Platz in der Kindertagespflege erobert hat bzw. Tagesmütter sich inzwischen das Internet erschlossen haben. Analoge Versuche, die noch vor wenigen Jahren angestellt wurden, ergaben Einträge von wenigen Tausend.

Das Medium als solches wie auch die Erwartungen an das Internet suggerieren eine nahezu unbegrenzte Vielfalt an Möglichkeiten. Häufig verwendete Stichworte hierzu sind: Information, Werbung, Austausch, Fachkommunikation, E-learning, berufliche Weiterentwicklung und Professionalität. Es stellt sich im Rahmen dieses Beitrags die grundlegende Frage, welche Potentiale das Medium hinsichtlich der Tagespflege hat bzw. welche Potentiale sinnvoll nutzbar sind. Welche Art der Angebote findet sich im Internet? Welche Nutzungsmöglichkeiten passen zum Bedarf und umgekehrt? Wie kann das Internet zur Weiterentwicklung der Kindertagespflege beitragen?

7.1 Kategorien von Angeboten im Internet

Eine Systematisierung der Angebote zur Kindertagespflege im Internet ergibt zunächst folgende Differenzierungen:

- Selbstdarstellungen, Informations- und Kontaktangebote von Tagesmütterverbänden und -vereinen, Tageseltern- und Familienzentren (Landesverbände, Bundesverbände, freie Wohlfahrtspflege und kleine freie Vereine);
- private Webseiten von Tagesmüttern bzw. Tageseltern, die über ihr Angebot informieren, sich und ihre Familie darstellen und zu Kontaktaufnahme und Austausch aufrufen;
- Internet-Plattformen, die ein „Rundum-Angebot" zum Thema Kinderbetreuung durch Tagesmütter liefern;
- Webseiten über die Themen Familie, Beruf, Karriere, die im weitesten Sinne Informationen und Artikel zu den Themen Kinderbetreuung, Tagesmütter und Kinderbetreuerinnen (z.B. Internetportale von Frauen-Zeitschriften oder Nachrichtenmagazinen) sowie Kleinanzeigen online anbieten;
- gewerbliche Agenturen für Kinderbetreuung und Babysitterdienste;

- vereinzelt finden sich Internet-Informationen über Tagesmütter-Angebote von Kommunen und Jugendämtern, z. B. Tagespflegebörsen;
- ebenfalls in geringer Häufigkeit stellen Bildungsträger wie z. B. Volkshochschulen ihr Bildungsangebot im Bereich Tagespflege vor.

Die inhaltliche Sicht auf die Internet-Angebote ergibt eine weitere Differenzierung. Es treten die Leistungen in den Vordergrund, die von unterschiedlichen Zielgruppen angeboten oder nachgefragt werden. Zu nennen sind, unter Einbeziehung des Spektrums der Fachaufgaben, die aus qualitativer Sicht unerlässlich sind (vgl. Kap. 6), folgende (Dienst-)Leistungen, für die Bedarf und Nachfrage in der Kindertagespflege bestehen:

- Information/Öffentlichkeitsarbeit/Werbung,
- Erfahrungs- und Fachaustausch,
- Beratung von Interessierten, Tagesmüttern und Eltern,
- Vermittlung von Tageskindern und Tagesmüttern,
- fachliche Qualifizierung von Tagesmüttern,
- Fachaufsicht, öffentliche Kontrolle.

7.2 Bewertung der Angebote im Internet

Eine erste fachliche Evaluation eines Internet-Angebots zur Tagespflege erfolgte bisher für das Internetforum der Familien für Kinder gGmbH, Berlin. Dieses Angebot wurde im September 2002 eingerichtet. Das Forum sollte es Tagesmüttern ermöglichen, miteinander über Tagespflege zu diskutieren und Fachleute zu befragen.[1] Das Angebot wird durch das Ministerium für Bildung, Jugend und Sport des Landes Brandenburg gefördert. Nach einer Laufzeit von einem Jahr wurde es einer Zwischenauswertung unterzogen (vgl. Gerszonowicz 2003).

Ergebnisse und Bewertung durch die EvaluatorInnen sind hinsichtlich der Nutzung dieses Angebots sehr aussagekräftig. Die InitiatorInnen des Internet-Forums erhofften sich von dem neuen Angebot für die Tagesmütter

- die Überwindung von Isolation,
- die Überwindung räumlicher Distanzen,
- eine bessere Erreichbarkeit von Beratung außerhalb allgemein üblicher Bürozeiten,
- eine Überwindung von Scheu und Unsicherheit bei der Inanspruchnahme von Beratungsangeboten.

---

1 Vgl. Internet-Forum: www.Familien-fuer-kinder.de.

Es gibt drei Rubriken, denen sich Rat suchende bzw. Kontakt suchende Tagesmütter zunächst zuordnen müssen, um einen Zugang zum Forum herzustellen: Recht und Finanzen, Pädagogik sowie Erfahrungsaustausch. In dem untersuchten Zeitraum von 12 Monaten wurden insgesamt 238 Beiträge in das Forum gestellt. Bei der Differenzierung nach Themen erhält man eine ungleiche und zugleich interessante Verteilung: Zum Thema „Recht und Finanzen" wurden 102 Beiträge (43 %) und zu „Erfahrungsaustausch" 106 Beiträge (44 %) verfasst. Die Rubrik „Pädagogik" enthielt dagegen nur 30 (13 %) Beiträge (vgl. Gerszonowicz 2003). Aus der themenspezifischen Differenzierung der Beiträge wird ersichtlich, dass die Rubrik „Pädagogik" weit weniger gut besucht war als die beiden anderen.

Weiterhin ergab die Auswertung, dass in der Rubrik „Recht und Finanzen" 52 Beiträge von Tagespflegepersonen und 50 Beiträge von Fachkräften abgefasst wurden (Beiträge von Fachkräften schließen die MitarbeiterInnen der Familien für Kinder gGmbH ein). Anders ist dies in der Rubrik „Erfahrungsaustausch", die mit 74 Beiträgen im Vergleich zu 32 Beiträgen von Fachkräften deutlich von den „NutzerInnen" dominiert wird. In der Rubrik „Pädagogik" kehrt sich dieses Verhältnis um: 10 Beiträge stammen von Tagespflegepersonen und 20 Beiträge von Fachkräften.

Obgleich in den einzelnen Kontakten naturgemäß nicht immer eine trennscharfe Abgrenzung von Themen anzutreffen ist und z. B. pädagogische Themen auch in der Rubrik Erfahrungsaustausch zu finden sein dürften, zeigt dieses Ergebnis doch eines: Die Möglichkeit, sich über erzieherische Fragen, Konstellationen und Probleme mit Fachleuten auszutauschen, wurde von den NutzerInnen in nur geringem Umfang in Anspruch genommen. In den 12 Monaten wurden lediglich 10 Forumbeiträge aus dem Kreis der NutzerInnen eindeutig zu pädagogischen Fragestellungen verfasst.

In der Evaluation des Angebots wird dieses Ergebnis denn auch problematisiert: „Das Forum ‚Pädagogik' ist noch relativ wenig genutzt worden. Einige Beiträge des Forums ‚Erfahrungsaustausch' gehören allerdings eher in diese Rubrik. Wie hiermit umzugehen ist und welche Gestaltungsmöglichkeiten die Mitarbeiter/innen der Familien für Kinder gGmbH haben, ist eine konzeptionelle Frage, die noch nicht abschließend geklärt ist" (vgl. Gerszonowicz 2003: 19).

Die Auswertung ergab ferner, dass nur 4 % von insgesamt 6.657 gezählten Zugriffen auf die Seiten tatsächlich aktiv waren, d. h. in einem Beitrag bestanden. 96 % aller Zugriffe waren passiv, d. h. die Seiten wurden lediglich angeschaut und gelesen. Häufig gibt es einen engeren Kreis von ForumsteilnehmerInnen, die immer wieder, z. T. mehrmals täglich, „vorbeischauen" und neue Beiträge ansehen. Ein sicherlich nicht unbeträchtlicher Teil der Zugriffe erfolgt vermutlich zufällig beim Netsurfen, ohne dass wirkliches Interesse und alltagspraktische Motive unterstellt werden können.

Erfolge des Internet-Angebots zeichnen sich ab hinsichtlich der Nutzungszeiten. Das Angebot wurde wie vermutet verstärkt vor 8 Uhr morgens und nach 18 Uhr abends in Anspruch genommen, nämlich in 42,9 % der insgesamt verzeichneten Beiträge. Erfahrungsaustausch (51,9 %) und Beratung lassen sich offensichtlich außerhalb des Betreuungsalltags am ehesten bewerkstelligen.

Aus den Erfahrungen mit dem Internetforum Familien für Kinder gGmbH sowie der Bewertung der recherchierten Angebote zeichnen sich Stärken und Schwächen des Internets hinsichtlich der zu bewältigenden Aufgaben in der Kindertagespflege ab (vgl. Abb. 7.1).

Abbildung 7.1: Tagespflege im Internet: Stärken und Schwächen

Stärken	Schwächen
■ Informationsvermittlung ■ Selbstdarstellung und Werbung ■ Öffentlichkeitsarbeit ■ Kontakt und Erfahrungsaustausch ■ Beratung außerhalb von Öffnungszeiten	■ Fachberatung von Tagesmüttern ■ Qualifizierung von Tagesmüttern ■ Fachvermittlung von Tageskindern

Die Stärken des Internets liegen vor allem in den Möglichkeiten der Informationsvermittlung, der Öffentlichkeitswirksamkeit und als Werbemedium. Es eignet sich auch, zumindest für bestimmte NutzerInnengruppen, als Medium für Kontakt- und Erfahrungsaustausch und damit als Mittel zur Überwindung der für die Tagespflege als typisch und problematisch angesehenen sozialen Isolation. Die Nutzungsmöglichkeiten hinsichtlich der Fachberatung von Tagesmüttern sind hingegen kritisch zu bewerten. Für Vermittlung und Qualifizierung von Tagesmüttern bietet das Internet keine geeigneten Voraussetzungen. Die einzelnen Aspekte werden nachfolgend einer genaueren Betrachtung unterzogen.

7.2.1 Informationsvermittlung, Öffentlichkeitswirksamkeit und Werbeplattform

Die Stärken des Internets liegen in den Möglichkeiten der Selbstdarstellung, der Information und der Werbung. Der Nutzen besteht insbesondere darin, auf sich und das eigene Angebot aufmerksam zu machen. So findet sich ein großes Angebot an Informationen, von der einfach gestalteten Homepage bis zum aufwendig und umfangreich konzipierten Internet-Auftritt. Interessant in diesem Zusammenhang ist die Feststellung, dass es privaten Anbietern und freien Trägern, wie kleinen Tagesmüttervereinen, offensichtlich besser als öffentlichen Institutionen gelingt, die Möglichkeit des Internets zu nutzen. Öffentlichkeitsarbeit und Information von Jugendämtern und Kommunen zu den Themen Kinderbetreuung und Tagespflege sind in nur geringer Häufigkeit anzutreffen.

7.2.2 Kontaktmöglichkeit und Erfahrungsaustausch

Die Chancen, die das Internet zur Vernetzung und zum Aufbrechen von Isolation bietet, scheinen sich zu bestätigen: Die Nutzung des Internetforums Familien für Kinder gGmbH außerhalb der Öffnungszeiten von Beratungsstellen spricht dafür. Die Forumsteilnehmerinnen vernetzen sich untereinander, es werden Freundschaften geknüpft, und es findet reger E-Mail-Austausch statt. Bei genauer Hinsicht sind es aber oft nur wenige, dafür sehr engagierte Personen, die die Beiträge eines Forums bestimmen.

Das Internet spricht – nach allgemeinen Erfahrungen – unterschiedliche Zielgruppen an: Es werden drei Gruppen von Internet-Beratungsklienten benannt: eine stabile und grundsätzlich zufriedene Personengruppe, eine Gruppe mit problematischen Potentialen (z. B. Depressivität) und eine dritte Gruppe von Personen, die über geringe soziale Kompetenzen verfügen, zurückhaltend und kontaktvermeidend leben (vgl. van Well 2000, z. n. Knatz/ Dodier 2003: 13). Für manche Ratsuchende macht die große Anonymität des Internet die Kontaktaufnahme leichter.

Die Erfahrungen mit dem Internetforum Familien für Kinder gGmbH zeigen, dass die Tagesmütter konkrete Informationen abfragen, vor allem in der Rubrik Recht und Finanzen zur Steuer- und Versicherungsproblematik in der Tagespflege. Ein Problem für die Fachberaterinnen ergibt sich durch die große Divergenz der rechtlichen Bestimmungen im gesamten Bundesgebiet, die von Länder- und Ausführungsgesetzen in den Kommunen abhängig sind. Dies führt zu Irritationen bei den NutzerInnen, denen im Austausch oft erst bewusst wird, dass die Information zwar für das Bundesland X zutrifft, nicht aber für das Bundesland Y oder den Landkreis Z. Da die Anfragen meist anonym gestellt werden, müssen vorher die Anonymitätsgrenzen zumindest teilweise aufgehoben werden und Wohnort bzw. Region erfragt werden, bevor eine Auskunft möglich ist. Die speziellen Anfragen zur rechtlichen Auslegungspraxis zuständiger Kommunen überfordern natürlich die Möglichkeiten von BeraterInnen, die oftmals bei allgemeinen Auskünften bleiben bzw. auf die zuständigen Stellen verweisen müssen. Tagespflegebüros, Vereine und Jugendämter am Wohnort sind hinsichtlich spezieller Praxisfragen die bessere Adresse.

Internet-Foren, die mit „Erfahrungsaustausch" etikettiert sind, werden von Tagesmüttern gut angenommen. Hier holen sich die Tagesmütter auch untereinander Rat in fachspezifischen oder pädagogischen Fragen. Diese Foren, in denen die Tagesmütter untereinander kommunizieren wollen, erweisen sich als empfindlich gegen „Einmischung von außen". An verschiedenen Stellen der Beiträge des Internetforums Familien für Kinder gGmbH wird deutlich, dass die TeilnehmerInnen des Forums „unter sich" bleiben wollen und deutlich zu verstehen geben, wann sie Beratung durch „ExpertInnen" als Belehrung bzw. Einmischung empfinden.

7.2.3 Beratung im Internet

Für die BeraterInnen, die ein Internet-Fachforum betreuen, handelt es sich daher allzu oft um eine „Gratwanderung": Wie kann ich Informationen vermitteln, ohne zu belehren? Wie finde ich die „richtigen" Worte, ohne das Gegenüber zu kennen? Wie kann ich überhaupt eine Vertrauensbasis „auf Distanz" herstellen? Die Vertrauensbasis scheint unerlässlich, um zu gewährleisten, dass die Beratung bei der Adressatin „ankommt".

Anonymität und Pseudonymität (z. B. durch einen Spitznamen) haben den Vorteil einer niedrigeren Hemmschwelle und eines persönlichen Schutzes. Tagesmütter, die keine persönliche Beratung wünschen, können durch eine anonyme Beratungssituation erreicht werden. Es kann nur darüber spekuliert werden, wie hoch die Anzahl der NutzerInnen mit diesen Beweggründen ist, und es wäre interessant, diesen Aspekt näher zu untersuchen.

Die fachliche Betreuung eines Beratungsforums erfordert einen entsprechenden zeitlichen und personellen Aufwand. Ein Internet-Forum muss täglich betreut werden. Die Kommunikation per Internet läuft beschleunigt und permanent ab. Müssen die NutzerInnen lange auf eine Antwort warten, wird ihr Interesse bald abnehmen. Es ist beispielsweise auch notwendig, die Einträge der NutzerInnen täglich auf sittenwidrige oder Gewalt verherrlichende Inhalte zu überprüfen.

Die eingeschränkte Form der Kommunikation durch das Medium lässt sehr begrenzte Möglichkeiten für einen zwischenmenschlichen Austausch. Die „Wortwahl" wird zentral. Die Formulierung von Antwortbeiträgen durch BeraterInnen wird somit mehr Zeit erfordern als ein Telefongespräch, in dem die Stimme zusätzliche Aussagen und Haltungen transportieren kann. Die Beratung, beispielsweise hinsichtlich einer schwierigen Erziehungssituation, erfordert deutlich mehr „Fingerspitzengefühl" als die Formulierung einer E-Mail zwischen FachkollegInnen und entwickelt in der Folge deutlich mehr Verbindlichkeit. Beispielsweise müssen auch Grenzen zu Rechtsberatung oder ärztlicher Beratung klar abgesteckt und eingehalten werden, damit eine Anfechtung durch andere Berufsgruppen unterbleibt. Die Öffentlichkeit des Mediums stellt hier besondere Anforderungen.

Beratung erfordert spezielle Kommunikationsregeln, die für die E-Mail-Beratung noch etabliert werden müssen. Erste Ansätze dazu sind vorhanden, indem verbindliche Regeln für die Beratungsarbeit im Internet entwickelt und mittlerweile auch Fortbildungskurse für die Beratungs- und Supervisionsarbeit per E-Mail angeboten werden (vgl. Knatz/Dodier 2003).

Die Erfahrungen mit bestehenden Angeboten zeigen, dass die zeitlichen und personellen Ressourcen den Dreh- und Angelpunkt für ein gutes Angebot bilden. Die Betreuung der Homepage, z. B. eines Vereins, erfolgt nicht selten in der Freizeit und in ehrenamtlicher Leistung. Die Betreuung eines Diskussionsforums ist auf diese Weise nicht zu bewerkstelligen. Es müssen ausreichende finanzielle und zeitliche Ressourcen zur Verfügung stehen, die speziell für diese Aufgabe einkalkuliert werden. Der Aufwand für E-Mail-Beratung ist hoch, dagegen steht aber auch ein hoher Nutzen, da der Kreis derjenigen, die pro aufgewendete Beratungsstunde erreicht werden können, größer ist. Zudem stellen auch die FAQ, also die häufig ähnlich und immer wieder gestellten Fragen in Form einer Musterfrage und einer Musterantwort, auf Dauer eine enorme Arbeitserleichterung dar. E-Mail-Beratung kann somit als zusätzliches und ergänzendes Element in bestehende Beratungskonzepte aufgenommen werden; sie ersetzt jedoch nicht andere Formen der Beratung wie Telefonsprechstunden oder die direkte persönliche Beratung.

7.2.4 Vermittlung von Tageskindern und Tagesmüttern

Im Internet werden private Börsen nach dem Vorbild eines „schwarzen Brettes" angeboten. Unter dem Stichwort „Suche Tagesmutter" finden sich Inserate mit privater Kontaktadresse von Eltern, die eine Betreuung für ihr Kind suchen, oder „Steckbriefe" von Frauen, die als Tagesmutter arbeiten wollen. Auch von ForumsteilnehmerInnen, z. B. des Internetforums für Familien gGmbH, wird unter dem Stichwort „Erfahrungsaustausch" häufig die Frage gestellt: Wie komme ich zu einem Tageskind, wo kann ich für mich im Internet Werbung machen? Daraufhin erfolgt meist ein reger Austausch von aktuellen Internet-Adressen und -Foren, in denen Tagesmütter ihren „Steckbrief" aushängen und Eltern ansprechen können.

Von den InitiatorInnen des Internetforums für Familien gGmbH wird explizit darauf hingewiesen, dass das Angebot nicht der Vermittlung, sondern dem Fachaustausch von Tagesmüttern dienen soll: „Es werden keine Tagespflegeplätze vermittelt. ... Sie können in unserem Internet-Forum miteinander über Tagespflege diskutieren und Fachleute befragen." Aus fachlicher Sicht ist eine Vermittlung von Tageskindern per Internet ohne Mitwirkung einer Fachberaterin abzulehnen. Mit nichtbegleiteter Vermittlung von Tageskindern mittels (realer) „Tagespflegebörsen" liegen bereits Erfahrungen vor. So finden sich z. B. in manchen Jugendämtern Stellwände bzw. ein „schwarzes Brett", an dem Adressen von Tagesmüttern und betreuungssuchenden Eltern öffentlich zugänglich gemacht werden. Wenn Jugendämter ausschließlich darin ihre „Vermittlungsleistung" sehen, so ist dies als unzureichend zu bewerten.

Fachverbände haben sich hierzu sehr kritisch geäußert. Der Tagesmütter-Bundesverband für Kinderbetreuung in Tagespflege gibt folgende Empfehlung: „Die Vermittlung sollte durch eine pädagogische Fachkraft vorgenommen werden, die den Vermittlungsprozess begleitet und beratend der Tagespflegeperson und den Eltern zur Seite steht. Sie kann aufgrund der verschiedenen Angaben und Wünsche der Eltern und Tagespflegepersonen eine Vorauswahl treffen. Damit hilft sie, unnötige Kontaktaufnahmen zwischen Eltern und Tagespflegeperson zu vermeiden" (Tagesmütter-Bundesverband für Kinderbetreuung in Tagespflege 2002).

Fachvermittlerinnen achten beispielsweise auf die Anzahl von Kindern, die eine Tagesmutter betreut, sowie auf die Altersmischung in einer Kindergruppe. Dies alles soll vermeiden, dass es zu Überforderungssituationen der Tagesmutter und der Tageskinder kommt. Auch muss die Fachberaterin die „Eignung" der Tagesmutter festgestellt haben, d. h. sie muss sich davon überzeugt haben, dass die Tagesmutter bzw. Tagesfamilie grundsätzlich in der Lage ist, qualifiziert Kinder zu betreuen und zu fördern. Eine passende Zuordnung durch die Fachberaterin ist noch keine Entscheidung für eine bestimmte Tagesmutter. Die Entscheidung für oder gegen eine bestimmte Betreuungsstelle treffen letztlich immer die Eltern. Eltern möchten größtmögliche Sicherheit haben, dass ihr Kind bei der Tagesmutter zuverlässig und kompetent betreut wird. Sie suchen spezielle Anlaufstellen auf, die eine Garantenstellung für das Kindeswohl signalisieren. Sie verlassen sich weitgehend auf die Qualität der Betreuungsdienste, wenn Tagespflegebörsen von öffentlichen oder anerkannten Vermittlungsdiensten angeboten werden, z. B. von Jugendämtern oder kommunalen Vermittlungsstellen. Virtuelle Vermittlungsdienste unterscheiden sich in der fachlichen Einschätzung nicht von den real existierenden Börsen und „schwarzen Brettern". Eltern würden eine Verlässlichkeit und eine Fachlichkeit suggeriert, die in der Realität keine Grundlage haben.

7.2.5 Fachliche Qualifizierung von Tagesmüttern

Konzepte, Inhalte und Methoden der Qualifizierung von Tagesmüttern wurden im DJI-Projekt „Qualifizierung in der Tagespflege" untersucht. Die Frage, ob sich in der Qualifizierung von Tagesmüttern das Lehren und Lernen durch den Einsatz von Technologien erleichtern oder verbessern lässt, ist durch die Ergebnisse dieser Studie zu beantworten. Dem methodischen Zugang in der Lehr-Lern-Situation kommt in allen Erziehungsberufen, in denen die Interaktionsbeziehung zu Kindern das zentrale Tätigkeitselement darstellt, eine grundlegende Bedeutung zu. An eine Qualifizierung in der Kindertagespflege sind daher spezifische Güte- oder Qualitätskriterien anzulegen (vgl. Keimeleder/Schumann/Stempinski/Weiß 2001). Diese können gewährleisten, dass der Beziehungsaspekt die ihm zustehende Beachtung findet und einen integralen Bestandteil der Qualifizierung darstellt. Partizipative Unterrichtsmethoden, wie etwa teilnehmerorientierter Erfahrungsaustausch, Gruppendiskussionen, Rollenspiel, (Selbst-)Reflexion, Arbeitsgruppen und Verfahren, die sich an der Lernkultur von Frauen ausrichten und das persönliche und zwischenmenschliche Wachstum zum Ziel haben, sind nur in der persönlichen Begegnung von Mensch zu Mensch denkbar und praktizierbar.

Angebote wie Fernunterricht, E-learning, Online- oder Net-training, E-tutoring in virtuellen Chat-rooms usw. sind daher für die Zielgruppe der Tagesmütter nur wenig geeignet, allenfalls als Zusatzelemente sinnvoll nutzbar.

7.2.6 Fachaufsicht, öffentliche Kontrolle

Einer „Registrierung" von Tagesmüttern, z. B. Speichern von (E-Mail-)Adressen in einer Datenbank, stimmen Tagesmütter überwiegend nur dann zu, wenn es dem Zweck der Vermittlung bzw. der Kontaktaufnahme durch die suchenden Eltern dient. Erfahrungen mit dem Internetforum Familien für Kinder gGmbH zeigen, dass Tagesmütter sich nicht mit ihrer Adresse anmelden, wenn sie nur am Erfahrungsaustausch interessiert sind; hier bevorzugen sie die Anonymität. Ein nicht unwesentliches Kriterium aber, das an die Eignung von Tagesmüttern gestellt wird, besteht gerade darin, dass die Tagesmutter dazu bereit ist, anderen Einblick zu gewähren in ihre Privatsphäre, in ihre Lebens- und Wohnverhältnisse. Kinderbetreuung, als öffentliche Aufgabe verstanden, erfordert eine Fachaufsicht, die in der Lage ist, Gefährdungspotentiale zum Schutz von Kindern auszuschließen.

Bei der privat vereinbarten Tagespflege ohne Mitwirkung des Jugendamtes sind die Eltern in der Regel selbst gefordert, die Eignung der Tagesmutter zu beurteilen. Kritiker von Konzepten öffentlicher Aufsicht argumentieren häufig damit, dass Eltern durchaus eigenverantwortlich in der Lage seien, eine Tagesmutter zu finden, die sie für geeignet halten. Der Gedanke der Selbstverantwortung und -regulation, z. B. auf einem freien Vermittlungs- und Betreuungsmarkt oder einer Tagespflegebörse im Internet, setzt voraus, dass Eltern mit freier Entscheidungskompetenz sowie potentieller Nachfragemacht auf einem freien Markt mit angemessener Auswahl agieren können. Demgegenüber stellen sich die Wahlmöglichkeiten von Eltern in der Realität jedoch vielfach als ausgesprochen beschränkt dar. Der Mangel an Betreuungsangeboten für unter Dreijährige hat zur Folge, dass die Eltern mit sehr wenig Entscheidungsfreiheit ausgestattet sind. Nach langem Suchen ergreifen sie oft jede Gelegenheit, die sich bietet. Einschränkend muss allerdings hinzugefügt werden, dass sich auch bei den öffentlich vermittelten Tagesmüttern keine soliden Aussagen über die Qualität treffen lassen. Auch liegen bislang keine Untersuchungen zu Qualitätsvergleichen zwischen öffentlich vermittelten und privat engagierten Tagespflegestellen vor.

Aber selbst bei großer Auswahl wird ein Teil der Eltern sich schwer tun damit, die Qualität von Tagespflegestellen ohne Vorerfahrung und Kontextwissen fachlich zu beurteilen. Die Entscheidungsgründe von Eltern bei der Auswahl einer Tagesmutter wurden bisher zwar nicht untersucht, doch spricht die Alltagspraxis eher für einen pragmatischen Zugang. Das fachliche Wissen jedenfalls, das als Entscheidungsgrundlage im Sinne des Kindeswohls zugrunde gelegt werden sollte, haben Eltern in aller Regel nicht. Solange eine Tagesmutter keine Qualifizierung und keine fachliche Anbindung an eine Tagesvermittlungsstelle vorweisen muss, ist es für Eltern eine Frage des Glücks oder des Zufalls, dass sie die „richtige" Tagesmutter finden. Es gibt Erfahrungswerte, dass nichtprofessionell entstandene Betreuungsverhältnisse instabiler und durch Abbrüche gekennzeichnet seien[2], allerdings sind solche Aussagen bislang nicht durch Untersuchungen belegt.

Die Rahmenbedingungen in der Tagespflege sind nicht durchgängig so gestaltet, dass die in Tagespflege betreuten Kinder vergleichbar gute Förderbedingungen vorfinden wie in der institutionellen Kinderbetreuung. Fachlich-inhaltliche Kriterien für die Feststellung der Eignung von Tagesmüttern sind nicht bundeseinheitlich festgelegt. Aus diesem Grund fordert der Bundesverband für Kinderbetreuung in Tagespflege die Feststellung der Eignung und Vermittlung von Tagespflegepersonen durch pädagogische Fachkräfte bei öffentlichen oder freien Trägern der Jugendhilfe (vgl. Bundesverband für Kinderbetreuung in Tagespflege 2002: 18). FachberaterInnen und -vermittlerInnen können auf der Basis von Fachkenntnis beurteilen, wo ein Tageskind gute Fördermöglichkeiten erhält, sie achten auf Anzahl und Altersmischung der betreuten Kinder, sprechen vertraglich zu regelnde Aspekte bei Eltern an, um Konflikte zu vermeiden, oder können in der Rolle einer unabhängigen Dritten als regulative Instanz bei auftretenden Problemen fungieren.

7.3 Fazit und Perspektiven

Das Internet stellt eine sinnvolle Ergänzung dar, aber es kann nicht die persönliche Beratung und Vermittlung durch eine Fachberaterin ersetzen. Unter fachlichen Gesichtspunkten sind daher „Internetbörsen" zur Vermittlung von Tageskindern kritisch zu bewerten, wenn diese nur auf virtuelle Kontakte bauen und die so entstandenen Betreuungsverhältnisse keiner Fachaufsicht unterliegen. Die Entwicklung hin zu mehr Qualität und Professionalität in der Kindertagespflege erfordert Weichenstellungen, die die öffentliche Verantwortung für das Aufwachsen von Kindern einbeziehen. In Analogie zur Situation von ErzieherInnen in Einrichtungen ist eine Umsetzung der öffent-

---

2 Unveröffentlichte Stellungnahme des Bundesverbands zum System der Tagespflegebörsen vom 20. September 1998.

lichen Kontrolle (z. B. durch Anbindung von Tagesmüttern an kommunale Tagespflegebüros oder Fachstellen freier Träger) erforderlich.³

Die fachliche Betreuung eines Beratungsforums erfordert einen entsprechenden zeitlichen und personellen Aufwand. Ein Internet-Forum muss täglich betreut werden, und das Fachwissen für Beratung mittels E-Mail-Kontakt muss durch fachliche Fortbildung erworben werden. Es müssen bei einem Ausbau zusätzliche finanzielle Mittel in den Beratungs- und Vermittlungsstellen dafür bereitstehen. Der Aufbau und die professionelle Betreuung von Internet-Angeboten sind nicht nebenher zu bewerkstelligen. Der Aufwand für E-Mail-Beratung ist hoch. Dem steht aber auch ein hoher Nutzen pro aufgewendete Beratungsstunde gegenüber: Der Kreis derjenigen, den die Beratung erreicht, ist größer als in Einzelberatung.

Erfahrungsgemäß werden mit dem Internet Zielgruppen erschlossen, die eine Beratung mit einer „Kommstruktur" nicht erreicht. Die „Gehstruktur" des Internets zeigt sich erfolgreich: Die Nutzungshäufigkeit des Mediums außerhalb von Bürozeiten ist hierfür ein Beleg. Damit eröffnet sich ein Potential, das angesichts der Auflösung zeitlicher Begrenzungen in Arbeit und Freizeit sowie der Zunahme von Flexibilisierung in den Betreuungszeiten sehr wertvoll sein kann. Schnelle Erreichbarkeit von Hilfe und unmittelbare Unterstützung Ratsuchender z. B. in pädagogischen Grenzsituationen sind für bestimmte Zielgruppen damit leichter machbar. Auch Eltern und Tagesmütter, die keine Beratungsmöglichkeit in Wohnortnähe haben, erhalten einfachen Zugang zu Information und Beratung.

Als Informations- und Werbemedium kann das Internet gute Dienste in der Öffentlichkeitsarbeit kommunaler Träger leisten. InteressentInnen, Tagesmütter und auch Eltern wissen häufig nicht, welche Stelle für die Tagespflege zuständig ist. Viele Anfragen laufen dadurch ins Leere. Eltern und (potentielle) Tagesmütter können sich per Internet über Angebote informieren und austauschen. Transparenz der Zuständigkeiten und leichter Zugang zu den betreffenden Stellen und Diensten in der Gemeinde oder der Stadt sind für einen Ausbau der Tagespflege sehr hilfreich.

Durch mehr Transparenz und die Möglichkeit zur Information im Internet sind Entlastungseffekte für Jugendämter, kommunale Tagespflegebüros, Vereine und Initiativen zu erwarten. Auch der Aufwand für persönliche Erstgespräche mit Eltern und InteressentInnen könnte sich dadurch verringern. Der Nutzen wird umso größer, je mehr Gebrauchswert das Internet im Verlauf der kommenden Jahre erlangt. Die FachberaterInnen im Jugendamt, in

---

3 Die Forderung nach einer staatlichen Fachaufsicht, die sich an verbindlichen Standards orientiert, ist für den Bereich der Kindertageseinrichtungen ebenfalls noch nicht befriedigend umgesetzt (vgl. Reichert-Garschhammer 2003).

kommunalen Tagespflegebüros oder in Vereinen könnten sich zunehmend auf Kernaufgaben konzentrieren: individuelle Beratung und Vermittlung. Allerdings ist eine Kosten-Nutzen-Abwägung notwendig, da der zeitliche, personelle und finanzielle zusätzliche Aufwand durch Einrichtung von Internet-Foren einbezogen werden muss.

Denkbar ist, dass Tagesmütter das Internet-Angebot eines Vereins oder eines Jugendamts nutzen, um Eltern ein Bild von sich, der eigenen Familie und dem pädagogischen Konzept zu vermitteln. Vermieden werden muss, dass Internet-Börsen entstehen, im Rahmen deren Tagesmütter, Tageskinder und Eltern auf sich alleine gestellt sind, ohne dass eine persönliche Fachberatung mit Blick auf die Betreuungsqualität zur Verfügung steht. Es bedarf grundsätzlich des persönlichen Kontakts zu einer fachlich versierten Fachkraft für Beratung und Vermittlung, um die Verlässlichkeit für Eltern herzustellen und die fachliche Qualität und, daraus resultierend, die Förderung und den Schutz des Kindes zu gewährleisten.

Die Weiterentwicklung bestehender Konzepte sollte darauf abzielen, den präventiven pädagogischen Nutzen aus den Internet-Angeboten zu erhöhen. In diesem Zusammenhang ist zu überlegen, wie Tagesmütter und Eltern erreicht werden können, bevor Beratungsbedarf entsteht. Wie lassen sich mittels Internet präventive Effekte erzielen, z. B. die Erziehungskompetenz erhöhen? Erstrebenswert sind auch Konzepte, die zu einem offenen (nicht-anonymen) E-Mail-Kontakt zwischen Tagesmutter und Beraterin anregen und einen Einblick in das pädagogische Konzept und die Lebenssituation der Tagesmutter ermöglichen. Dazu könnte auch ein „Newsletter" beitragen, der im Vorfeld konkreter Frage- und Problemkonstellationen zur Information und Reflexion über Erziehungsfragen beiträgt und – da er an die Adresse der Tagesmutter verschickt wird – die „Registrierung" für die Tagesmütter attraktiv macht. Die Anonymitätsgrenzen aufzulösen bedeutet nicht, berechtigte Datenschutzbelange außer Acht zu lassen. Vielmehr ist es erstrebenswert, in der Tagespflege die „Grauzonen" aufzulösen, um Schutz und Fürsorge für Kinder im Rahmen des öffentlichen Auftrags zu gewährleisten und Professionalität von Betreuung zu erhöhen.

Zusammenfassung

- Die *Stärken* des Internets hinsichtlich der Weiterentwicklung der Kindertagespflege liegen in den Möglichkeiten der Informationsvermittlung, der Öffentlichkeitswirksamkeit und als Werbemedium.

- Das Internet eignet sich auch, zumindest für bestimmte NutzerInnengruppen, als Medium für Kontakt- und Erfahrungsaustausch.

- Als Diskussions- und Beratungsforum kann das Internet zur Weiterentwicklung der Tagespflege beitragen. Tagesmütter, Eltern, Fachleute und Interessierte können sich zu fachlichen Themen und zu den Rahmenbedingungen der Betreuungsform (z. B. versicherungs- und finanzrechtliche Aspekte, aktuelle Entwicklungen) austauschen.

- Das Internet bietet Chancen, die in der Tätigkeit des Privathaushalts begründete isolierte Arbeitssituation von Tagesmüttern zu überwinden. In Flächenländern mit einer geringen Bevölkerungsdichte, wie z. B. Brandenburg, wurden dabei gute Ergebnisse erzielt.

- Für bestimmte Beratungsaufgaben in der Tagespflege, also beispielsweise schnelle Interventionen bei Krisen und für Tagesmütter, die wohnortnah keine Beratungsmöglichkeiten haben, ist das Internet ein geeignetes Medium für schnelle und zeitnahe Beratung. Die Beraterinnen sind allerdings auch hier nicht rund um die Uhr ansprechbar, wie z. B. bei der Telefonseelsorge.

- Die *Schwächen* des Mediums Internet zeigen sich in den Fachaufgabenbereichen von Beratung, Qualifizierung und Vermittlung. Die Internet-Beratung kann immer nur ein zusätzliches Element sein, sie ersetzt keinesfalls die persönliche Beratung. Die Fachaufgaben der Beratung und der Vermittlung in der Tagespflege sind nur durch den unmittelbaren Kontakt mit Tagesmüttern, Tageskindern und Eltern zu bewältigen. Daher sind z. B. „Internet-Börsen" kritisch zu bewerten. Eine Überprüfung der Geeignetheit einer Tagesmutter ist über Internet ebenso wenig möglich wie die Umsetzung der Fachaufsicht mittels (regelmäßigen) Hausbesuchs bei der Tagesmutter.

Empfehlungen

07 | 01
Das Internet stellt eine sinnvolle Ergänzung der konventionellen Informationsmedien dar und ist daher als solches ausbaufähig.

07 | 02
Kurzfristig sollten zusätzliche finanzielle Mittel in den Beratungs- und Vermittlungsstellen bei Jugendämtern und freien Trägern zur Verfügung stehen bzw. von der öffentlichen Hand aufgebracht werden, damit ein möglichst flächendeckender Aufbau von Internet-Portalen zügig erfolgen kann. Ein Internet-Forum muss täglich betreut werden, und das Fachwissen für E-Mail-Beratung sollte durch fachliche Fortbildung erworben werden.

07 | 03
Mittelfristig sollten in jedem Jugendamtsbezirk Informationen zu Betreuungsmöglichkeiten in zuverlässiger Form als Broschüre und im Internet-Forum zur Verfügung stehen. Die Nutzungshäufigkeit des Mediums außerhalb von Bürozeiten ist ein Beleg für ein Potential, das angesichts der Auflösung zeitlicher Begrenzungen in Arbeit und Freizeit wichtiger wird. Informationsmöglichkeiten per Internet sind daher gerade für junge Familien zukunftsweisend und ausbauwürdig.

07 | 04
Langfristig sollte ein flächendeckender Ausbau der Internet-Präsenzen in Kommunen, Jugendämtern und bei freien Trägern angestrebt werden. Als Informations- und Werbemedium ist das Internet geeignet, gute Informationsdienste in der Öffentlichkeitsarbeit von kommunalen Trägern zu leisten.

07 | 05
Langfristig sollten zu der Information über Betreuungsmöglichkeiten bzw. Tagespflege auch interaktive Möglichkeiten des Kontakts mit MitarbeiterInnen des Jugendamts oder des freien Trägers bzw. ein Austauschforum für Eltern mit Kindern in Tagespflege bereitstehen.

07 | 06
Langfristig sollte die Weiterentwicklung bestehender Internet-Konzepte auch die Erziehungskompetenzen in den Tages- und Herkunftsfamilien verbessern und in präventiver Form pädagogische Fragen und Themen aufgreifen. Ein „Newsletter" könnte im Vorfeld konkreter Frage- und Problemkonstellationen zur Information und Reflexion über Erziehungsfragen anregen. Erstrebenswert sind auch Konzepte, die zu einem offenen (nichtanonymen) E-Mail-Kontakt zwischen Tagesmutter und BeraterIn anregen.

Infrastruktur und Netzwerke

08

Infrastruktur und Netzwerke

Ein Ausbau des Betreuungsangebots durch Tagesmütter setzt voraus, dass flankierend ein qualitativer und quantitativer Ausbau der Infrastrukturen zur fachlichen Vermittlung und Begleitung von Eltern und Tagesmüttern zum Ziel gesetzt wird. Tagespflegepersonen sollen für die verantwortungsvolle Tätigkeit der Betreuung, Förderung und Bildung von Kindern qualifiziert sein und praxisbegleitend fachlich beraten werden. Auch Eltern haben ein gesetzlich verankertes Recht auf Beratung in allen Fragen der Kindertagespflege. Angebotsträger sind ein immanenter und wichtiger Baustein des Betreuungssystems Tagespflege: Sie sind Kooperationspartner von Eltern und Tagespflegepersonen. Sie stellen nicht nur eine Vermittlungsleistung zur Verfügung, sondern tragen auch dazu bei, durch die fachliche Begleitung der Tagespflegepersonen die Qualität der Betreuung zu sichern. Die Nachfrage nach Tagespflege ist u. a. abhängig von der Zuverlässigkeit und der Qualität dieses Betreuungsangebots. Die Eckpunkte dessen, was unter fachlichen Gesichtspunkten notwendig ist und durch einen Träger geleistet werden soll, sind in Kapitel 6 dargestellt; im Folgenden werden die Merkmale der Trägerstrukturen im Bereich der Kindertagespflege und Ansatzpunkte für Weiterentwicklung und Ausbau benannt.

Die Angebotsstruktur der Tagespflege folgt zwei unterschiedlichen Logiken: Zum einen sind die Vorgaben des Gesetzgebers und Regelungen der Kindertagespflege im Rahmen des Kinder- und Jugendhilfegesetzes (SGB VIII) bestimmend. Zum anderen entwickelte sich Kindertagespflege als Produkt der Selbsthilfe von Familien. Daraus resultierte eine Vielfalt von Betreuungsangeboten, die zumeist aus der Not heraus geboren wurden und je nachdem auch den Gesetzmäßigkeiten des freien Markts oder keinerlei Regeln unterliegen. Zwischen diesen beiden Polen – gesetzliche Regelung und Absicherung versus Regelfreiheit und informelle Selbstorganisation – bewegen sich die Angebotsstrukturen wie auch die Diskussionslinien. So wird, auch vor dem Hintergrund der Kostendebatte, die Frage gestellt, warum sich öffentliche Jugendhilfe an Strukturen beteiligen soll, für die grundsätzlich Eltern in Eigenverantwortung Sorge zu tragen hätten. In dieser Sicht auf Tagespflege als eine familiennahe Fremdbetreuung drückt sich die Idee der Entscheidungsfreiheit und der Privatinitiative von Eltern auf einem Betreuungsmarkt aus, für den sich die Fachstellen des Jugendamts nicht zuständig erklären lassen, soweit kein konkreter Unterstützungsbedarf in der Familie festgestellt ist.

Dies hat in der Vergangenheit dazu geführt, dass Tagespflegeangebote in vielen Kommunen noch fehlen bzw. aus fachlicher Sicht kritisch zu bewerten sind, wie z. B. so genannte „Tagespflegebörsen" (vgl. Kap. 7.2.4). Daher ist zunächst zu fragen, auf welchen gesetzlichen Auftrag sich Aufgaben und Leistungen beim Angebotsträger der Tagespflege zurückführen lassen (vgl. Kap. 3).

8.1 Gesetzliche Aufgaben und Leistungen

In § 2, Abs. 2 SGB VIII sind Aufgaben und Leistungen der Kinder- und Jugendhilfe formuliert. Die Tagespflege wird dort unter Punkt 3, „Angebote zur Förderung von Kindern in Tageseinrichtungen und in Tagespflege" (§§ 22 bis 25), näher ausgeführt. Zur Förderung der Entwicklung des Kindes, insbesondere in den ersten Lebensjahren, kann demnach auch eine Tagespflegeperson (Tagesmutter oder Kinderbetreuerin) vermittelt werden. Hieraus und durch den Förderanspruch ergibt sich eine Gleichstellung mit der institutionellen Kinderbetreuung durch den Gesetzgeber (§ 23, Abs. 1). Die Vermittlung geeigneter Pflegepersonen wird in § 23 als Aufgabe der Jugendhilfe benannt. Im Gesetzestext formuliert ist zudem ein Anspruch auf Beratung in allen Fragen der Tagespflege, den Tagespflegepersonen und Eltern gegenüber den Trägern der öffentlichen Kinder- und Jugendhilfe geltend machen können (§ 23, Abs. 2). Darüber hinaus sollen Zusammenschlüsse von Tagespflegepersonen beraten und unterstützt werden (§ 23, Abs. 4). Die Tagespflege ist als ein familienergänzendes und -unterstützendes Betreuungsangebot zu verstehen, und das Recht der Tageskinder auf Förderung ihrer Entwicklung im Rahmen dieser Betreuungsform wird im Kinder- und Jugendhilfegesetz ausdrücklich genannt.

Darüber hinaus obliegen dem Träger der öffentlichen Kinder- und Jugendhilfe die Gesamtverantwortung und die Planungsverantwortung für die oben beschriebenen Aufgaben: „Bei der Vermittlung von Tagespflegepersonen handelt es sich um eine objektiv-rechtliche Verpflichtung für die Träger der öffentlichen Jugendhilfe. Damit ist es nicht in das Belieben des Trägers der öffentlichen Jugendhilfe gestellt, ob er Tagespflegeplätze vorhält. Vielmehr ist eine Bedarfsplanung aufzustellen (§ 80 SGB VIII), und entsprechend dem Bedarf sind die erforderlichen Plätze vorzuhalten" (Lakies 1999: 24).

Innerhalb des Kinder- und Jugendhilfegesetzes belegt die Tagespflege eine Sonderrolle, wodurch sich diese Betreuungsform auf einem weitgehend unreglementierten Markt entwickeln konnte. Es sind Strukturen entstanden, die in anderen Leistungsbereichen des SGB VIII kaum vorzufinden sind. In der Tagespflege greift keines der sonst für die Kinder- und Jugendhilfe typischen Kontroll- und Steuerungsinstrumente. So finden sich beispielsweise gewerbliche Anbieter der Kinderbetreuungsdienstleistung Tagespflege auf dem „Markt", obgleich das SGB VIII (§ 75) eine Anerkennung als Träger der freien Jugendhilfe vorsieht.

Auch die im Rahmen der Gesamtverantwortung geforderte Fachaufsicht der öffentlichen Kinder- und Jugendhilfe greift im Rahmen von Delegationsmodellen mit anerkannten gemeinnützigen freien Trägern sowie gewerblichen Trägern nur bedingt. Eltern schließen mit dem gewerblichen Träger über die zu erbringenden Leistungen einen privatrechtlichen Vertrag, der für den Träger der öffentlichen Jugendhilfe keine unmittelbaren Rechtspflichten auslöst (Wiesner u. a. 2000: 1328). Die Gesetzesvorschrift in § 1 SGB VIII ist an die öffentliche Jugendhilfe adressiert und besitzt mit Blick auf das autonome Betätigungsrecht von freien Trägern nur eine „deklaratorische Bedeutung", die als Richtschnur nur Wirkung entfalten kann bei der Feststellung der Voraussetzungen für die Anerkennung als freier Träger (§ 75) und für den Abschluss von Vereinbarungen nach §§ 77, 78 (Wiesner u. a. 2000: 29).

Weitere strukturelle Besonderheiten sind darin zu sehen, dass „das Fehlen der ansonsten zwingend vorgeschriebenen Trägerstrukturen partiell durch Vorschrift der Beratung und Unterstützung von Zusammenschlüssen von Tagespflegepersonen (der Zusammenschluss als möglicher Trägerersatz) ausgeglichen (wird). Während ansonsten die Leistungserbringung unmittelbar im Jugendhilfebereich erfolgt, ist bei der Tagespflege ausschließlich die Leistungsvermittlung Gegenstand des Jugendhilfebereiches" (Städtetag Nordrhein-Westfalen 2000: 7).

Die rechtlichen Vorgaben sowie die inhaltlichen Anforderungen an die Umsetzung der Kindertagespflege sind auf Länderebene nicht durchgängig geregelt (vgl. Kap. 3). Länder- und Kindertagesstättengesetze, im Rahmen derer Festlegungen zur Tagespflege getroffen wurden, unterscheiden sich hinsichtlich der Vorgaben z. T. erheblich und werden meist zusätzlich durch konkrete Ausführungsbestimmungen geregelt. Die Vielzahl an regional- und länderspezifischen Regelungswerken wird auf der kommunalen Ebene ergänzt durch Verordnungen und Richtlinien. Der Versuch, einen Überblick zu erlangen, wurde an verschiedenen Stellen gemacht – ein umfassender Vergleich steht bisher noch aus. Häufig fehlen die dazu notwendigen Überblicksdaten beim öffentlichen Jugendhilfeträger.

8.2 Die Angebotsstruktur in der Praxis

Kinderbetreuungsplätze bei Tagesmüttern und Kinderbetreuerinnen können im Vergleich zu institutionellen Angeboten relativ kurzfristig und zumeist für die öffentliche Hand kostengünstiger eingerichtet werden. Dabei ist zu bedenken, dass die Kommunen und die Träger der öffentlichen Jugendhilfe stärker als im Bereich der Einrichtungen gefordert sind, dieses Angebot auszugestalten, gegebenenfalls in Delegation an freie Träger. Gestaltungsbereiche sind vor allem fachlich qualitative Aspekte des Angebots, die aus der Verantwortung für das Kindeswohl und den Schutz von Kindern in Tagespflege resultieren, wie z. B. Beratung von Eltern, Qualifizierung und Praxisbegleitung von Tagesmüttern, Gewinnung und Motivierung von Tagesmüttern. Weitere Aufgaben sind die Planung des Bedarfs, der sich an den Bedürfnissen von Eltern orientiert, die Bereitstellung finanzieller Mittel und die Öffentlichkeitsarbeit. Nicht zuletzt ist ein weiterer Aufgabenbereich in der Verbindlichkeit und der Abgrenzung von vertraglichen Kooperationsbeziehungen mit anerkannten freien Trägern zu sehen.

8.2.1 Kooperationsprofile

Kommunen, die Tagespflege anbieten, praktizieren überwiegend zwei Organisationsmodelle: Entweder übernimmt das örtlich zuständige Jugendamt die im Kinder- und Jugendhilfegesetz beschriebenen Aufgaben, oder es überträgt Aufgaben an freie Träger (Delegationsmodell).[1]

Auffallend in der Tagespflege ist das Fehlen bzw. die bisherige Zurückhaltung der sonst im Bereich der Betreuungseinrichtungen stark vertretenen kirchlichen Träger bzw. der konfessionellen Verbände der freien Wohlfahrtspflege, also Caritas und Diakonie, sowie generell auch der anderen Wohlfahrtsverbände. Die kirchliche Sicht, die traditionell die Betreuung von unter Dreijährigen im Zuständigkeitsbereich der Familie sieht, ließ eine Betreuung von kleinen Kindern außerhalb der Familie lange Zeit nur als Notlösung zu. Auch die vorhandenen Tageseinrichtungen für Kinder unter drei Jahren wurden lange Zeit – ganz im Unterschied zu den Einrichtungen im Kindergartenalter – zum überwiegenden Teil von den öffentlichen Trägern vorgehalten; die konfessionellen Akteure sind bisher in nur geringem Umfang beteiligt. Vor dem Hintergrund des gesellschaftlichen Wandels und des gestiegenen Betreuungsbedarfs wird aber inzwischen auch im kirchlichen Bereich und in der Bundesarbeitsgemeinschaft der freien Wohlfahrtspflege über Konzepte für die Tagesbetreuung der unter Dreijährigen nachgedacht (vgl. Bundesvereinigung Evangelischer Tageseinrichtungen 1996; Stellungnahme der BAGFW vom Februar 2004).

Für die bestehenden Strukturen der Tagespflege typisch sind kleine freie Träger in Form von Vereinen oder Initiativen, die im Rahmen von Delegationsvereinbarungen mit den Kommunen bzw. Jugendämtern oder in Eigenverantwortung ein Betreuungsangebot aufgebaut haben. Der geschichtliche Hintergrund der Betreuungsform Tagespflege liegt in der Familienselbsthilfe. Vor diesem Hintergrund sind vereinzelte selbst organisierte Strukturen, z. B. kommunale oder frei-gemeinnützige Zusammenschlüsse, entstanden, vor allem zunächst in den alten Bundesländern. Von diesen gingen in der Vergangenheit überwiegend die Professionalisierungsbemühungen aus. Dabei han-

---

1 Zur Organisationsstruktur der Tagespflege innerhalb der Jugendämter vgl. Lakies (1999: 23).

delt es sich oft um unabhängig von kommunalen Behörden, öffentlicher Förderung und Weisung agierende Organisationsstrukturen, die untereinander und in den einzelnen Bundesländern wenig vernetzt sind.

Tagesmüttervereine formierten sich in der Vergangenheit häufig aus Zusammenschlüssen von Tagesmüttern bzw. Eltern. Diese entwickelten und ergreifen auch heute noch aus einer konkreten Mangelsituation heraus die Eigeninitiative und organisieren selbst ein wohnortnahes Betreuungsangebot für ihre Kinder. Beim Bundesverband für Kinderbetreuung in Tagespflege werden Arbeitshilfen für diese Zusammenschlüsse von Tageseltern vorgehalten, die sich von der Gruppe über den Verein zum Verband organisieren wollen. Auch Landesverbände – soweit vorhanden – stellen Informationsmaterial zur Vereinsgründung bereit. Eine breite Palette von Aufbauhilfen bietet der Landesverband für die Tagespflege Baden-Württembergs, der den landesweiten Aufbau von Tagespflegevereinen anstrebt. Das Kinderbetreuungsangebot Tagespflege konnte sich dadurch in freier Trägerschaft beispielhaft entwickeln.[2]

Die Initiativen und die Vereine sind teils in Dachverbänden organisiert. Im Jahr 2002 waren im Tagesmütter-Bundesverband 105 Mitgliedsorganisationen und 96 Einzelmitglieder bundesweit registriert (vgl. Wischnewski 2002). Angaben zur Anzahl der Vereine und der freien Träger, die bundesweit als Anbieter von Kindertagespflege agieren, liegen nicht vor. In einer Reihe von Bundesländern wurden Vereinigungen auf Länderebene gegründet, die wiederum Mitgliederzahlen angeben können.[3] Im Jahr 2002 waren bei den großen älteren Verbänden wie dem Landesverband Hessen 80 Mitglieder, davon jeweils ca. die Hälfte Zusammenschlüsse und Einzelmitglieder, gemeldet (vgl. Vierheller 2002: 5) und beim Landesverband Baden-Württemberg 45 Tagesmüttervereine (vgl. Einselen 2002: 7). Darüber hinaus gibt es eine vermutlich größere Anzahl von Initiativen und kleinen Vereinen, die ausschließlich lokal agieren und keinem Dachverband angehören. Systematische Analysen hierzu liegen nicht vor.

Im Zusammenhang eines Umbaus des institutionellen Angebots gibt es Bestrebungen, die Stellung der großen freien Träger und Spitzenverbände der freien Wohlfahrtspflege im Bereich der Kindertagespflege auszubauen (vgl. Bundesarbeitsgemeinschaft der Freien Wohlfahrtsverbände 2004). Durch Beteiligung der großen freien Träger und Spitzenverbände der freien Wohlfahrtspflege als Angebotsträger von Kindertagespflege können Synergien und Chancen

---

2 Landesverband der Tagesmüttervereine Baden-Württemberg e. V. (Hrsg.): Abschlussbericht zum Projekt „Flächendeckender Auf- und Ausbau von Tagesmüttervereinen in Baden-Württemberg" 1995–1999. Broschüre im Eigenverlag 2000.
3 Am 13.–14. Juni 2003 veranstaltete das Deutsche Jugendinstitut eine ExpertInnentagung auf Länderebene zur Kindertagespflege. Zu diesem Zeitpunkt waren Landesvereinigungen in insgesamt sieben Bundesländern gegründet: Baden-Württemberg, Hessen, Mecklenburg-Vorpommern, Niedersachsen, Nordrhein-Westfalen, Saarland, Sachsen.

für eine Verbesserung der qualitativen und fachlichen Ausstattung der Tagespflege entstehen. Dabei ist zu bedenken, dass nicht nur die kommunalen Jugendhilfestrukturen, sondern auch die kleinen freien Vereine und Selbsthilfen die Anknüpfungspunkte für den Auf- und Ausbau darstellen. Die großen freien Träger betreten im Bereich der Tagespflege Neuland und können, mit wenigen Ausnahmen, nicht auf eigene fachliche Erfahrungen bauen. Das spezifische Know-how liegt bei den bisherigen Akteuren. Daher dürfen die bestehenden Strukturen nicht einfach subsumiert werden und „ein bestimmter Leistungsanbieter bzw. ein Konsortium damit zum Generalunternehmer für eine bestimmte Region (werden)" (Wiesner 2002: 35). Die bisherigen Akteure sind als kompetente Partner in zukünftige Entscheidungs- und Aufbauprozesse einzubeziehen, um die Vielfalt der Angebotsstruktur zu erhalten und regionale Monopolisierung durch „koordinierte Arbeitsteilung zwischen den vor Ort tätigen Akteuren zu vermeiden" (Wiesner 2002: 34).[4]

8.2.2 Trägerverbünde

Häufig findet sich in der Tagespflege eine Aufgabenteilung zwischen Trägern innerhalb von Trägerverbünden. Dabei gibt es zum einen Kooperationsbeziehungen zwischen öffentlichen und freien Trägern; zum anderen finden sich Aufgabenteilungen im Verbund zwischen zwei und weiteren freien Trägern. Während Vermittlung und Beratung beim Jugendamt, bei Vereinen oder kommunalen Tagespflegebüros liegen, wird die Qualifizierung der Tagesmütter häufig ausgelagert und von einem örtlichen Bildungsträger durchgeführt (z. B. ländliche Erwachsenenbildung, Volkshochschule, Familienbildungsstätte). Freie Träger sind flexibler: Sie können Beschlüsse schneller fassen und umsetzen sowie rechtzeitig reagieren, wenn es darum geht, Leistungen auszuweiten oder hinzuzukaufen. In Verbünden können Anbieter ihre spezifischen fachlichen Kompetenzen einbringen. Dadurch können Einspar- und Synergieeffekte etwa mit Blick auf Personal und Räume entstehen. Allerdings sind auch Trägerkonkurrenzen vorhanden. Infolgedessen wird meist eine koordinierende Person nötig, die den notwendigen Abstimmungsbedarf bedient. Der zusätzliche Aufwand muss in der Praxis gegen die Synergieeffekte abgewogen werden.

8.2.3 Privatgewerbliche Träger

Privatgewerbliche Träger stellen in der Kinder- und Jugendhilfe allgemein ein zahlenmäßig unbedeutendes Phänomen dar. Mit 1 % ist ihr Anteil bei Einrichtungsplätzen und Personal in der Kinder- und Jugendhilfe vergleichswei-

---

4 Durch ein BVG-Urteil aus dem Jahr 1967 ergibt sich hinsichtlich der Zusammenarbeit der Träger der öffentlichen Kinder- und Jugendhilfe folgende Aufgabenstellung: „Die Zusammenarbeit soll – so das Bundesverfassungsgericht – dem Zweck dienen, öffentliche und private Mittel sinnvoll und zweckentsprechend zu verwenden. Es ging also nicht um Konkurrenz und Wettbewerb, sondern um Abstimmung und Absprache, um eine Art *koordinierter Arbeitsteilung* zwischen den vor Ort tätigen Akteuren (Wiesner 2002: 34, Hervorhebung im Original).

se zu vernachlässigen; dennoch sind sie „als Thema sehr präsent und erhalten dadurch zumindest rhetorisch eine große Bedeutung" (Bissinger u. a. 2002: 30). Für die Trägerstruktur in der Tagespflege eher typisch sind die gemeinnützigen Vereine und Initiativen.

Die Zuwendung öffentlicher Finanzmittel ist an die Anerkennung als freier Träger der Kinder- und Jugendhilfe gebunden (§§ 74, 75 SGB VIII), was die Gemeinnützigkeit voraussetzt. Markt- und gewinnorientiert arbeitende Angebotsträger, wie beispielsweise der bundesweit tätige „pme Familienservice", sind daher in der Regel auf weitgehende Eigenfinanzierung angewiesen.[5] In der Praxis heißt das, dass die Kosten der Betreuung vor allem auf die Eltern umgelegt werden. Zwar werden durch Beteiligung von Wirtschaftsbetrieben an den Vermittlungsgebühren Kosten aufgefangen. Unbestritten handelt es sich bei privatgewerblichen Angeboten jedoch um Betreuungsleistungen, die durchschnittlich und gering verdienenden Eltern nicht zugänglich sind.[6] Diese werden von den Anbietern demzufolge auch nicht als Zielgruppe angesprochen. Vielmehr wird sogar seitens der gewerblichen Anbieter im Rahmen der Diskussion um den Ausbau der Kinderbetreuung mehr öffentliches finanzielles Engagement gefordert, weil gewerbliche Angebote nicht bedarfsdeckend sein können.[7]

Synergien gibt es teilweise in der Zusammenarbeit der freien und privatgewerblichen Träger, wenn im Rahmen von Kooperationsvereinbarungen gewerbliche Anbieter auf die Strukturen und Ressourcen zugreifen, die von kleinen Trägern, z. B. Vereinen, am Ort aufgebaut wurden. Gegen Entgelt übernehmen diese dann im Auftrag des Familienservice beispielsweise die Qualifizierung und die Praxisbegleitung von Tagesmüttern (z. B. in Stuttgart). Diese Kooperationsbeziehungen sind aber in ihren Folgen bisweilen problematisch, da es immer wieder vorkommt, dass Mitarbeiterinnen der Vereine oder Tagesmütter aufgrund der besseren Konditionen zum gewerblichen Anbieter überwechseln. Dadurch gelangen dann die z. T. ehrenamtlich aufgebauten und selbst organisierten örtlichen Organisationsstrukturen der kleinen Anbieter rasch an die Grenzen ihrer Funktionalität. Für Familien mit mittle-

---

5 Ein anerkannter freier Träger der Jugendhilfe erhält einen bevorzugten Status im Rahmen der Zusammenarbeit mit dem Träger der öffentlichen Jugendhilfe. Die Anerkennung eröffnet u. a. den Zugang zu einer auf Dauer angelegten Förderung sowie zur Beteiligung an der Jugendhilfeplanung. Neben der Eigenleistung, die ein freier Träger erbringen muss, ist die Förderung an das Verfolgen gemeinnütziger Ziele gebunden und an die Tatsache, dass der Angebotsträger als ein Träger der freien Jugendhilfe nach § 75 SGB VIII anerkannt ist. Somit sind privatgewerbliche Träger von der Förderung ausgeschlossen, soweit nicht die Entgeltregelung nach §§ 78 a ff. greift. Diese ist für den Bereich der Kindertageseinrichtungen umstritten (vgl. Wiesner u. a. 2000: 1336).
6 Dies ergaben Interviews mit Gisela Erler und Mitarbeiterinnen des „pme Familienservice" in München und Leer im Rahmen des aktuellen DJI-Projekts „Kinderbetreuung in Tagespflege. Auf- und Ausbau eines qualifizierten Angebots" (vgl. dazu auch Erler 2002).
7 So etwa Gisela Erler im Rahmen ihres Vortrags „Ausbau der Tagespflege in Deutschland oder: von nichts kommt nichts (mehr)" am 10.12.2003 auf einer Tagung des SPD-Parteivorstands in München.

rem und geringem Einkommen, die sich die Leistungen der privatgewerblichen Anbieter in aller Regel nicht leisten können, verschlechtert sich dadurch die Situation am Ort, wenn bis dahin unentgeltliche bzw. zumindest bezahlbare Leistungen nicht mehr zur Verfügung stehen.

Nach Wiesner (2002) führten die Entwicklungen in der Kinder- und Jugendhilfe bisher zu einer Tendenz der Öffnung der Tätigkeitsfelder für neue Leistungsanbieter und damit zu einer potentiellen Veränderung der Angebotsstrukturen. Für die Tagespflege bedeutet dies, dass neben frei-gemeinnützigen Anbietern zunehmend auch privatgewerbliche existieren werden. Ob dadurch auch die Position der Leistungsnachfrager gestärkt wird, bleibt abzuwarten. Da das Angebot an Kinderbetreuung vor allem für unter Dreijährige stark verknappt ist, steht zu befürchten, dass eine weitere Stärkung der Anbieterseite die Folge sein wird. Dies lässt sich an hohen Tarifen von Tagesmüttern auf dem freien Markt in Ballungsgebieten ablesen. Die Realität ist noch weit von einem Wunsch- und Wahlrecht in der Kinderbetreuung entfernt.

Wenn sich der Kostendruck bei den Angebotsträgern verschärft (vgl. 8.2.5), sind Konsequenzen hinsichtlich der qualitativen Ausgestaltung der Leistungen zu befürchten. Dies ist vor allem im Bereich der Betreuung, Förderung und Bildung problematisch. Die Finanzierungsregelung von Leistungen der Jugendhilfe setzt nicht mehr zwingend eine Anerkennung als Träger der freien Jugendhilfe voraus und ist deswegen ob ihrer Anwendbarkeit im Bereich der Tageseinrichtungen umstritten: „Ungewiss sind auch die Folgen für die traditionellen Anbieter, die (gemeinnützigen) Träger der freien Jugendhilfe. Werden sie ihre strukturellen Vorteile gegenüber den ‚Neulingen in der Branche', den privatgewerblichen Trägern, auf Dauer ausspielen können? Wird es zu einem transparenten Wettbewerb kommen, der Effizienz und Effektivität der Leistungsangebote erhöht, oder zu einem Verdrängungswettbewerb, der Dumpinganbieter begünstigt und seriöse Anbieter auf der Strecke lässt? Ist aufgrund des freien Spiels der Kräfte künftig mit vermehrten Betriebsschließungen zu rechnen? Was bedeutet dies für die Kontinuität in der Betreuung und Erziehung für die den Einrichtungen anvertrauten jungen Menschen?" (Wiesner u. a. 2000: 1339). Diese Fragen sind analog an die Entwicklung der Kinderbetreuungsangebote in der Tagespflege berechtigterweise zu stellen und künftig zu beantworten.

In perspektivischer Sicht wird es wichtiger werden, die fachlichen Qualitätskriterien zur Gewährleistung des Kindeswohls im Vorfeld der Übertragung von öffentlichen Aufgaben auf einen Angebotsträger auszuformulieren. Analog zum Einrichtungsbereich sind Kriterien für die Geeignetheit und die Qualität eines Angebotsträgers in der Tagespflege zu entwickeln. Die Trägerkriterien sind fachaufsichtlich in regelmäßigen Zeitintervallen auf ihre Einhaltung hin zu überprüfen. Erste Ansätze für dieses Verfahren sind in den Richtlinien des Tagesmütter-Bundesverbands zu sehen, die zur Anerkennung und Zulassung von Maßnahmeträgern zur Durchführung einer Qualifizierung in der Tagespflege angestrebt werden.[8] Auch wäre eine Übertragung bzw. Adaption von Qualitätskriterien für Träger aus vorhandenen nationalen Konzepten, z. B. der Nationalen Qualitätsinitiative im Einrichtungsbereich, denkbar oder die Anpassung von Standards für die Tagespflege aus Nachbarländern, z. B. Österreich, auf hiesige Strukturen. Heterogenität und Pluralität im Angebot sind wünschenswert, weil sie eine Antwort auf individuelle Bedarfe in Familien darstellen. Fach- und Sachgerechtigkeit stellen sich aber nicht unbedingt von selbst ein, sondern müssen von öffentlich verantworteten Fachstellen hergestellt und überprüft werden, insbesondere wenn eine gemeinnützige Wertorientierung nicht nur nicht anerkannt, sondern auch nicht vorauszusetzen ist, wie im Fall von marktwirtschaftlich und gewinnorientiert arbeitenden Betreuungsanbietern.

8.2.4 Regelungsbereiche

Es gibt wichtige Regelungsbereiche in der Zusammenarbeit eines öffentlichen mit einem freien Träger der Jugendhilfe. Eine Beschreibung und eine Abgrenzung von Aufgaben und Leistungen durch eine schriftliche Kooperationsvereinbarung sind in jedem Fall empfehlenswert, damit Unstimmigkeiten vermieden werden können. Stranz (1998) empfiehlt folgende Bereiche in Rahmenvereinbarungen zu regeln: die Darstellung der Aufgaben, die sich aus dem SGB VIII ergeben und die an den freien Träger delegiert werden; daraus sollen auch der Umfang der Tätigkeiten und die Zuständigkeitsteilung hervorgehen. „Der Umfang der Tätigkeiten des freien Trägers sollte auch im Vorfeld der Zuständigkeiten des öffentlichen Trägers beschrieben werden. Aufgabenstellung des öffentlichen Jugendhilfeträgers bleibt dabei grundsätzlich die Entscheidung über Leistungen. Über gemeinsame Aufgabenstellungen, wie z. B. Öffentlichkeitsarbeit, sollten grundsätzliche Regelungen getroffen werden" (ebd.: 509).

Die vertragliche Vereinbarung sollte auch Regelungen zur Zusammenarbeit enthalten, aus denen ersichtlich ist, welche Aufgaben in welcher konkreten Ausgestaltung in Kooperation erfüllt werden und in welchen regelmäßigen Zeitabständen Reflexionen, Rückmeldungen, Weiterentwicklungen, Absprachen stattfinden werden. Stranz weist hier insbesondere auf die Zusammenarbeit im Rahmen der Bedarfsplanung (§ 80 SGB VIII) hin, die auch durch Arbeitsgemeinschaften nach § 78 oder nach landesrechtlichen Regelungen der Bedarfsplanung in Mitwirkung der freien Träger zu erfüllen ist (vgl. ebd.: 510).

---

8 Im Rahmen der 2004 erstellten „Richtlinien zur Handhabung der Qualifizierung für Tagespflege nach der Ausbildungs- und Prüfungsordnung des tagesmütter Bundesverband für Kinderbetreuung in Tagespflege e. V. zum Erwerb des Zertifikats" müssen Träger bestimmte Voraussetzungen und Qualifizierungsleistungen erfüllen, um eine Lizenz des Bundesverbands zu erlangen.

Ein weiterer Aspekt resultiert aus der Verantwortung für das Kindeswohl und dem Schutz von Kindern und Jugendlichen in Familien- und Tagespflege. Bei diesem zweiten Gesichtspunkt handelt es sich „um eine ausschließlich hoheitliche Aufgabe, bei der es bezüglich der Zuständigkeit vorrangig um die Aufgabenteilung zwischen örtlichen und überörtlichen Trägern geht" (Städtetag Nordrhein-Westfalen 2000: 13). In der Tagespflege gibt es zwei Ebenen für Regelungen der Fachaufsicht: zwischen öffentlichen und freien Trägern einerseits und zwischen öffentlichen Trägern und Tagespflegepersonen andererseits. Die AkteurInnen agieren in der Praxis bislang im weitgehend weisungsfreien Raum. Eine Orientierung am Kindeswohl wird durch die Anerkennung als freier Träger vorausgesetzt. Diese Voraussetzung gilt nicht automatisch für privatgewerbliche Träger; hier sind daher die örtlichen und überörtlichen Träger in besonderer Weise gefordert.[9]

Wertschätzung und Vertrauen bilden die Basis, auf der eine tragfähige Zusammenarbeit wachsen kann. Alle im Rahmen des DJI-Forschungsprojekts „Auf- und Ausbau der Tagespflege" untersuchten Praxismodelle sind auf Basis gegenseitigen Vertrauens der AkteurInnen entstanden, und die Aufbauprozesse waren begleitet von einem hohen Maß an Engagement und Motivation. Diese Vertrauensbasis bot in der Folge auch die Grundlage für qualitative Verbesserungen und für die Expansion des Angebots. Die nötigen Fördersummen wurden für notwendige Aufgaben bereitgestellt. Diese Vertrauensbasis ist kein Luxusgut. Die Frage ist dennoch, wie tragfähig sie in Zeiten kommunaler Finanznot noch sein kann. Gerade die Praxis freier Träger zeigt, dass die MitarbeiterInnen viel Einsatz außerhalb der bezahlten Arbeitszeit leisten, der dem Träger und der Tätigkeit zugute kommt. Dieses Engagement kann nicht automatisch unterstellt, in die Organisation der Tagespflege eingerechnet und auf Dauer gestellt werden. Die Anerkennung dieser unbezahlten, ehrenamtlichen Leistungen ist den Mitarbeiterinnen enorm wichtig. Es ist für viele eine bittere Erfahrung, wenn sie feststellen müssen, dass diese Bemühungen nicht wahrgenommen werden oder noch mehr Leistung für weniger Fördermittel erbracht werden sollen.

8.2.5 Entgeltvereinbarungen

Freie Träger haben zwar ein eigenständiges Betätigungsrecht in der Vermittlung von Tagespflege, eine Verpflichtung seitens der Jugendämter zum Kostenersatz besteht jedoch nicht. Jugendämter können nicht alle Vermittlungen nachprüfen; daher werden vertragliche Regelungen zwischen öffentlichen und freien Trägern am Ort empfohlen (vgl. Städtetag Nordrhein-Westfalen 2000). Die bisherigen Finanzierungswege sind im Zusammenhang der Entwicklungen, die sich unter das Stichwort „neue Steuerungsmodelle" subsu-

---
9 Zur Umsetzung von Instrumenten der Fachaufsicht bei Tagespflegepersonen, z. B. in Form von Hausbesuchen, vgl. Kap. 6.

mieren lassen, als zunehmend problematisch zu betrachten (vgl. Münder 1996).

Die „klassische" Form der Entgeltvereinbarung mit kleinen freien Trägern in der Tagespflege ist die Förderung nach § 74 SGB VIII. Ein Strukturelement, das sich aus dem Finanzierungsweg der Förderung nach § 74 SGB VIII ergibt, ist in den asymmetrischen Beziehungen der Kooperationspartner zu sehen. Die Förderung ist nicht die Gegenleistung dafür, dass der freie Träger konkrete, personenbezogene Leistungen erbringt, sondern sie ist abhängig von der Haushaltslage. Die Fördersummen werden jährlich der Haushaltslage angepasst.

Zunehmend werden auch Vereinbarungen nach § 77 SGB VIII abgeschlossen, bei denen Kommunen und freie Träger sich über den detaillierten Umfang der Leistung, z. B. Betreuungskontingente, verständigen und konkrete Leistungsvereinbarungen ausarbeiten. Die Untersuchung von Beispielen guter Praxis im laufenden DJI-Projekt zeigt, dass die Kommunen bei gleichzeitigen Ausbaubemühungen die Angebotsträger sehr unter Kostendruck setzen. Die Haushaltsverhandlungen verliefen im Untersuchungszeitraum überwiegend problematisch. Eine Finanzierungssituation, die eine mittel- oder gar längerfristige Planung ermöglicht hätte, war bei keinem der Anbieter vorhanden, obwohl diese im Feld vergleichbar gute Bedingungen vorwiesen.

8.2.6 Konfliktlinien der Zusammenarbeit

Der Gesetzgeber hat in verschiedenen Gesetzen den öffentlichen und freien Trägern Verpflichtungen zur Zusammenarbeit auferlegt. Die gesetzlichen Bedingungen lassen sich wie folgt zusammenfassen: „So sollen die öffentlichen Leistungsträger in der Zusammenarbeit mit freien Einrichtungen und Organisationen darauf hinwirken, dass sich ihre Tätigkeiten wirksam ergänzen (§ 17 SGB I). Das SGB X widmet der Zusammenarbeit der Leistungsträger ein besonderes Kapitel, § 86 SGB X enthält ein grundlegendes Kooperationsgebot" (Rabeneck 2001a: 4).[10]

---

10 Vgl. Rabeneck (2001a: 4): „§ 17 (3) SGB I: Ausführung der Sozialleistungen: In der Zusammenarbeit mit gemeinnützigen und freien Einrichtungen und Organisationen wirken die Leistungsträger darauf hin, dass sich ihre Tätigkeit und die der genannten Einrichtungen und Organisationen zum Wohl der Leistungsempfänger wirksam ergänzen. Sie haben dabei deren Selbständigkeit in Zielsetzung und Durchführung ihrer Aufgaben zu achten.
§ 86 SGB X: Zusammenarbeit: Die Leistungsträger, ihre Verbände und die in diesem Gesetzbuch genannten öffentlich-rechtlichen Vereinigungen sind verpflichtet, bei der Erfüllung ihrer Aufgaben nach diesem Gesetzbuch eng zusammenzuarbeiten.
Auch § 95 SGB X verweist auf eine Zusammenarbeit zwischen den Leistungserbringern: Die in § 86 genannten Stellen sollen
1. Planungen, die auch für die Willensbildung und Durchführung von Aufgaben der anderen von Bedeutung sind, im Benehmen miteinander abstimmen sowie

In der Praxis zeigt sich, dass die Zielsetzung der Zusammenarbeit sich in den Arbeitsbeziehungen zwischen MitarbeiterInnen der Kommunen und den Vereinen nicht immer problemlos umsetzen lässt: „Das lokale Akteursgefüge aus Politik, Jugendamt und freien Trägern hat in der Regel den Charakter eines gewachsenen und sensiblen Netzes von eingespielten und austarierten Interessen" (Reismann 2000: 12). Kooperation setzt Unabhängigkeit voraus und kann demnach ausschließlich zwischen gleichen Partnern stattfinden. Die Prozesse des Aushandelns von Leistung gegen Geld sind jedoch geprägt von Abhängigkeit: „Die Sicht auf konstruktive Konfliktlösung ist ebenso – wie die Sicht auf Jugendhilfe als Non-Profit-Organisation – geprägt von dem Glauben an autonome Partnerschaft bzw. ‚partnership' in der Jugendhilfe und lässt außer Acht, dass die tatsächlichen Strukturen – wie die Wirtschaft – einem Verteilungskampf um finanzielle Mittel unterliegen" (Rabeneck 2001b: 2).

Die Problemstellungen in der Zusammenarbeit mit Fachkräften der Jugendämter, die von Erzieherinnen in den Tageseinrichtungen formuliert werden (vgl. Textor 2001), wiederholen sich in den Erfahrungen von AkteurInnen in der Kindertagespflege. Im Einzelnen werden genannt[11]:

- Der Tagespflege werde von MitarbeiterInnen im Kinderbetreuungsbereich im Jugendamt ein relativ geringer Stellenwert zugebilligt.
- Der Bezug zur Jugendhilfeplanung werde nicht deutlich.
- Die Umsetzung der Tagespflege und der Gleichrangigkeit mit Betreuungseinrichtungen, die per Gesetz festgelegt ist (§ 23), liege oft noch sehr im Belieben der Jugendämter – es fehlen konkrete verbindliche Ausführungsregelungen.
- Es bestehe eine partielle Unvereinbarkeit von Mechanismen des „freien Markts" bzw. der „Flexibilisierung von Angeboten" und dem Erfordernis der „staatlichen Kontrolle".
- Die Beratung im Jugendamt werde von den Tagesmüttern wenig aufgesucht bzw. zu wenig in Anspruch genommen, da Vorbehalte wegen der „Mehrfachfunktion" Beratung, Vermittlung und Kontrolle von MitarbeiterInnen im Jugendamt gesehen würden.
- Jugendämter entzögen sich vermehrt ihren Aufsichtsfunktionen, z. B. Hausbesuchen bei Tagesmüttern.
- Zu den Möglichkeiten der Umsetzung der Gleichrangigkeit von Einrichtungen und Tagespflege bestehe ein großer Beratungsbedarf in den Kom-

---

2. gemeinsame örtliche und überörtliche Pläne in ihrem Aufgabenbereich über soziale Dienste und Einrichtungen, insbesondere deren Bereitstellung und Inanspruchnahme, anstreben. Die jeweiligen Gebietskörperschaften sowie die gemeinnützigen und freien Einrichtungen und Organisationen sollen insbesondere hinsichtlich der Bedarfsermittlung beteiligt werden."
11 Arbeitsergebnisse einer Fachtagung des DJI-Projekts „Qualifizierung in der Tagespflege": Von Fach- und PraxisvertreterInnen der Kindertagespflege formulierte „Stolpersteine" in der Kooperation mit dem öffentlichen Träger, 2000 (unveröffentlicht).

munen; oft würden Diskussionen zum Thema noch ideologisch geführt und die Angebote gegeneinander ausgespielt im Sinne von „Institution versus Tagespflege".
- Es bestehe eine Konkurrenz und eine fehlende Abstimmung zwischen Jugendamt, freien Trägern und Adressaten.

Diese Konfliktlinien in der Kooperation zwischen öffentlichen und freien Trägern liegen großenteils in der Intransparenz und der Vermischung von Funktionen seitens der öffentlichen Jugendhilfe begründet, da die öffentliche Jugendhilfe zugleich Koordinierungs- und Steuerungsinstanz (Jugendhilfeausschuss) und eigener Leistungserbringer, etwa als kommunale Gebietskörperschaft (kreisfreie Stadt, Kreis), sein kann. Als Träger von Einrichtungen und Diensten tritt die öffentliche Jugendhilfe auf der Ebene der Leistungserbringung mit den freien Trägern in Konkurrenz (vgl. Wiesner 2002).[12]

8.2.7 Adressaten(un)freundlichkeit der Angebote

Kinderbetreuung als Dienstleistungsangebot zu begreifen heißt auch, sich an den Bedürfnissen der Familien zu orientieren. Von einer familienfreundlichen Dienstleistungs- oder Kundenorientierung ist die öffentliche Kinder- und Jugendhilfe vielfach noch weit entfernt. Eine Elternbefragung des Instituts für Soziale Arbeit (ISA) zeigt, dass es entsprechend große Vorbehalte bei Eltern gegenüber dem Jugendamt gibt: „Bei ihrem Erstkontakt mit dem Jugendamt hatten zwei Drittel der Befragten ein ‚mulmiges' oder sogar ein schlechtes Gefühl (...), d.h. die Kontakte zum Jugendamt, und hier insbesondere der Erstkontakt, sind vielfach angstbesetzt, von Unsicherheit und sogar von Bedrohung gekennzeichnet, was sich daraus ergab, dass viele Eltern das Jugendamt immer noch als Behörde sehen, die den Eltern die Kinder ‚wegnimmt'" (Reismann 2000: 8f.).

MitarbeiterInnen eines freien oder gewerblichen Trägers haben so gesehen bessere Ausgangsbedingungen im Kontakt zu den Eltern. Sie müssen sich keinem Rollenkonflikt ausgesetzt sehen – im Sinne von Beratung und Kontrolle in einer Person –, und sie sind auch nicht Teil einer „Behörde". Aus der DJI-Untersuchung von Good-practice-Modellen in der Tagespflege ergeben sich Belege dafür, wie umfassend und adressatenfreundlich unter diesen Bedingungen beraten werden kann.

---

12 Infolgedessen hat der Elfte Kinder- und Jugendbericht eine Umsteuerung dieses Kernproblems in der gesamten Kinder- und Jugendhilfe angeregt, insoweit Kommunen gleichzeitig Anbieter eigener Dienste und zugleich Zuwendungsgeber von Leistungen an freie Träger sind und darüber hinaus auch noch die Aufgaben der Fachaufsicht übernehmen. Die Antwort, die der Elfte Kinder- und Jugendbericht darauf gegeben hat, lautet: „fachlich regulierter Wettbewerb" (vgl. BMFSFJ 2002).

Zur guten Praxis eines Angebots gehört es auch, die Eltern durch schriftliches Material zu informieren und zu beraten. Da nicht zuletzt die Existenz des Angebots von der Inanspruchnahme und der Nachfrage durch die Eltern, also dem Bekanntheitsgrad, abhängt, werden vielfach, auch bei geringen Etats, öffentlichkeitswirksame Informationsbroschüren und Plakate verfasst. Meist jedoch ist die Finanzierung dieser Trägeraufgabe nicht gesichert. Unter den genannten Gesichtspunkten wäre es zielführend, die Kosten für die Öffentlichkeitsarbeit in die jährliche Finanzplanung der örtlichen Träger zu integrieren bzw. im Rahmen der Kooperation mit freien Trägern zu berücksichtigen.

8.2.8 Kooperation im Rahmen der Kinder- und Jugendhilfeplanung

Zwar besteht bislang kein Rechtsanspruch auf Tagespflege, aber der Gesetzgeber verpflichtet die Kinder- und Jugendhilfeträger zur Planung unter dem Gesichtspunkt der Vereinbarkeit von Beruf und Familie und fordert von Trägern der öffentlichen Kinder- und Jugendhilfe (Kommunen, Jugendämter), den Bedarf unter Berücksichtigung der Interessen von Eltern zu ermitteln und dabei die anerkannten Träger der freien Jugendhilfe frühzeitig zu beteiligen.[13]

Planungsfragen, die sich daraus ergeben, sind beispielsweise: Wie ist die Angebotsstruktur vor Ort an Kindertagesbetreuungsplätzen und Tagespflegeplätzen? Wie sieht die Beratungs- und Vermittlungsarbeit aus? Wie ist die Qualität der Angebote einzuschätzen? Welche Angebote zur Qualifizierung sollen gemacht werden? Wie ist die demographische Entwicklung am Ort, und was heißt das in Bezug auf die Angebotsstruktur? Welche Bedürfnisse nach flexiblen Angeboten bestehen bei den Eltern? Welche Anreizsysteme für Tagesmütter kann die Kommune anbieten, und wie sollen die Gebührenordnung und die Kostensätze für Tagesmütter gestaltet sein?

In einer Umfrage der Bundesarbeitsgemeinschaft der freien Wohlfahrtspflege wurden deren Mitgliederverbände dazu aufgerufen, Good-practice-Beispiele für die Umsetzung der Kindertagespflege in der Jugendhilfeplanung

---

13 In § 80 SGB VIII wendet sich der Gesetzgeber zunächst an die Träger der öffentlichen Jugendhilfe und verpflichtet sie in Abs. 1 dazu, den Bestand an Einrichtungen und Diensten festzustellen, den Bedarf unter Berücksichtigung der Wünsche, Bedürfnisse und Interessen der jungen Menschen und der Personensorgeberechtigten für einen mittelfristigen Zeitraum zu ermitteln und die zur Befriedigung des Bedarfs notwendigen Vorhaben rechtzeitig und ausreichend zu planen; dabei ist Vorsorge zu treffen, dass auch ein unvorhergesehener Bedarf befriedigt werden kann.
Abs. 2 des § 80 bezieht sich auf die Inhalte der Planungen und gibt vor:
Einrichtungen und Dienste sollen so geplant werden, dass insbesondere Kontakte in der Familie und im sozialen Umfeld erhalten und gepflegt werden können, ein möglichst wirksames, vielfältiges und aufeinander abgestimmtes Angebot von Jugendhilfeleistungen gewährleistet ist, junge Menschen und Familien in gefährdeten Lebens- und Wohnbereichen besonders gefördert werden, Mütter und Väter Aufgaben in der Familie und Erwerbstätigkeit besser miteinander vereinbaren können.

zu benennen; im Ergebnis wurden zwei Beispiele für Good practice in den Kommunen ermittelt.[14] Ein Anbieter in einer dieser Kommunen wurde im laufenden DJI-Forschungsprojekt „Kinderbetreuung in Tagespflege. Auf- und Ausbau eines qualifizierten Angebots" untersucht. Es wurden Interviews mit MitarbeiterInnen des zuständigen Jugendamts geführt. Diese ergaben, dass im Landkreis Reutlingen im Rahmen der Jugendhilfeplanung eigens eine Steuerungsgruppe eingesetzt wurde, die erstmals für 2002 einen Bericht zur Tagespflege verfasst hat.

> **Beispiel: Einbezug der Tagespflege in die kommunale Bedarfsplanung**
>
> Die Steuerungsgruppe des Kreisjugendamts Reutlingen bezog sich auf die Planungsgrundlagen im SGB VIII und wurde eingesetzt, um Bestand und Bedarf der Tagespflege (im Rahmen des Gesamtangebots an Kinderbetreuungsplätzen) als Beratungsgrundlage gegenüber dem Jugendhilfeausschuss darzustellen. Es wurde festgestellt, dass sich durch die Vermittlungs- und Beratungsarbeit, die in Stadt und Landkreis Reutlingen überwiegend durch den dort ansässigen Tagesmütterverein geleistet wird, im Sinne der Vermeidung von Hilfen zur Erziehung eine präventive Wirkung erzielen lässt. Im Jahr 2002 nahmen im Landkreis Reutlingen 1,1 % aller Kinder im Alter von 0 bis 14 Jahren eine Betreuungsleistung durch Tagesmütter in Anspruch. Im Bericht der Steuerungsgruppe heißt es: „Die Auswertung von Fachgesprächen innerhalb des Jugendamtes und des Sozialamtes bestätigt, dass mit einem bedarfsgerechten Angebot an Tagesbetreuung vermutlich sowohl die Jugendhilfe als auch die Sozialhilfe entscheidend reduziert werden kann. In der Sozialhilfe ist die berufliche Integration von allein Erziehenden maßgeblich davon abhängig, dass die Tagesbetreuung geregelt ist. Hilfen in der Erziehung können durch eine gute Ergänzung zur familiären Betreuung verhindert werden. Dort, wo bisher keine Vermittlung stattfindet, wird oft auf kostenintensivere Maßnahmen der Jugendhilfe zurückgegriffen" (Kreisjugendamt Reutlingen 2002: 11).[15]

Auch wenn dieses Good-practice-Beispiel einen gelungenen Einstieg in die Bedarfsplanung einer einzelnen Kommune beschreibt, darf es nicht darüber hinwegtäuschen, dass die Bedarfsplanung zur Tagespflege insgesamt bislang in den allermeisten Kommunen weitgehend vernachlässigt worden ist. Die Folge ist, dass keine Zahlenbasis vorliegt, die Auskunft über Bedarf und Bedarfsdeckung sowie möglicherweise existierende Bedarfslücken geben könnte. Tagespflege im Rahmen der Bedarfsplanung stellt einen „blinden Fleck" dar. Dies ist nicht verwunderlich angesichts der Tatsache, dass von allen Kommunen (329 Landkreise und 115 kreisfreie Städte) nur 15 % über vollständige Jugendhilfepläne verfügen und die große Mehrheit der Jugendämter (67 %) lediglich über Teilpläne im Bereich der Kindertagesbetreuung verfügt. Innerhalb des Leistungsbereiches Kindertagesbetreuung sind fast ausschließlich nur die im Rahmen des Rechtsanspruchs auf einen Kinder-

---

14 Norbert Struck, Jugendhilfereferent im Paritätischen Gesamtverband, meldete in einer E-Mail vom 29.02.2004 zwei Treffer seiner Umfrage. Demzufolge wird das Thema Tagespflege in der Jugendhilfeplanung in München und in Reutlingen explizit im Rahmen der Jugendhilfeplanung berücksichtigt.
15 Landkreis Reutlingen: Jugendhilfeplanung. Bericht Tagespflege der Steuerungsgruppe 28.02.2002 (unveröffentlichtes Manuskript). Auf die hohe Betreuungsquote in Tagespflege bei Alleinerziehenden weisen u. a. die Ergebnisse des Kinderpanels und des Familiensurveys des DJI hin (vgl. Kap. 4.2.5).

gartenplatz erforderlichen Planungsdaten erschlossen worden (vgl. van Santen 2000).

8.3 Anforderungen an eine zukünftige Infrastruktur

Ein Gesamtkonzept zum Auf- und Ausbau der Tagespflege muss sowohl die Planungs- und Gesamtverantwortung der öffentlichen Träger als auch bestehende Modelle der Zusammenarbeit mit anerkannten freien Trägern und Initiativen anerkennen und weiterentwickeln. Die Aufgaben und die Anstrengungen zum quantitativen Ausbau und zur Qualitätsweiterentwicklung müssen längerfristig und verbindlich vertraglich, fachlich sowie finanziell abgesichert werden. Im Einzelnen sind nachfolgende Faktoren eines zukunftsorientierten Ausbaus der Infrastruktur zu nennen.

8.3.1 Betreuung in kommunaler Verantwortung

Folgt man der Diskussion über die künftige Gestaltung des Sozialsektors, so wird es in Zukunft verstärkt zu einer Subjekt- und Dienstleistungsorientierung und einer Ökonomisierung der sozialen Bereiche kommen. Betriebswirtschaftliche Überlegungen werden im Vordergrund stehen. Zu rechnen ist auch mit der Aufhebung traditioneller Differenzierungen zwischen frei-gemeinnützigen und privatgewerblichen Anbietern durch die europäische Wirtschaftsordnung, die von Niederlassungs- und Dienstleistungsfreiheit gekennzeichnet ist (vgl. Wiesner 2002). Umso mehr ist zu fordern, dass öffentliche Verantwortlichkeiten im Rahmen der Gesamtverantwortung der Kinder- und Jugendhilfe umgesetzt und die – im Übrigen für den Bereich der Einrichtungen völlig unstrittige – fachliche Aufsicht über das Kinderbetreuungsangebot Tagespflege eingelöst werden. Örtliche und überörtliche Träger müssen künftig ihre Fachverantwortlichkeit für die in Kindertagespflege betreuten Kinder deutlicher als bisher wahrnehmen. Aufklärungsarbeit und Information, z. B. Kampagnenprojekte, die von Bundes- bzw. Landesverbänden durchgeführt werden, können dabei helfen, die bestehenden Vorbehalte bei den kommunalen Verantwortlichen abzubauen. In einem zweiten Schritt kann daraus ein qualitätsorientierter flächendeckender Aufbau kommunaler Informations-, Beratungs- und Vermittlungsstellen für Eltern und Tagesmütter erfolgen. Es bietet sich an, Initiativen am Ort und Erfahrungen von Zusammenschlüssen von Tagespflegepersonen auf Landes- und Bundesebene einzubeziehen. Ein weiterer Schritt bestünde darin, das Personal in Jugendämtern speziell über die Betreuungsform Tagespflege fortzubilden, um die bestehenden Vorbehalte und Informationsdefizite auszugleichen.[16]

---

16 Textor kommt im Rahmen einer Umfrage zum Weiterqualifizierungsbedarf von JugendamtsmitarbeiterInnen zu folgendem Schluss: „Obwohl zwei Drittel aller Jugendhilfeeinrichtungen Kindertagesstätten

Die Fachaufsicht im Einrichtungsbereich führen die Landesjugendämter. In der Tagespflege obliegt die Fachaufsicht den örtlichen Trägern auf zwei Ebenen: für die Beratungs- und Vermittlungsleistung sowie für die eigentliche Betreuungsleistung, die von den Tagespflegepersonen erbracht wird. Die Gefahren bei der Umsetzung neuer Regelungen (z. B. aktuell auf dem Arbeitsmarkt) liegen darin, dass sachfremde oder fiskalische Überlegungen im Zentrum stehen könnten und nicht das Kindeswohl. Hier sind die Träger der Jugendhilfe verpflichtet und in besonderer Weise gefordert.

Die Umsetzung von „Betreuung in kommunaler Verantwortung" ist ein Erfolgsmodell und hat in anderen europäischen Nachbarländern zu hohen Betreuungsquoten und Plätzen mit guter qualitativer Ausstattung geführt. Die Entwicklungen in Dänemark, Schweden und Österreich zeigen, dass private Organisationen auf dem Betreuungsmarkt so gut wie nicht vorzufinden sind und Tagespflege, z. B. in Dänemark, auf einer grundsätzlichen gesellschaftlichen Wertschätzung und Befürwortung familienexterner Kinderbetreuung basiert. Wegweisend hierfür ist ein hoher Organisationsgrad in der kommunalen Aufgabenwahrnehmung.

8.3.2 Delegation von Aufgaben finanziell absichern

Welche Option die „bessere" darstellt, ob das Jugendamt die Trägeraufgaben selbst wahrnimmt oder diese an einen freien Träger delegiert, ist im Zusammenhang mit den Organisationsstrukturen des jeweiligen Jugendamtes und seiner Personalressourcen zu sehen; eine pauschale Bewertung bietet sich gegenwärtig nicht an. Die Erfahrungen aus der Praxis zeigen, dass die Impulse für Auf- und Ausbau und die Professionalisierungsbemühungen in der Vergangenheit oft von freien Trägern und deren Zusammenschlüssen auf Länder- und Bundesebene ausgingen, da diese auch als Interessenvertretung von Eltern und Kindern im Sinne einer Weiterentwicklung der Angebote wirksam wurden. Anerkannte freie Träger stellen kompetente Partner zur Umsetzung des gesetzlichen Auftrags dar und tragen zur Aufgabenentlastung der örtlichen Jugendbehörden bei, in Kooperation mit den Jugendämtern oder im Trägerverbund.

Eine Delegierung von Aufgaben an freie Träger kann nicht erfolgen, ohne die öffentliche Finanzierungsbeteiligung sicherzustellen. Maßnahmen zur Stützung bestehender wie auch zum Auf- und Ausbau neuer Angebote durch den örtlichen Träger sind z. B. ausreichend fortgebildetes Fachpersonal und verlässliche Finanzierungsbedingungen. Tagespflege muss auch für Eltern zu-

---

sind, die weitaus meisten Jugendhilfemittel der Kommunen (und des Landes) für diese ausgegeben werden und ein knappes Drittel der Kindergartenplätze von kommunalen Trägern zur Verfügung gestellt wird, gibt es in den Landkreisen und kreisfreien Städten nur wenig und zumeist schlecht fortgebildetes Personal für diesen Bereich" (Textor 2000: 2). Ein weiteres Ergebnis der Untersuchung von Textor bestand in der Feststellung, dass es an kollegialem Austausch zwischen den Jugendämtern fehlt.

gänglich sein, die dringend auf Entlastung angewiesen sind, die Betreuungskosten jedoch nicht alleine tragen können. Hier gibt es in der Praxis der Jugendämter Hürden bei der Umsetzung des gesetzlichen Auftrags, die Tagespflege der Betreuung in Einrichtungen gleichzustellen. Eine Novellierung von § 91 SGB VIII, wie sie der neue Referentenentwurf vorsieht, ist erforderlich, um eine finanzielle Gleichstellung von Eltern zu ermöglichen und die Ungleichbehandlung von Eltern zu beseitigen, wie z. B. im Fall der zunehmenden Zahl von Einelternfamilien, die ihr Vermögen einsetzen sollen, um eine Betreuung durch eine Tagesmutter bzw. Kinderbetreuerin zu erhalten.[17]

Eine Einbeziehung der großen Wohlfahrtsverbände würde mehrere Vorteile eröffnen: Das Potential an Information und Transparenz hinsichtlich des Angebots würde steigen, da eine größere Öffentlichkeit erreicht wird und die Verlässlichkeit der Qualität bei den Eltern wächst, wenn anerkannte große Träger hinter dem Angebot stehen. Außerdem wären große freie Träger für den Fall von Anstellungsverhältnissen für Tagesmütter ganz anders in der Lage, die damit verbundenen Risiken abzufedern. Kleine freie Träger können grundsätzlich ebenso als Anstellungsträger fungieren, doch müssen die Förderbedingungen in der Kommune darauf abgestimmt sein. Im Sinne eines fach- und sachgerechten Ausbaus von Strukturen wäre zu empfehlen, dass es dabei nicht zu einem Verdrängungswettbewerb bestehender kleiner Träger kommt. Es bedarf stützender Maßnahmen, die geeignet sind, die Kooperation zwischen den Akteuren zu fördern.

8.3.3 Planungsverantwortung umsetzen

Eine sorgfältige und verpflichtende Bedarfserfassung in den Kommunen steht als Voraussetzung und Planungsgrundlage noch aus. Die Schwierigkeiten der Datenerfassung sind u. a. darin zu sehen, dass nicht alle Kommunen in der Kreisplanung mitwirken, Daten nicht kleinräumig vorliegen oder Sozialindikatoren nicht einbezogen werden (vgl. van Santen 2000). Zudem ist die Adressatenbeteiligung in der Planungspraxis ungenügend umgesetzt bzw. verankert. Erwerbstätige Mütter wünschen zunehmend die Möglichkeit, Betreuungsangebote nur an einzelnen Wochentagen nutzen zu können, oder benötigen Betreuung außerhalb der Standardöffnungszeiten von Einrichtungen

---

17 Die Berechnung der Tagespflege nach § 91 SGB VIII erfolgt analog der Hilfe in besonderen Lebenslagen im Sozialhilfebereich und nicht nach den Grundsätzen der Förderung von Kindern in Tageseinrichtungen. Eine weitere Hürde der Inanspruchnahme von Kostenerstattungen für die Tagespflege stellt dar, dass für den Erhalt eines Platzes in einer Kindertagesstätte ausschließlich die wirtschaftlichen Verhältnisse der Eltern maßgebend sind – während die Tagespflege nach § 23, Abs. 3 notwendig und für das Wohl des Kindes geeignet sein muss, damit die Aufwendungen einschließlich der Kosten der Erziehung ersetzt werden können. Das heißt, es spielen bei der Tagespflege zudem Ermessenserwägungen eine Rolle, die es für den Platz in einer Einrichtung nicht gibt. Die derzeitigen Regelungen im SGB VIII hinsichtlich der Kostenübernahme für Tagespflege werden von MitarbeiterInnen der Jugendämter, wie auch von Eltern als wenig einsichtig empfunden. Eine Gleichstellung der Regelungen mit dem Bereich Einrichtungen wäre dringend erforderlich.

(vgl. Kap. 1). Die Definition dessen, was „bedarfsgerecht" bedeutet, muss sich auf die Bedürfnisse und die festgestellten Bedarfslagen der Familien beziehen. Hier stehen die Träger der öffentlichen Jugendhilfe in der Planungsverantwortung. Aufschluss über tatsächliche Bedarfslagen, die über die reine Erfassung der Anzahl von Plätzen hinausgehen, können durch repräsentative Befragungen bei Familien (z. B. per Telefoninterview), MitarbeiterInnen von Betreuungseinrichtungen und Tagespflegebüros oder den entsprechenden Vereinen gewonnen werden. Eltern wenden sich vorrangig an diese Stellen und seltener an Jugendämter, wodurch die Anzahl der Anfragen unterschätzt wird. Instrumente zur Bedarfsplanung müssen die Wünsche der Eltern einbeziehen. Ziel sollte es sein, regionale und überregionale Analysen zu ermöglichen, aus denen konkret Hinweise zur Optimierung von Angebotsstrukturen abgeleitet werden können.

8.3.4 Öffentlichkeit herstellen durch Transparenz und Werbung

In der Regel sind keine bis wenig Mittel für die Öffentlichkeitsarbeit vorgesehen und eingeplant. Um die nötige Information und Transparenz für Eltern zu schaffen, müssen diese Aufgaben zu einem selbstverständlichen Bestandteil der Aufgaben und Leistungen des öffentlichen oder freien Trägers werden. Die Akquise von Tagesmüttern ist ein wichtiger Bestandteil der Öffentlichkeitsarbeit beim Träger. Viele Frauen üben Tagespflege nur auf Zeit aus, z. B. während der Elternzeit. Eine hohe Fluktuation bei den Betreuungspersonen und ein entsprechend höherer Beratungs- und Akquiseaufwand beim Träger sind die Folgen. Es muss ein angemessenes Budget für Öffentlichkeitsarbeit kalkuliert und bereitgestellt werden, um die nötigen personellen und materiellen Ressourcen herzustellen. „Leistet" sich ein Tagespflegeverein neben dem Vorstand eine hauptamtliche Geschäftsführung, so ist dies als Ausdruck von Stabilitäts- und Fachlichkeitsbemühungen zu sehen und als Antwort auf die Erfordernisse eines „Marktes", in dem die Platzierung eines Angebots für seine Existenz entscheidend sein kann. Bisher lässt die Finanzierungssituation der freien und öffentlichen Träger – wenn überhaupt – nur kleinere „Projekte" zu, z. B. Broschüren in geringer Auflagenstärke. Für das Ziel des Ausbaus des Betreuungsangebots und zur Anwerbung von Tagesmüttern in großer Zahl ist dies nicht ausreichend. Hierfür sollte zusätzlich das Internet als Plattform genutzt und sollten auch dafür Mittel bereitgestellt werden (vgl. Kap. 7).

8.3.5 Aufbau von kommunalen Fachdiensten als Informations-, Beratungs- und Vermittlungsstellen

Es gibt Leistungen, die überregional organisiert werden können: Werbung für die Betreuungsform bei politischen AkteurInnen, Beratung von Kommunen, Öffentlichkeitsarbeit. Diese stützenden Aufgaben werden in der Praxis mit von Landesverbänden bzw. Organisationen auf Länderebene getragen, soweit die Ressourcen dazu vorhanden sind. Der Aufbau der Strukturen auf Länder- und Bundesebene ist wichtig und muss ebenso mit Fördermitteln abgestützt werden. Die konkrete Beratungs- und Vermittlungsarbeit von Tagesmüttern und Eltern muss jedoch in der jeweiligen Kommune angesiedelt bleiben, damit wohnortnah angeboten werden kann. Vorgehalten werden können diese Leistungen vom Jugendamt, vom kommunalen Tagespflegebüro, vom Tagespflegeverein oder von einem anderen anerkannten freien Träger. Beratung und Vermittlung sind als fachliche Einheit zu verstehen und müssen in einer Hand liegen (vgl. Kap. 6). Landesweite Aufbauprogramme und Modellvorhaben zum Ausbau der Tagespflege, z. B. nach dem Muster Baden-Württembergs, können einen flächendeckenden Aufbau in den Bundesländern voranbringen. Akteure auf Länderebene wurden in der Vergangenheit auch tätig hinsichtlich notwendiger Verbesserungen der jeweiligen Landesgesetzgebung. Aufgrund der sehr unterschiedlichen Strukturen in den Ländern ist es sinnvoll, wenn eine von allen Verbänden anerkannte, neutrale Instanz oder Stabsstelle den Austausch koordiniert.[18]

8.3.6 Ausbau des Gesamtsystems

Die Nachfrage nach Tagespflege ist u. a. abhängig von der Zuverlässigkeit und der Qualität des Angebots; die Rahmenbedingungen hierfür setzen die örtlichen Jugendhilfeträger. Öffentliche und freie Träger sind ein unerlässlicher und wichtiger Baustein des Betreuungssystems Tagespflege: Sie sind Kooperationspartner von Eltern und Tagesmüttern. Sie stellen nicht nur ein Betreuungsangebot zur Verfügung und sichern die Kontinuität des Gesamtsystems Tagespflege, sondern sichern durch die fachliche Begleitung der Tagespflegepersonen auch die Strukturqualität des Betreuungsangebots. Der geplante Ausbau der Tagespflege muss daher den qualitativen und quantitativen Ausbau der Trägerstrukturen mit im Blick haben, zumal dann, wenn in vergleichsweise kurzer Zeit ein deutlicher Ausbau der Tagespflege erreicht werden soll. Hierfür sollten Erfahrungen auf Bundes- und Landesebene genutzt werden, um bestehende Strukturen auszubauen und die zunächst notwendige Aufklärungs- und Kampagnenarbeit, die zum Aufbau von Akzeptanz und zum Abbau von Informationsdefiziten nötig ist, zu befördern.

Die bestehende Pluralität von Angebot und Trägerspektrum ist ein Resultat der Entstehungsbedingungen der Kindertagespflege und trägt dazu bei, die Flexibilität der Betreuungsangebote sicherzustellen. Diese Pluralität ist in ihrem Grundsatz begrüßenswert, und Maßnahmen sollten darauf zielen, das

---

18 Das Deutsche Jugendinstitut hat in der Vergangenheit im Rahmen von Forschungsprojekten partiell diese Funktion als Impulsgeber für Austausch und Weiterentwicklung übernommen und dabei eine gute Resonanz erzielt. Dem Tagesmütter-Bundesverband kommt ebenfalls eine koordinierende Funktion zu. Bei Ausweiten dieser Funktion müssen jedoch die personellen Ressourcen des Bundesverbands und seine Anerkennung auf Bundesebene verbessert werden. Flankierende Maßnahmen sind wissenschaftliche Begleitstudien zu den Bedingungen des Ausbaus und der Qualitätsentwicklung bzw. -sicherung.

bestehende Trägerspektrum qualitätsorientiert auszubauen. Ein Einstieg der großen freien Wohlfahrtsverbände in die Kindertagespflege würde weitere für einen Ausbau förderliche Impulse setzen, z. B. Öffentlichkeitswirksamkeit und Anerkennung der Betreuungsform, Verlässlichkeit des Angebots, Anstellungsbedingungen für Tagesmütter. Eine Ansiedlung der Kindertagespflege ausschließlich beim öffentlichen oder freien Träger wird den hiesigen Strukturen und Erfordernissen nicht gerecht, ist rechtlich unangemessen und würde sich praktisch gegen bestehende Systeme vorerst kaum umsetzen lassen. Zunächst sollten die fachlichen Standards in den Blick genommen werden. Wenn diese einer Weiterentwicklung unterliegen und mittelfristig durch Gesetzgebungsverfahren in den Ländern und Ausführungsbestimmungen ein fachlich verbindlicher Konsens auf Bundesebene erreicht wird, kann eine Steuerung der Strukturen auf fachlicher Basis (Aufgabentrennung und Kooperation zwischen öffentlicher und freier Jugendhilfe) sinnvoll erfolgen. Hierzu sind weitere Untersuchungen und Diskussionen notwendig, in die alle Akteure auf Bundes- und Landesebene einbezogen werden sollten.

Zusammenfassung

- Kindertagespflege findet in einem teils öffentlichen, teils privaten Betreuungsmarkt statt, der sowohl gesetzlich geregelt ist als auch ausgehandelt wird. Die Kennzeichen der Angebotsstruktur in der Praxis sind Regelung versus Regelfreiheit (Gesetzgeber- versus Selbsthilfe-Logik). Daraus entwickelte sich eine Heterogenität von Strukturen: unterschiedliche kleine freie Träger und Initiativen einerseits sowie kommunale Beratungs- und Vermittlungsdienste andererseits, die regional teils gut und teilweise sehr mangelhaft ausgebaut sind.

- In vielen Kommunen fehlen Angebote zur Tagespflege bislang völlig. Systematische Analysen der bundesweiten Angebotsstruktur stehen noch aus.

- Die strukturelle Zuständigkeit für die Angebote der Kindertagespflege liegt beim örtlichen Träger der Kinder- und Jugendhilfe. Diese ergibt sich aus einem gesetzlichen Auftrag laut SGB VIII.

- Kommunen, die Tagespflege anbieten, praktizieren überwiegend zwei Organisationsmodelle: Entweder übernimmt das zuständige örtliche Jugendamt die im Gesetz beschriebenen Aufgaben, oder es überträgt diese an anerkannte freie Träger (Delegationsmodell). Die Aufgabendelegation (Beratung und Vermittlung) an freie Träger ist in den alten Bundesländern die häufigste Organisationsform, während in den neuen Bundesländern die Tagespflege systematischer beim öffentlichen Träger (Jugendamt) angesiedelt wird.

- Die Beteiligung der Kommunen bzw. Jugendämter am Aufbau von Angebotsstrukturen in der Tagespflege wurde in der Vergangenheit nur teilweise umgesetzt.

- Die Kooperationsbeziehungen in der Praxis sind erschwert durch mangelnde Transparenz von Funktionen und Aufgabenteilungen, ideologische Überzeugungen und Informationsdefizite sowie fehlende rechtliche und konzeptionelle Grundlagen und konkrete Ausführungsbestimmungen.

- Die großen freien Träger (Kirchen und Wohlfahrtsverbände) sind bisher nur in geringem Umfang an der Angebotsstruktur beteiligt.

- Für die bestehenden Strukturen der Kindertagespflege typisch sind kleine freie Träger, die aus Zusammenschlüssen von Tagespflegepersonen und Eltern entstanden sind und die in Ergänzung oder Kompensation der öffentlichen Jugendhilfe gebildet wurden (Vereine, Initiativen).

- Die privatgewerblichen Anbieter von Kindertagespflege (z. B. pme Familienservice) haben einkommensstarke Eltern als Zielgruppe im Blick und stützen sich teils auf die öffentlich finanzierten Strukturen (z. B. Qualifizierungsangebote für Tagesmütter).

- Die Finanzierungsstrukturen der Träger (z. B. Entgeltvereinbarungen zwischen öffentlichen und freien Trägern) ermöglichen bislang keine mittel- und langfristige Planung. Sie sind stark auf Absicherung der Grundlagen ausgerichtet und lassen wenige Spielräume für Qualitätsweiterentwicklung und -sicherung.

Empfehlungen

08 | 01
Ein Gesamtkonzept zum Auf- und Ausbau der Tagespflege muss sowohl die Planungs- und Gesamtverantwortung der öffentlichen Träger als auch bestehende Modelle der Zusammenarbeit mit anerkannten freien Trägern und Initiativen anerkennen und weiterentwickeln.

08 | 02
Wegweisend für die Umsetzung von „Betreuung in kommunaler Verantwortung" ist ein hoher Organisationsgrad in der kommunalen Aufgabenwahrnehmung. Möglichst bald sollten Kampagnen anlaufen bzw. Runde Tische, Planungskreise und lokale Bündnisse initiiert werden, die als „Motoren" des Aufbaus am Ort aktiv werden.

08 | 03
Die Aufgaben und die Anstrengungen zum quantitativen Ausbau und zur Qualitätsweiterentwicklung müssen beim Träger vertraglich verbindlich und in langfristiger finanzieller Perspektive abgesichert werden.

08 | 04
Im Sinne eines fach- und sachgerechten Ausbaus von Strukturen ist eine Einbeziehung der großen Wohlfahrtsverbände anzustreben. Es bedarf stützender Maßnahmen, die geeignet sind, die Kooperation der großen Verbände mit den bisherigen Akteuren zu fördern.

08 | 05
Es sind klare Kriterien für die Qualität und die Geeignetheit eines Angebotsträgers in der Tagespflege zu formulieren und verbindlich festzusetzen, die dem fachlichen Standard in Betreuungseinrichtungen entsprechen.

08 | 06
Der Ausbau der Tagespflege, durch den in vergleichsweise kurzer Zeit eine hohe Platzquote erreicht werden soll, muss den qualitativen und quantitativen Ausbau der Trägerstrukturen im Blick haben. Mittelfristiges Ziel muss sein, in jeder Kommune einen Fachdienst für Kinderbetreuung in Tagespflege einzurichten.

08 | 07
Der Aufbau von überregionalen Strukturen auf Länder- und Bundesebene (Verbände) muss begleitend gefördert werden, da diese wichtige Funktionen in der Schaffung und der Umsetzung bundeseinheitlicher Standards zum Ausbau des Gesamtsystems übernehmen können. Der Aufbau überregionaler Strukturen muss ebenso mit finanziellen Mitteln der öffentlichen Hand abgestützt werden.

08 | 08
Damit künftig verlässliche Planungsgrundlagen für die Betreuung der unter Dreijährigen zur Verfügung stehen, ist die Bedarfsplanung beim örtlichen Kinder- und Jugendhilfeträger mit Blick auf diese Altersgruppe und die Tagespflege deutlicher umzusetzen.

08 | 09
Instrumente zur Bedarfsplanung müssen die Wünsche der Eltern einbeziehen, soweit die Definition dessen, was unter „bedarfsgerecht" zu verstehen ist, nicht allein den kommunal Verantwortlichen überlassen bleiben soll. Die tatsächlichen Bedarfslagen der Eltern müssen durch aussagekräftige Befragungen ermittelt werden.

08 | 10
Hinsichtlich der schwindenden Verbindlichkeit traditioneller Differenzierungen zwischen freigemeinnützigen und privatgewerblichen Trägern wird es künftig wichtiger werden, die fachlichen Kriterien zur Gewährleistung des Kindeswohls nicht nur im Vorfeld der Übertragung von öffentlichen Aufgaben auf einen Angebotsträger anzuwenden, sondern auch in Zeitintervallen zu überprüfen.

Kooperation mit Tageseinrichtungen

Chancen und Grenzen einer vernetzten Kindertagesbetreuung

09

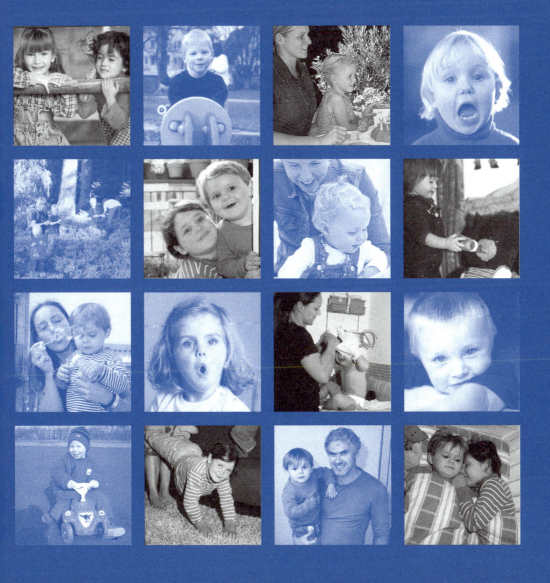

Kooperation mit Tageseinrichtungen
Chancen und Grenzen einer vernetzten Kindertagesbetreuung

Die Kooperation zwischen Tagespflege und Tageseinrichtungen für Kinder ist auf der Grundlage des Kinder- und Jugendhilfegesetzes als eine Beziehung zwischen gleichberechtigten Partnern gestaltbar, was sich auch in einigen Ländergesetzen niederschlägt (vgl. Kap. 3). Sollte das Gesetz entsprechend dem Referentenentwurf vom 2. April 2004 geändert werden, ist Kooperation direkt gefordert im Hinblick auf

- die Jugendhilfeplanung und die Bedarfserhebung,
- die Vermittlung von Plätzen in Kindertageseinrichtungen und Tagespflege,
- die Beratung von Eltern bei der Auswahl eines Platzes,
- die Zusammenarbeit von Personal in Tageseinrichtungen mit Eltern und Tagesmüttern sowie mit anderen kinder- und familienbezogenen Institutionen und Initiativen im Gemeinwesen, insbesondere solchen der Familienbildung und -beratung.

Die geplante Gesetzesänderung bietet eine bessere Basis für die Herstellung von Kooperationsbezügen als bisher.

Zentrales Anliegen der Kooperation ist es, eine bedarfsgerechte, familienfreundliche Form von Kinderbetreuung und Elterninformation im Gemeinwesen zu ermöglichen und nach dem Vorbild skandinavischer Länder ein Verbundsystem der Kinderbetreuung für unterschiedliche familiäre Bedarfe zu entwickeln. Erwartete Synergieeffekte durch die Kooperation zwischen Tagespflege und institutioneller Kinderbetreuung bestehen sowohl in der Ausweitung des Platzangebots als auch in wechselseitigen Qualifizierungs- und Professionalisierungsprozessen durch die Zusammenführung beider Systeme. In jedem Fall eröffnen sie aber Familien verbesserte Möglichkeiten, die beiden Angebotsformen, die auch jetzt schon in 15 % der Tagespflegefälle parallel genutzt werden (DJI 2002b: 159), besser aufeinander abzustimmen.

Die bisherigen Erfahrungen mit konkreten Kooperationsbezügen sind ermutigend[1], aber immer noch dünn gesät, wie schon Mitte der 90er Jahre festgestellt (vgl. Schneider 1996: 549) und nach einer Länderumfrage 2001[2] sowie durch neuere Recherchen[3] bestätigt wurde. Es fragt sich, warum die auf verschiedenen Ebenen (z. B. bei Verbänden) angestrebte Verbindung der beiden

---

1 Vgl. etwa das Projekt „Orte für Kinder" des Deutschen Jugendinstituts 1991–1994.
2 DJI-Projekt „Familienunterstützende Kinderbetreuung"; vgl. DJI 2002a.
3 DJI-Projekt „Kinderbetreuung in Tagespflege" 2002–2004.

Bereiche bisher nicht mehr Verbreitung gefunden hat.[4] Dabei fehlt es weder an Vorstellungen über geeignete Organisationsstrukturen noch an Vorbildern (vgl. Schneider 1996: 551). Diese müssten allerdings stärker als bisher konzeptionell in die bestehenden Strukturen eingearbeitet werden. Das vorliegende Kapitel baut deshalb vorrangig auf die Darstellung und die Auswertung bestehender Konzepte und Erfahrungen mit Kooperationsbeziehungen in der Praxis auf, die einerseits durch die Zufälligkeit von zusammentreffenden Faktoren bestimmt sind, andererseits einige gemeinsame Entwicklungslinien aufweisen, die für zukünftige konzeptionelle Überlegungen bedeutsam sind.

9.1 Begründung und Zielsetzungen für die Kooperation

Die leitende Zielsetzung für Vernetzung und Kooperation zwischen dem mehr privaten und dem öffentlichen Bereich bzw. dem familiennahen und dem einrichtungsbezogenen Angebot der Kinderbetreuung wird in den aufgefundenen Praxisbeispielen durchgängig beschrieben als Ressourcenbündelung sowie als Schaffung eines größeren familienfreundlichen Angebots an Kinderbetreuung vor allem für Kinder unter drei Jahren. Im Modellbeispiel „Kinderbrücke" in Wiesbaden wird dieses Anliegen z. B. folgendermaßen formuliert: „Dabei geht es um die Bereitstellung qualitativ hochwertiger, flexibler, differenzierter und für Eltern finanzierbarer Betreuungsangebote, die sowohl den kindlichen Bedürfnissen und Interessen als auch Anforderungen aus der Berufswelt gerecht werden" (Treffpunkt Tagespflege 2002).

Diese Zielvorstellungen decken sich mit den politischen Vorgaben zum Ausbau der Kinderbetreuung sowie den Bemühungen von Kommunen und Trägern, das bestehende Kinderbetreuungsangebot unter gleichzeitigem Sparzwang zu ergänzen und zu flexibilisieren bzw. zu variieren. Die Verknüpfung beider Angebotsformen vergrößert die Information und die Wahlmöglichkeiten für Eltern bei der Suche nach einem Betreuungsplatz und bietet „Hilfe aus einer Hand" auch für die Kombination unterschiedlicher Betreuungsformen (Betreuungsmix; vgl. Kap. 1). Darüber hinaus wird mit der Vernetzung der Bereiche angestrebt, die Kapazität für Notfall- und Vertretungsregelungen zu erweitern bzw. einzurichten.

Ein weiteres pädagogisches Ziel richtet sich auf eine kindorientierte Gestaltung des Übergangs von der Tagespflege in die Tageseinrichtung.

---

4 Ein nicht zu unterschätzender Grund dürfte wohl darin liegen, dass gerade jene freien Träger, die bundesweit über ein großes Netz von Tageseinrichtungen für Kinder verfügen – allen voran die Wohlfahrtsverbände –, bislang in der Tagespflege bis auf wenige Ausnahmen nicht präsent sind.

Durch Kooperation passt sich aus Sicht der Eltern das Leistungsangebot der Jugendhilfe für die Betreuung, Erziehung und Bildung von Kindern stärker den Bedarfssituationen von Familien an, z. B. durch

- verbesserte Spielräume im Übergang von der familiennahen zur einrichtungsbezogenen Betreuung;
- einfachere Möglichkeiten, die beiden Systeme zeitlich und organisatorisch aufeinander abzustimmen;
- verbesserte Back-up-Systeme, also kurzfristige Aushilfen bei innerfamilialen Betreuungsengpässen;
- niedrigschwellige Übergänge für die Kinder zwischen den Betreuungsarrangements.

Grundlage für ein Zusammenwirken der sehr unterschiedlich strukturierten Betreuungsfelder sind einerseits die in den letzten Jahren entwickelten Qualifizierungskonzepte in der Tagespflege und andererseits die Öffnung der institutionellen Betreuungskonzepte für erweiterten Bedarf von Familien im Rahmen einer gemeinwesenorientierten Sichtweise.

Ausgehend vom System Tagespflege zielt die Kooperation auf

- die Zunahme von Verlässlichkeit und Stabilität für die Nutzer;
- eine größere Anerkennung von Tagespflege als eigenständiges Angebot;
- die Unterstützung des Qualifizierungsprozesses bei den Tagespflegepersonen;
- die Erleichterung der Vernetzung von Tagesmüttern untereinander;
- die Ausweitung des Personenkreises, der Tagespflege anbieten kann.

Aus der Perspektive der Kindertageseinrichtungen zielt die Kooperation auf

- die Nutzung von vorhandenen Kapazitäten für ein weiteres Segment des Kinderbetreuungsangebots;
- eine Erweiterung und/oder Neukonzipierung des Aufgabenfeldes von bestehenden Einrichtungen („Haus für Kinder/Haus für Familien");
- die Nutzung und die Entwicklung einer erweiterten Professionalität von Erzieherinnen;
- die Gewinnung von pädagogisch qualifiziertem Personal für den Kreis der „berufsorientierten" Tagesmütter (vgl. Kap. 4).

Von einer Kooperation der beiden Systeme wird auch erwartet, dass auf beiden Seiten Qualifizierungsprozesse stattfinden und sich somit die Hoffnungen auf einen Ausgleich der Vor- und Nachteile beider Systeme realisieren lassen. Durch den Dialog zwischen beiden Betreuungsformen sollen gegenseitige Vorbehalte abgebaut und die jeweiligen Qualitäten wahrgenommen und respektiert werden.

In der Ausgestaltung der speziellen Kooperationsvorstellungen am Ort kommen vielfältige und unterschiedliche Zielsetzungen und politische Zwecksetzungen zum Tragen, die sehr stark von den regionalen Bedingungen und Voraussetzungen abhängig sind (z. B. für welche Altersgruppen Angebote existieren, wie groß der Mangel ist, wie viele Tagespflegeplätze es gibt, welche Schwerpunkte und welche Entwicklungspotentiale die Einrichtungen haben usw.). Verschiedene Modellbeispiele werden in Kapitel 9.3 vorgestellt.

9.2 Inhalte und Bereiche der Kooperation

In der Praxis findet die Entwicklung von Kooperationsbezügen auf zwei Ebenen statt:

- Auf der *Verwaltungs- und Vermittlungsebene* stehen die Entwicklung und die Verknüpfung von Qualifikationsstrukturen und der Ausbau der Kinderbetreuung als gemeinsame Planungsaufgabe im Mittelpunkt;
- auf der *Angebotsebene* stehen stärker die konkreten gemeinsamen Aktivitäten und Bezugspunkte der gegenseitigen Bereicherung und Entlastung im Vordergrund.

Obwohl das Zusammenwirken der beiden Akteursebenen die Durchsetzungskraft der Modelle sicherlich erhöhen würde, ist die Verknüpfung derzeit nur in geringem Ausmaß verwirklicht. Im konkreten Einzelfall (vgl. die verschiedenen Modellbeispiele in Kapitel 9.3) sind die beiden Kooperationsebenen nicht unbedingt aneinander gekoppelt.

Kooperation auf der Verwaltungs- und Vermittlungsebene:

- Entwicklung von familienpolitischen *Gesamtkonzepten* in Kommunen;
- Zusammenführen der Verwaltungsbereiche in *einem gemeinsamen Ressort* der Kinder- und Jugendhilfe (im Jugendamt oder auch bei Verbänden der freien Wohlfahrtspflege);
- *Planung* als *Bindeglied zwischen öffentlicher und freier Jugendhilfe*, gleichrangiges Einbeziehen von Tagespflege und KiTas in den Jugendhilfeplanungsprozess;
- *gleiche Beitragsregelungen* für Eltern für die Inanspruchnahme von KiTas oder Tagespflege;
- Aufstellung *gemeinsamer fachlicher Grundsätze*;
- Einrichtung *gemeinsamer Arbeitskreise* (nach § 78 SGB VIII), an denen VertreterInnen aus Kindertageseinrichtungen und aus der Tagespflege beteiligt sind;
- Initiierung und Begleitung von *Netzwerken für Tagespflege*;

- *zentrale Bündelung* von *Beratungs- und Vermittlungsaktivitäten* für Betreuungsplätze in Tagespflege und Institutionen (über Jugendamt, freie Träger, Vereine, Selbsthilfe-Institutionen, Familienbildungsstätten, Servicebüros, Kindertagesstätten u. a.);
- Kooperation von *Jugendhilfe und anderen Dienstleistungsbereichen* wie z. B. soziale Dienste, Kultur- und Freizeitvereine, Familienbildung, Familienselbsthilfe (Mütterzentren, Häuser der Familie o. Ä.).

Kooperation auf der Praxisebene:

- Gemeinsame *Aktivitäten mit Kindern* oder auch nur *Eltern und Bezugspersonen* beider Betreuungsformen (z. B. Familiensamstage, Eltern-Kind-Nachmittage, Stammtisch für Eltern, Erzieherinnen und Tagesmütter);
- gemeinsame *Raum- und Materialnutzung*;
- abgestimmte (ergänzende) *Betreuungszeiten* und *-konzepte*;
- gemeinsame Veranstaltungen der *fachlichen Begleitung*: Fortbildung, Fachberatung und Supervision;
- *Selbstorganisation* von Tagesmüttern in Teams;
- *Erfahrungsaustausch* und gegenseitige *fachliche Beratung* zwischen pädagogischem Fachpersonal und Tagesmüttern;
- *Vertretungsregelungen*, gegenseitige Aushilfe in Notsituationen;
- Bereicherung des Systems durch Einrichtung von *Kurzzeit- und Notfallbetreuung* und von regelmäßigen *Ergänzungs- oder Anschlussangeboten* als Brücke zwischen beiden Formen, wenn der vorhandene Betreuungsplatz den individuellen Bedarf nicht deckt;
- regelmäßige *Hospitation oder Mitarbeit* von *Tagesmüttern* in Kindertageseinrichtungen;
- Gewinnung und Betreuung von Tagespflegekräften.

Diese unterschiedlichen Aktivitäten und Maßnahmen kommen in den Kooperationsbezügen am Ort teilweise als einzelne Elemente oder in mehr oder weniger abgestimmten und aufeinander aufbauenden Schritten vor. Die Initiative für die Kooperationsbeziehungen kann von ganz unterschiedlichen Positionen ausgehen:

- Sie kann auf Seiten der Kommune (Gemeindeverwaltung oder Jugendamt) liegen (vgl. Modellbeispiele Bensheim, Maintal, Siegen, Berlin-Neukölln)
- oder, sofern sie von der Tagespflege ausgeht, bei einem Tagespflegeverbund bzw. einer amtlichen Tagespflegezentrale (vgl. Modellbeispiele Flensburg, Wiesbaden)
- oder aber, sofern sie von Tageseinrichtungen ausgeht, bei einem verbandlichen Träger von Kindertageseinrichtungen (vgl. Modellbeispiele Bremen, Kiel).

An manchen Orten liegt die Initiative auch bei einer einzelnen Einrichtung (vgl. Modellbeispiel Castrop-Rauxel). Initiativen, die von Unternehmen ausgehen, führen am ehesten zu zentralen Vermittlungsstellen im Sinne eines Familienservice (vgl. Modellbeispiel Ingolstadt). Mitunter entsteht aus einer betrieblichen Initiative auch der Aufbau eines Tagesmütter-Verbunds (vgl. BMFSFJ 2002).

Die wichtigsten Kooperationspartner der jeweiligen Träger sind neben Tagespflege und Kindertagesstätten u. a. Familienbildungsstätten, Mütterzentren, Initiativen und Vereine. Ein weiterer Kooperationsbereich erschließt sich in der Verbindung mit dem Amtsbereich „Hilfen zur Erziehung" (§§ 27 und 32 SGB VIII). Diese Verknüpfung von Tagespflege und anderen institutionellen Aufgaben und Kontexten (z.B. in Bremen mit dem Verein „Pflegekinder in Bremen GmbH") führt zu anderen Effekten: Es ergibt sich damit – wie laut Gesetz möglich – eine Verlagerung der Aufgaben auf andere Bereiche der Jugendhilfe. Wenn Tagesmütter auch für Aufgaben im Arbeitsfeld „Hilfen zur Erziehung" eingesetzt werden, verschärft sich jedoch die Frage nach der erforderlichen Qualifikation. Die „Hilfen zur Erziehung" umfassen sehr unterschiedliche Aufgaben, die weit über den Auftrag der Tagespflege hinausgehen können. Hier muss im Einzelfall geprüft und von den Jugendhilfeträgern sichergestellt werden, dass das Qualifikationsprofil der einzusetzenden Tagesmutter für diese Anforderungen ausreicht. Dieser Kooperationsbereich ist deshalb bei den nachfolgend aufgeführten Modellbeispielen (vgl. Kapitel 9.3) nicht aufgenommen.

9.3 Konkrete Beispiele von Kooperationsmodellen aus der Praxis

Der Aufbau von Kooperationsbezügen zwischen Tagespflege und institutioneller Kinderbetreuung kann trotz geringer Verbreitung schon auf eine mehr als zehnjährige Geschichte zurückblicken. Für die Zielrichtung der Entwicklung örtlicher Kooperationsstrukturen ist die Einbettung in die jugendhilfepolitischen Entscheidungen der Kommune/des Trägers von großer Bedeutung (z.B. Priorität für eigenständige Tagespflege oder Anbindung an die Tageseinrichtung). Die bisher bekannten und in der Praxis erprobten Kooperationsmodelle weisen sehr unterschiedliche Binnenstrukturen aus. Der hier vorgenommene Versuch einer Zuordnung zu verschiedenen Kooperationstypen orientiert sich an der Konzeption, an der Organisationsform und an der Reichweite bezüglich der Effekte von Kooperation. Idealtypisch können fünf Arten von Kooperationsmodellen unterschieden werden. Diese werden zunächst allgemein dargestellt und dann durch Praxisbeispiele in einer Tabellenübersicht illustriert.

Typ A: Kommunales Gesamtkonzept zur Koordinierung verschiedener Angebote und Träger

Die Kooperationsbezüge sind eingebettet in ein jugendhilfepolitisches Gesamtkonzept für die Kinderbetreuung („Kinderbetreuung aus einer Hand"). Tagespflege wird als Leistung der Jugendhilfe angeboten. Das Kinderbetreuungsangebot ist mit Serviceleistungen für Familien koordiniert und wird von einer zentralen trägerübergreifenden Stelle für alle Fragen und Leistungen in der Kinderbetreuung bzw. im Bereich Tagespflege gesteuert. In diesem Vorgehen liegt eine große Chance, die Gleichrangigkeit von Tagespflege und institutioneller Betreuung als Ausgangsbasis zu nehmen und auf dieser Grundlage Kooperation zu realisieren. Dieser Kooperationstyp umfasst ein eigenständiges Aufgabenfeld mit entsprechender personeller Ausstattung. Voraussetzung sind eine umfassende Abstimmung zwischen unterschiedlichen Amtsbereichen, Trägern, Initiativen, Vereinen sowie die Bereitschaft der beteiligten Institutionen und Personen zur Kooperation.

Typ B: Vernetzung der bestehenden Systeme Tageseinrichtung und Tagespflege

Grundlage der Kooperation ist die Schaffung eines gemeinsamen Ressorts für Tagespflege und Tageseinrichtungen auf der Verwaltungsebene. Die Vernetzung von bestehenden, als gleichrangig anerkannten und sich ergänzenden Angeboten (Tagespflege/Kindertageseinrichtung) wird befördert und die gemeinsame Nutzung von jeweils in der Praxis vorhandenen Ressourcen (materiell, personell) angeregt und unterstützt. Ein weiterer Schwerpunkt dieses Kooperationstyps besteht in der Verbesserung der Zusammenarbeit und der Qualifizierung der Fachkräfte aus beiden Bereichen. Voraussetzungen sind die ausreichende Koordination auf Amtsebene sowie die Bereitschaft von Einrichtungen, sich für Tagesmütter zu öffnen. In ihrer Reichweite ist diese Kooperationsform zunächst von bestehenden Strukturen abhängig.

Typ C: Vernetzung der bestehenden Systeme Tageseinrichtung und Tagespflege mit dem Bereich der Familienbildung

Die Kooperation wird wesentlich durch Initiative und konzeptionelle Vorstellungen eines dritten Akteurs – aus der Familienbildung – geprägt. Die Zusammenarbeit mit beiden Betreuungsformen fußt auf einer familienpolitischen Konzeption der Arbeit von Familienbildungsstätten. Organisatorisch wird die Arbeit einer zentralen Anlaufstelle für Tagesmütter und Eltern an eine Kindertagesstätte oder ein Netz von Kindertagesstätten angebunden. Günstige Voraussetzung ist eine gemeinsame Trägerschaft.

Typ D: Angebotserweiterung einer bestehenden Kindertageseinrichtung durch Familiendienste

Eine Verbindung der Arbeitsfelder Tagespflege und Tageseinrichtung entsteht als Konzept einzelner Einrichtungen in Bezug zu dem Bedarf der Familien im Einzugsgebiet. Diese Kooperationsform kreiert neue Betreuungsformen, die die Lücken des öffentlichen Betreuungssystems schließen. Voraussetzung ist, dass diese Initiativen einzelner Einrichtungen von Amts wegen oder von Sponsoren unterstützt werden. Sie haben jedoch als Einzelaktionen nur eine begrenzte Wirksamkeit. Doch auch als Einzelinitiative verbreitern und differenzieren sie das Angebot im lokalen Umfeld und bringen neue Ideen in Umlauf (zur Anschauung). Voraussetzung hierfür ist die Bereitschaft zur ideellen und finanziellen Unterstützung von Initiativen aus dem privaten und öffentlichen Bereich.

Typ E: Kooperation in der Vermittlung von Plätzen, Unterstützung und Beratung von Eltern auf Platzsuche

Vermittlungs- und Beratungsprozesse werden unter Nutzung und Vernetzung des vorhandenen Angebots trägerspezifisch und trägerübergreifend koordiniert. Hier findet die Kooperation schwerpunktmäßig mit Blick auf die Vermittlung von Betreuungsplätzen statt. Organisatorisch kann diese Tätigkeit bei unterschiedlichen Institutionen (Vereinen, Initiativen u. a.) angesiedelt sein. Voraussetzung ist ein trägerübergreifender Abstimmungsprozess und eine gute Zuarbeit zu einem Informationspool. Ein Nebeneffekt für die Jugendhilfeplanung besteht in Hinweisen auf ungedeckten Bedarf.

Tabelle 9.1: Modell-Beispiele für die Kooperation von Tagespflege ...

Ort, Name, Jahr und ggf. Entstehungsgeschichte	Kooperationspartner, Initiatoren	Kooperationsziele (einschl. politischer Ziele)
A. Kommunales Gesamtkonzept / Koordinierung verschiedener Angebote		
Bensheim **Tageselternbörse** (als freier Träger) Kommunales Modellprojekt, initiiert 2002 als Konsequenz von Veranstaltungen im Rahmen der Lokalen Agenda 21 „kinderfreundliches Bensheim" (1999); Konzeptentwicklung durch die Frankfurter Agentur für Innovation und Forschung (FAIF)	**Tageselternbörse, Frauen- und Familienzentrum (FFZ) und KiTas**	▪ Verbesserung des Standortvorteils der Kommune ▪ Ausbau und Vernetzung einer flächendeckenden Kinderbetreuungsstruktur, speziell Tagespflege für Kinder unter drei Jahren ▪ Bereicherung der Angebotsvielfalt ▪ Service für Familien ▪ Impulse für Nachbarschaftshilfe ▪ Kooperation mit Unternehmen und Vereinen ▪ Anwerbung und Qualifizierung von Tagesmüttern und -vätern
Maintal **Kommune und Hessisches Tagespflegebüro**	**KiTa und Tagespflegepersonen,** Koordination durch das **Tagespflegebüro**	▪ Aufbau eines Verbundsystems „KiTa – Tagespflege" ▪ Förderung und Nutzung Räume und Materialien in den KiTas ▪ fachpolitische Einflussnahme auf die Betreuungsstruktur des Gemeinwesens
Siegen **Service-Stelle Kinderbetreuung** (angesiedelt in der Abteilung Soziale Dienste) Projekt 2000–2004, gefördert mit Mitteln des Europäischen Sozialfonds der EU und des Landes NRW	**Stadt: Gleichstellungsstelle und Fachbereiche Soziale Dienste und Jugendamt** **und** **Kinderbetreuungsangebote: KiTa und Tagespflege, Fördervereine für Schulkindbetreuung** (offene Ganztagsgrundschule)	▪ Vernetzung und bedarfsgerechte Weiterentwicklung bestehender Kinderbetreuungsangebote bzw. bedarfsgerechter Ausbau alternativer Lösungen ▪ Professionalisierung der Tagespflege durch Existenzgründungen im Bereich privater Kinderbetreuung ▪ Qualifizierung der Tagespflege ▪ Verbesserung der Transparenz für NutzerInnen ▪ Steigerung der Frauenerwerbstätigkeit in der Region ▪ Verbindung von Angebot und Nachfrage ▪ Gender-Mainstreaming
Wiesbaden **„Kinderbrücke"** Seit 1994	**Verbundsystem von KiTa und Tagespflege** durch **Kooperation von vier verschiedenen Trägern.** Amt für soziale Arbeit/ Fachstelle Tagespflege, Evangelische Familienbildungsstätte, Deutscher Kinderschutzbund, Kinderhaus Elsässer Platz	▪ Trägerübergreifende Vermittlungsstelle und zentrale Zuständigkeit für Tagespflege („Treffpunkt Tagespflege") ▪ Erweiterung des Angebots für Kinder unter drei Jahren durch Tagespflege als Leistung der Jugendhilfe ▪ Gestaltung von stabilen Betreuungsverhältnissen ▪ Qualitätsentwicklung und Qualitätssicherung ▪ gegenseitige Partizipation von familiärer und institutioneller Betreuung

...mit anderen Anbietern

Kooperationsformen und -inhalte	Eigene Einschätzung	Bemerkungen/Sonstiges
A. Kommunales Gesamtkonzept / Koordinierung verschiedener Angebote		
■ Vermittlung von Kurzzeit-, Regel- und Notfallbetreuung ■ Babysitterservice ■ Anwerbung und Qualifizierung von Tageseltern, ■ Begegnungsmöglichkeiten: Spiel- und Bewegungsnachmittage, Elternabende, Tageseltern-Café ■ Beratung von Eltern und Tagesmüttern	Freie Trägerschaft hat sich bewährt, die Hemmschwelle ist niedrig für Tagespflegeeltern und suchende Eltern. Das Projekt soll sich nach der Anschub-Initiative selbst weiter tragen. Die Aussichten sind gut, da die Initiative auf Resonanz in verschiedenen Bereichen gestoßen ist.	Dreijähriges Innovationsprojekt als Anschub für eine Verbesserung der Situation in der Kindertagesbetreuung; Bedarfsanalyse als Grundlage Speziell für Kinder unter drei Jahren wollte die Stadt den Ausbau des institutionellen Angebots. Kooperation mit dem Hessischen Tagespflegebüro in Maintal
■ Gemeinsame Qualifizierung des Personals aus KiTas und Tagesmüttern ■ kollegiale Beratung ■ wechselseitige Erbringung fachlicher Anschlussdienstleistungen („Notfallplätze") ■ Gestaltung des Übergangs in die KiTa ■ gemeinsame fachpolitische Veranstaltungen und Gremienarbeit	Der Verbund kann seine Ziele erreichen, der Aufbau lohnt sich, die Effekte auch in den fachpolitischen Raum sind sehr positiv.	Eine zentrale Koordination ist unbedingt erforderlich. Die Kommune Maintal hat damit in den 90er Jahren begonnen und eine Vorreiterrolle übernommen. Das Hessische Tagespflegebüro wird von anderen Kommunen für Information und Beratung in Anspruch genommen.
■ Datenerhebung zu Angebot und Bedarf sowie zur Fachkompetenz ■ Vermittlung von Kinderbetreuungsmöglichkeit (regelmäßige Betreuung und Notfälle) ■ Beratung für Eltern ■ Beratung für Träger von KiTas, Arbeitgeber und Bildungsträger ■ Klärung der Finanzierbarkeit ■ Organisation flächendeckender Ferienbetreuung ■ Anpassungsqualifizierung für pädagogisches Fachpersonal ■ Qualifizierungslehrgänge für Tagespflege ■ Mitarbeit in der fachbereichsübergreifenden Arbeitsgruppe zur Umsetzung der Offenen Ganztagsschule ■ Fachveranstaltungen	Aufgrund der Anforderungen des Arbeitsmarktes bezüglich zunehmend flexibilisierter Arbeitszeiten können institutionelle Angebote den Betreuungsbedarf nicht mehr abdecken. Die Statistik der Beratungsfälle zeigt, dass entweder kein Platz zur Verfügung stand oder eine Ergänzung zur vorhandenen Betreuung notwendig war. Tagespflege hat steigende Tendenz als Betreuung für Kinder unter drei Jahren, als stundenweise Überbrückung, Früh- und Spätbetreuung, Wochenend- und Notfallbetreuung.	Das Konzept wird von anderen Regionen übernommen. Es wird nach einer Fortführung der Service-Stelle Kinderbetreuung nach Auslaufen der momentanen Finanzierung gesucht. Der regelmäßige Fach- und Erfahrungsaustausch mit der Gesellschaft für innovative Beschäftigungsförderung (G.I.B.) mündet in Vorarbeiten für eine Entwicklungspartnerschaft im Rahmen der EU-Gemeinschaftsinitiative EQUAL II.
■ Vermittlung, Qualifizierung, Beratung und Betreuung von Tagespflegestellen ■ Vertretungssystem von Tagesmüttern durch Zusammenschluss in „Bezugsgruppen" ■ Nutzung von Räumen und Materialien der Kindertagesstätten ■ verbindliche, von pädagogischen Fachkräften geleitete Spielkreise für Tageskinder		Für die Projektkoordination sowie die Spielkreise sind eigene pädagogische Fachkräfte zuständig.

Ort, Name, Jahr und ggf. Entstehungsgeschichte	Kooperationspartner, Initiatoren	Kooperationsziele (einschl. politischer Ziele)
B. Vernetzung der bestehenden Systeme KiTa und Tagespflege		
Berlin, Bezirk Neukölln **Jugendamt** 1996–1997 Beratungsprojekt (Modell) als Ansatz für Innovation; Konzepterstellung im Rahmen der Abschlussarbeit für eine Zusatzqualifikation in Absprache mit dem Ressortleiter	**KiTa und Tagespflege:** Zusammenlegung der Verwaltung beider Bereiche zu einer Organisationseinheit im **Jugendamt (JA)**	Konzeptionelle Weiterentwicklung der Dienstleistung Tagesbetreuung ■ Qualifizierung von Tagespflege ■ Verbesserung struktureller Defizite von Tagespflege ■ Weiterentwicklung von KiTas zu Stadtteilzentren ■ KiTa als Anlaufstelle für Tages(pflege)mütter ■ Beratung am Ort über das Gesamtangebot ■ koordinierte Platzvermittlung
Bremen **Verbundsystem** Ausgehend von der Bremischen evangelischen Kirche	**Freie Träger:** Bremische evangelische Kirche, Mütterzentren/Verein der Tagesmütter, DPWV (für Qualifizierung)	■ Verknüpfung der Tagespflege mit den vorhandenen Ressourcen von KiTas ■ Verbesserung der Dienstleistungsangebote für Familien ■ „Kinderbetreuungsangebote aus einer Hand" (Kundenorientierung) ■ Verbesserung der Zusammenarbeit der Fachkräfte aus beiden Arbeitsfeldern ■ Nutzung der räumlichen Infrastruktur für die Tagespflegekräfte
Kiel, Arbeiterwohlfahrt **Kinderhaus Mettenhof** Dauereinrichtung seit Anfang der 90er Jahre (Projekt „Orte für Kinder") inzwischen ausgeweitet auf zwei weitere Kinderhäuser der AWO in Mettenhof	**KiTa und Tagespflegebüro der Abteilung Kindertagesbetreuung der Arbeiterwohlfahrt**	■ Verbindung des Platzangebots für Kinder unter drei mit dem für Kinder ab drei Jahren ■ bessere Nutzung des bestehenden Tagesmutter-Modells anstelle von stärkerem Ausbau des institutionellen Angebots für Kinder unter drei Jahren. (Kostenfaktor) ■ Aufbrechen der Isolation von Tagesmüttern ■ fachliche Qualifizierung von Tagesmüttern durch Austausch untereinander und Partizipation an der KiTa ■ Nutzung von KiTa-Ressourcen

Kooperationsformen und -inhalte	Eigene Einschätzung	Bemerkungen/Sonstiges
B. Vernetzung der bestehenden Systeme KiTa und Tagespflege		
Erprobung des Modells in einer KiTa mit Krippenabteilung ■ Einladung an Tagesmütter zum Besuch von Veranstaltungen und zur Nutzung von Innen- und Außenräumen der KiTa ■ Tagesmutterfest in der KiTa zum Einstieg ■ Besuchstage für Tagesmütter und ihre Tageskinder in der KiTa ■ bessere Information von Eltern über beide Formen	Erfolgreicher Verlauf: ■ Abbau von anfänglichen Vorurteilen auf beiden Seiten durch Kontakt Schwierigkeiten: ■ Vorbehalte bei Tagesmüttern sind größer als bei KiTas. ■ Unterstützung der Leitungsebene im JA ist notwendig. ■ Konkurrenz bei Rückgang der Nachfrage erschwert Kooperation.	Persönliche Initiative einer pädagogischen Sachbearbeiterin in Verbindung mit einer berufsbegleitenden Weiterbildung (ein Abschlussbericht liegt vor) Unterstützung durch den Ressortleiter im JA
■ gemeinsame Fortbildung und Beratung ■ gemeinsame Veranstaltungen für Kinder und Eltern aus KiTas und Tagespflege ■ „Anschlussdienste" ■ gemeinsame fachpolitische Veranstaltungen	Die Zielvorstellungen konnten umgesetzt werden: ■ Synergieeffekte zwischen den Einrichtungsformen wurden erreicht. ■ Die Zusammenarbeit zwischen den Mitarbeiterinnen hat sich verbessert.	Dieses Angebot besteht in Bremen nicht mehr; es wurde neu ausgeschrieben und dem Verein „Pflegekinder in Bremen GmbH" übergeben.
■ Anstellung der Tagesmütter (sozialversicherungspflichtig), Beratung und Vermittlung durch Tagesmütterbüro der Arbeiterwohlfahrt, finanziert über die Stadt ■ räumliche Ansiedlung des Tagesmütterbüros in der KiTa ■ Leitung der KiTa und des Tagesmütterbüros in einer Hand ■ Gruppenarbeit für Tagesmütter durch stellvertretende Leitung der KiTa ■ je zwei Dreiergruppen von Tagesmüttern besuchen mit ihren Kindern die KiTa an je einem festgelegten Vormittag ■ Platzvergabe in einer Hand	Gegenseitiges Geben und Nehmen: ■ Tagesmütter, Eltern und Kinder unter drei Jahren lernen die KiTa kennen. ■ Tagesmütter nutzen Besuchszeiten in der KiTa zum Austausch untereinander. ■ Erleichterung der Eingewöhnung in der KiTa Schwierigkeiten: ■ Tagesmütter nutzen die Besuchszeiten in der KiTa kaum, um sich durch Hospitieren Anregungen für ihre Arbeit zu holen.	Als das Modell Ende der 90er Jahre nicht so gut lief, wurde das Konzept überarbeitet, um die Verzahnung zu verbessern. Die Kinderhäuser der Arbeiterwohlfahrt verfügen über ein gutes Raumangebot, das Kooperation und Vernetzung ermöglicht.

Ort, Name, Jahr und ggf. Entstehungsgeschichte	Kooperationspartner, Initiatoren	Kooperationsziele (einschl. politischer Ziele)
C. Vernetzung der bestehenden Systeme KiTa und Tagespflege mit Familienbildungsbereich		
Flensburg **Zwei Träger – ein Modell:** Anbindung von qualifizierter Tagespflege an eine Kindertagesstätte Initiiert 1999	Stadt, Evangelisches Kindertagesstättenwerk und Haus der Familie (des ADS)	Schaffung einer familienfreundlichen sozialen Infrastruktur/Verknüpfung von privater und öffentlicher Kinderbetreuung: ▪ Weiterentwicklung des Kindergartens zum Nachbarschaftszentrum ▪ Schaffung von privaten Betreuungsmöglichkeiten – finanziell unterstützt durch die Stadt – für Kinder unter drei Jahren
D. Angebotserweiterung einer bestehenden KiTa durch Familiendienste		
Castrop-Rauxel **Familiendienst vom Kinderhaus Rasselbande** (GmbH, seit 1998)	Kinderhaus (privater Anbieter) – Eltern; Kinderhaus – Stadtjugendamt	▪ Flexible Dienstleistung für Familien auch im Haushalt der Familie ▪ erweiterte Betreuungszeiten nach familiärem Bedarf ▪ ergänzendes Angebot im Rahmen der Jugendhilfeplanung (finanziell bezuschusst)
E. Kooperation in der Vermittlung von Plätzen, Unterstützung und Beratung von Eltern auf Platzsuche		
Ingolstadt **Mobile Familie e.V.** Gegründet 1995 auf Initiative der AUDI AG; Teil des überregionalen Verbundsystems Kinderbüro-Familienservice	Informations- und Beratungsdienst für Eltern und Betreuungspersonen	Schaffung neuer Plätze zur regionalen Verbesserung der Kinderbetreuungssituation

Kooperationsformen und -inhalte	Eigene Einschätzung	Bemerkungen/Sonstiges
C. Vernetzung der bestehenden Systeme KiTa und Tagespflege mit Familienbildungsbereich		
Tagesmütterzentrale im Haus der Familie übernimmt Information, Beratung, Vermittlung, Absicherung und Qualifikation von Tagesmüttern/-vätern (berufsbegleitende Qualifikation, Beitrag zur Altersvorsorge) sowie die Koordinierung der Anbindung an eine KiTa: ■ Vertretung bei Krankheit/Urlaub ■ Nutzung von KiTa-Räumen ■ Tätigkeit von Tagesmüttern in der KiTa ■ Anwesenheit bei Teamsitzungen in der KiTa		Basis für das Modell war die Entscheidung der Stadt Flensburg, abgesicherte private Betreuungsmöglichkeiten für Kinder unter drei Jahren zu schaffen. Das Tagesmüttermodell wurde im Haus der Familie entwickelt, aufbauend auf den Erfahrungen des Projekts Tagesmütterservice in Kooperation mit der Beschäftigungs- und Qualifizierungsgesellschaft.
D. Angebotserweiterung einer bestehenden KiTa durch Familiendienste		
■ Betreuungsservice im Bausteinsystem zwischen institutionellem und häuslichem Angebot durch Fachkräfte der Einrichtung ■ Kleingruppe für Kinder unter drei Jahren ■ häusliche Betreuung durch pädagogische Fachkräfte außerhalb der Öffnungszeiten ■ Vertretung von Tagespflege bei Krankheit und Urlaub ■ Angebote für besonderen Betreuungsbedarf (Feste, Abendbetreuung)	Die Ausweitung des institutionellen Angebots für Familien wird inzwischen z. T. mit zusätzlichen Stellen betreut. Wichtige Erfahrung: Der Austausch im Team sowie wechselseitige Hospitationsmöglichkeiten bei Familiendienst und KiTa-Betrieb müssen erhalten bleiben; es besteht für das Personal keine grundsätzliche Aufgabentrennung zwischen Familiendienst und KiTa.	Die Erfahrungen des Kinderhauses sind ausführlich dokumentiert in einer Serie der Zeitschrift „klein & groß", 2000–2001.
E. Kooperation in der Vermittlung von Plätzen, Unterstützung und Beratung von Eltern auf Platzsuche		
Vermittlung von/für: ■ Tagesmütter/n ■ Kinderbetreuerinnen ■ Notmütterdienst ■ Babysitter/n ■ Au-pair ■ Nachhilfe/Hausaufgabenbetreuung ■ Ferienbetreuung Unterstützung: ■ beim Aufbau von Elterninitiativen ■ bei der Suche nach Plätzen in Kinderkrippen, -garten, -horten ■ Beratung von Betreuungspersonen		

9.4 Effekte und Rahmenbedingungen für Kooperation

9.4.1 Positive Effekte von Kooperationsbeziehungen

Kooperationsbeziehungen zwischen Tagespflege und institutioneller Betreuung stellen für beide Arbeitsfelder und die darin Beschäftigten ein eigenes (neues) Aufgabenprofil und eine Herausforderung eigener Art dar. Wenn Kooperation jedoch nur als zusätzliche Aufgabe angesehen wird, die mehr Belastung bringt und ohne Unterstützung von außen geleistet werden soll, fehlt ihr der tragende Boden. Es muss schon vorweg geklärt und dann fortlaufend immer wieder überprüft werden, was durch Abstimmung und Ressourcenbündelung im konkreten Fall erreicht wird und ob sich der Nutzen auf alle Beteiligten etwa gleich verteilt. Das betrifft die verschiedenen Ebenen:

- die Nutzer, also Kinder, Eltern, Tagesmütter und Erzieherinnen,
- die Anbieter, d. h. die Tageseinrichtungen, die Tagesmütterorganisationen, die Familiendienste und andere Einrichtungen,
- die Träger und die Jugendamtsverwaltung sowie die Wirtschaft.

(1) *Eltern* gewinnen durch die Verbesserung des Angebots und die Angebotsvielfalt, die ihnen Wahlmöglichkeiten schafft und passgenaue individuelle Lösungen ermöglicht. Die Verbesserung der Infrastruktur führt zu mehr Flexibilität für Eltern in der Balance zwischen Familie und Beruf. Die gegenseitige Partizipation zwischen familiärer und institutioneller Betreuung erlaubt frühzeitiges Kennenlernen unterschiedlicher Institutionen und Kombinationsformen von Betreuung, die das traditionelle Angebot durch Anschlussdienste ergänzen (wie z. B. Kurzzeit- oder Notfallbetreuung, Früh- und Spätdienst, Wochenend- und Nachtbetreuung).

(2) *Kinder* bekommen durch die breitere Angebotspalette leichter die individuell und entwicklungsbedingt günstigste Betreuungsform. Eine Kooperation zwischen Tagespflege und Tageseinrichtungen erleichtert Kindern den Übergang von der Familie zu anderen Betreuungsorten. Wo das Angebot für Kinder unter drei Jahren vorrangig Tagespflege ist, haben die Dreijährigen die Ki-Ta bereits kennen gelernt, wenn sie mit ihrer Tagesmutter dort vorher schon regelmäßig zu Besuch waren. In der Besuchszeit vor Aufnahme in die Einrichtung profitieren sie von der Nutzung der räumlichen und materiellen Ausstattung der KiTa, und die Kindergartenkinder bekommen Kontakt mit jüngeren Kindern.

(3) Die *Erzieherinnen* lernen Tagesmütter und deren Arbeitsweise kennen und können Eltern bei Bedarf leichter Hinweise auf Tagespflegestellen geben. Für das Fachpersonal in Tageseinrichtungen bestehen die Chancen einer Weiterqualifizierung für die Fortbildung und Praxisanleitungen der Tagesmütter. Diese zusätzliche Aufgabe der Erwachsenenbildung kann für Erzieherinnen

eine Aufstiegschance sein, die entsprechend honoriert werden muss. Und Erzieherinnen können gegebenenfalls selbst die Aufgabe einer Tagesmutter übernehmen, entweder in einer eigenen Familienphase oder bei Teilzeitbeschäftigung außerhalb der Öffnungszeiten der Einrichtung.

(4) *Tagesmütter* finden AnsprechpartnerInnen und Möglichkeiten zu Beratung und Fortbildung. Tagespflege kann von solchen Zusammenschlüssen profitieren, die die einzelne Tagesmutter aus der Isolation ihrer Arbeit herausholen, vor allem wenn damit Qualifizierungsangebote verbunden sind.

(5) *Träger* können ihre Aufgabenfelder erweitern und damit die Schwerpunkte und die Profile ihrer Einrichtungen verstärken sowie in der Verbindung von Aufgabenfeldern ihren Ressourceneinsatz optimieren, z. B. durch die Entwicklung eines Tagespflegeangebots für die Randzeiten der Einrichtung, eventuell über so genannte Minijobs (vgl. Kap. 11.2).

(6) Die *Wirtschaft* profitiert hauptsächlich dadurch, dass qualifizierte Frauen nicht aus dem Beruf aussteigen müssen, wenn sie Kinder bekommen und wenn Verbundsysteme ein flexibleres und aufeinander abgestimmtes Betreuungssystem für berufstätige Mütter eröffnen.

(7) Für die *Kommunen* sind gute und durch Kooperation erweiterte Kinderbetreuungsmöglichkeiten ein wichtiger Standortfaktor zur Ansiedlung oder zum Verbleib von Betrieben mit eventuellen Auswirkungen auf ihr Steueraufkommen. Daher lohnt es sich unter Umständen für Unternehmen und Kommunen, Kooperationsprojekte als Anschub-Initiative zu starten. Ein weiterer Vorteil für Kommunen kann damit verbunden sein, dass der Ausbau eines Familien-Service Impulse für Familienselbsthilfe und Nachbarschaftshilfe setzt, die dann ihrerseits als private Ressourcen wirksam werden.

Erfahrungen in der Praxis

Kommunen, die ein Gesamtkonzept für die Unterstützung von Familien und die Gestaltung der Tagesbetreuungsangebote für Kinder entwickeln – z. B. unter dem Motto, kinder- und familienfreundlich zu sein –, bauen auf Kooperation und setzen damit vorbildliche Maßstäbe für Kooperationsbezüge. Solche Gesamtkonzepte haben sich als außerordentlich wirksam und erfolgreich erwiesen. Sie erhöhen einerseits die Vielfalt von Angeboten und andererseits die optimale Nutzung bestehender Ressourcen, so dass der erforderliche Mehraufwand für eine Angebotserweiterung durch Synergieeffekte und steigende Zufriedenheit der Nutzer einen Ausgleich findet. In Bensheim wurden z. B. nach einer Bedarfserhebung die Hauptenergien darauf verwendet, Tagespflege als öffentlich zugängliches Angebot für Kinder unter drei Jahren über einen freien Träger zu installieren, anstatt das institutionelle Angebot für diese Altersgruppe auszubauen. Zugleich wurde auch die Zusammenarbeit mit und zwischen Tageseinrichtungen etabliert. Binnen kurzer Zeit konnten 60 Tagespflegepersonen angeworben werden, die auch gleichzeitig bereit waren, an Qualifizierungsmaßnahmen und Gruppenaktivitäten teilzunehmen. Vorbild für diesen Entwicklungsprozess war die Kommune Maintal, die schon in den 90er Jahren einen umfassenden Leistungsverbund verwirklicht hat.

Die zentrale Bündelung von Angebot und Nachfrage, von Information und Beratung sorgt einerseits für eine schnelle und bedarfsorientierte Vermittlung und trägt andererseits auch dazu bei, die Gleichrangigkeit der unterschiedlichen Kinderbetreuungsfelder zu fördern.

Auch durch Schaffung von Gremien zur Vertretung von Belangen der Kinder und der Familien – wie z. B. Familienbeirat, Beirat „kinderfreundliche Stadt", Kinderbüro –, die auch in anderen örtlichen Ausschüssen oder bei öffentlichen Veranstaltungen wie Fachforen in Erscheinung treten und mitwirken, kann die Gleichrangigkeit beider Systeme gestützt werden, wie Erfahrungen in der Kommune Maintal deutlich gemacht haben.

Verbundregelungen von gegenseitigen Besuchen, gemeinsamen Fachveranstaltungen zur Fortbildung oder zur kollegialen Beratung oder andere themenzentrierte Zusammenkünfte für Erzieherinnen, Tagesmütter und eventuell auch Eltern schaffen Möglichkeiten, einander persönlich kennen zu lernen und mehr vom jeweils anderen Arbeitsfeld zu erfahren. Sie enthalten über neue Kontakte hinaus zugleich Qualifizierungsmöglichkeiten. Anfängliche Hürden lassen sich gut überwinden durch eine Einladung zur Nutzung der KiTa-Räume für Feiern von Kindern, Familien, Tagesmüttern in einem mehr oder weniger privaten Rahmen. Kooperationsbezüge zwischen Tagesmüttern und KiTas bedürfen am Anfang der fachlichen Begleitung, können jedoch später, wenn sie sich eingespielt und eine gesicherte Struktur gefunden haben, der Eigeninitiative der Beteiligten überlassen werden.

Vernetzung von Tagespflege und Tageseinrichtungen durch den Aufbau gemeinsamer Qualifizierungs- und Vertretungssysteme befördert die Stabilität der Betreuungsverhältnisse in der Tagespflege und in Tageseinrichtungen, wenn Fachkräfte und Tagesmütter gegenseitig in Notfällen einspringen können und den Kindern jeweils bekannt sind.

9.4.2 Kooperationsbarrieren und Vorbehalte

Das Zusammentreffen der unterschiedlichen Strukturen und Traditionen in Tagespflege und Tageseinrichtungen löst auch immer wieder Irritationen aus und bestärkt wechselseitige Vorbehalte. Diese beziehen sich sowohl auf die Einschätzung der Qualität der jeweils anderen Betreuungsform als auch auf die befürchteten Belastungen durch eine verstärkte Zusammenarbeit. Weiterhin bestehen z. B. auf Seiten des Fachpersonals aus Kindertageseinrichtungen Ängste, die einen Statusverlust betreffen. Erzieherinnen sehen ihr Ansehen als Fachkräfte, das sie sich für die Arbeit mit Kindern in einer mehrjährigen Ausbildung erworben haben, gefährdet, wenn sie mit gering oder gar nicht qualifizierten Tagesmüttern auf gleicher Ebene zusammenarbeiten sollen. Dieses Problem der Zusammenarbeit von „Profis" und „Laien" bzw. „Semi-Profis" tritt auch in anderen Arbeitsfeldern auf (z. B. in Einrichtungen der Familienselbsthilfe) und braucht die Abklärung der jeweiligen Selbstverständnisse.

Auf der anderen Seite wollen sich Tagesmütter nicht den Institutionserfordernissen und -interessen unterordnen und sind misstrauisch gegenüber der Leitung von Tageseinrichtungen, die die Vermittlung von Tagespflegestellen übernehmen will. Wenn die Vermittlung von Tagespflege in Kindertageseinrichtungen angesiedelt ist, muss gewährleistet sein, dass Erzieherinnen die Wünsche der Eltern berücksichtigen und nicht einseitig das Interesse ihrer Einrichtung vertreten. Es ist für den Kooperationsprozess außerordentlich bedeutsam, dass aufmerksam beobachtet wird, ob Erzieherinnen sich abqualifiziert und Tagesmütter sich durch Erzieherinnen bevormundet fühlen. Eine gelungene Kooperation soll eher dazu dienen, die Qualifikation und die Professionalisierung auf beiden Seiten zu erhöhen.

Ein Teil der Barrieren kann sicher durch den Ablauf und die Erfahrungen im Kooperationsprozess selbst aufgelöst werden. Durch gegenseitiges Kennenlernen, Erfahrungsaustausch und kollegiale fachliche Beratung können alle Beteiligten dazulernen. Für die Initiatoren und die Begleiter des Prozesses ist es unbedingt notwendig, auf Vorbehalte und den Umgang damit zu achten. Beim Anbahnen von Kooperation ist damit zu rechnen, dass zunächst auf beiden Seiten Vorurteile vorhanden sind. Es ist deshalb sorgfältig zu klären,

- wo Bedenken liegen,
- welche gegenseitigen Erwartungen an die Kooperation geknüpft werden,
- welche realen Probleme in der Praxis bewältigt werden müssen, wenn zwei unterschiedliche Systeme von Profession und Semi-Profession aufeinander treffen,
- wie gesichert wird, dass die Kooperation finanziell und stellenmäßig ausreichend abgedeckt ist.

Eine mögliche Lösung für die Überlastungsbefürchtungen bei den Einrichtungen besteht in der klaren Benennung zusätzlicher Aufgaben sowie in Anreizen für Erzieherinnen zur Tätigkeitserweiterung und zur Weiterqualifizierung mit entsprechender Honorierung.

Erfahrungen in der Praxis

Erfahrungen in dem Berliner Beratungsprojekt im Bezirk Neukölln haben gezeigt, dass es trotz erklärter Bereitschaft zur Kooperation auf beiden Seiten Vorbehalte geben kann. Bei der KiTa-Leitung war als Unterton herauszuhören: „Das auch noch!", bei den Tagesmüttern lag die Hemmschwelle sehr hoch. Es bestand eine große Scheu, Kontakt mit der Kindertageseinrichtung aufzunehmen. „Was soll ich da? Kann ich da überhaupt mithalten?" hieß es. Wechselseitige Vorurteile konnten aber durch Kontakterleben abgebaut werden.

Die Hoffnung, dass Tagesmütter durch Besuche in der KiTa Anregungen aufnehmen, was man Kindern alles bieten kann, und sich etwas von den Erzieherinnen „abschauen", erfüllt sich nicht unbedingt. In Kiel nutzen die Tagesmütter z. B. die Treffen im Kinderhaus bisher weniger zum Hospitieren als zum Erfahrungsaustausch untereinander.

9.4.3 Erforderliche Strukturen für Kooperationsprozesse

Alle Erfahrungen zeigen: Kooperation ergibt sich nicht von selbst, sie braucht Initiative und Unterstützung. Sie funktioniert auch nur dann längerfristig, wenn alle Beteiligten Kooperation wollen und einen Vorteil davon haben (also eine Win-Win-Situation entsteht). Eine gute Grundlage der Vernetzung ist gegeben, wenn Kommunen sich für die Entwicklung eines Gesamtkonzepts entscheiden, das die Infrastruktur für Kinder und Familien verbessert, und entsprechende Planungsressourcen zur Verfügung stellen (vgl. Modellbeispiele Bensheim, Maintal, Siegen). Häufig ist die Vernetzung von Tagespflege mit Tageseinrichtungen für Kinder oder anderen Institutionen, die Infrastrukturleistungen für Kinder und Familien bieten, gekoppelt mit dem grundsätzlichen Aufbau von Tagespflege als Jugendhilfeleistung, vor allem dann, wenn das Platzangebot vergrößert werden soll und Kommunen dafür Tagespflege bevorzugen (vgl. Modellbeispiele Bensheim, Siegen, Wiesbaden, Flensburg). In der Regel ist damit ein Qualifizierungskonzept für Tagespflege verbunden.

Am einleuchtendsten ist für alle Beteiligten der Zusammenschluss verschiedener Betreuungsbereiche in einem gemeinsamen Büro für Informations-, Beratungs- und Vermittlungsdienste. Für Jugendämter ist das allerdings nur lohnend, wenn sie Tagespflege tatsächlich als öffentliche Jugendhilfeleistung verstehen, die sie verantworten wollen. Anlaufstellen, die Information, Beratung und Vermittlung für alle Angebotsformen unter einem Dach vereinen, geben den Eltern – neben den gewünschten Informationen – mehr Sicherheit und unterstützen dadurch ihre Entscheidungskompetenz. Gleichzeitig dient eine zentrale Vermittlungsstelle auch den Tagesmüttern, die ihre Dienste dort anbieten können. Günstig ist es, dort auch die Beratung und die Qualifizierung von Tagespflegepersonen anzusiedeln oder sogar eine gemeinsame Fortbildung oder eine fachliche Begleitung für Tagesmütter und -väter sowie für das Fachpersonal aus Tageseinrichtungen anzubieten. Wenn es darum geht, den Ausbau des Systems zur Kindertagesbetreuung durch Tagespflege zu erreichen, muss die Anwerbung von Tagesmüttern und -vätern als eigene Aufgabe ausgewiesen sein und entsprechend stellenmäßig bedacht werden. Neben den verschiedenen Angeboten an Qualifizierungsmaßnahmen und dem Angebot einer Absicherung für Tagespflegepersonen (z. B. Anstellungsverträge, Beitrag zur Altersvorsorge) bieten zentrale Vermittlungs- und Beratungsstellen auch gute Möglichkeiten für Zusammenschlüsse von Tagesmüttergruppen.

Die engere Kooperation von Tagesmüttern und Tageseinrichtungen – seien es Veranstaltungen in der Einrichtung wie Elternabende, seien es Aktionen mit Kindern oder Hospitationen von Tagesmüttern usw. – kann für beide Seiten fruchtbar sein. Damit verbunden ist allerdings ein Mehraufwand sowohl für Tagesmütter als auch für Tageseinrichtungen, der den Betroffenen nicht immer sofort einleuchtet und im normalen Alltag nicht ohne Weiteres leistbar ist. Diese Aufgabenerweiterung für Erzieherinnen kann nur dann gelingen, wenn einerseits grundsätzlich die Bereitschaft zur Öffnung ins Gemeinwesen besteht und die Weiterentwicklung der Kindertageseinrichtung zum Stadtteil- oder Nachbarschaftszentrum angestrebt wird und andererseits der Mehraufwand entschädigt werden kann.

Kooperation hat auch auf der Ebene der Praxis verschiedene Stufen, die sorgfältig erkundet werden müssen. Solange Tagesmütter und ihre Kinder sich in einem eigenen Raum der Tageseinrichtung treffen, muss das die Arbeit der Erzieherinnen nicht unbedingt tangieren. Wenn aber vorgesehen ist, dass Tagesmütter die Besuchszeit in der KiTa dazu nutzen, sich untereinander als Gruppe auszutauschen oder zu hospitieren oder auch mit dem Fachpersonal zusammenzuarbeiten, werden Erzieherinnen z. B. mit zuständig für die Kinder, die bei der Tagesmutter in Obhut sind. Wenn sich die Kooperation jedoch gut eingespielt hat, können Tagesmütter und Erzieherinnen zeitweise gemeinsam für die Bildung, Erziehung und Betreuung der Kinder verantwortlich sein. Dadurch könnten sich für die Einrichtungen sogar die Betreuungsbedingungen verbessern, vorausgesetzt, das Raumangebot ist entsprechend großzügig.

Ein Problem, das nicht auf der individuellen Ebene von einzelnen Tageseinrichtungen und Tagesmüttern zu lösen ist, ist die Konkurrenz zwischen beiden Systemen, die bislang durch die unterschiedliche rechtliche Stellung und finanzielle Förderung der öffentlichen institutionellen und der privaten oder halböffentlichen, mehr individuell organisierten Betreuung, Erziehung und Bildung von Kindern erzeugt wird. Von Seiten der Tageseinrichtungen ist der Konkurrenzfaktor besonders dann wirksam, wenn sie nicht ausgelastet sind.

Tagespflege darf jedoch nicht nur als Zweitlösung angeboten werden, wenn Kooperation erfolgreich sein soll.

Die bisherigen Erfahrungen zeigen: Ohne eine bereichsübergreifende Vernetzung von Kindertageseinrichtungen und Tagespflege in der Jugendhilfeplanung ist Kooperation in größerem Ausmaß nicht zu erwarten. Auffällig ist, dass Verbundsysteme häufig im Rahmen kommunaler Initiativen „kinderfreundliche Stadt" oder im Zusammenhang mit anderen sozialen Innovationen (z. B. EU-Projekte) entstehen. Eine Absichtserklärung auf kommunaler Ebene für einen Leistungsverbund in der Kinderbetreuung ist Bedingung für einen gezielten Aufbau sowie Nachhaltigkeit von Kooperationsprozessen. Die wenigen Beispiele von Kooperationsmodellen machen deutlich, dass der Nutzen von Vernetzung zwischen Tagespflege und Institutionen für den Ausbau und die notwendigen Ergänzungen des Betreuungsangebots konzeptionell bislang noch zu wenig bedacht wurde und kaum entsprechende Strategien und Konzepte dafür vorliegen. Man kann jedoch gerade aus dem Bereich der institutionellen Betreuung Unterstützung erwarten, wenn die Mangelsituation nachlässt und die Institutionen ihr Angebot erweitern können. So ist z. B. die zurzeit um sich greifende Praxis der Aufnahme von Zweijährigen in den Kindergarten ein einseitiges Angebot der weiteren Institutionalisierung. Als Alternative könnte eine Verknüpfung mit verlässlicher Tagespflege neue Chancen für beide Seiten bringen.

Zusammenfassung

- Die gesetzlichen Grundlagen legen eine Kooperation zwischen Tagespflege und Tageseinrichtungen als zwei gleichrangig nebeneinander gestellten und einander ergänzenden Teilsystemen der Betreuung und Förderung von Kindern nahe.

- Die Verantwortung für die beiden Teilsysteme und für deren Koordination liegt beim örtlichen Träger der öffentlichen Jugendhilfe.

- Die Kooperation zwischen den beiden Teilsystemen ist bislang unterentwickelt. Es gibt erfolgreiche Kooperationsmodelle, aber sie sind wenig bekannt und kaum dokumentiert.

- Kooperationspartner und -inhalte bestehender Modelle unterscheiden sich entsprechend den verschiedenen Zielsetzungen der Initiatoren und haben unterschiedliche Reichweite.

- Eine gute Grundlage für Kooperation besteht in der Entwicklung eines Gesamtkonzepts der Jugendhilfe, das die Infrastruktur für Kinder und Familien verbessert und entsprechende Planungsressourcen zur Verfügung stellt.

- Kooperation trägt dazu bei, bestehende Ressourcen durch Bündelung besser zu nutzen, braucht aber auch eigene Ressourcen.

- Die strukturellen Unterschiede zwischen den Teilsystemen Tagespflege und Tageseinrichtungen für Kinder können durch Kooperation ausgeglichen werden, sind aber zugleich auch eine Hürde für die Kooperationspraxis.

- Kooperation kann zur Qualifikation auf beiden Seiten beitragen (sowohl von Tagespflegepersonen als auch von Fachpersonal in Tageseinrichtungen).

- Kooperation setzt einerseits bestehende Systeme voraus, trägt andererseits aber dazu bei, Ausbau und Differenzierung des Angebots zu fördern, gegebenenfalls auch neue, bedarfsgerechte Betreuungsformen zu entwickeln.

Empfehlungen

09 | 01
Damit die Kooperationsbezüge auf einem tragfähigen Fundament aufgebaut werden können, muss genauer erforscht werden, unter welchen Bedingungen bisherige Modelle erfolgreich sind bzw. sein können und welche Erkenntnisse daraus für eine Weiterverbreitung von Kooperations(modellen) gezogen werden können.

09 | 02
Die konzeptionelle Planung und Umsetzung durch den zuständigen Jugendhilfeträger bzw. die kommunale Verwaltung könnte stufenweise auf- und ausgebaut werden:
(a) klare Zieldefinition und Aufgabenbeschreibung für die Kooperation: Absprache der Ziele, Klärung der Verantwortlichkeit, Aufgabenteilung
(b) Zusammenlegung von Planungsaktivitäten: Koordinierung der Jugendhilfeplanung, Bedarfserhebung unter Berücksichtigung beider Betreuungsmöglichkeiten
(c) Schaffung eines Organisationsrahmens bzw. einer Bündelung oder Bereitstellung von Ressourcen:
Personal- und Sachkosten,
Arbeitskapazitäten und Räume,
Modellprojekte, Forschung und Evaluation,
Einbeziehung von Extra-Räumen für Gruppentreffen beim Neubau von Tageseinrichtungen; Planung, die Servicestellen und Kindertagesbetreuung unter einem Dach vorsieht
(d) Aufbau von Vernetzung und Kooperation im Praxisfeld:
Recherche zu bestehenden Kooperationsansätzen oder -vorstellungen
Öffentlichkeitsarbeit und Veranstaltungen der Begegnung zwischen Fachpersonal von Kindertageseinrichtungen, Häusern der Familie (o. Ä.), Eltern, Selbsthilfeinitiativen und Tagesmüttern,
Anbahnung des Kontakts über festliche Veranstaltungen als erste Berührungspunkte, die helfen, Hemmschwellen abzubauen (z. B. Einladung in das Außengelände der Tageseinrichtung; Tagesmütterfest in der Einrichtung; Stadtteil- oder Straßenfest unter der Woche für alle, die Kinder betreuen; Angebot von Räumen der Tageseinrichtung für private Geburtstagsfeiern),
Stadtteilforen oder ähnliche Arbeitskreise für alle, die mit Kindern und Familien arbeiten, zur gemeinsamen Besprechung von Bedarfslagen und Verbesserungsmöglichkeiten durch Ressourcenbündelung,
Absprachen und Leistungsvereinbarungen mit freien Trägern, die Vernetzung planen oder schon initiiert haben,
Leistungszulagen oder andere Formen und Mittel der Unterstützung für Träger, die Kooperation verwirklichen (wollen),
Angebote für bereichsübergreifende fachliche Begleitung wie z. B. Fortbildung und Fachberatung,
Unterstützung von Leiterinnen aus Kindertageseinrichtungen, die Kooperation anbahnen wollen (Beratung, ideelle und finanzielle Anreize für zusätzliche Leistungen des Fachpersonals, Anrechnung der Aufgabenerweiterung in Stellenanteilen),
wissenschaftliche Begleitung
(e) Zusammenlegung der Verwaltungsbereiche auf kommunaler oder regionaler Ebene:
Integration in ein Ressort,
gemeinsame Finanzierungsregelungen,
gemeinsame Anlaufstelle für Beratung und Vermittlung

Arbeitsstatus und soziale Absicherung

Aspekte einer Verberuflichung der Tagespflege

10

Arbeitsstatus und soziale Absicherung

Aspekte einer Verberuflichung der Tagespflege

In diesem Kapitel soll die Perspektive derjenigen eingenommen werden, die in der Tagespflege tätig sind: der Tagesmütter bzw. der Tagespflegepersonen. Unter dem Blickwinkel der Arbeitsmarktgerechtigkeit sollen Fragen des Arbeitsstatus, der sozialen Absicherung und des Verdienstes untersucht und in Relation zu den verschiedenen Tagesmüttergruppen Schlussfolgerungen für die Verberuflichung des Arbeitsfeldes gezogen werden.

10.1 Vertrauensdienstleistung Tagespflege

Tagespflege enthält Aspekte sowohl von Alltagshandeln im Familienalltag als auch von professioneller Kleinkindbetreuung. Je nach Ausprägung können dabei ein professionelles Selbstverständnis und ein ebensolches Anspruchsniveau (Qualitätsstandards) im Vordergrund stehen, aber auch Elemente von Ehrenamt und informeller Nachbarschaftshilfe. Es handelt sich somit beim Status der Tagespflege in mehrfacher Hinsicht um einen Zwischenstatus, der in der Praxis effektiv sehr unterschiedliche Ausgestaltung erfahren kann. Es ist allerdings zu überprüfen, welche Elemente dieser Mischformen kompatibel sind mit einem qualifizierten Kinderbetreuungsangebot in der Tagespflege.

Die Bezeichnungen „Tagesmutter" und „Tagespflege" suggerieren, dass es sich bei dieser Betreuungsform um eine stundenweise übernommene Ersatzelternschaft mit mütterlich-betreuender und vorwiegend pflegerischer Tätigkeit handeln könnte, die ohne besondere Voraussetzungen zu erbringen sei. Dies trifft jedoch nicht zu. „Aus der Tatsache, dass Altenpflege und Kinderbetreuung typischer Weise oftmals auch im Privatbereich (meist von Frauen) geleistet werden, wird vorschnell der Schluss gezogen, dass sich diese Erfahrungen und Kompetenzen ohne Weiteres auch auf die berufsmäßige Ausübung solcher Tätigkeiten übertragen ließen und die Beschäftigten weder eine entsprechende Qualifizierung noch eine adäquate Entlohnung benötigen" (Weinkopf 2004: 7; vgl. auch Meifort 2003: 35).

Was unterscheidet die Tagesbetreuung fremder Kinder im eigenen Haushalt von der familiären Betreuung eigener Kinder (vgl. Stempinski 2003: 2)? Eine Tagesmutter übernimmt entsprechend dem Auftrag des Kinder- und Jugendhilfegesetzes die Betreuung, Erziehung und Bildung der ihr anvertrauten

Kinder. Sie ist verpflichtet, die Tageskinder durch geeignete Angebote in ihrer Entwicklung individuell zu fördern. Sie macht den Eltern der Tageskinder ein Betreuungsangebot. Dies setzt voraus, dass sie ihr Angebot (z. B.: Welche Erziehungsziele vertritt sie? Wie soll die Zusammenarbeit mit den Eltern aussehen? Welche Tageskinder passen in die eigene Familie?) durchdacht hat und beschreiben kann. Hierfür ist ein hohes Maß an Selbstreflexion erforderlich. Die Tagesmutter bietet eine öffentliche Kinderbetreuung im privaten Umfeld an. Das bedeutet, dass sie ihren „Arbeitsplatz Privathaushalt" sinnvoll ausgestalten und Arrangements finden muss, bei denen die Bedürfnisse aller Beteiligten berücksichtigt werden.

Nicht nur mit dem Tageskind, auch mit dessen Eltern muss die Tagesmutter eine Beziehung und eine „Erziehungspartnerschaft" aufbauen (vgl. Weiß 2002). Dies erfordert kommunikative und zuweilen auch Konfliktlösungsfähigkeiten. Schließlich hat die Tagesmutter auch die geschäftliche Seite der Tagespflegetätigkeit zu organisieren (Verträge schließen, sich um einen angemessenen Versicherungsschutz kümmern usw.). Nicht zuletzt muss sie einen Umgang mit der isolierten Arbeitssituation und den häufig prekären Arbeitsbedingungen finden (Höhe der Vergütung, Auslastungsrisiko, Rechtsunsicherheiten usw.). Im Vergleich zur privaten Tätigkeit in der Familie stellt die Tagespflege also zusätzliche Anforderungen, die nicht unterschätzt werden dürfen. Von Seiten der Eltern werden hohe Erwartungen an die Gruppe der Tagesmütter gerichtet: Sie sollen eine professionelle Kleinkindbetreuung im privaten Umfeld leisten, flexibel, belastbar, zuverlässig und verantwortungsbewusst sein. Von Tagesmüttern kann nicht erwartet werden, dass sie dies alles regelmäßig und kontinuierlich ohne fachliche Unterstützung und ohne eine entsprechende Honorierung zur Verfügung stellen.

Die Tagespflege gehört zu den personenbezogenen haushaltsnahen Dienstleistungen. Es ist jedoch stark zu bezweifeln, dass es sich bei der Tagespflege um eine „einfache Dienstleistung" in dem Sinne handelt, dass diese Tätigkeit von gering qualifizierten Personen ohne besondere Vorkenntnisse und Fähigkeiten erbracht werden kann (vgl. Weinkopf 2004: 5 ff.). Hervorzuheben ist insbesondere der Bildungs- und Förderauftrag der Tagesmutter, der aus dem SGB VIII abgeleitet ist. Bei der Kinderbetreuung steht der Aufbau einer kontinuierlichen, förderlichen Beziehung im Vordergrund, was u. a. beträchtliche Anforderungen an die soziale Kompetenz stellt. Daher kann die Tagespflege auch als „Vertrauensdienstleistung" bewertet werden.

10.2 Arbeitsstatus

Neu beginnende Tagesmütter finden sich bei der Feststellung des Arbeitsstatus und den sich daraus ergebenden Konsequenzen in Bezug auf Rechte und

Pflichten einer verwirrenden Vielfalt an rechtlichen Bedingungen und Gesetzesauslegungen ausgesetzt. Die rechtliche Materie gestaltet sich komplex.

Mit Blick auf den Erwerbsstatus ist zu unterscheiden, ob die Tagespflege im Rahmen einer selbständigen Tätigkeit oder in einem abhängigen Arbeitsverhältnis (Anstellungsverhältnis) ausgeübt wird. Daraus ergeben sich unterschiedliche Rechtsfolgen für die Sozialversicherungspflicht, die steuerliche Behandlung, die arbeitsrechtlichen Schutzbestimmungen usw.:

- Ein Selbständigenstatus zeichnet sich vor allem aus durch Weisungsfreiheit (d. h. eine selbstbestimmte Gestaltung der Tätigkeit und des Einsatzes der Arbeitskraft), freie Verfügung der Arbeitszeit, Erledigung der Arbeit an einem selbst gewählten Ort (in der Regel der eigene Haushalt der Tagesmutter), uneingeschränkte Tätigkeit für mehrere Auftraggeber, Unternehmerrisiko, Tragen der Geschäftskosten, Berechtigung zu eigener Werbung (vgl. Vierheller 2003 a: 25 f.).
- Eine abhängige Beschäftigung liegt dagegen vor, wenn die Tagesmutter für einen einzigen Arbeitgeber arbeitet, wenn der Arbeitsplatz im Haushalt des Arbeitgebers liegt, wenn eine Weisungsgebundenheit an die einseitigen Vorgaben der Eltern vorliegt (z. B. Bindung an bestimmte Arbeitszeiten, zeitliche Einteilung der Arbeit), wenn gleich bleibende monatliche Bezüge gezahlt werden. Kennzeichen einer abhängigen Beschäftigung ist auch ein Anspruch auf bezahlten Urlaub, auf Weiterzahlung der Bezüge im Krankheitsfall sowie Zahlung von Urlaubs- und Weihnachtsgeld.

Auch wenn verlässliche statistische Angaben fehlen (vgl. Kap. 4), so spricht doch einiges dafür, dass der überwiegende Teil der Tagesmütter in Deutschland die Tagespflege im Status einer selbständigen Tätigkeit im eigenen Haushalt ausübt. Bei Kinderbetreuerinnen – die im Haushalt der Eltern arbeiten – ist dagegen eher von einem abhängigen Arbeitsverhältnis auszugehen. Hier ist festzuhalten, dass über die speziellen Bedingungen, unter denen Kinderbetreuerinnen im Privathaushalt der Eltern arbeiten, wenig bekannt ist (vgl. Kap. 2), z. B. in Bezug auf Fragen der Abgrenzung gegen den Tätigkeitsbereich von Haushaltshilfen und andere informelle Formen von Kinderbetreuung. Weist die Betreuungsform der Tagespflege im Haushalt der Tagesmutter schon viele Forschungsdesiderate auf, so gibt es über Kinderbetreuerinnen, deren Anzahl und deren Arbeitsbedingungen überhaupt keine gesicherten Informationen. Die Betreuungsform im Haushalt der Eltern erfordert infolgedessen eine gesonderte, eigenständige Untersuchung, um zu klären, inwieweit eine Subsumtion unter die Tagespflege, wie sie das SGB VIII vorsieht, sinnvoll ist.[1] Eine anstrebenswerte Arbeitsstatusvariante, die in den Tagespflege-Good-practice-Ländern Dänemark und Österreich die vorherrschende

---

1 In Frankreich, Dänemark und Österreich werden Kinderbetreuerinnen, die im Haushalt der Eltern tätig sind, nicht unter die Tagespflege gefasst.

Form darstellt, bisher allerdings in Deutschland nur in seltenen Fällen umgesetzt wird, stellt ein sozialversicherungspflichtiges Anstellungsverhältnis von Tagesmüttern *bei einem Träger der öffentlichen oder der freien Jugendhilfe* dar (vgl. Bock-Famulla 2003).

Im Folgenden sollen die Varianten eines Selbständigenstatus und eines sozialversicherungspflichtigen Anstellungsverhältnisses übersichtsartig gegenübergestellt werden. Der arbeits- und sozialversicherungsrechtliche Schutz fällt für die Tagesmütter bei den verschiedenen Arbeitsstatusvarianten unterschiedlich aus. Er ist stark abhängig vom zeitlichen bzw. einkommensmäßigen Umfang der Tagespflegeausübung. Auch wenn die Datenlage über Umfang und Verteilung von Arbeitsstunden von Tagesmüttern dürftig ausfällt, steht fest, dass für viele Tagesmütter die Tagespflege keine Vollzeittätigkeit ausmacht (vgl. Kap. 4). Eine wichtige Einkommensgrenze stellt hier die Geringfügigkeitsgrenze von 400 Euro dar. Unterhalb dieser Grenze besteht für die selbständige Tagesmutter keine Versicherungspflicht. Dadurch fehlt ihr eine entsprechende Absicherung. Diese muss anderweitig zustande kommen. Die Akzeptanz einer geringfügigen Tätigkeit ist bei Tagesmüttern aus unterschiedlichen Motivationslagen heraus recht hoch, vor allem da in dem Bereich keine Abgaben abgeführt werden müssen. Bei einer Entscheidung für eine geringfügige Tätigkeit im Bereich der Tagespflege spielt häufig eine Rolle, wie viele eigene Kinder in der Zeit mitzubetreuen sind. Bei jeder anderweitigen außerhäuslichen beruflichen Tätigkeit entstehen Kosten für die Betreuung eigener Kinder. Dies ist bei der Beurteilung des Verdienstes der Tagesmutter, der bei einer parallelen Betreuung von eigenen und Tageskindern keine Kosten für die Betreuung der eigenen Kinder entstehen, zu berücksichtigen.

Aus einer kurzfristigen Rationalität heraus erscheint eine geringfügige Beschäftigung daher durchaus sinnvoll. Unter einem längerfristigen Blickwinkel müssen jedoch die Defizite in der sozialen Absicherung bei geringfügigen Beschäftigungen hervorgehoben werden. Besonders Frauen sind im Alter von Armut betroffen, weil sie aufgrund von Patchwork-Erwerbsbiographien häufig zu geringe Leistungsansprüche in den bestehenden Sozialversicherungssystemen erwerben. Geringfügige Beschäftigungen tragen dementsprechend zur Altersarmut bei und sind eine Frauendomäne. Von sechs Millionen geringfügig Beschäftigten in Deutschland sind zwei Drittel Frauen (vgl. von Bönninghausen 2004: 9). Ein nicht genau zu schätzender Anteil davon gehört zu den so genannten haushaltsnahen Dienstleistungen. Im Bereich der Tagespflege besteht ein öffentliches Interesse daran, dass Frauen sich längerfristig einbinden lassen und ein kontinuierliches, qualifiziertes Betreuungsangebot zur Verfügung stellen. Der Arbeitsstatus einer geringfügigen Tätigkeit bietet hierfür keine Lösung, weil er höchstens kurzfristige Anreize setzt. Jenseits der geringfügigen Tätigkeit entsteht für selbständige Tagesmütter eine Steuer- und evtl. Rentenversicherungspflicht.

Tabelle 10.1: Vergleich von Selbständigenstatus und sozialversicherungspflichtigem Angestelltenstatus von Tagesmüttern

	Selbständige Tagesmutter	Angestellte Tagesmutter
Arbeitsrecht		
Arbeitsrechtliche Schutzbestimmungen	Vergleichsweise ungeschützter Rahmen, es sei denn, Eltern lassen sich zu eigenen Lasten auf vertragliche Schutzregelungen für Tagesmutter ein	Entgeltfortzahlung im Krankheitsfall und an gesetzlichen Feiertagen, Anspruch auf bezahlten Urlaub, Mutterschutz und Elternzeit
Haftung	Zusatzversicherung zu Privathaftpflicht nötig, Tagesmutter zahlt Beiträge	Es liegt im Rahmen der Fürsorgepflicht des Arbeitgebers, entweder eine Betriebshaftpflichtversicherung abzuschließen oder die Tagesmutter im Schadensfall von der ihr obliegenden Haftung freizustellen. Arbeitgeber zahlt Beiträge
Weisungsrecht	Tagesmutter ist an Bedarf der Eltern gebunden, hat jedoch größere Autonomie für eine selbstbestimmte Ausgestaltung des Tagespflegeangebots	Arbeitgeber hat das Weisungsrecht im Hinblick auf die zeitliche und inhaltliche Ausgestaltung der Tagespflege
Steuer	Tagesmutter muss selbständig den Gewinn errechnen und dem Finanzamt melden. Durch Betriebsausgabenpauschale kein Einzelnachweis erforderlich	Lohnsteuerabzugsverfahren: Arbeitgeber kümmert sich um die Abführung der Steuern. Geringere Möglichkeiten, Aufwendungen für Tagespflege steuerlich geltend zu machen
Sozialversicherung		
Krankenversicherung	Freiwillige Mitgliedschaft in gesetzlicher Krankenkasse oder privater Krankenversicherung. Tagesmutter zahlt Beitrag	Krankenversicherungspflicht. Beiträge werden zur Hälfte von Arbeitgeber und Arbeitnehmerin getragen
Pflegeversicherung	Wie Krankenversicherung	Wie Krankenversicherung
Rentenversicherung	Im Einzelfall wird von der BfA entschieden, ob Rentenversicherungspflicht besteht oder nicht. Falls ja, besteht die Bemessungsgrundlage im Gewinn aus der Tagespflegetätigkeit (Einkünfte minus Betriebsausgaben). Daraus resultiert ein niedrigerer Beitrag im Vergleich zur angestellten Tagesmutter, der jedoch allein von der Tagesmutter aufgebracht werden muss. Folge sind auch geringere Rentenansprüche.	Es besteht Rentenversicherungspflicht. Beiträge werden zur Hälfte von Arbeitgeber und Arbeitnehmerin getragen
Arbeitslosenversicherung	Keine Absicherung möglich	Pflichtversicherung für Arbeitnehmerin. Arbeitgeber zahlt Beitrag
Unfallversicherung	Tagesmutter sollte private Unfallversicherung abschließen, nach Möglichkeit in Kombination mit Berufsunfähigkeitszusatz. Jedoch sind die Beiträge für diese Absicherung recht hoch. Sie müssen von der Tagesmutter getragen werden	Pflichtversicherung für Arbeitnehmerin. Arbeitgeber zahlt Beitrag

Quelle: Eigene Zusammenstellung nach Vierheller (2003 a/b, 2004)

Kinderbetreuerinnen, die in einem geringfügigen Beschäftigungsverhältnis im Haushalt der Eltern arbeiten (bis 400 Euro monatlich), fallen unter die Minijobregelung bzw. darüber hinaus (zwischen 400,01 und 800 Euro) unter die Midijobregelung/Gleitzone (vgl. Kap. 11).

Um den Arbeitsstatus einer Tagesmutter beurteilen zu können, muss überprüft werden, ob eventuell eine Scheinselbständigkeit vorliegen könnte. Dies könnte dann zutreffen, wenn eine Tagesmutter nur einen Auftraggeber hat (also wenn sie z. B. zwei Kinder einer Familie betreut). Obwohl die Tätigkeit allem Anschein nach durch eine selbständige Tagesmutter ausgeführt wird, unterstellt der Gesetzgeber unter bestimmten Voraussetzungen das Vorliegen eines verdeckten weisungsgebundenen Arbeitsverhältnisses. Dies wird von der BfA im Einzelfall geprüft.

Berücksichtigt werden muss, dass unter bestimmten Umständen eine Sozialversicherungspflicht auch von selbständig tätigen Tagesmüttern festgestellt werden könnte. Generell sind Selbständige von der gesetzlichen Sozialversicherungspflicht befreit und müssen sich eigenverantwortlich absichern. Allerdings sieht der Gesetzgeber für eine bestimmte Gruppe von Selbständigen doch eine Rentenversicherungspflicht vor (nach § 2 SGB VI). Dazu gehören u. a. selbständige Lehrer und Erzieher sowie auch Pflegepersonen in der Kinderpflege, die den besonderen Schutz der gesetzlichen Rentenversicherung genießen sollen. Für diese Personen ist eine Meldepflicht innerhalb von drei Monaten nach Beginn der Tätigkeit vorgesehen. Ob Tagesmütter dieser Gruppe zugeordnet werden, ist im Voraus nicht eindeutig zu beurteilen. Falls mehr als geringfügige Einnahmen vorliegen, wird von der BfA auf Antrag nach Sachlage des Einzelfalles entschieden, ob die Ausführung der Tagespflege einer konkreten Tagesmutter Anhaltspunkte dafür bietet, dass eine Zuordnung zu dieser Gruppe vorliegt oder nicht. Entsprechend wird eine Rentenversicherungspflicht festgestellt oder negiert. Daraus ergibt sich eine erhebliche Planungsunsicherheit für Tagesmütter. Die bisherigen Entscheidungen der BfA liefern für andere Tagesmütter keine eindeutigen, nachvollziehbaren und übertragbaren Kriterien, ob dieser Sachverhalt auf sie zutreffen könnte oder nicht.

Ein Sonderfall des Arbeitsstatus liegt vor, wenn die Tagesmutter (ausschließlich) aus öffentlichen Mitteln finanziert wird. In diesem – nicht selten auftretenden – Fall werden die Einkünfte aus der Tagespflegetätigkeit nicht zu den steuerpflichtigen Einnahmen gezählt. Dadurch entsteht eine Steuer- und Sozialversicherungsfreiheit für jene Tagesmütter, die nicht mehr als fünf aus öffentlichen Mitteln finanzierte Kinder betreuen. Durch diese Regelung wird ein Anreiz für Tagesmütter geschaffen, mit dem ortsansässigen Jugendamt zu kooperieren und zu dessen Betreuungssätzen zu arbeiten, die in der Regel geringer ausfallen als die Betreuungssätze auf dem freien Markt. Dieses Steuerprivileg für öffentlich geförderte Tagespflege wird kontrovers diskutiert.

Spezielle Bedingungen im Hinblick auf den Arbeitsstatus sind weiterhin zu beachten, wenn Tagespflege aus dem Status der Arbeitslosigkeit, aus der Elternzeit oder aus der Sozialhilfe heraus angeboten werden soll.[2] Vierheller weist darauf hin, dass die rechtliche Beurteilung der individuellen Vertragsbeziehungen weiterhin vom Einzelfall bestimmt sein wird. „Darin unterscheidet sich die Tagespflege nicht von anderen Berufen, Berufsgruppen oder Tätigkeiten" (Vierheller 2003 a: 10).

Wenn Tagesmütter ohne eine qualifizierte Beratung in das Tätigkeitsfeld der Tagespflege „hineinrutschen", sind sie in der Regel damit überfordert, die rechtlichen Konsequenzen ihrer Entscheidungen bei der Zurverfügungstellung ihres Betreuungsangebotes in der Tagespflege zu überblicken. Dies kann betroffene Personen u. a. zu illegaler Betätigung in der Tagespflege aus Unkenntnis oder aus Unsicherheit heraus veranlassen. (Tagesmutter O-Ton: „Ich mache das so, aber ob ich das richtig mache, konnte mir noch keiner sagen.") Es gibt Anhaltspunkte dafür, dass zwischen einer legalen und einer illegalen Betätigung fließende Übergänge anzunehmen sind, nämlich dann, wenn gleichzeitig manche rechtlichen Vorgaben (z. B. Meldepflichten) eingehalten, andere dagegen wissentlich oder unwissentlich ignoriert werden.

10.3 Soziale Absicherung

Die Individualisierung der Lebensformen ist zwar ein vorherrschender gesellschaftlicher Trend, der jedoch bisher noch nicht zu einer konsequenten individuellen Absicherung gerade von Familienfrauen geführt hat. Die meisten Tagesmütter sind verheiratet und partizipieren bisher über ihre Ehemänner an der sozialen Absicherung. Einige sind allein stehend und versuchen eine eigenständige Existenzsicherung in der Tagespflege ansatzweise zu erreichen (mehr zu einer Tagesmütter-Typologie vgl. Kap. 4). Eingangs wurde bereits übersichtsartig zusammengefasst, wie die soziale Absicherung mit dem jeweiligen Arbeitsstatus von Tagesmüttern zusammenhängt. Im Folgenden sollen spezielle Aspekte der Renten- und Krankenversicherung beleuchtet werden, die für Tagesmütter eine hohe Relevanz haben und bei denen zugunsten eines transparenteren und niederschwelligen Zugangs zur Tagespflege Veränderungsbedarf besteht. Weiterhin soll auf die Neuregelungen im Referentenentwurf zum Tagesbetreuungsausbaugesetz (TAG) des BMFSFJ vom 02.04.04 eingegangen werden.

---

2   Hier sieht der Referentenentwurf zum Tagesbetreuungsausbaugesetz (TAG) vom 02.04.2004 eine positive Modifikation vor, indem Tagespflege während der Elternzeit künftig auch mehr als 30 Stunden pro Woche ausgeübt werden kann.

10.3.1 Rentenversicherung

Durch die gesetzliche Rentenversicherung bzw. die private Altersabsicherung soll eine Altersarmut von Frauen verhindert werden. Einige Länder und Kommunen bieten Tagesmüttern unter bestimmten Bedingungen monatliche Zuschüsse zur privaten Altersvorsorge an. Auch im Referentenentwurf ist dies vorgesehen (§ 23, Abs. 1, Punkt 3). In der Regel sind die Zuschüsse an eine Mindestauslastung (Kinderzahl) und an eine kontinuierliche Weiterbildung gebunden. Hierdurch wird die Notwendigkeit einer Altersvorsorge für Tagesmütter unterstrichen, und es werden gleichzeitig Anreize für Tagesmütter geschaffen, sich an einen Träger zu binden und sich weiterzuqualifizieren. Derartige Regelungen sind sehr zu begrüßen.

Beitragszahlungen zur Rentenversicherung stellen für die Tagesmütter eine schwer zu kalkulierende Belastung dar. Dadurch, dass in der Tagespflege die Auslastung häufig nicht konstant ist, kann nicht mit einem konstanten Einkommen gerechnet werden. Die starren Beitragsregelungen der Rentenversicherung stehen der Flexibilität der Tagespflege entgegen. Hiervon sind jedoch auch andere selbständig Tätige betroffen.

Nach Einführung der Rentenversicherungspflicht sind von Seiten der BfA Beitragsansprüche gegen Tagesmütter rückwirkend geltend gemacht worden. Infolgedessen ist es in Einzelfällen unerwartet zu hohen Beitragsnachforderungen gekommen, die meistens in keinem Verhältnis zum finanziellen Ergebnis aus der Tagespflege stehen, das in der Regel keine Rücklagen ermöglicht. Dieser Sachverhalt hat eine große Verunsicherung unter den Tagesmüttern hervorgerufen und angesichts des Risikos teilweise zu einem Rückzug von Frauen aus der Tagespflege bzw. aus der legalen Tagespflege geführt. Mittlerweile hat sich die Situation durch die Anhebung der Geringfügigkeitsgrenze (im Rahmen der Neuregelung der geringfügigen Beschäftigung) auf 400 Euro etwas entschärft. Auch kann unter bestimmten Umständen eine Stundung, Niederschlagung oder Erlassung der Nachforderungen beantragt werden. Aber das Risiko, mit Nachforderungen konfrontiert zu werden, ist für Tagesmütter damit nicht grundsätzlich behoben.

10.3.2 Krankenversicherung

Für selbständige Tagesmütter besteht keine Krankenversicherungspflicht. Da eine Absicherung in diesem Bereich aber auf jeden Fall erforderlich ist, besteht in bestimmten Grenzen die Möglichkeit einer Familienversicherung über den Ehepartner oder darüber hinaus die Möglichkeit einer freiwilligen Versicherung für Selbständige oder einer Absicherung über eine private Krankenversicherung.

Die Spitzenverbände der Krankenkassen überprüfen zurzeit die bestehenden Regelungen für die Tagespflege. Voraussichtlich wird es von daher in Zukunft zu einheitlichen Empfehlungen an die Krankenkassen im Hinblick auf eine Erweiterung der Familienversicherung und eine veränderte Beitragsbemessung in der freiwilligen Krankenversicherung kommen. Der im Folgenden dargestellte Änderungsbedarf bezieht sich auf die derzeitige Ist-Situation und die aktuell geltenden Bestimmungen.

Verdient eine verheiratete Tagesmutter weniger als 340 Euro (Einkünfte abzüglich Betriebskostenpauschale), so kann sie im Rahmen der Familienversicherung abgesichert werden und braucht keine eigenen Beiträge zu entrichten. Bei einem darüber hinausgehenden Gewinn aus der Tagespflegetätigkeit sind nach der bisherigen Regelung Beiträge zu entrichten. Negativ anzumerken ist hier, dass es für Selbständige dadurch unterschiedliche Einkommensgrenzen bei der Krankenversicherung (340 Euro) und bei der Rentenversicherung (400 Euro) gibt. Es wäre wünschenswert für eine überschaubarere Handhabung, wenn diese Einkommensgrenzen angeglichen werden könnten. Tagesmütter, die sich beim zeitlichen und einkommensmäßigen Umfang ihrer Tagespflegetätigkeit an der Geringfügigkeitsgrenze von 400 Euro orientieren, könnten eventuell unbeabsichtigt aus der Familienversicherung herausfallen.

Sind jenseits der Familienversicherung von Tagesmüttern eigene Beiträge zur Krankenversicherung zu entrichten, fallen die Beiträge regelmäßig sehr hoch aus, da diese auf Basis eines festgelegten Mindesteinkommens ermittelt werden (2004: 1.811,25 Euro). Wünschenswert wäre eine Staffelung auch für geringere Einkommen. Für viele Tagesmütter steht sonst jenseits der Geringfügigkeitsgrenze die Belastung durch Beiträge in keinem Verhältnis zu den Verdienstmöglichkeiten aus der Tagespflegetätigkeit. Dies könnte Tagesmütter zu einer zeitlichen Reduzierung ihres Tagespflegeangebotes veranlassen, damit die Familienversicherung aufrechterhalten bleiben kann. Im Interesse einer Ausweitung des Kinderbetreuungsangebotes in Tagespflege sind solche Beweggründe für eine Reduzierung des Angebots nach Möglichkeit zu beseitigen.

Die Krankenkassen nehmen bisher eine hauptberufliche selbständige Tätigkeit in der Tagespflege an, wenn die wöchentliche Arbeitszeit mehr als 18 Stunden beträgt. Ab dieser Grenze entfällt die Möglichkeit einer Familienversicherung. Dieser Stundenumfang dürfte in der Tagespflege leicht überschritten werden, auch wenn das entsprechende finanzielle Ergebnis der Tagespflegetätigkeit gering ausfallen sollte und somit nicht als Hauptquelle zur Bestreitung des Lebensunterhalts gelten kann. Die Frage, ob tatsächlich eine hauptberufliche Tätigkeit vorliegt, muss durch Auslegung des Einzelfalles geklärt werden. An diesem Punkt kommt es gerade für Alleinerziehende zu Benachteiligungen bei der Einstufung (vgl. Dorner-Müller 2001b: 14f.).

Es wäre sinnvoll, wenn die Spitzenverbände der Sozialversicherungsträger/ Krankenversicherungen im Sinne einer Vereinheitlichung der Handhabung explizit die Anwendung für die Tagespflege klären könnten, damit nicht einzelne Tagesmütter mit widersprüchlichen Beurteilungen der Einstufung einer oder mehrerer Krankenkassen konfrontiert sind und jeweils individuelle Klärungen erreichen müssen.

Nur in den seltensten Fällen wird die Tagesmutter eine vertragliche Vereinbarung mit den Eltern zu Fortzahlung des Betreuungsgeldes im Krankheitsfall erreichen können. Wenn kurzfristig eine andere Betreuungsmöglichkeit für die Tageskinder gefunden werden muss, ist den Eltern eine Doppelbezahlung des Betreuungsplatzes kaum zuzumuten. Wie bei jeder selbständigen Tätigkeit lastet daher auf Tagesmüttern der Druck, die Anzahl der Fehltage möglichst gering halten zu müssen.

Durch die Neuregelungen der Spitzenverbände der Krankenkassen zeichnet sich eine Verbesserung der Situation der Tagesmütter ab.

10.3.3 Unfallversicherung

Im neuen Referentenentwurf zum Tagesbetreuungsausbaugesetz (TAG) des BMFSFJ vom 02.04.2004 wurde erstmals vorgesehen, dass Tagesmütter nachgewiesene Aufwendungen für die Beiträge zu einer Unfallversicherung erstattet bekommen können. Dies stellt eine begrüßenswerte Verbesserung der Situation der Tagesmütter dar. Ebenso wie die öffentlichen Zuschüsse zur Altersvorsorge können diese Erstattungen dazu beitragen, dass für Tagesmütter eine Anbindung an einen öffentlichen Träger interessanter und erstrebenswerter wird, wodurch sich die Zahl der öffentlich bekannten Tagespflegeverhältnisse erhöhen und der graue Markt zurückgedrängt werden dürfte.

10.4 Aufsichtspflicht

Neben Fragen der sozialen Absicherung stellen sich für Tagesmütter und Kinderbetreuerinnen auch Fragen der Aufsichtspflicht (Haftpflicht). Laut § 1626 ff. BGB obliegt den Eltern das Sorgerecht für ihre Kinder. Das Sorgerecht beinhaltet auch die Aufsichtspflicht (BGB § 1631). Diese wird für den Zeitraum der Tagesbetreuung in Tagespflege von den Eltern auf die Tagesmutter bzw. die Kinderbetreuerin übertragen. Die Kinder sollen weder selbst zu Schaden kommen noch Dritten Schaden zufügen. Die Tagesmutter muss dafür entsprechende Vorkehrungen treffen, abhängig vom Alter, von der Eigenart und dem Charakter der ihr anvertrauten Kinder. Die Tagesmutter darf ihrerseits niemandem die Aufsichtspflicht ohne Zustimmung der Eltern übertragen.

Da die Tagesmutter für Personen-, Sach- und Vermögensschäden, die aufgrund einer Verletzung ihrer Aufsichtspflicht entstehen, mit ihrem Privatvermögen haftet, ist eine Haftpflichtversicherung dringend anzuraten. Durch sie kann sich die Tagesmutter gegen Ansprüche, die von geschädigten Dritten aufgrund schuldhaften Handelns oder Unterlassens geltend gemacht werden können, schützen. Eine Möglichkeit besteht für Tagesmütter darin, ihren bestehenden Versicherungsschutz durch die eigene Familienhaftpflichtversicherung für die Tagespflege zu erweitern. In jedem Fall ist dabei das Leistungsspektrum der Versicherungsgesellschaft zu überprüfen und auf die Bedingungen der Tagespflege abzustimmen, damit ein umfassender Schutz gewährleistet werden kann.

Die Tarife erweisen sich hier als sehr unterschiedlich. Teilweise werden auch öffentliche Zuschüsse für die Haftpflichtversicherung gewährt. Günstigere Tarife können Tagesmütter in der Regel dann in Anspruch nehmen, wenn sie über eine Sammelhaftpflichtversicherung des Jugendamtes versichert sind. Auch manche Tagesmüttervereine oder andere freie Jugendhilfeträger bieten ihren Mitgliedern Versicherungsschutz über eine Sammelhaftpflichtversicherung an.

Nicht unbedingt abgedeckt sind durch diesen Versicherungsschutz Schäden, die der Tagesmutter durch die Tageskinder entstehen. Hier müssen spezielle Konditionen mit der Versicherung ausgehandelt werden oder entsprechende Regelungen im Betreuungsvertrag mit den Eltern getroffen werden. Öffentliche Zuschüsse sowie Sammelhaftpflichtversicherungen über einen Träger stellen eine Erleichterung für die individuelle Tagesmutter dar. Solche Ansätze sind zu unterstützen.

Bei einem Angestelltenverhältnis greift die private Haftpflichtversicherung der Kinderbetreuerin nicht. Unter Umständen kann die Kinderbetreuerin als „Hausangestellte" in die private Haftpflichtversicherung der Eltern einbezogen werden. Dadurch können aber Schäden, die im Haushalt der Eltern durch die Kinder entstehen, nicht abgesichert werden. Die Kinderbetreuerin kann in diesem Fall einer (Mit-)Haftung unterliegen. Hier besteht für Kinderbetreuerinnen eine Regelungslücke, die von den Versicherungsunternehmen geschlossen werden sollte.

Für Kinder, die in Tageseinrichtungen betreut werden, besteht ein gesetzlicher Unfallversicherungsschutz (§ 539, Abs. 1 Nr. 14 RVO), der für die Eltern beitragsfrei ist. Für Kinder, die in Tagespflege betreut werden, gilt der gesetzliche Unfallversicherungsschutz bisher nicht (vgl. Dorner-Müller 2001 a: 16 f.). Wenn ein Tageskind in der Tagespflege durch einen Unfall bleibende Schäden davonträgt, wird geprüft, ob eine Aufsichtspflichtverletzung der Tagesmutter vorliegt. Falls dies bejaht wird, ist die Haftpflichtversicherung der Tagesmutter in der Pflicht. Kann der Tagesmutter jedoch keine Aufsichtspflichtverletzung nachgewiesen werden, kann das Kind nur durch eine Unfallversicherung, die von den Eltern abzuschließen ist, entsprechend abgesichert werden. Die Versicherung bietet eine Kapitalleistung je nach Grad der Invalidität. Da die private Unfallversicherung auch bei Verschulden Dritter leistet, entsteht für die betroffene Tagesmutter dadurch auch ein gewisser Rechtsschutz in Bezug auf die Klärung der Frage des Verschuldens und der Haftbarkeit, weshalb die Tagesmutter den Eltern den Abschluss einer Kinderunfallversicherung nahe legen sollte. An diesem Punkt bietet der Referentenentwurf zum Tagesbetreuungsausbaugesetz (TAG) des BMFSFJ von 02.04.2004 eine wesentliche Verbesserung der Ausgangssituation dadurch, dass Kinder in Tagespflege zukünftig in die gesetzliche Unfallversicherung aufgenommen werden sollen.

10.5 Besteuerung

Zur Beurteilung der Frage, ob eine Steuerpflicht vorliegt, muss die Quelle betrachtet werden, aus der das Betreuungsentgelt gezahlt wird. Wenn ein Betreuungsentgelt aus öffentlichen Mitteln (in der Regel vom Jugendamt) gezahlt wird, bleibt die Einnahme für die Tagesmutter unter bestimmten Voraussetzungen steuerfrei.[3] Stammen die Einnahmen jedoch anteilig oder ganz von privater Seite (in der Regel von den Eltern), so liegen steuerrechtlich relevante Einkünfte im Sinne des Einkommensteuergesetzes vor. Diese Ungleichbehandlung von öffentlichen und privaten Einnahmen wird kontrovers diskutiert.

Selbständige Tagesmütter, die der Steuerpflicht unterliegen, können Betriebsausgaben für die Tagespflege in pauschalierter Form geltend machen. Dies hat das Bundesfinanzministerium mit Schreiben vom 01.08.1988 bestimmt[4], um den Aufwand der Nachweisführung zu verringern. Die Betriebskostenpauschale pro (Ganztags-)Tageskind in Höhe von monatlich 245,42 Euro (ursprünglich 480 DM) ist seit 1988 nicht angepasst und erhöht worden. Bei Teilzeit-Betreuungsverhältnissen und beim Anfall von „unbedeutenden" oder „erhöhten" Sachaufwendungen entstehen für Tagesmütter häufig Unklarheiten darüber, welche Pauschale sie bei der Gewinnermittlung ansetzen dürfen.

Es ist eine steuerliche Ungleichbehandlung von Selbständigen und Angestellten festzustellen in der Hinsicht, dass Aufwendungen, die aus der Tagespflegetätigkeit entstehen, nicht in gleicher Weise steuermindernd geltend gemacht werden können (vgl. Vierheller 2004: 11 ff.). Allerdings fallen im Privathaushalt der Eltern der Sachlage nach vermutlich insgesamt weniger Aufwendun-

---

3 Vgl. Schreiben des Bundesfinanzministeriums vom 07.02.1990, IV B 1 – S 2121 – 5/90.
4 Vgl. Bundesminister der Finanzen, IV B 4 – S 2248 – 10/88.

gen für die Kinderbetreuerin an, so dass sich die Benachteiligung der Kinderbetreuerin in diesem Punkt in Grenzen hält.

Welche steuerliche Belastung Tagesmüttern tatsächlich entsteht, kann pauschal nicht beantwortet werden, da dies stark vom individuellen Fall abhängt (anderweitigen Einkünften der Tagesmutter, der Zusammenveranlagung mit dem Ehepartner, steuerliche Abzugsmöglichkeiten etc.). Hier lassen sich keine verallgemeinernden Aussagen treffen.

10.6 Der Verdienst von Tagesmüttern

Der Verdienst einer Tagesmutter hängt entscheidend ab von der Auslastung der Tagesmutter im Hinblick auf Kinderzahl und Betreuungsstunden sowie vom vereinbarten Stundenhonorar bzw. vom monatlichen Pauschalentgelt. So individuell und flexibel die Betreuungsform in der Ausgestaltung ausfällt, so individuell erweisen sich auch die ausgehandelten Konditionen und das wirtschaftliche Ergebnis der Tätigkeit. Da Angaben zu durchschnittlichen Stundensätzen sowie durchschnittlichen Betreuungszeiten nicht vorliegen, kann bisher auch kein aussagefähiger durchschnittlicher Verdienst aus der Tagespflegetätigkeit ermittelt werden.

Im Rahmen des DJI-Projekts „Kinderbetreuung in Tagespflege – Auf- und Ausbau eines qualifizierten Angebots" wurden an Good-practice-Standorten Stundenhonorare von 1,90 Euro bis 4 Euro ermittelt, in Einzelfällen auch 5 Euro und mehr (bei einer stundenweise abgerechneten Betreuung). Für Morgen-, Abend- und Nachtstunden werden häufig Zuschläge erhoben, auch bei Betreuungen, die über 10 Stunden pro Tag hinausgehen. Bei privaten Betreuungsverhältnissen sind Stundenhonorare (bzw. monatliche Pauschalen) prinzipiell frei aushandelbar, sie orientieren sich jedoch wesentlich an der Zahlungsbereitschaft und -fähigkeit der Eltern. Z. T. existieren regionale Empfehlungen als Richtwerte. Das Stundenhonorar für eine Betreuung aus öffentlichen Mitteln wird vom Jugendamt festgelegt; durchschnittlich liegt es bei etwa knapp 2 Euro pro Kind.

Die Stundenhonorare dürfen nicht verwechselt werden mit dem Nettoverdienst der Tagesmutter. Es entstehen Aufwendungen für die Tagespflege, die vom Honorar der Tagesmutter in Abzug gebracht werden müssen, z. B. für Lebensmittel, Ausstattungsgegenstände usw. (vgl. Kap. 12). In manchen Fällen wird von Tagesmüttern zusätzlich ein Essensgeld erhoben (ca. 2 bis 4 Euro pro Kind und Tag). Dies muss als zusätzliche Einnahme abgerechnet werden.

Bestimmte Regelungen im Betreuungsvertrag wirken sich auf den Verdienst einer Tagesmutter aus, etwa die Bezahlung der Tagesmutter bei Urlaubs- und

Fehlzeiten von Tageskindern oder im Fall einer Verhinderung der Tagesmutter durch Krankheit, Urlaub oder sonstige Gründe (Vertretungsregelung).

Der Verdienst der Tagesmutter ist nicht als regelmäßige, konstante Größe anzusehen. In manchen Fällen können Tagesmütter eine relativ stabile Auslastung und hohe Kontinuität bei den Betreuungsverhältnissen erreichen. In anderen Fällen ist die Fluktuation groß. Der Verdienst kann demzufolge stark und kurzfristig schwanken und ist für viele Tagesmütter schwer kalkulierbar. Bei einer plötzlichen Beendigung von Betreuungsverhältnissen kann es schnell zu finanziellen Engpässen kommen. Die selbständige Tagesmutter trägt das Auslastungsrisiko.

Im Folgenden soll anhand verschiedener Beispiele aufgezeigt werden, mit welchem Verdienst eine Tagesmutter rechnen kann – in Abhängigkeit vom Umfang ihrer Tätigkeit und von ihrem Arbeitsstatus.

Beispiel (A)

Wenn eine selbständige Tagesmutter

- zwei Kinder im Rahmen von privat finanzierten Betreuungsverhältnissen betreut,
- jeweils acht Stunden pro Tag an 22 Tagen im Monat,
- zu einem Stundensatz von 2,50 Euro (inklusive Essensgeld),

so erzielt sie Einnahmen in Höhe von ca. 880 Euro im Monat. Berücksichtigt man die Aufwendungen, die der Tagesmutter durch die Tagespflege entstehen, in Höhe der steuerlichen monatlichen Betriebskostenpauschale (245,42 Euro pro Ganztagskind), so kann die Tagesmutter einen „Gewinn" von knapp unter 400 Euro ausweisen. Damit bleibt sie unterhalb der Grenze der Geringfügigkeit und ist weder rentenversicherungspflichtig noch steuerpflichtig. Allerdings hat sie nach der bisherigen Regelung keinen Anspruch mehr auf eine Mitversicherung in der Familienversicherung und muss sich als Selbständige im Rahmen der freiwilligen Krankenversicherung absichern (Beitrag ca. 270 Euro – dies entspricht fast 70% des Gewinns). Vermutlich wird diese Tagesmutter den Umfang ihrer Tätigkeit so reduzieren, dass sie in der Familienversicherung bleiben kann.

Beispiel (B)

Wenn eine Tagesmutter

- drei Tageskinder betreut,
- die aus öffentlichen Mitteln bezahlt werden (Jugendamt),
- jeweils acht Stunden pro Tag an 22 Tagen im Monat,
- zu einem Stundensatz von 2,20 Euro (inklusive Essensgeld),

so erzielt sie Einnahmen in Höhe von 1.161,60 Euro pro Monat. Da es sich um öffentliche Mittel handelt, entsteht keine Sozialversicherungspflicht. Die Einnahmen bleiben steuerfrei. Berücksichtigt man die Aufwendungen, die der Tagesmutter durch die Tagespflege entstehen, in Höhe der steuerlichen monatlichen Betriebskostenpauschale (245,42 Euro pro Ganztagskind), so bleiben der Tagesmutter Nettoeinnahmen von 425,34 Euro, bei einem sparsamen Umgang bei den Aufwendungen eventuell etwas mehr.

Beispiel (C)

Wenn eine selbständige Tagesmutter

- zwei Tageskinder im Rahmen von privat finanzierten Betreuungsverhältnissen betreut,
- jeweils acht Stunden pro Tag an 22 Tagen im Monat,
- zu einem Stundensatz von 4 Euro (inklusive Essensgeld),

so erzielt sie Einnahmen in Höhe von 1.408 Euro pro Monat. Berücksichtigt man die Aufwendungen, die der Tagesmutter durch die Tagespflege in Höhe der steuerlichen monatlichen Betriebskostenpauschale entstehen (245,42 Euro pro Ganztagskind), so bleibt ihr eine Nettoeinnahme von 917 Euro. Davon müssen sowohl die soziale Absicherung (Kranken- und Pflegeversicherung nach der bisherigen Regelung in Höhe von ca. 270 Euro/private Altersabsicherung von 50 bis 100 Euro) als auch zu entrichtende Steuern (bei Ehegattensplitting abhängig vom Einkommen des Ehemanns) abgezogen werden.[5]

Beispiel (D)

Wenn eine Tagesmutter bei einem Träger sozialversicherungspflichtig angestellt ist[6] und

- 3 bis 4 Tageskinder
- ganztags fünf Tage pro Woche betreut, so erzielt sie
- bei einer Einstufung nach BAT VIII

abhängig von Alter und Familienstand netto ca. 1.350 Euro monatlich.

Beispiel (E)

Wenn eine Kinderbetreuerin im Haushalt der Eltern arbeitet, so erfolgt die Berechnung des Arbeitsentgelts in der Regel nicht nach der Kinderzahl, sondern nach einem pauschalen Stundenlohn. Eine Kinderbetreuerin kann keine Betriebskostenpauschale geltend machen; es fallen jedoch weniger Betriebsausgaben an als bei der Tagespflege im Haushalt der Tagesmutter. Arbeitet eine Kinderbetreuerin

- zu einem Stundenlohn von 6 Euro,
- 3 mal 4 Stunden pro Woche,

dann verdient sie ca. 300 Euro und fällt unter die Minijobregelung (Steuer- und Sozialversicherungsfreiheit für die Arbeitnehmerseite).

Komplizierter wird die Rechnung, wenn zusätzlich ein Essensgeld von den Eltern erhoben wird. Dies stellt keinen Durchgangsposten dar, sondern muss zu den privaten Einnahmen der Tagesmutter hinzugezählt werden und erhöht damit das zu versteuernde Einkommen, das auch die Bemessungsgrundlage für die Einstufung in der Krankenversicherung und eventuell Rentenversicherung bildet.

---

5 Hier liegt die Annahme zugrunde, dass keine Rentenversicherungspflicht vorliegt. – Bei einer gemeinsamen steuerlichen Veranlagung hängt der Steuersatz in der Regel von der Höhe des Einkommens des Ehemanns ab sowie davon, ob weitere Einkünfte aus anderen Quellen vorliegen.

6 Dieser Fall liegt bisher in Deutschland extrem selten vor.

Bilanzierend lässt sich festhalten:

- Bei der Mehrzahl der Tagespflegeverhältnisse handelt es sich bisher nicht um im sozialrechtlichen Sinne abgesicherte Arbeitsplätze, sondern um ungeschützte Arbeitsverhältnisse bzw. um Tätigkeiten auf Zuverdienstbasis. Die Einnahmen von Tagesmüttern sind dem Niedrigstlohnbereich zuzuordnen. Dies hängt u. a. damit zusammen, dass die Auslastung (Anzahl der Tageskinder und Betreuungsumfang) sehr unterschiedlich ausfällt und dass die Verdienstmöglichkeiten in der Tagespflege direkt begrenzt werden durch die Zahlungsbereitschaft und vor allen Dingen die Zahlungsfähigkeit der abgebenden Eltern. Für Eltern ist die Tagespflege bisher die teuerste Betreuungsform, da die Elternbeiträge bisher nicht in gleicher Weise bezuschusst werden wie im Fall der Kindertageseinrichtungen. Eine Beteiligung der öffentlichen Hand an den Kosten der Kinderbetreuung in Tagespflege ist notwendig (vgl. auch Kap. 3), wie auch im vorliegenden Referentenentwurf zum Tagesbetreuungsausbaugesetz (TAG) des BMFSFJ vom 02.04.2004 anerkannt und berücksichtigt wird (allerdings nur im Rahmen einer Kann-Regelung). Sie ermöglicht Tagesmüttern einen angemessenen Verdienst, der ein Abtauchen in die Schwarzarbeit oder in eine nicht in allen Aspekten legale Tagespflegetätigkeit verhindern hilft. Andernfalls kann sich eine legale Tagespflegetätigkeit angesichts der unverhältnismäßigen Relation von Aufwand und Ertrag schnell als nicht lohnend erweisen.
- Da die selbständige Tagesmutter pro Tageskind bezahlt wird, muss weiterhin berücksichtigt werden, dass die Höhe der Einnahmen stark von der Auslastung, d. h. der Zahl der gleichzeitig betreuten Tageskinder, abhängt: Wenn eine Tagesmutter ein Kind über sechs Stunden betreut, erzielt sie während dieser sechs Stunden bei einem Stundenhonorar von 3 Euro Einkünfte in Höhe von 18 Euro. Betreut sie dagegen während der gleichen Arbeitszeit parallel vier Kinder, so vervierfachen sich die Einkünfte auf 72 Euro. Für Tagesmütter, die auf den Verdienst angewiesen sind, entsteht daher ein Anreiz, eine möglichst hohe Zahl an Betreuungsplätzen anzubieten, um eine möglichst hohe Auslastung zu erreichen. Hierbei ist allerdings von fachlicher Seite im Auge zu behalten (z. B. über das Instrument der fachlichen Begleitung und/oder der Pflegeerlaubnis), dass in einer größeren Kindergruppe das Wohl der betreuten Kinder gesichert bleibt und ob in den persönlichen und fachlichen Voraussetzungen der Tagesmutter oder auch in den räumlichen Gegebenheiten Gründe für eine Begrenzung der Kinderzahl vorliegen.
- Der Verdienst von Tagesmüttern muss in Relation gesetzt werden zu ihren Arbeitszeiten. Gerade bei Tagesmüttern, die tatsächlich die besondere Flexibilität der Tagespflege gewährleisten und auch in Morgen-, Abend- und Nachtstunden und/oder am Wochenende Kinderbetreuung anbieten, ist der zeitliche Aufwand durch die Tagespflege enorm hoch. Dabei können täglich leicht 10 bis 13 Stunden Kinderpräsenz erreicht werden bei zeitlich nicht völlig überlappenden Betreuungszeiten der Kinder. Eine geziel-

te Bündelung von verschiedenen zeitlichen Bedarfen, die zu einer Reduzierung der effektiven Arbeitszeit führen könnte, ist für Tagesmütter häufig schwer zu beeinflussen und kaum zu erreichen. Zusätzlich müssen bei den Arbeitszeiten Vor- und Nachbereitungsarbeiten wie Aufräumen, Putzen, Einkaufen, Vorkochen, Buchführung usw. berücksichtigt werden. In der Praxis lässt sich feststellen, dass längerfristig professionell arbeitende Tagesmütter, die von Eltern stark nachgefragt werden, durchaus versuchen, ihre Arbeitsbelastung und ihre zeitliche Flexibilität zu reduzieren und reguläre Arbeitszeiten in der Tagespflege (z. B. von 8 bis 16 Uhr) festzusetzen.
- Die geringen Verdienstmöglichkeiten schaffen in Verbindung mit ausgedehnten Arbeitszeiten wenig Anreize für Tagesmütter, ein Betreuungsangebot derart aufzubauen, wie es als Zielsetzung notwendig erscheint: zeitlich flexibel, qualifiziert und längerfristig verfügbar. Die Einkommenssituation der Tagesmütter sollte daher durch eine öffentliche Förderung deutlich verbessert werden, damit sich für die Tagespflege geeignete Frauen, die die Betreuungs-, Erziehungs- und Bildungstätigkeit mit Kindern in den eigenen vier Wänden schätzen, nicht mangels existenzsichernder Perspektiven aus der Tagespflege verabschieden müssen.

10.7 Zuverdienst oder Existenzsicherung?

Das Einkommen aus der Tagespflege kann für Tagesmütter einen unterschiedlichen Stellenwert einnehmen. Laufende Ergebnisse aus dem DJI-Projekt „Kinderbetreuung in Tagespflege – Auf- und Ausbau eines qualifizierten Angebots" weisen darauf hin, dass es sich bei einem Teil der Tagesmütter um einen notwendigen Zuverdienst zum Familieneinkommen handelt, damit der Lebensstandard gehalten werden kann. In anderen Fällen dient das Einkommen dazu, der Tagesmutter ein persönliches Minimum an finanzieller Unabhängigkeit vom Partner zu eröffnen. Sofern Tagesmütter nicht auf den Zuverdienst angewiesen sind, lässt sich in Einzelfällen auch beobachten, dass Tagesmütter den Verdienst in die Tagespflege reinvestieren und z. B. hochwertige Ausstattungsgegenstände und Spielmaterialien für die Tagespflege erwerben.

Insbesondere von Ledigen und Alleinerziehenden wird aber auch eine Existenzsicherung aus der Tagespflege angestrebt. Es ist umstritten, ob dieses Ziel in der Tagespflege auf tragfähige, dauerhafte Weise ohne zusätzliche Einkommensquellen gegenwärtig bereits umgesetzt werden kann. Sofern Tagespflege-InteressentInnen auf eine Existenzsicherung angewiesen sind, wird ihnen von manchen Fachberatungen angesichts der bestehenden geringen und nicht verlässlichen Verdienstaussichten von einem Engagement in der Tagespflege grundsätzlich abgeraten. Dabei muss Folgendes angemerkt werden: Wenn von einer „Existenzsicherung" in der Tagespflege die Rede ist, dann kann es sich dabei bislang nur um eine Absicherung der Lebensnotwendigkeiten auf niedrigstem Niveau handeln („von der Hand in den Mund"). Eine Bildung von Rücklagen ist auf dieser Basis nicht möglich.

Die Tagespflege scheint unter den bisherigen Bedingungen nur dann eine existenzsichernde Option für Tagesmütter zu sein, wenn eine entsprechend hohe Auslastung (Kinderzahl) erreicht werden kann. Es ist festzustellen, dass bei den mindestens benötigten vier Kindern pro Tagesmutter z. T. schon der typische Rahmen der Tagespflege (Privathaushalt, Laienkräfte, Familiennähe) gesprengt wird. Bei der Kinderzahl müssen eventuell eigene Kinder der Tagesmutter mitberücksichtigt werden. Im Rahmen verschiedener Ausprägungen der Tagesgroßpflege (z. T. in angemieteten Räumen, unter Mitarbeit von zusätzlichen Hilfskräften; vgl. Kap. 2) entwickeln sich fließende Übergänge zu Kleinsteinrichtungen.

Im Zuge des strukturellen Wandels der Erwerbsarbeitsgesellschaft lässt sich feststellen, dass das Modell des männlichen Familienernährers, das bisher in der Tagespflege das dominante Familienmodell darstellte, aus verschiedenen Gründen immer mehr in Frage gestellt wird (vgl. Kap. 1). Familienväter sind heute nicht mehr unbedingt in der Lage, ein Einkommen auf dem Arbeitsmarkt zu erzielen, das die Familie absichert. Auch in besser verdienenden Familien zeigt sich, dass angesichts der aktuellen wirtschaftlichen Bedingungen in vielen Fällen ohne einen Zuverdienst der Frau der Lebensstandard nicht mehr gehalten werden kann. Daraus ergibt sich die Notwendigkeit, dass Frauen heute zunehmend gezwungen sind, einen substantiellen Beitrag zum Familieneinkommen zu leisten. Auch allein erziehende Tagesmütter sind darauf angewiesen, eine eigenständige Absicherung aus ihrer Berufstätigkeit zu erzielen.

Die soziale Absicherung von Tagesmüttern findet bisher weitgehend über den Ehemann statt. Ob dabei tatsächlich eine Absicherung in der erforderlichen Höhe in Aussicht steht, wird von betroffenen Frauen selten tatsächlich überprüft (vgl. Sick 1999: 24 f.). Spätestens im Fall einer Scheidung erweist sich eine über den Ehemann abgeleitete Absicherung als prekär. Aus der Praxis wird von Tagesmüttern berichtet, die anlässlich einer Scheidung von ihrem Ehemann gezwungen werden, ihre langjährige Tagespflegetätigkeit aufzugeben, weil sie keine eigenständige Existenzsicherung aus der Tagespflegetätigkeit erreichen können. Es ist heute nicht mehr davon auszugehen, dass Ehen in allen Fällen Bestand auf Lebenszeit haben. Um einer Altersarmut der entsprechenden Frauen vorzubeugen, erscheint eine eigenständige Absicherung für Frauen umso dringlicher.

10.8 Mögliche Effekte von Arbeitsstatus und Verdienstmöglichkeiten auf verschiedene Gruppen von Tagesmüttern

In diesem Abschnitt soll der Fokus darauf gerichtet werden, wie sich die Gruppe der Tagesmütter beschreiben und nach unterschiedlichen Motivationslagen ausdifferenzieren lässt, so dass darauf aufbauend Zusammenhänge hergestellt werden können zwischen Fragen des Arbeitsstatus, des Verdienstes, der Motivationsstruktur der beteiligten Frauen und den Auswirkungen im Hinblick auf eine Verberuflichung des Feldes Tagespflege.

In Kapitel 4 wurde eine Typisierung verschiedener Tagesmüttergruppen vorgestellt (vgl. auch Keimeleder 2003), die deutlich macht, dass es sich bei der Gruppe der Tagesmütter keineswegs um eine homogene Zielgruppe handelt. Es wurden vier Gruppen identifiziert:

- die „traditionalen" Tagesmütter,
- die „pragmatischen" Tagesmütter,
- die „berufsorientierten" Tagesmütter und
- die „perspektivlosen" Tagesmütter.

Angesichts der politischen Zielperspektive, dass in den kommenden Jahren im Rahmen des Ausbaus der Tagespflege ca. 40.000 zusätzliche Tagesmütter gewonnen werden sollen, stellt sich die Frage, in welchen Bereichen sich weitere Potentiale erschließen lassen. Erfolg versprechende Ansatzpunkte liegen bei den *berufsorientierten* Tagesmüttern, weil hier die erforderliche Bereitschaft für eine längerfristige Einbindung sowie zur Weiterqualifizierung vorzufinden ist. Berufsorientierte Tagesmütter richten ihr häusliches Umfeld am stärksten auf die Bedürfnisse von Kindern ein und bewältigen auch mehr als ein oder zwei Tageskinder. Teilweise liegt auch ein einschlägiger Ausbildungshintergrund vor (z. B. Erzieherin, Kinderpflegerin, Heilpädagogin, Kinderkrankenschwester). Diese Frauen brauchen bessere Verdienstmöglichkeiten, die eine Existenzsicherung und eine ausreichende soziale Absicherung einschließen, sowie Qualifizierungsmöglichkeiten über eine Grundqualifizierung hinaus, um sich einen zuverlässigen Verbleib in der Tagespflege vorstellen zu können. Häufig wird von dieser Gruppe das Fehlen eines Berufsbildes sowie formaler beruflicher Entwicklungsperspektiven beanstandet: Tagespflege wird so zu einer beruflichen „Sackgasse". Manchmal werden fehlende Möglichkeiten der Differenzierung zwischen mehr oder weniger qualifizierter Tagespflege bemängelt bzw. klare Zugangsvoraussetzungen für die Tagespflege gefordert.

Bisher eventuell zu wenig ins Blickfeld gerückt wurde die Gruppe der arbeitslos gemeldeten, pädagogisch vorgebildeten Frauen, wie sie vor allem in den neuen Bundesländern gehäuft anzutreffen ist, für die die Tagespflege einen Wiedereinstieg oder eine familiennahe Alternative einer Arbeit mit Kindern jenseits der Tageseinrichtung bedeuten könnte. Hier könnten unter Umständen Potentiale brachliegen. Diese Gruppe ist am ehesten in der Lage, auch eine größere Gruppe von Tageskindern zu betreuen. Da jedoch ein Abdrängen in ungesicherte Arbeitsverhältnisse keine berufliche Perspektive für diese Frauen darstellt, braucht es bessere und gesichertere finanzielle Bedingungen als Voraussetzung dafür, mehr Frauen aus diesem Kreis für die Tagespflege zu gewinnen. Parallel zu einer Verbesserung der Rahmenbedingungen könnte eventuell die Anwerbung in diesem Segment forciert werden.

Die *traditionalen* Tagesmütter haben in der Vergangenheit aus einem quasi ehrenamtlich-nachbarschaftlich-karitativ orientierten Ansatz heraus wichtige Teile des Tagespflegefeldes abgedeckt. Da sich die Berufsbiographien von Frauen in den letzten Jahrzehnten stark gewandelt haben, muss allerdings davon ausgegangen werden, dass diese Gruppe im Abnehmen begriffen ist und nicht mehr in dem Umfang wie in der Vergangenheit zur Verfügung steht. Es gibt Hinweise aus der Praxis, dass es unter dem Einfluss einer fachlichen Qualifizierung und Begleitung fließende Übergänge gibt zur Gruppe der berufsorientierten Tagesmütter.

Die *pragmatische* Gruppe der Tagesmütter zeichnet sich in vielen Fällen dadurch aus, dass sie angesichts des Vereinbarkeitsdilemmas aufgrund fehlender öffentlicher Kinderbetreuungsangebote eine Entscheidung für eine Berufsunterbrechung zugunsten einer zeitlich begrenzten Familienphase trifft. In der Tagespflege wird dann eine Chance gesehen, Familientätigkeit und Erwerbstätigkeit ansatzweise in den eigenen vier Wänden zu verbinden. Wenn diese Gruppe Tagespflege anbietet, ist zu berücksichtigen, dass in der Regel kein großer Erfahrungsvorsprung in Bezug auf Kindererziehung vorhanden ist. Insofern sind hier besonders Maßnahmen zur Unterstützung der Fachlichkeit notwendig. Andererseits ist die Fluktuation in diesem Bereich besonders hoch, so dass ein großer Qualifizierungsaufwand entsteht, der aber bei den beteiligten Frauen (abgesehen von allgemeinen Impulsen der Elternbildung in Bezug auf den Umgang mit den eigenen Kindern) „verpufft", sobald sie das Feld wieder verlassen. Insofern könnten Zweifel angesagt sein, inwieweit hier Ansatzpunkte für eine gezielte Qualifizierungsaktion bestehen. Leider liegen bisher keine Daten über Berufsverläufe von Tagesmüttern vor.

Es gibt jedoch Anhaltspunkte dafür, dass das „Reinrutschen" in die Tagespflege im Rahmen der Erziehungszeit einen sehr typischen Zugang zur Tagespflege bildet. Wesentlich seltener ist die bewusste und geplante Entscheidung zum Berufswechsel in die Tagespflege anzutreffen. Oft gibt z. B. die Betreuung des Nachbarkindes oder der Tochter der besten Freundin den Ausschlag, in die Tagespflege einzusteigen. Dabei ist zunächst nur überbrückungsweise an die Betreuung dieses einen Kindes über einen bestimmten Zeitraum gedacht, ferner an die anschließende Rückkehr in die frühere Erwerbstätigkeit. Manche Tagesmütter entdecken erst im Laufe der Tätigkeit ihre besondere Neigung zu diesem Arbeitsfeld und bleiben dann in der Tagespflege „hängen". Insofern könnte insbesondere die Gruppe der Pragmatischen einen Fundus bilden, aus dem sich später auch berufsorientierte Tagesmütter entwickeln – vorausgesetzt, dass eine entsprechende fachliche Begleitung und Qualifizierung diesen Prozess unterstützt. Da die Gruppe der Pragmatischen ein typisches Szenario für den Einstieg in die Tagespflege bietet, sind Investitionen in diese Gruppe unerlässlich und viel versprechend.

Als Gruppe der *Perspektivlosen* werden diejenigen Personen zusammengefasst, die zunehmend in Tagespflege vermittelt werden, z. B. aus arbeitsmarktpolitischen Gründen, bei denen aber kein originäres Interesse an der Arbeit mit Kindern im Vordergrund steht. Für diese Gruppe stellt Tagespflege eine Notlösung dar. Es handelt sich z. B. um Langzeitarbeitslose, die eher selbst einen Unterstützungsbedarf bei der praktischen Lebensbewältigung haben und keine stabile Lebenssituation aufweisen. Auch persönliche und psychische Problematiken können eine Rolle spielen, weshalb die Frage der Eignung potentieller Personen aus dieser Gruppe besonders sorgfältig zu überprüfen ist. Im Interesse des Kindeswohls darf ein Ausbau der Tagespflege nicht über dafür ungeeignete Personenkreise angestrebt werden.

10.9 Maßnahmen zur Weiterentwicklung und Verberuflichung

Aus den beschriebenen Zusammenhängen ergeben sich insgesamt folgende Ansatzpunkte für eine zukunftsorientierte Weiterentwicklung und Verberuflichung der Tagespflege:

- *Harmonisierung des rechtlichen Status:* Wie bereits in den vorherigen Abschnitten ausgeführt, sind eine Klärung des rechtlichen Status der Tagespflege und eine Erhöhung der Rechtssicherheit in den genannten Bereichen dringend und unmittelbar erforderlich. Jede Tagespflegeinteressentin sollte Zugang zu einer qualifizierten praxisvorbereitenden und -begleitenden Rechtsberatung haben, um die individuellen Bedingungen abklären zu können.
- *Bessere Vergütung für Tagesmütter:* Es muss eine bessere Vergütung für Tagespflegedienstleistungen erreicht werden, damit interessierte und qualifizierte Frauen längerfristig an diesen Aufgabenbereich gebunden werden können. Dies ist nur über eine öffentliche Förderung erreichbar. Kurzfristig sind Zuschussregelungen für die Förderung der Altersvorsorge (und eventuell auch für Erstausstattungen für neue Tagesmütter) auszubauen.
- *Auf- und Ausbau eines flächendeckenden Angebots an fachlicher Begleitung:* Ein flächendeckendes Angebot an fachlicher Begleitung muss gewährleistet sein (vgl. Kap. 6).

- *Entwicklung von formalen Zugangsregelungen und fachlichen Mindeststandards:* Formale Zugangsregelungen und fachliche Mindeststandards in der Tagespflege sind zu entwickeln. Allerdings muss hierbei berücksichtigt werden, dass Maßnahmen, die für einen Teil der Tagesmütter wünschenswert erscheinen, z. B. die Einführung schärferer Zugangsregelungen, zugleich einen niederschwelligen Einstieg in die Tagespflege für andere Gruppen verhindern können. Hier muss sorgfältig abgewogen werden, über welche Tagesmüttergruppen der Einstieg in eine Verberuflichung erreicht werden soll und wie mit entsprechenden Zielkonflikten umgegangen werden kann.
- *Entwicklung eines Berufsbildes:* Bisher fehlt ein formales Berufsbild Tagespflege in Deutschland. Bei der Entwicklung eines solchen Berufsbildes kann auf Entwicklungen und Erfahrungen in Österreich zurückgegriffen werden (vgl. Lutter 1999, 2003). Hier wurden bundeseinheitlich Tätigkeitsmerkmale, pädagogische Aufgaben, Elternarbeit, Eignungsvoraussetzungen und Einsatzmöglichkeiten von Tagesmüttern auf Anforderung des Österreichischen Bundesministeriums für Arbeit und Soziales festgelegt. Als Berufsbezeichnung für die Tagespflege soll dort der neue Begriff „Familienpädagogin" eingeführt werden.
- *Entwicklung eines einheitlichen Qualifizierungsstandards:* Ein einheitlicher Qualifizierungsstandard für eine Grundqualifizierung sollte kurzfristig angestrebt werden. Hier liegen in Form des DJI-Curriculums zur Fortbildung von Tagesmüttern bereits Konzepte vor, auf die zurückgegriffen werden kann (vgl. Weiß 2002). Außerdem sollten kontinuierliche spezialisierende Weiterbildungsangebote für Tagesmütter zur Verfügung stehen. Dabei sollten die fachlichen und die informell erworbenen Familienkompetenzen, die Tagesmütter in die Tätigkeit einbringen, besonders berücksichtigt werden.
- *Evaluation der Sozialassistentinnenausbildung mit Spezialisierungsfeld Tagespflege:* Im September 2004 wird voraussichtlich am Diakonie-Kolleg in Hannover erstmals eine zweijährige Ausbildung zur Sozialassistentin mit einer Spezialisierung im Berufsfeld Kindergarten/Tagespflege angeboten, über die für Tagesmütter der Anschluss an das System der sozialen Berufe hergestellt werden soll (vgl. Karsten/Zimmermann 2000). Darauf aufbauend kann nach einem zusätzlichen zweijährigen Besuch der Fachschule für Sozialpädagogik ein Abschluss als staatlich anerkannte Erzieherin erreicht werden. Es wird zu beobachten sein, wie dieses Angebot von Tagesmütterseite angenommen wird und ob sich die angestrebte Durchlässigkeit des Ausbildungssystems für weiterbildungswillige Tagesmütter auf diesem Weg tatsächlich herstellen lässt. Hier werden erstmals Ausbildungsmodule für die Tagespflege im Rahmen einer formalen Berufsausbildung geschaffen. Eine vollständige Angliederung der Tagesmütterqualifizierung an eine formale Berufsausbildung ist nicht unumstritten, da auch deren aktuelle Praxis in verschiedener Hinsicht als verbesserungswürdig beurteilt wird. Weinkopf schlägt vor, da ohnehin aktuell eine Anhebung von Erziehungs-

berufen zur Diskussion steht, für Tagesmütter beschäftigungsbegleitende Teilzeitstudienangebote zu schaffen (vgl. Weinkopf 2004: 24); auch dieser Weg sollte modellhaft erprobt werden.

■ *Förderung der Vernetzung von Tagesmüttern:* Es hat sich in der Vergangenheit gezeigt, dass sowohl Vereine auf lokaler Ebene als auch Zusammenschlüsse von Tagesmüttern auf Landes- und Bundesebene entscheidende Impulse für die Weiterentwicklung des Arbeitsstatus und der sozialen Sicherung von Tagesmüttern gegeben haben. Nur im Rahmen solcher Zusammenschlüsse können sich Tagesmütter, die ansonsten isoliert arbeiten, ihrer Interessen bewusst werden und sie nach außen vertreten. Deshalb ist es dringend zu empfehlen, diese Netzwerke gezielt zu fördern.

■ *Anstellungsverhältnis von Tagesmüttern bei einem Träger:* In der mittel- bis längerfristigen Perspektive der Weiterentwicklung der Tagespflege erweist sich besonders ein Anstellungsverhältnis von Tagesmüttern bei einem Träger der öffentlichen oder freien Jugendhilfe als sinnvoll. Als vorbildhaft ist hierfür das Tagespflegesystem in Dänemark anzusehen (vgl. Bock-Famulla 2003). Doch auch in Österreich, das von den Voraussetzungen her ähnliche Strukturen wie Deutschland aufweist, sind mehr als 50% der Tagesmütter angestellt (vgl. Lutter 2003). Als Träger kommen beispielsweise Vereine, Jugendämter, spezialisierte Dienstleistungsagenturen oder Wohlfahrtsverbände in Frage. Vierheller hat diese Tagespflegevariante als Zukunftsvision qualifizierter Tagespflege in Deutschland untersucht (vgl. Vierheller 2004) und kommt zu dem Schluss, dass die Anstellungsvariante bei einem Träger für Tagesmütter, die im eigenen Haushalt arbeiten, eine attraktive Wahloption sein könnte. Hier kann eine zuverlässige Absicherung und eine längerfristige Bindung von Tagesmüttern an die Tagespflege erreicht werden. Eine tarifliche Bezahlung nach dem Bundesangestelltentarif sowie kontrollierte, geregelte Arbeitsbedingungen und -anforderungen könnten erheblich zu einer Verberuflichung und Verfachlichung der Tagespflege beitragen. Für Träger dürfte sich eine geringere Fluktuation und eine bessere Planbarkeit des Tagespflegeangebots ergeben. Für die Tagesmütter ergeben sich zwei Vorteile: Erstens werden damit sozialversicherungspflichtige, d. h. abgesicherte, Beschäftigungsverhältnisse auch für Tagesmütter, die im eigenen Haushalt arbeiten, geschaffen, und zweitens können Tagesmütter sich auf diesem Weg stärker auf ihre pädagogische Kernkompetenz konzentrieren und diese entwickeln. Als Voraussetzung beschreibt Vierheller, dass eine stärkere Verpflichtung der öffentlichen Jugendhilfeträger erfolgen müsste, auf dem Gebiet der Tagespflege tätig zu werden. § 23, Abs. 2 SGB VIII müsste bezüglich des Aufwendungsersatzanspruches geändert werden. Es müsste eine bundeseinheitliche Einführung von Teilnahmebeiträgen oder Gebühren im Rahmen der Kostenfinanzierung umgesetzt werden. Bundeseinheitliche Mindeststandards für die Tagespflege, auch im Hinblick auf die Ausbildung und die Qualifikation, müssten erreicht werden. Für angestellte Tagesmütter müsste eine

Werbungskostenregelung/-pauschale eingeführt werden. Es müssten Arbeitszeit- und Vergütungsregelungen für angestellte Tagesmütter im Bundesangestelltentarif entwickelt werden. Aber nicht für alle Tagesmütter ist ein Angestelltenverhältnis der präferierte Arbeitsstatus. Manche Tagesmütter befürchten, dass ihre selbstbestimmten Gestaltungsmöglichkeiten dadurch eingeschränkt werden könnten. Für eine bestimmte Gruppe der Tagesmütter wäre der Angestelltenstatus jedoch das Mittel der Wahl. Anzustreben ist eine Wahlfreiheit für Tagesmütter, ob sie bei einem Träger angestellt oder selbständig tätig sein wollen oder ein Arbeitsverhältnis im Privathaushalt der Eltern eingehen. Denkbar und sinnvoll erschiene es, einen Stamm qualifizierter, erfahrener Tagesmütter über ein Anstellungsverhältnis beim Träger aufzubauen, während andere Tagesmütter im Selbständigenstatus als „freelancer", also als freie Mitarbeiterinnen, mit dem Träger kooperieren.[7] Zu klären wäre die Finanzierung dieser Arbeitsstatusvariante. Ein qualitativ gutes Kinderbetreuungsangebot wird nicht zum Nulltarif erhältlich sein; die Kosten sollten als Investition in die Zukunft betrachtet werden (vgl. Vierheller 2004).

Die Tagespflege ist Teil einer Entwicklung der Verberuflichung und der Modernisierung sozialer Berufe. Hier handelt es sich besonders um Frauenberufe. Die Herausforderung liegt darin, einen Transfer lebensweltlich entstandener Konzepte in berufliche Formen von „ambulanter" Kindertagesbetreuung im Privathaushalt[8] zu gestalten mit dem Ziel einer im SGB VIII vorgesehenen Gleichwertigkeit der verschiedenen Betreuungsformen. Dabei sind Neujustierungen und Ausdifferenzierungen des Feldes vorzunehmen. Es dürfte deutlich geworden sein, dass dies nicht ohne die Bearbeitung wesentlicher Zielkonflikte im Hinblick auf die anvisierten Tagesmütter-Zielgruppen zu leisten ist.

---

7 Dort, wo sich die Bindung von Tagesmüttern an einen Träger sehr eng und exklusiv gestaltet, könnte man von einem Status fester freier Mitarbeiterinnen sprechen.
8 Rauschenbach formuliert in Analogie zur Altenpflege und zur Krankenpflege ein Nebeneinander von „ambulanter", familiennaher Kinderbetreuung im Privathaushalt (Tagespflege) und einer „stationären" einrichtungsbezogenen Kindertagesbetreuung (Tageseinrichtungen), wobei nur die Tagespflege im Haushalt der Eltern eine aufsuchende Form der Kinderbetreuung darstellen würde, während die herkömmliche Tagespflege in den Räumen der Tagesmutter lediglich familiennah wäre.

Zusammenfassung

Tagesmütter, die überwiegend als Selbständige tätig sind, sind mit einer komplexen Rechtsmaterie konfrontiert. Die Einschätzung des rechtlichen Status ihrer Tätigkeit und der damit verbundenen Rechte und Pflichten erscheint ihnen häufig als undurchsichtig. Anders als in anderen selbständigen Berufen ist der Zugang zur Tagespflegetätigkeit häufig durch ein „Hineinrutschen" gekennzeichnet, wodurch im Unterschied zu anderen Berufen eine sorgfältige Überprüfung der wirtschaftlichen und rechtlichen Voraussetzungen vor Beginn der Tätigkeit häufig nicht im erforderlichen Umfang zustande kommt (z. B. in Form einer Existenzgründungsberatung). Dies unterstreicht auch die Notwendigkeit einer qualifizierten Beratung und Fortbildung für Tagesmütter.

Die Einnahmen von Tagesmüttern sind dem Niedrigstlohnbereich zuzuordnen. Daher lässt sich aus der Höhe der Einnahmen bisher nur begrenzt ein Anreiz für Tagesmütter ableiten, ein kontinuierliches und stabiles, qualifiziertes Tagespflegeangebot zu gewährleisten, besonders angesichts des hohen zeitlichen Aufwandes, der mit der Tagespflege verbunden ist. Ausschlaggebend für die Höhe des Verdienstes von Tagesmüttern ist die Zahl der betreuten Kinder. Die strukturellen Probleme der Tagespflege liegen in einer Vergütung, die in den meisten Fällen nicht existenzsichernd ist, sowie einer unzureichenden eigenständigen sozialen Absicherung von Frauen. Wenn eine qualifizierte familiennahe Betreuung und Förderung von Kindern in der Kleinkinderziehung erhalten werden soll, ist es notwendig, entsprechende Rahmenbedingungen zu schaffen. Aus arbeitsmarkt- und sozialpolitischen Gründen können nicht Frauen in ein Arbeitsmarktsegment hinein empfohlen werden, das zwar gesellschaftlich eine wichtige Funktion hat, aber alle Risiken der Ausübung der Tätigkeit auf der Seite der Tagesmütter belässt. Eine Weiterentwicklung der Tagespflege muss diese frauenpolitischen Gesichtspunkte berücksichtigen und hier Abhilfe schaffen.

Bei der Weiterentwicklung der Tagespflege gibt es Zielkonflikte in Bezug auf die Bedürfnisse und die Erwartungen verschiedener Tagesmüttergruppen. Während die Gruppe der „Pragmatischen" besonders niederschwellige, flächendeckende Angebote der fachlichen Begleitung braucht, stehen für die „Berufsorientierten" die Absicherung und die berufliche Profilierung im Vordergrund. Da auf keine der beiden gegensätzlich profilierten Gruppen verzichtet werden kann, ist zu erwarten, dass sich das weite Spektrum an Ausprägungsformen nicht einfach „wegprofessionalisieren" lässt, sondern dass es sich bei der Tagespflege weiterhin um eine

Mischform mit mehr oder weniger fachlichen Ausprägungen handeln muss, an die allerdings im Interesse des Kindeswohls deutlich stärker als bisher Qualitätsstandards angelegt werden müssen. Bei allen politischen Maßnahmen, z. B. bei der Formulierung formaler Zugangsregelungen und fachlicher Mindeststandards, sind deshalb die Auswirkungen ausschließender sowie einschließender Art für die verschiedenen Tagesmüttergruppen abzuwägen.

Ansatzpunkte einer zukunftsorientierten Weiterentwicklung und Verberuflichung der Tagespflege bestehen in der Weiterentwicklung von Ausbildungsmodulen für die Qualifizierung von Tagespflegepersonen, deren modellhafte Erprobung und wissenschaftliche Evaluation. Weiterhin steht bislang die Entwicklung eines entsprechenden Berufsbildes für die Tagespflege aus. Als mittel- und längerfristige Perspektive sind die Voraussetzungen zu schaffen für die wünschenswerte Option einer Anstellung von Tagesmüttern bei Trägern der öffentlichen oder freien Jugendhilfe.

Empfehlungen

10 | 01
Eine Klärung und Harmonisierung des rechtlichen Status der Tagespflege sowie eine Erhöhung der Rechtssicherheit sind dringend und unmittelbar erforderlich. Leicht zugängliche, qualifizierte, schriftliche Rechtsinformationen, die speziell für die Zielgruppe der Tagesmütter und für die regional geltenden Bedingungen aufbereitet sind, sowie individuelle Fachberatung können Tagesmüttern helfen, die rechtlichen Rahmenbedingungen besser zu beurteilen und eine qualifizierte Entscheidung für (oder auch gegen) ein Engagement in der Tagespflege zu treffen.

10 | 02
Für Tagesmütter ist eine ausreichende eigenständige soziale Absicherung erforderlich. Die finanziellen Belastungen, die durch die soziale Absicherung entstehen, müssen in einem angemessenen Verhältnis zu den Einkommensmöglichkeiten in der Tagespflege stehen. Deshalb wäre gerade im Geringverdienerbereich jenseits der geringfügigen Tätigkeit eine stärkere Staffelung der Beiträge wünschenswert, damit nicht durch die Höhe der Beiträge eine Zugangsbarriere entsteht bzw. das Tagespflegeangebot aus formalen Gründen zeitlich reduziert wird oder ein Abdriften von Tagespflegeverhältnissen in den illegalen Bereich stattfindet.

10 | 03
Öffentliche Zuschüsse zur Altersvorsorge stellen ein sinnvolles Modell für Tagesmütter dar, weil sie deren soziale Absicherung verbessern und gleichzeitig einen positiven Anreiz zur Anbindung an einen Träger bzw. eine fachliche Begleitung und damit zum Verlassen des grauen Marktes schaffen.

10 | 04
Eine begrüßenswerte Anpassung ist die geplante Neuregelung der Familienversicherung bei der Krankenversicherung sowie eine veränderte Beitragsbemessung bei der freiwilligen Krankenversicherung.

10 | 05
Mit Blick auf die Sozial-/Rentenversicherungspflicht von selbständigen Tagesmüttern wäre eine gesetzliche Regelung erstrebenswert, die Rechtsklarheit darüber schafft, ob Tagesmütter generell und explizit unter die Sozialversicherungspflicht von Selbständigen fallen sollen oder nicht. Nach Vierheller gibt es drei Möglichkeiten, wie mit dem Problem umgegangen werden könnte:
(a) Falls eine generelle Rentenversicherungspflicht für selbständige Tagesmütter festgestellt würde, sollte eine Wahlfreiheit gelassen werden, ob Tagesmütter ihr Geld in die gesetzliche Rentenversicherung oder in eine private Altersvorsorge investieren wollen.
(b) Anderenfalls könnte ein bestimmter Betrag steuerfrei gestellt werden, so dass Tagesmütter im Ergebnis etwas höhere Einnahmen erzielen könnten, ohne der Sozialversicherungspflicht zu unterliegen.
(c) Der Rahmen der Versicherungsfreiheit könnte erweitert werden.

10 | 06
Aus Sicht von Tagesmüttern erscheinen Haftpflicht-Kollektivverträge (Sammelhaftpflicht) sinnvoll, weil dadurch einerseits günstigere Tarife für Tagesmütter zustande kommen und andererseits Tagesmütter von der Aufgabe entlastet sind, die vertraglichen Konditionen individuell aushandeln zu müssen.

10 | 07
Bei Kinderbetreuerinnen besteht eine Regelungslücke im Bereich der Absicherung der Aufsichtspflichtverletzung, die von den Versicherungsgesellschaften zu schließen ist.

Empfehlungen

10 | 08
Es muss eine bessere Vergütung für Tagespflegedienstleistungen erreicht werden, damit interessierte und qualifizierte Frauen längerfristig an diesen Aufgabenbereich gebunden werden können. Dies ist nur über eine öffentliche Förderung erreichbar. Kurzfristig sind Zuschussregelungen für die Förderung der Altersvorsorge (und eventuell auch für Erstausstattungen für neue Tagesmütter) auszubauen.

10 | 09
Nur im Rahmen von Zusammenschlüssen von Tagesmüttern auf lokaler, Landes- und Bundesebene können sich Tagesmütter, die ansonsten isoliert arbeiten, ihrer Interessen bewusst werden und sie nach außen vertreten. Hier werden entscheidende Impulse für die Weiterentwicklung des Arbeitsstatus und der sozialen Sicherung von Tagesmüttern gegeben. Deshalb ist es dringend zu empfehlen, diese Netzwerke gezielt zu fördern.

10 | 10
Formale Zugangsregelungen und fachliche Mindeststandards in der Tagespflege sind zu entwickeln. Hier muss sorgfältig abgewogen werden, über welche Tagesmüttergruppen der Einstieg in eine Verberuflichung erreicht werden soll und wie mit entsprechenden Zielkonflikten umgegangen werden kann.

10 | 11
Bisher fehlt ein formales Berufsbild Tagespflege in Deutschland. Bei der Entwicklung eines solchen Berufsbildes kann auf Entwicklungen und Erfahrungen in Österreich zurückgegriffen werden.

10 | 12
Bei der niedersächsischen Sozialassistentinnenausbildung mit Spezialisierungsfeld Tagespflege werden aktuell Ausbildungsmodule für die Tagespflege im Rahmen einer formalen Berufsausbildung geschaffen. Auch im Bereich berufsbegleitender Qualifizierungsangebote sind Ausbildungsmodule für Tagesmütter denkbar. Hier erscheinen modellhafte Erprobungen und Evaluationen sinnvoll.

10 | 13
Als eine längerfristige Perspektive der Weiterentwicklung der Tagespflege erscheint besonders ein Anstellungsverhältnis von Tagesmüttern bei einem Träger der öffentlichen oder freien Jugendhilfe interessant und wünschenswert.

Potentiale neuer Arbeitsmarktinstrumente

11

Potentiale neuer Arbeitsmarktinstrumente

Anknüpfend an die Überlegungen zum Arbeitsstatus und zur sozialen Absicherung von Tagesmüttern soll in diesem Kapitel überprüft werden, inwieweit die aktuellen arbeitsmarktpolitischen Entwicklungen auf Basis der Vorschläge der Hartz-Kommission und der „Gesetze für moderne Dienstleistungen am Arbeitsmarkt" einen Beitrag zur Weiterentwicklung der Tagespflege leisten können. Im Folgenden sollen im Sinne einer innovativen Verknüpfung verschiedener Politikfelder die arbeitsmarkt- und sozialpolitischen Potentiale ausgeleuchtet werden, die die neuen Arbeitsmarkt-Instrumente für einen Aus- und Aufbau der Kindertagespflege bieten, speziell im Hinblick auf eine verbesserte Situation der in der Tagespflege tätigen Frauen. Neben frauenpolitischen Belangen sollen auch jugendhilfepolitische berücksichtigt werden. Aus finanzpolitischem Blickwinkel stellt sich die Frage, ob angesichts der aktuellen öffentlichen Sparzwänge durch die Nutzung arbeitsmarktpolitischer Instrumente neue Finanzierungsquellen zur Entlastung der Jugendhilfeetats erschlossen werden können. Diese verschiedenen Zielsetzungen sollen zueinander in Beziehung gesetzt und ansatzweise auf Zielkongruenz bzw. Zielkonflikte hin überprüft werden.

11.1 Die Gesetze für moderne Dienstleistungen am Arbeitsmarkt

Das Schlüsselproblem der aktuellen Arbeitsmarkt- und Beschäftigungspolitik liegt in der hohen Arbeitslosigkeit. Durch die Vorschläge der Hartz-Kommission und die vier „Gesetze für moderne Dienstleistungen am Arbeitsmarkt" verfolgt die Bundesregierung aktuell verschiedene Strategien zur Bekämpfung der Arbeitslosigkeit. Neben der Modernisierung der Arbeitsverwaltung wird dabei u. a. eine Aktivierung der Arbeitslosen angestrebt. Zu diesem Zweck wurden im Rahmen der „Gesetze für moderne Dienstleistungen am Arbeitsmarkt" verschiedene Förderinstrumente entwickelt, die besonders im Bereich der gering bezahlten Beschäftigung zu einer Ausweitung des Dienstleistungsangebotes führen sollen.

Zusätzliche Beschäftigungspotentiale werden vermutet im Bereich der „einfachen" Dienstleistungen, die sich dadurch auszeichnen, dass für ihre Ausübung keine speziellen Qualifikationen erforderlich sind. Sie können von Personen mit einem geringen formalen Qualifikationsniveau erbracht werden. Zu den geförderten „einfachen" Dienstleistungen werden auch die haushaltsnahen und personenbezogenen Dienstleistungen gezählt. Da der Anteil an Schwarzarbeit gerade bei der Beschäftigung in Privathaushalten als besonders hoch eingeschätzt wird, besteht eine weitere Zielsetzung der arbeitsmarktpolitischen Maßnahmen in der Zurückdrängung illegaler Beschäftigung und einer Förderung legaler Arbeitsverhältnisse.

Die Tagespflege wird diesem Segment der haushaltsnahen und personenbezogenen Dienstleistungen zugeordnet, auch wenn es sich – wie bereits im vorigen Kapitel gezeigt worden ist – nicht um eine „einfache" Dienstleistung handelt in dem Sinne, dass diese Tätigkeit von gering qualifizierten Personen ohne besondere Vorkenntnisse und Fähigkeiten erbracht werden sollte. Es stellt sich die Frage, welche Potentiale diese neuen arbeitsmarktpolitischen Förderinstrumente für die Weiterentwicklung einer qualifizierten Tagespflege bieten:

- Lassen sich dadurch zusätzliche Arbeitsplätze und/oder zusätzliche Beschäftigungspotentiale schaffen?
- Können durch sie positive Anreize für Frauen erzielt werden, die an einer Tagespflegetätigkeit interessiert sind?
- Werden neue Beschäftigungsperspektiven für bereits in der Tagespflege tätige Frauen eröffnet? Wenn ja, für welche Gruppen?
- Welchen Beitrag leisten die neuen Instrumente zu einer Stabilisierung und Ausweitung eines qualifizierten Tagespflegeangebots?
- Dienen sie einer besseren Absicherung der beschäftigten Frauen (vgl. Kap. 10)?

Folgende arbeitsmarktpolitische Instrumente, die im Kontext der Hartz-Gesetze entwickelt oder neu belebt wurden, sollen im Hinblick auf ihre Anwendbarkeit in der Tagespflege untersucht werden:

a) die Mini- und Midijob-Regelungen[1],
b) die Ich-AG,
c) Kombilohn-Modelle,
d) die steuerliche Förderung haushaltsbezogener Dienstleistungen sowie
e) Personal-Service-Agenturen.

Aus der folgenden Übersicht wird deutlich, wo diese Instrumente jeweils im Rahmen der „Gesetze für moderne Dienstleistungen am Arbeitsmarkt" verankert sind (vgl. Tab. 11.1).

---

1 „Midijob" entspricht der parallel verwendeten Bezeichnung „Gleitzone".

Tabelle 11.1: Ausgewählte Inhalte der Gesetze für moderne Dienstleistungen am Arbeitsmarkt

Hartz I	Hartz II	Hartz III	Hartz IV
Personal-Service-Agenturen	**Minijobs und Gleitzone**	Umbau der Bundesanstalt für Arbeit	Zusammenlegung von Arbeitslosen- und Sozialhilfe
Veränderung der Weiterbildungsförderung	Ich-AG	Einrichtung von Jobcentern	**Einstiegsgeld für ALG-II-Beziehende**
	Steuerliche Förderung haushaltsbezogener Dienstleistungen		

Quelle: Weinkopf (2004: 14) / © IAT

11.2 Mini- und Midijob

Durch das Konzept der Minijobs wurde der Bereich der geringfügigen Beschäftigung neu geregelt. Die Einkommensgrenze, bis zu der eine Arbeitnehmerin weder Sozialabgaben noch Einkommenssteuer abführen muss, liegt seit dem 01.04.2003 bei 400 Euro monatlich. Hier besteht das Ziel nicht darin, eine eigenständige Existenzsicherung für die betroffenen Personen zu erreichen, sondern darin, zusätzliche Einkommen auf der Basis eines Zu- oder Nebenverdienstes zu schaffen. Diese Regelung betrifft ausschließlich abhängige Beschäftigungsverhältnisse, d.h. bezogen auf die Tagespflege nur diejenigen Tagesmütter, die bei Eltern auf einer geringfügigen Basis angestellt sind. In der Regel dürfte es sich dabei um so genannte Kinderbetreuerinnen handeln.

Generell haben Arbeitgeber eine pauschale Abgabe in Höhe von 25% des Verdienstes zu entrichten (12% Rentenversicherung, 11% gesetzliche Krankenversicherung, 2% pauschale Lohnsteuer). Es gibt jedoch eine Sonderregelung für Privathaushalte, die als Arbeitgeber auftreten und Tätigkeiten nachfragen, die „sonst gewöhnlich durch Mitglieder des privaten Haushalts erledigt werden". Diese Regelung greift auch im Bereich der Tagespflege; hier sind nur 12% des Verdienstes abzuführen (5% Rentenversicherung, 5% Krankenversicherung, 2% pauschale Lohnsteuer). Dies könnte für Eltern, die eine Kinderbetreuerin anstellen, in Verbindung mit der steuerlichen Förderung (vgl. Abschnitt 11.5) eine attraktive Option darstellen.

Entstehen im Arbeitsverhältnis Einkommen im Bereich zwischen 400,01 und 800 Euro, so liegt ein Midijob vor. Hier wurde eine Gleitzone vorgesehen, um den sprunghaften Anstieg der Arbeitnehmerabgaben jenseits der 400-Euro-Geringfügigkeitsgrenze etwas abzumildern. Der arbeitnehmerseitige Beitragssatz für die Sozialversicherung bewegt sich in der Gleitzone sukzessive von 4 auf 21 %. Diese Regelung wirkt sich nicht auf die Arbeitgeberseite aus. Diese ist jenseits der Geringfügigkeitsgrenze verpflichtet, den normalen Beitragssatz zur gesetzlichen Sozialversicherung zu entrichten.

Wie bereits erwähnt, beziehen sich die Mini- und Midijob-Regelungen nur auf die Gruppe der Tagesmütter, die in einem legalen, abhängigen Beschäftigungsverhältnis arbeiten, derzeit also in der Regel auf Kinderbetreuerinnen, die im Haushalt der Eltern arbeiten. Für die größere Gruppe der Tagesmütter, die auf Basis eines Selbständigenstatus im eigenen Haushalt tätig sind, hat sich durch die Neuregelungen seit dem 01.04.2003 die Geringfügigkeitsgrenze verändert, bis zu der die Tätigkeit sozialversicherungsfrei und steuerfrei bleibt. Diese ist von vormals 325 Euro auf 400 Euro angehoben worden. Dadurch können Tagesmütter etwas höhere Einkünfte als bisher erzielen, ohne dass eine Steuer- oder Sozialversicherungspflicht entsteht. Als vorteilhaft für die Ausübung der Tagespflege erweist sich insbesondere, dass im Rahmen der Neuregelungen die bisherige Höchstgrenze der wöchentlichen Arbeitszeit von 15 Stunden aufgehoben wurde.

Im Allgemeinen wird die Ausübung der Tagespflege im Rahmen der Minijob-Regelungen auf solche Kinderbetreuerinnen beschränkt bleiben, die über ihren Ehepartner eine finanzielle und soziale Absicherung erhalten, für die Tagespflege also eine attraktive Form des Zuverdienstes darstellt. Für ein kleines Segment von Kinderbetreuerinnen kann eine Minijob-Lösung als Übergangsmodell sinnvoll sein, z. B. wenn parallel eine Ausbildung absolviert wird. Für Frauen, die durch die Tagespflege ihre eigene Existenz sichern müssen, ist ein Minijob jedoch keine Lösung. Vorteilhaft und attraktiv erscheint an den Minijob-Regelungen für Kinderbetreuerinnen, die in einem Arbeitsverhältnis stehen, dass sie für ihre Tätigkeit keine Steuern und Sozialversicherungsbeiträge abführen müssen. Dadurch wird der Verdienst nicht geschmälert. Für Frauen, die auf Zuverdienstbasis in der Tagespflege tätig sein wollen, kann dies eine attraktive Lösung sein. Gleichzeitig liegen die Nachteile darin, dass eine Kinderbetreuerin auf diesem Weg keine eigenständige Absicherung in der gesetzlichen Kranken-, Pflege- und Arbeitslosenversicherung erreichen kann. Falls Arbeitgeberanteile an die Rentenversicherung abgeführt werden, entstehen sehr geringe Leistungsansprüche, die nur durch erhebliche Zuzahlungen der Kinderbetreuerin aufgestockt werden können.

Obwohl die Minijob-Regelungen in Verbindung mit der steuerlichen Förderung für Eltern interessant sein könnten, weist Weinkopf darauf hin, dass die vereinfachte Anmeldung und Abrechnung von Minijobs bei der Bundesknappschaft von Privathaushalten bisher nur zurückhaltend in Anspruch genommen wird (vgl. Weinkopf 2004: 16). Der genaue Anteil an Tagesmüttern bzw. Kinderbetreuerinnen in dieser Gruppe ist bisher nicht feststellbar.

Über die Inanspruchnahme der Midijobs in der Tagespflege ist bislang ebenfalls nichts bekannt. Für Eltern stellt dies eine teure Variante dar, da von Arbeitgeberseite Sozialversicherungsbeiträge in voller Höhe abgeführt werden müssen. Auch für die Tagesmutter können sich z. B. durch die Versteuerung hohe Abzüge ergeben. Anreize zu einer Legalisierung bestehender Arbeitsverhältnisse sind schlussendlich kaum zu erkennen. Deshalb sind die Anreizwirkungen auf eine Ausweitung des Kinderbetreuungsangebots hin eher skeptisch zu beurteilen. Allerdings scheint eine neue, mögliche Variante der Minijob-Lösung auf: Im Haupterwerb berufstätige Frauen könnten ein regelmäßiges stundenweises Tagespflege-Betreuungsangebot in den Nachmittags- und Abendstunden auf Minijob-Basis anbieten (vgl. Weinkopf 2004: 16 f.). Ob diese stundenweisen Betreuungszeiten tatsächlich dem Elternbedarf bzw. dem Bedürfnis des Kindes nach kontinuierlichen Betreuungsverhältnissen entsprechen, wäre zu prüfen. Es spricht auf dem Hintergrund deregulierter Arbeitszeiten (vgl. Kap. 1) aber einiges dafür, dass eine derartige Nachfrage von Elternseite bestehen könnte. Wie weit Tagesmütter, die ihrerseits die Auswirkungen solcher zeitlicher Arrangements auf ihre eigene Familie (eigene Kinder und Partnerschaft) im Blick haben müssen, bereit sind, entsprechende Betreuungszeiten anzubieten, bleibt ebenfalls zu beobachten.

Unter frauenpolitischen Gesichtspunkten weist der Deutsche Frauenrat generell auf die Gefahr hin, dass geringfügige Beschäftigungen und Minijobs über einen längeren Zeitraum hinweg zu einer Dequalifizierung bei den betroffenen Personen führen können. Übereinstimmende Ausführungen der Tagespflege-Fachpraxis legen den Schluss nahe, dass nahezu alle Tagesmütter heute aufgrund veränderter weiblicher Erwerbsbiographien eine Berufsausbildung und -praxis nachweisen können. Allerdings werden Kompetenzen und Qualifikationen in der Arbeitswelt aufgrund des Modernisierungsdrucks heutzutage beschleunigt entwertet, wenn sie nicht kontinuierlich aktualisiert und weiterentwickelt werden. Für Tagesmütter (wie auch andere Familienfrauen) bedeutet dies einen Verfall und einen Verlust von erworbenen Kompetenzen in ihren Herkunftsberufen, je größer der zeitliche Abstand zu dieser Berufsausübung wird. Ein längerfristiger Verbleib in der Tagespflege auf einer geringfügigen bzw. Minijob-Basis kann daher ein weiteres Absinken von beruflichen Chancen im Herkunftsberuf zur Folge haben, womit auch die Wahrscheinlichkeit, in der Zukunft wieder eine eigenständige soziale Absicherung erreichen zu können, abnimmt.

11.3 Ich-AG

Durch das Konzept der Ich-AG soll Arbeitslosen (mit Leistungsansprüchen) die Aufnahme einer selbständigen Tätigkeit erleichtert werden. Unter bestimmten Voraussetzungen erhalten sie (ab 01.01.2003) über einen Zeitraum von drei Jahren einen Existenzgründungszuschuss (§ 421, Abs. 1 SGB III), der ihnen niederschwellig ermöglichen soll, in diesem Zeitrahmen eine eigenständige Existenz aufzubauen. Die Förderung ist auf drei Jahre begrenzt. Sie beträgt im ersten Jahr pauschal 600 Euro monatlich, im zweiten Jahr 360 Euro monatlich und im dritten Jahr schließlich 240 Euro monatlich und ist steuerfrei. Die Förderung ist gebunden an die Verpflichtung, Beiträge an die gesetzliche Rentenversicherung zu entrichten. Allerdings werden hier vergünstigte Konditionen angeboten. Der monatliche Sozialversicherungsbeitrag bei Gründung einer Ich-AG beträgt laut Weinkopf (2004: 20) ca. 425 Euro/West bzw. 360 Euro/Ost. Die Einkommensgrenze von 25.000 Euro pro Jahr darf nicht überschritten werden. Ziel der Förderung ist die Beendigung der Arbeitslosigkeit; der Versicherungsschutz wird für die betroffenen Personen jedoch begrenzt aufrechterhalten:

- Bezieher von Arbeitslosenhilfe können den Leistungsanspruch bis zu drei Jahre wieder geltend machen.
- Nach Erlöschen des Arbeitslosengeldanspruchs (§ 147 SGB III) kann die Restdauer des Bezugs von Arbeitslosengeld bis zu vier Jahre nach Entstehung des Leistungsanspruchs wieder geltend gemacht werden.

Diese Regelung betrifft diejenigen Tagesmütter, die Arbeitslosengeld beziehen und die Absicht haben, sich in der Tagespflege selbständig zu machen.

Insgesamt ist eine recht hohe Inanspruchnahme des neuen Instruments Ich-AG festzustellen. Bis Februar 2004 wurden über 100.000 Neugründungen gemeldet (Frauenanteil: 41,6%; vgl. Weinkopf 2004: 20). Es liegen allerdings bisher keine Angaben vor zu den Arten von Tätigkeiten, die im Rahmen der Ich-AGs angeboten werden. Demzufolge lässt sich bisher auch nicht ermitteln, wie viele von den Neugründungen auf die Tagespflege entfallen. Ein Jahr nach Einführung der neuen Regelungen können auch noch keine systematischen Auswertungen über die Tragfähigkeit von Ich-AGs allgemein oder in Bezug auf die Tagespflege vorliegen. Um den Erfolg der neuen Instrumente in der Tagespflege bewerten zu können, bleibt über den Zeitraum von drei Jahren abzuwarten und zu beobachten, wie sich Ich-AG-Tagesmütter behaupten können, sobald die öffentlichen Zuschüsse stufenweise reduziert werden.

Es gibt durchaus Anhaltspunkte dafür, dass das Förderangebot von einzelnen Tagesmüttern in Anspruch genommen wird, die vorher arbeitslos gemeldet waren (vgl. Horenkamp 2003; Haak 2003). Punktuelle Erfahrungen werden beispielsweise aus Lippstadt berichtet[2], wo sich bis Ende 2003 insgesamt drei Tagesmütter zur Gründung einer Ich-AG entschlossen haben, davon eine Erzieherin.

2 Telefonisches Expertengespräch mit Herrn Horenkamp, Sozialdienst Katholischer Frauen, Lippstadt.

Die bisherigen Erfahrungen in Lippstadt lassen sich folgendermaßen zusammenfassen:

- Der Knackpunkt, ob sich eine Ich-AG in der Tagespflege als tragfähig erweisen kann oder nicht, scheint im Auslastungsgrad zu liegen, der durch die konkrete Nachfrage der Eltern am Ort entsteht. Die verschiedenen zeitlichen Betreuungsbedarfe der Eltern sind von der Tagesmutter zu koordinieren, lassen sich aber von ihr nur sehr begrenzt direkt beeinflussen. So kann es zu schwach ausgelasteten Tageszeiten oder sogar zu Leerzeiten kommen, die wirtschaftlich ein großes Problem für die Tagesmütter darstellen. Wenn Eltern in bestimmten Regionen für ihre Kinder vorwiegend Teilzeitplätze nachfragen und kaum Ganztagsplätze, dann bedeutet das, dass eine Tagesmutter aus Wirtschaftlichkeitserwägungen eine Erlaubnis für bis zu 8 oder sogar 10 Tageskinder bräuchte, um eine regelmäßige effektive Auslastung von 3 bis 5 Kindern zu erreichen. Dies ist im Rahmen der aktuellen KJHG-Regelungen nicht vorgesehen und aus fachlicher Sicht auch nicht wünschenswert (vgl. Kap. 3). In diesem Fall nähme die Tagespflege eher den Charakter einer Kleinsteinrichtung an. Tatsächlich hat eine der Lippstädter Tagesmütter bereits eine Betriebserlaubnis für eine Kleinsteinrichtung beantragt und damit den Schritt aus der Tagespflege heraus gemacht mit der Begründung, dass sie mit den erlaubten 5 Tageskindern als Tagesmutter nicht existenzsichernd tätig sein könne.
- Das Konzept der Ich-AG steht und fällt weiterhin mit der zeitlichen Flexibilität der Tagesmütter, d. h. mit der Bereitschaft, Betreuung auch in den frühen Morgenstunden, in den späten Abendstunden – teilweise mit Übernachtungsmöglichkeit – und eventuell auch an den Wochenenden anzubieten. („Tagesmütter von 8 bis 16 Uhr haben da keine Chance.") Eine Voraussetzung für eine erfolgreiche Tagespflegetätigkeit im Rahmen der Ich-AG scheint demzufolge die Bereitschaft zu sein, besonders umfangreiche und atypische Arbeitszeiten zu akzeptieren.
- Die entsprechenden Tagesmütter müssen bereits von vornherein viel einbringen in die Tagespflege (z. B. geeignetes Haus/Wohnung, eventuell mit Garten, Kinderausstattung), weil ansonsten die Fixkosten zu hoch ansteigen (etwa bei einer Anmietung von Räumen). In Einzelfällen mögen diese Voraussetzungen gegeben sein. Im Allgemeinen jedoch kann nicht davon ausgegangen werden, dass gerade arbeitslose Frauen, die sich für die Tagespflege interessieren, tatsächlich gut geeignete materielle Rahmenbedingungen für die Förderung und die Betreuung einer entsprechenden Kindergruppe zur Verfügung stellen können.

Daraus ergibt sich in der Tendenz, dass die Grenzen für eine Existenzsicherung über die Ich-AG für bisher arbeitslose Frauen im Bereich der Tagespflege sehr eng gesteckt erscheinen. Vermutlich lassen sich halbwegs tragfähige Arrangements für die betroffenen Frauen nur bei Vorhandensein diverser vorteilhafter Ausgangsbedingungen herstellen. Günstig für arbeitslose Frauen ist in jedem Fall die Rückkehroption, falls die Ich-AG scheitert: Der Versicherungsschutz in der Arbeitslosenversicherung wird aufrechterhalten. Falls umfangreiche Investitionen getätigt werden, besteht im Fall des Scheiterns der Ich-AG das Risiko einer Verschuldung der Tagesmutter.

Über einen Zeitraum von bis zu drei Jahren könnte das Instrument Ich-AG eine gewisse Attraktivität für Tagesmütter aufweisen, bei denen die genannten Voraussetzungen vorliegen. In diesem Zeitraum findet durch die Förderung ein Mittelzufluss in Höhe von insgesamt 14.400 Euro pro Ich-AG statt. Auch wenn eine Teilzeit-Selbständigkeit im Rahmen einer Ich-AG angestrebt wird (ohne das Ziel einer längerfristigen Existenzsicherung), könnte die Beurteilung positiv ausfallen angesichts der recht hohen „Starthilfe" in Form des monatlichen Förderzuschusses, der zumindest im ersten Jahr die zu entrichtenden Sozialversicherungsbeiträge komplett abdeckt. Über den Förderzeitraum von drei Jahren hinaus deuten sich allerdings wenig attraktive Perspektiven an.

Eine weitere öffentliche Leistung zur Förderung von Existenzgründungen ist das Überbrückungsgeld (§ 57 SGB III), das alternativ in Anspruch genommen werden kann, wenn bestimmte Voraussetzungen vorliegen. Es dient der Sicherung des Lebensunterhalts während der ersten sechs Monate der Selbständigkeit. Im Unterschied zur Ich-AG muss die Antragstellerin/der Antragsteller hier eine positive Stellungnahme einer fachkundigen Stelle vorlegen, in der die Tragfähigkeit der geplanten Existenzgründung dargelegt wird. Die Zuschüsse bewegen sich in Höhe der zuvor bezogenen Arbeitslosenunterstützung plus pauschalierter Sozialversicherungsbeiträge und liegen damit unter Umständen höher als bei der Ich-AG; allerdings ist der Förderzeitraum begrenzt auf ein halbes Jahr. Im Vergleich zum Überbrückungsgeld erweist sich die Ich-AG als das niederschwelligere und offenbar bevorzugte Instrument. Über eine Nutzung des Überbrückungsgeldes im Rahmen der Tagespflege liegen entsprechend bisher keine Angaben vor.

11.4 Kombilohn

Bei Kombilohn-Modellen, die in verschiedenen Varianten im Rahmen von Modellversuchen erprobt worden sind (vgl. Weinkopf 2004: 24), geht es um Einkommensbeihilfen, die Arbeitslosen zugute kommen sollen, wenn sie eine niedrig entlohnte Arbeit annehmen. Im „Vierten Gesetz für moderne Dienstleistungen am Arbeitsmarkt" ist das Kombilohn-Modell in Form eines „Einstiegsgeldes" (§ 29 SGB II) vorgesehen. Es ist ausschließlich für langzeitarbeitslose BezieherInnen von Arbeitslosengeld II (bzw. erwerbsfähige zuvor Sozialhilfe Beziehende) bestimmt und soll eine Eingliederung dieser Personen in den allgemeinen Arbeitsmarkt bewirken. Beim Einstiegsgeld handelt es sich um eine Ermessensleistung, über deren Gewährung die Arbeitsvermittlung im Einzelfall entscheidet (Förderzeitraum maximal zwei Jahre). Bisher gibt es keine Entscheidung darüber, wie die Höhe des Einstiegsgeldes bemessen wird.

Aus der Zweckbestimmung des Einstiegsgeldes (Langzeitarbeitslose) wird ersichtlich, dass Tagesmütter von ihren Voraussetzungen her kaum zur Zielgruppe dieses Instruments gehören dürften, es sei denn, sie können eine einschlägige pädagogische Qualifikation nachweisen. Die Eignung von (Langzeit-)Arbeitslosen für die Tagespflege wurde bereits in Kap. 4 problematisiert. Weinkopf kommt zu dem Schluss, dass durch das im „Vierten Gesetz für moderne Dienstleistungen am Arbeitsmarkt" vorgesehene Kombilohn-Modell eines Einstiegsgeldes für Arbeitslosengeld-II-Beziehende „keine spürbaren Wirkungen zur Ausweitung der Tagespflegeangebote zu erwarten sind" (Weinkopf 2004: 26). Für die Tagespflege noch stärker in den Blick genommen werden sollte jedoch die Gruppe der arbeitslos gemeldeten Erzieherinnen und Kinderpflegerinnen, im Jahr 2002 mit bundesweit rund 30.000 Personen eine nicht zu vernachlässigende Gruppe (vgl. Züchner 2003: 460). Eventuell sind hier zusätzliche Potentiale für die Tagespflege zu erschließen.

Grundsätzlich könnten flächendeckende und unbefristete Kombilöhne, die auf Tätigkeiten im Privathaushalt limitiert sind, bezahlte Dienstleistungen wie Kindertagespflege für Beschäftigte durchaus attraktiver machen; dadurch könnten neue Arbeitsplätze geschaffen werden. Durch die Beschränkung auf Privathaushalte könnten zugleich die befürchteten Mitnahmeeffekte durch industrielle Arbeitgeber vermieden werden. Allerdings würden die Kosten für die öffentliche Hand nicht gerade gering ausfallen, wie Modellrechnungen und Simulationen ergeben haben (vgl. Weinkopf 2004: 25). Wenn Tagesmütter vorwiegend aus gesellschaftlichen Gruppen gewonnen werden sollen, die keine Sozialleistungen beziehen, so bedeutet dies für eine Anwendung von Kombilohn-Modellen, dass keine Gegenfinanzierung aus eingesparten Sozialleistungen zustande kommen kann.

11.5 Steuerliche Förderung

Ein weiteres arbeitsmarktpolitisches Instrument ist die steuerliche Förderung. Sie zielt auf eine Stärkung der Nachfrageseite ab und soll zu einer erhöhten Inanspruchnahme von haushaltsbezogenen Dienstleistungen führen. Die nachfragenden Haushalte können einen Teil der Kosten steuerlich geltend machen und dadurch ihre Steuerschuld reduzieren. Abzugsfähig sind:

- bei Minijobs: 10% der Kosten bzw. maximal 510 Euro pro Jahr,
- bei sozialversicherungspflichtiger Beschäftigung: 12% der Kosten bzw. maximal 2.400 Euro pro Jahr,
- bei der Inanspruchnahme von Unternehmen wie z. B. Dienstleistungsagenturen: 20% der Kosten bzw. maximal 600 Euro pro Jahr.

Die Förderung ist gebunden an das Bestehen von legalen, angemeldeten Arbeitsverhältnissen. Im Bereich der Tagespflege können also in erster Linie Familien von der steuerlichen Förderung profitieren, die eine Kinderbetreuerin in ihrem Haushalt anstellen. Da die Steuerersparnis für Eltern nur bei den Minijobs die Mehrkosten einer legalen Beschäftigung kompensiert, könnte in diesem Bereich ein Anreiz für Eltern entstehen, legale Betreuungsverhältnisse einzugehen. Wenn die Steuerersparnis nur einen kleinen Anteil der tatsächlich entstehenden Kosten für Kinderbetreuung ausmacht, dürfte sich der beabsichtigte Anstieg der Nachfrage von Elternseite in der Tagespflege in Grenzen halten. Sofern wiederum die Eltern ihre steuerlichen Vergünstigungen nicht in Form einer höheren Vergütung an die Kinderbetreuerin weitergeben, entsteht auf Seiten der Kinderbetreuerin durch das Instrument der steuerlichen Förderung keine direkte Anreizwirkung.

11.6 Personal-Service-Agenturen

Personal-Service-Agenturen (PSA) verfolgen den Zweck einer Bündelung von Aufträgen und arbeiten auf Basis einer Arbeitnehmerüberlassung an Firmen für befristete betriebliche Einsätze. Die Beschäftigten (zuvor Arbeitslose) werden für einen Zeitraum von neun bis zwölf Monaten in ein Anstellungsverhältnis bei einer Personal-Service-Agentur übernommen, wobei die Erwartung besteht, dass zumindest ein Teil der Arbeitnehmer von den anfordernden Firmen in reguläre Arbeitsverhältnisse übernommen wird. Angesichts dessen stellt sich die Frage, ob die Struktur von Personal-Service-Agenturen auf die Tagespflege übertragbar ist.

Die Laufzeit der PSA-Arbeitsverträge von neun bis zwölf Monaten entspricht nicht dem zeitlichen Rahmen, der in der Tagespflege benötigt wird. Schließlich sind auch die Stundensätze, die in der Tagespflege bezahlt werden, vergleichsweise niedrig, so dass sich die Frage stellt, ob für Personal-Service-Agenturen schon aus Kostengründen die Vermittlung von Tagespflegestellen überhaupt eine sinnvolle Option darstellt. Eine Vermittlungstätigkeit von Personal-Service-Agenturen im Bereich der Tagespflege setzt voraus, dass einschlägige fachliche Kompetenzen (z. B. für die Eignungsüberprüfung) vorhanden sind. Um eine qualifizierte Tagespflege sicherstellen zu können, müssten Personal-Service-Agenturen ein breites Spektrum an fachlichen Angeboten (zu Eignungsüberprüfung, Vermittlung, Fortbildung, Beratung usw.; vgl.

Kap. 6) für Tagesmütter anbieten und finanzieren. Auch die Frage der Fachaufsicht für die bei einer Personal-Service-Agentur angestellten Tagesmütter wäre zu klären. Im Rahmen der öffentlichen Gesamtverantwortung (§ 79 SGB VIII) und der Jugendhilfeplanung (§ 80 SGB VIII) ist es die Aufgabe der öffentlichen Jugendhilfeträger, die fachliche Arbeit der Agenturen im Interesse des Kindeswohls zu evaluieren und zu kontrollieren. Die öffentliche Jugendhilfe muss außerdem sicherstellen, dass ein qualifiziertes Tagespflege-Angebot – analog zu den institutionellen Kinderbetreuungsplätzen – nicht nur finanziell besser gestellten Familien zur Verfügung steht.

Insofern bieten Personal-Service-Agenturen keine Lösung für die strukturellen Probleme, die im Bereich der Tagespflege zu lösen sind. Ihre Anreizwirkung für einen Ausbau qualifizierter Tagespflege ist daher als gering einzuschätzen. Eventuell wären eine Weiterentwicklung und eine Spezialisierung von Personal-Service-Agenturen für haushaltsnahe Dienstleistungen (inklusive Tagespflege) denkbar. Als sinnvoll könnte sich eine Kooperation zwischen Jobcentern und Jugendämtern im Bereich von Vermittlung und Qualifizierung erweisen, unter der Voraussetzung, dass dadurch eine entsprechende Fachlichkeit gewährleistet wird. Hierdurch könnten gezielt arbeitsuchende Frauen, die sich für die Tagespflege anbieten, gewonnen und mit öffentlicher Unterstützung sinnvoll qualifiziert werden.

11.7 Fazit: Wirkungen der neuen arbeitsmarktpolitischen Instrumente

Aus diesen Erwägungen ergibt sich, dass weitere zusätzliche arbeitsmarktpolitische Impulse im Bereich der haushaltsbezogenen Humandienstleistungen, speziell im Bereich der Kindertagespflege notwendig sind, um entsprechende nachhaltige Effekte auszulösen. Im Moment scheinen die Instrumente noch nicht ausreichend für diese Zielgruppe entwickelt zu sein. Die Hauptadressaten, auf die sich die neuen arbeitsmarktpolitischen Instrumente beziehen, sind formal gering qualifizierte arbeitslose Personen. Diese Charakteristik trifft vermutlich nur in geringen Anteilen auf die gegenwärtigen Tagesmütter zu. Es ist davon auszugehen, dass ein Großteil der praktizierenden und potentiellen Tagesmütter keinen Arbeitslosenstatus aufweist u. a. deshalb, weil für viele Familienfrauen, die mit ihren eigenen Kindern über Jahre hinweg zu Hause bleiben, aus verschiedenen Gründen kein Leistungsanspruch aus der Arbeitslosenversicherung besteht.

Unterdessen sollte die Gruppe der arbeitslosen, pädagogisch vorqualifizierten Frauen stärker in den Blick genommen und gezielt auf berufliche Chancen in der Tagespflege angesprochen werden. Allerdings muss der Bereich der Tagespflege dafür auch entsprechend ausgestattet werden, da ein Verweisen z. B. von Erzieherinnen in ein fachlich verwandtes, aber prekäres Arbeitsmarktsegment keine arbeitsmarktgerechte Beschäftigungsperspektive für qualifiziertes Personal darstellt. Im Referentenentwurf zum Tagesbetreuungsausbaugesetz (TAG) des BMFSFJ vom 02.04.2004 sind positive Ansätze zu einer arbeitsmarktgerechten Ausgestaltung der Tagespflege vorhanden (z. B. Erstattung nachgewiesener Aufwendungen zu einer Unfallversicherung sowie die hälftige Erstattung nachgewiesener Aufwendungen zu einer Alterssicherung von Tagesmüttern). Der Tagespflege-Stundensatz von 3 Euro, der den dortigen Kostenberechnungen zugrunde liegt, zeigt allerdings, dass bei der Vergütung der Tagesmütter noch Größenordnungen in der Diskussion sind, auf deren Basis eine Existenzsicherung der beteiligten Frauen in der Tagespflege nicht realisierbar ist.

Sollen über den Einsatz der neuen arbeitsmarktpolitischen Instrumente aus der Gruppe der Arbeitslosen zusätzliche Tagesmütter gewonnen werden, so ist unter dem Aspekt des Kindeswohls darauf zu achten, dass bei den betreffenden Personen eine freiwillige und originäre Motivation für eine mittel- oder längerfristige Arbeit mit Kindern sowie eine stabile Lebenssituation, eine fachliche Eignung und geeignete Rahmenbedingungen (z. B. Räumlichkeiten) vorliegen. Bei einem Einsatz der Hartz-Instrumente im Bereich der Tagespflege darf durch das vorherrschende arbeitsmarktpolitische Interesse nicht die jugendhilfepolitische Zielsetzung der Sicherung des Kindeswohls vernachlässigt werden; es können sonst Risiken für die vermittelten Kinder entstehen. Das Kinder- und Jugendhilfegesetz legt fest, dass die Jugendhilfe für derart anspruchsvolle und gesellschaftlich relevante Tätigkeiten wie Erziehung und Bildung fremder Kinder eine öffentliche Verantwortung übernehmen muss, um das Wohl der betroffenen Kinder zu sichern.

Aus frauenpolitischem Blickwinkel werden die „Gesetze für moderne Dienstleistungen am Arbeitsmarkt" eher kritisch in dem Sinne eingeschätzt, als gleichstellungspolitische Grundsätze des Gender Mainstreaming im Sinne einer Überprüfung der Auswirkungen der politischen Maßnahmen auf Frauen und Männer nicht ausreichend beachtet worden seien. Von Bönninghausen spricht in dem Zusammenhang von einer „Reanimation eines Ernährermodells, das der Gleichstellung diametral entgegensteht" (von Bönninghausen 2004: 9). Durch die aktuellen arbeitsmarktpolitischen Maßnahmen wird besonders die Abhängigkeit verheirateter Frauen von ihren besser verdienenden Ehemännern verschärft, was in verschiedener Hinsicht massive Diskriminierungen zur Folge hat, vor allen Dingen eine mangelhafte eigenständige Absicherung von Frauen. Die neuen arbeitsmarktpolitischen Instrumente wurden zu dem Zweck eingeführt, gerade den Bereich niedrig entlohnter Erwerbsarbeit auszuweiten, der den betroffenen Personen nur eine begrenzte soziale Absicherung bietet und vorwiegend nicht existenzsichernd ausgeübt wird. Für die Tagespflege bedeutet dies, dass durch die Anwendung der entsprechenden Instrumente die strukturellen Probleme von Tagesmüttern, die in einer mangelhaften sozialen Absicherung und fehlenden Möglichkeiten einer Existenzsicherung bestehen, nicht gelöst werden können (vgl. Weinkopf 2004: 28).

Es bleibt zu diskutieren, ob nicht angesichts der politischen Bedeutung der Frage des Ausbaus der Betreuung der unter Dreijährigen und einer verbesserten Balance von Familie und Beruf für die beteiligten Frauen doch eine neue, weitere Runde der Förderung von Arbeitsmarktinstrumenten für haushaltsnahe, personenbezogene Dienstleistungen in Gang gesetzt werden müsste, damit dieses Segment frauentypischer Arbeitsplätze gezielter gefördert werden kann und arbeitsplatzschaffende Effekte entstehen.

Die arbeitsmarktpolitische und die jugendhilfepolitische Perspektive auf die Tagespflege sollten nicht weiterhin isoliert voneinander betrachtet, sondern einem gemeinsamen Interesse an der Betreuungsform Tagespflege dienstbar gemacht werden: Von dem Betreuungsarrangement profitieren alle Seiten, die positiven Auswirkungen sind weit reichend. Durch Tagespflege können zum einen qualifizierte Kinderbetreuungsplätze geschaffen werden, zum anderen wird dadurch den Eltern/Müttern die Fortsetzung ihrer Berufstätigkeit erleichtert, und schließlich werden drittens zusätzliche Frauenarbeitsplätze und Einkommensmöglichkeiten auf der Seite der Tagesmütter geschaffen. Insofern sollten auch aus arbeitsmarktpolitischem Interesse gemeinsame Anstrengungen unternommen werden, die Tagespflege in qualifizierter Form auszubauen und entsprechende Impulse zu setzen, die u. a. eine bessere Absicherung für Tagesmütter schaffen.

Zusammenfassung

Für die geplante Ausweitung qualifizierter Kinderbetreuungsangebote in Form von Tagespflege müssen zusätzliche, attraktive und niederschwellige Angebote für Frauen in unterschiedlichen Lebenslagen geschaffen werden: für arbeitsplatzsuchende, auch fachlich qualifizierte Frauen, für Mütter in der Erziehungs- und Elternzeit in Form eines Zuverdienstes, für berufsorientierte Tagesmütter im Sinne einer stabilen, nachhaltigen Perspektive.

Vor diesem Hintergrund stellt sich die Frage, welche Effekte auf der Basis der neuen arbeitsmarktpolitischen Effekte im Rahmen der Hartz-Gesetzgebung mit Blick auf die Tagespflege als eine Form der haushaltsnahen, personenbezogenen Dienstleistung zu erzielen sind. Dabei zeigt die Analyse der wichtigsten arbeitsmarktpolitischen Instrumente, dass diese für die Tagespflege nur von begrenzter Bedeutung sind:

Die neue Minijob-Regelung ist vor allem für die Gruppe der Kinderbetreuerinnen attraktiv. Minijobs sind willkommene Lösungen für jene Frauen, die eine Tätigkeit im Rahmen der Tagespflege lediglich als Zuverdienst anstreben. Minijobs können jedoch keine längerfristige Beschäftigungsperspektive eröffnen.

Die Ich-AG kommt aufgrund ihrer Voraussetzungen nur für wenige Tagesmütter in Frage und bietet Perspektiven während des Förderzeitraums, nicht jedoch darüber hinaus. Dennoch kann sie übergangsweise in der Tagespflege sinnvoll eingesetzt werden.

Die steuerliche Förderung schafft Anreize für eine Erhöhung der Nachfrage von Seiten der Eltern, die besonders in Kombination mit den Minijob-Regelungen für die Arbeitgeberseite interessant erscheinen. Tagesmütter profitieren davon jedoch nicht direkt.

Personal-Service-Agenturen mit ihrem fachlich unspezifischen Profil bieten in der jetzigen Form strukturell keine konkreten Perspektiven für eine Verbesserung des Kinderbetreuungsangebots in Tagespflege.

Das Kombilohn-Modell im Rahmen des Einstiegsgeldes bietet v. a. aufgrund der anvisierten Zielgruppe der Langzeitarbeitslosen, aber auch aus anderen Gründen in der vorliegenden Form voraussichtlich wenig Potentiale für eine Nutzung im Rahmen der Tagespflege. Allerdings könnten niedrig bezahlte Dienstleistungen wie die Tagespflege durchaus von Kombilohnmodellen profitieren, wenn diese flächendeckend und unbefristet für den Niedriglohnbereich, eventuell mit einer Eingrenzung auf haushaltsnahe Humandienstleistungen zur Verfügung gestellt werden könnten. Dies wäre allerdings mit weiteren Kosten für die öffentliche Hand verbunden und hätte Abgrenzungsfragen zur Folge (z. B. Privilegierung von haushaltsnahen Dienstleistungen anhand von speziellen Kombilohn-Modellen), wenn die verbleibenden Kosten für die Nutzer eine akzeptable Größenordnung aufweisen sollen.

Insgesamt ist nach dem gegenwärtigen Kenntnisstand davon auszugehen, dass die neuen arbeitsmarktpolitischen Instrumente, die explizit auf eine Ausweitung des Angebots an legalen haushaltsbezogenen Dienstleistungen abzielen, für die Tagespflege eher geringe zusätzliche Beschäftigungseffekte mit sich bringen dürften. Eine notwendige Verbesserung der Erwerbschancen, der sozialen Absicherung und der Arbeitsbedingungen für Tagesmütter kann auf diesem Weg nicht erreicht werden. Auch in Bezug auf die Umwandlung illegaler Beschäftigungsverhältnisse in gemeldete, legale Arbeitsverhältnisse erscheint die positive Wirkung eher begrenzt. Weitergehende arbeitsmarktpolitische Initiativen erscheinen notwendig.

Empfehlungen

11 | 01
Angesichts der politischen Bedeutung der Frage des Ausbaus der Betreuung der unter Dreijährigen und einer verbesserten Balance von Familie und Beruf für die beteiligten Frauen sollten weitere Impulse zur Förderung von Arbeitsmarktinstrumenten für haushaltsnahe Humandienstleistungen gesetzt werden, damit dieses Segment frauentypischer Arbeitsplätze gezielt gefördert werden kann und arbeitsplatzschaffende Effekte entstehen.

11 | 02
Die arbeitsmarktpolitische und die jugendhilfepolitische Seite der Tagespflege sollten nicht weiterhin isoliert voneinander betrachtet werden, sondern einen gemeinsamen Blick auf die weiterzuentwickelnde Betreuungsform Tagespflege hervorrufen. Von diesem Betreuungsarrangement würden alle Seiten profitieren, da die positiven Auswirkungen vielfältig und weit reichend sind: Durch Tagespflege könnten
(a) qualifizierte Kinderbetreuungsplätze geschaffen werden, würde
(b) den Eltern/Müttern die Fortsetzung ihrer Berufstätigkeit erleichtert und würden
(c) zusätzliche Frauenarbeitsplätze und Einkommensmöglichkeiten auf der Seite der Tagesmütter geschaffen.
Um eine entsprechende Fachlichkeit zu gewährleisten wäre eine enge Kooperation zwischen Jugendhilfe und Arbeitsmarktinstitutionen erforderlich, vor allem zwischen Jugendämtern und Jobcentern.

11 | 03
Die Qualifizierung selbständiger Tagesmütter könnte mit einer Existenzgründungsberatung gekoppelt und teilweise aus Mitteln der Arbeitsmarktpolitik gefördert werden.

12

Kosten und Finanzierung

Modellrechnungen und Kostenszenarien

Kosten und Finanzierung

Modellrechnungen und Kostenszenarien

In diesem Kapitel werden die finanziellen Auswirkungen des quantitativen und qualitativen Ausbaus der Tagespflege dargestellt. Zuerst wird eine Modellrechnung zu den Kosten eines qualifizierten Tagespflegeplatzes vorgestellt. Anschließend werden verschiedene Kostenszenarien für einen Ausbau der Tagespflege entwickelt. Den Schluss bilden einige Anmerkungen zur Finanzierung der Tagespflege.

12.1 Modellrechnung zu den Kosten eines qualifizierten Tagespflegeplatzes

Unter Berücksichtigung der vierdimensionalen Zielvorgabe von Bedarfsgerechtigkeit, Fachgerechtigkeit, Arbeitsmarktgerechtigkeit und Sachgerechtigkeit wurde am Deutschen Jugendinstitut im Rahmen des Projekts „Kinderbetreuung in Tagespflege – Auf- und Ausbau eines qualifizierten Angebots" eine Modellrechnung zu den Kosten eines qualifizierten Tagespflegeplatzes entwickelt. Anhand der Modellrechnung soll das Ziel ins Auge gefasst werden, für die betroffenen Frauen die Möglichkeit einer Existenzsicherung im Bereich der Tagespflege und dadurch ein langfristiges Engagement in der Tagespflege und damit im Interesse der Kinder eine Stabilität der Betreuungsverhältnisse zu erreichen. Der Zusammenhang zwischen den Faktoren Kinderzahl, zeitlicher Betreuungsumfang und Stundensätze soll dargestellt werden. Bei der Platzkostenermittlung werden die Infrastrukturkosten bzw. anteilig eine qualifizierte fachliche Begleitung berücksichtigt. Die Berechnungen beziehen sich auf einen Platz bei einer selbständig tätigen Tagesmutter.[1] Die zugrunde liegende Datenbasis beruht auf Erhebungen in ausgewählten Beispielen guter Tagespflegepraxis aus sechs verschiedenen Bundesländern. Die Erhebungen wurden insbesondere in Form von ExpertInnen-Interviews bei VertreterInnen der Fachpraxis, bei politischen Institutionen und bei Tagesmüttern selbst durchgeführt sowie durch Dokumentenanalysen ergänzt (z. B. Auswertung von Informationsbroschüren, Bedarfsberechnungen, Kosten- und Finanzierungsplänen, Materialien der Jugendhilfeplanung). Die dabei gewonnenen Daten wurden als Anhaltspunkte für die folgende Modellrechnung herangezogen. Jede Modellrechnung stellt eine Abstraktion dar und baut auf spezifischen begründeten Annahmen auf; in der Realität sind dagegen am häufigsten Mischformen vorzufinden.

---

1 In Deutschland wird die Tagespflege größtenteils auf selbständiger Basis ausgeübt, während in einigen benachbarten europäischen Staaten vorzugsweise eine Anstellung von Tagespflegepersonen praktiziert wird (z. B. Österreich, Dänemark).

Die Kosten eines Tagespflegeplatzes setzen sich zusammen aus den Einkünften der Tagesmutter (vgl. Abschnitt 12.1.1) und den Kosten für die Infrastruktur (vgl. Abschnitt 12.1.2).

12.1.1 Einkünfte einer selbständig tätigen Tagesmutter

Tagesmütter kritisieren häufig, dass es wesentlich lukrativer und mit weit weniger Verantwortung verbunden sei putzen zu gehen, denn als Tagesmutter zu arbeiten – und dass dies nicht akzeptabel sei. Das Dilemma von Tagesmüttern liegt u. a. darin begründet, dass sie eine Vergütung pro Kind erhalten. Dies hat zur Folge, dass die Verdienstmöglichkeiten in der Tagespflege entscheidend von der Auslastung der Tagesmutter abhängen. Durch die Betreuung von ein oder zwei Tageskindern kann unter den gegebenen Rahmenbedingungen eine Tagesmutter kein existenzsicherndes Einkommen erzielen, so zeit- und kraftaufwendig die Betreuung auch sein mag. Dies bedeutet, dass eine existenzsichernde Tätigkeit in der Tagespflege nur möglich ist in Verbindung mit einer Mindestanzahl betreuter Kinder sowie einem entsprechend hohen zeitlichen Betreuungsumfang.

In der Modellrechnung sollen bei der Festlegung des Stundensatzes für Tagesmütter sowohl Aspekte einer Arbeitsmarktgerechtigkeit für die betroffenen Frauen berücksichtigt werden als auch auf das Spektrum real vorgefundener Sätze Bezug genommen werden. Der vorgeschlagene Stundensatz von vier Euro pro Kind und Stunde liegt im oberen Bereich dessen, was in der untersuchten Tagespflegepraxis realiter von Tagesmüttern verlangt wird (Spektrum in der Praxis: 1,90 Euro bis 4 Euro, vereinzelt bis zu 5 Euro Stundensatz).

Der Modellrechnung liegt die Annahme zugrunde, dass bei einer Tagesmutter dann eine volle Auslastung vorliegt, wenn sie gleichzeitig vier Tageskinder ganztags betreut (das entspricht ca. 160 Stunden pro Monat). Selbstverständlich zeigt die gegenwärtige Praxis, dass es meistens Zwischenformen der Tagespflege mit geringerer Auslastung gibt. Die Anzahl von vier Tageskindern stellt aus fachlicher Sicht eine Obergrenze dar, die sich auch in Regelungen zur Tagespflege in dem in vielerlei Hinsicht vorbildlichen angrenzenden Ausland niederschlägt. Zu berücksichtigen ist dabei, dass viele Tagesmütter zusätzlich noch eigene minderjährige Kinder im Haushalt betreuen.

Aus diesen Modellannahmen ergibt sich als zentrales Ergebnis auf der Seite der Tagesmütter ein Kostenanteil für einen Tagespflegeplatz in Höhe von 640 Euro pro Kind und Monat (160 Stunden à 4 Euro). Im Folgenden sollen die Auswirkungen der Modellannahmen auf die Einkommenssituation einer selbständig tätigen Tagesmutter dargestellt werden. Hierdurch werden die Eckpunkte für eine ansatzweise existenzsichernde Form und damit auch für ein berufliches Modell der Tagespflege, das eine eigenständige soziale Absicherung beinhaltet, markiert.

Bei vier Kindern, die zeitgleich 160 Stunden im Monat betreut werden, entstehen der selbständigen Tagesmutter insgesamt Bruttoeinnahmen in Höhe von 2.560 Euro. Die Einnahmen der Tagesmutter sind nicht gleichzusetzen mit dem Nettoverdienst, da betriebliche Ausgaben anfallen und die Tagesmutter als Selbständige ihre soziale Absicherung bestreiten muss.

Untersuchungen von Good-practice-Beispielen haben ergeben, dass Essensgeld teilweise in den Betreuungssatz eingerechnet und separat von den Tagesmüttern ausgewiesen und in Rechnung gestellt wird. Gerade bei Kleinkindern können hier sehr unterschiedliche Größenordnungen anfallen. Zum Teil bringen Eltern von Säuglingen Babynahrung mit in die Tagespflege. Was an Essensgeld anfällt, hängt in seiner Größenordnung stark von den Ansprüchen von Eltern und Tagesmutter ab (z. B. Biokost/Fleisch). Das Essensgeld ist der Transparenz halber in dem angesetzten Stundensatz nicht enthalten. Wenn es zusätzlich angesetzt wird, kann man von ca. 3,50 bis 4,50 Euro pro Tag und Kind (kein Säugling) bei einer Ganztagsbetreuung ausgehen. Bei 22 Betreuungstagen pro Monat wären das 77 Euro zusätzlich pro Kind. Die Einkünfte der Tagesmutter erhöhen sich unter diesen Umständen auf 2.868 Euro pro Monat bei vier Kindern.

Ferner wurde die Ausgabenseite bei den Tagesmüttern untersucht und festgestellt, dass die Betriebsausgaben unterschiedlich ausfallen. Zu den Betriebskosten zählen Verbrauchskosten (Wasser, Strom, Heizung, Müllgebühren), Lebensmittel, Pflegematerialien und Hygienebedarf, Ausstattungsgegenstände, Spielmaterialien und Ausgaben für Freizeitgestaltung, Renovierungskosten, Kosten der eigenständigen punktuellen Weiterbildung (z. B. Fachliteratur, Seminare über die Grundqualifizierung von Tagesmüttern hinaus), Mitgliedsbeiträge, Büro und Kommunikation sowie Fahrtkosten. In der Modellrechnung werden die Betriebskosten in Höhe der steuerlichen Betriebskostenpauschale für eine Ganztagsbetreuung mit 245,42 Euro pro Kind angesetzt (vgl. Kap. 10).

Die Einkünfte der Tagesmutter reduzieren sich infolgedessen um die Betriebskosten. Darüber hinaus müssen noch die Beiträge für die soziale Absicherung sowie Versicherungen abgezogen werden (Krankenversicherung, Altersvorsorge, Haftpflicht, eventuell Hausratversicherung, Unfallversicherung). Es ergeben sich diesbezüglich, je nach individuellem Bedarf und Alter der Tagesmutter, unterschiedliche Beträge; im Schnitt ist von einer Belastung von ca. 670 Euro auszugehen (vgl. Stempinski 2003). Dabei wird in der Modellrechnung eine Rentenversicherungspflicht der Tagesmutter unterstellt. Falls diese nicht besteht, gibt es bei diesem Punkt eventuell Einsparpotentiale für die Tagesmutter. Aktuelle arbeitsmarktpolitische Instrumente wie z. B. die „Ich-AG" bieten spezielle Einstiegsbedingungen für ExistenzgründerInnen (Zuschüsse sowie ermäßigte Rentenversicherungs- und Krankenversicherungsbeiträge), so dass zumindest in den ersten drei Jahren der Tätigkeit die Kosten für die soziale Absicherung auch deutlich geringer ausfallen können.

Ferner hat die Tagesmutter als Selbständige das Auslastungsrisiko zu tragen. Beim Wechsel von Betreuungsverhältnissen oder bei kurzfristigen Absagen kommt es in der Praxis immer wieder zu Einnahmeausfällen bei den Tagesmüttern. Deshalb wurde eine (knapp bemessene) Risikopauschale von 5% angesetzt, die Rücklagen der Tagesmutter für derartige Ausfälle abdecken soll.

Damit ergeben sich in der Summe Aufwendungen in Höhe von bis zu 1.734 Euro. Wenn man diese in Abzug bringt, dann bleibt der Tagesmutter ein „Einnahmeüberschuss" vor Steuern von 1.133 Euro pro Monat. Falls die soziale Absicherung günstiger ausfällt, ist es für die Tagesmutter durchaus möglich, auch ein etwas höheres Einkommen zu erzielen.

Da Tagesmütter unter Umständen mit ihren Ehemännern zusammen steuerlich veranlagt werden, hängt die Besteuerung wesentlich von der Höhe des Einkommens des Ehemanns ab. Im Fall einer allein veranlagten Tagesmutter ergibt sich nach Steuerabzug ein Nettoverdienst von mindestens 900 Euro.[2]

12.1.2 Kosten der Infrastruktur für Tagesmütter

Es ist festzustellen, dass die untersuchten Tagespflege-Angebote ein je eigenes Profil haben unter jeweils eigenen regionalen Bedingungen und Schwerpunkten des Angebots. Träger mit einem großen Einzugsbereich können und müssen z.B. ihr fachliches Angebot anders gestalten als Träger, die ihr Angebot für einen sehr kleinen Einzugsbereich vorhalten. In Gebieten mit hoher Tagesmutter-Fluktuation werden andere Konzepte gebraucht als in Regionen, in denen Tagesmütter sehr kontinuierlich ihre Betreuungsleistungen anbieten. Man kann also nicht ein bestimmtes Modell auf alle Fälle übertragen. Für die infrastrukturelle Ausstattung der einzelnen Bereiche der fachlichen Begleitung wurden Quervergleiche zwischen den Orten und den Konzepten angestellt. Der Zeitaufwand für verschiedene Arbeitsabläufe der fachlichen Begleitung wurde von den Fachkräften nach Möglichkeit detailliert berichtet, was eine Quantifizierung des Aufwands erlaubt.

Der Modellrechnung liegen die einzelnen Arbeitsbereiche der fachlichen Begleitung zugrunde. In Kap. 6 wurde dargestellt, welche fachlichen Leistungen in diesem Rahmen inbegriffen sind[3] und dass als Berechnungsschlüssel von einer Fallzahl von 1 Fachkraft pro 40 Tagespflegeverhältnissen ausgegangen

---

2 Rauschenbach/Schilling ermittelten auf der Basis der Mikrozensusdaten von 1999 folgende Vergleichsgröße: In Westdeutschland verdienten von den weiblichen Beschäftigten mit 32 und mehr Wochenarbeitsstunden in der Berufsgruppe der Erzieherinnen 37% netto unter 2.200 DM und 52,1% in der Kategorie von 2.200 DM bis 4.000 DM (2001: 158 ff.).
3 Einberechnet ist eine Grundqualifizierung im Umfang von 160 Unterrichtsstunden, nicht einberechnet ist eine darüber hinausgehende Qualifizierung. Nicht einberechnet sind außerdem Aufwendungen für die Einführung eines Qualitätsfeststellungsverfahrens.

werden muss, wenn die Qualität der fachlichen Begleitung über alle Aufgabenfelder hinweg sichergestellt sein soll.

Für die fachliche Begleitung (als „Fachberaterin für Tagespflege") wird eine BAT-Einstufung für eine angestellte Sozialpädagogin mit 1/1-Stelle angesetzt. Analog einer Fachberaterin für Kindertageseinrichtungen erscheint gegenwärtig eine Einstufung nach BAT IVa als angemessen, da für die Ausübung der Tätigkeit Zusatzqualifikationen erforderlich sind. Zusätzlich wird pro 1/1-Stelle Fachkraft ein Verwaltungsanteil von 1/3-Stelle BAT VIb angesetzt, weil sich gezeigt hat, dass der Verwaltungsaufwand z. T. erheblich ist. Dieser sollte nach Möglichkeit nicht von SozialpädagogInnen getragen werden.

Hinzu kommen Sachkosten im Umfang von 20 % der gesamten Personalkosten, für Infrastruktur, Supervision für Fachkräfte, Bürobedarf und Computer, pädagogische Arbeitsmaterialien usw. Enthalten ist auch ein Basisanteil für

Abbildung 12.1: Modellrechnung Kosten für einen qualifizierten Tagespflegeplatz

Einkünfte der Tagesmutter	Kosten für Infrastruktur
Modellannahmen: Betreuungssatz: 4 Euro pro Stunde Betreuungsumfang: 160 Stunden pro Monat Ein Betreuungsplatz (160 Std. pro Monat) kostet demnach **640 Euro pro Monat und Kind.** Das bedeutet für den Verdienst einer Tagesmutter, die vier Kinder betreut: Bei einem Betreuungssatz von 4 Euro pro Stunde und einem Essensgeld von 3,50 Euro pro Kind und Tag hat eine Tagesmutter, die vier Kinder ganztags betreut, Bruttoeinnahmen in Höhe von 2.868 Euro. Werden davon Betriebskosten in Höhe der Betriebskostenpauschale (245,42 Euro pro Kind), Ausgaben für die soziale Absicherung (ca. 670 Euro) sowie eine Risikopauschale (5 %) abgezogen, bleibt einer steuerlich allein veranlagten Tagesmutter ein Nettoverdienst in Höhe von mindestens 900 Euro.	(a) **Sozialpädagogische Fachkraft (BAT IV a)** für alle Bereiche der fachlichen Begleitung, u. a. ▪ Vermittlung (inklusive Eignungsprüfung, Hausbesuch usw.) ▪ Beratung ▪ Fortbildung ▪ Gesprächsgruppen ▪ Öffentlichkeitsarbeit/Tagesmütter-Akquise ▪ Vernetzung ▪ Konzeptentwicklung, Qualitätssicherung bei einer Fallzahl von 1 Fachkraft für 40 Betreuungsverhältnisse (b) Zusätzlich pro 1/1 Stelle Fachkraft 1/3 Stelle Verwaltung/Sachbearbeitung BAT VIb (c) Zusätzlich Sachkosten in Höhe von 20 % der Personalkosten. Daraus lassen sich die Kosten errechnen für die Infrastruktur von **173,50 Euro pro Platz und Monat.**

Monatliche Gesamtkosten eines Tagespflegeplatzes: 813,50 Euro
(640 Euro Betreuungsgeld Tagesmutter plus 173,50 Euro Infrastruktur)

eine Vertretungsregelung, falls Tagesmütter z. B. durch Krankheit kurzfristig ausfallen. Die infrastrukturellen Kosten einer fachlichen Begleitung betragen somit insgesamt pro Tagespflegeplatz im Schnitt 173,50 Euro.

Insgesamt ergeben sich aus der Addition der Aufwendungen für die Tagesmutter und den Kosten für die Infrastruktur eines Tagespflegeplatzes Gesamtkosten in Höhe von monatlich 813,50 Euro pro Monat (640 + 173,50) zuzüglich plus Essensgeld.

12.1.3 Kosten eines Tagespflegeplatzes im Vergleich

Bisher wurden bei der Bestimmung von Platzkosten die Empfehlungen des Deutschen Vereins in Höhe von 360 Euro pro Monat herangezogen. Diese wurden nicht auf Basis einer differenzierten empirischen Kostenermittlung festgelegt, sondern orientieren sich pauschal am Regelsatz der Vollzeitpflege. Der Tagespflegeplatz entspricht 60% des aktuellen Vollzeitpflegesatzes. Die Kosten dafür werden jährlich aktualisiert. Im Unterschied zu den neueren Kostenberechnungen enthält diese Variante keinen Anteil einer fachlichen Begleitung.

Einen deutlichen Fortschritt im Hinblick auf eine verbesserte fachliche Ausstattung und eine bessere Vergütung für Tagesmütter stellt die Kostenberechnungsvariante des BMFSFJ dar, die die Grundlage für die Kostenberechnungen im aktuellen Referentenentwurf des BMFSFJ bildet. Sie sieht einen Stundensatz von 3 Euro und eine Fallzahlrelation bei der fachlichen Begleitung von 60 Tagespflegeverhältnissen pro Fachkraft vor. Bei der BMFSFJ-Variante entstehen monatlich Gesamtkosten von 596 Euro.

Die in Abschnitt 12.1 und 12.2 vorgestellte Modellrechnung des Deutschen Jugendinstitutes quantifiziert die im Gutachten dargestellten Qualitätsstandards und bildet das aus fachlicher Sicht Wünschbare und mittelfristig Anstrebenswerte ab. Bei der DJI-Variante entstehen monatlich Gesamtkosten von 813,50 Euro.

Der Tagesmütter-Bundesverband beziffert seinerseits die monatlichen Kosten eines qualifizierten Tagespflegeplatzes auf 1.059 Euro. Dabei werden der entsprechende Leistungsstandard und die vom DJI errechneten Kosten der fachlichen Begleitung übernommen, die Aufwendungen für die Tagesmutter allerdings in Analogie zu einer BAT-VII-Einstufung errechnet. Diese Modellrechnung antizipiert bereits die Überführung der Tagespflege in ein beruflich orientiertes Beschäftigungssystem.

Wie sind die Tagespflegekosten im Hinblick auf den Vergleich mit anderen Betreuungsformen zu bewerten? Die Kostenstrukturen bei verschiedenen Formen der Kinderbetreuung unterscheiden sich grundlegend voneinander.

So machen auf der einen Seite folgende Faktoren die Tagespflege zu einer günstigen Betreuungsform:

(a) Im Unterschied zum institutionellen Bereich wird in der Tagespflege das private „Umfeld" der Tagespflegefamilie mitgenutzt. Das bedeutet, dass private Investitionen der Tagespflegefamilie (z. B. im baulichen Bereich und bei den Betriebskosten) dem Betreuungsangebot zugute kommen, ohne unmittelbar als Kostenfaktor aufzuscheinen.
(b) Aus Sicht der öffentlichen Hand findet in der Tagespflege keine längerfristige Ressourcenbindung statt – im Unterschied zu institutionellen Betreuungsformen.
(c) Die Tatsache, dass selbständige Tagesmütter das Auslastungsrisiko tragen (und nicht eine Trägereinrichtung), wirkt sich kostenmindernd aus Sicht der öffentlichen Hand aus.
(d) Tagesmütter stellen ein hohes zeitliches Engagement zur Verfügung bei minimalen Ausfallzeiten.
(e) Die Kosten richten sich unmittelbar nach den effektiven Betreuungszeiten.

Auf der anderen Seite verteuern aber folgende Aspekte zugleich auch die Tagespflege:

(a) Eine Tagesmutter mit ein bis vier Tageskindern (eventuell zuzüglich eigener Kinder) weist eine günstige Betreuungsrelation auf, die die Tagespflege im Vergleich zu Fachpersonal-Kind-Schlüsseln im institutionellen Bereich[4] teurer macht.
(b) Weiterhin muss die isolierte Arbeitssituation von Tagesmüttern im Privathaushalt durch ein qualifiziertes Angebot an fachlicher Begleitung kompensiert werden (vgl. Kap. 6). Hierfür müssen ein entsprechendes Personalkontingent, Büros, Gruppenräume und Sachmittel zur Verfügung gestellt werden.
(c) Auch die Einrichtung eines Vertretungssystems (im Urlaubs- oder Krankheitsfall) ist vergleichsweise aufwendig, da Kinder nur dort kurzfristig vertretungsweise betreut werden können, wo eine Vertrauensbeziehung der betroffenen Kinder zur Vertretungsperson bereits aufgebaut ist und kontinuierlich aufrechterhalten wird. Hierfür müssen ebenfalls kontinuierliche Strukturen aufgebaut werden.

Aufgrund der im Vergleich zu anderen Erziehungsberufen immer noch geringen Vergütung stellen öffentliche Zuschüsse für einen ausreichenden Versicherungsschutz und angemessene Altersvorsorge der Tagesmütter ein wichtiges Signal im Hinblick auf die Absicherung von Frauen dar. Zugleich liefern

---

4 Hier existieren in den Bundesländern diverse Betreuungsschlüssel für die Betreuung von unter Dreijährigen (z. T. differenziert nach Alter, Betreuungsumfang, Qualifikationen der Fachkräfte). In der Regel sind zwei Fachkräfte für ca. 8 bis 15 Kinder zuständig.

sie einen wichtigen Anreiz, neue Tagesmütter längerfristig an die Tagespflege zu binden. Auch Zuschüsse für das Erstausstattungsinventar der Tagespflegefamilien erscheinen notwendig. Tagespflege erweist sich somit in manchen Aspekten als teurer, in anderen als günstiger als institutionelle Kinderbetreuung (vgl. auch Fachkolloquium Tagespflege 1997: 19). Die Annahme, dass qualifizierte Tagespflege per se eine deutlich kostengünstigere Betreuungsform darstelle, muss allerdings revidiert werden.

Ein direkter Vergleich mit den Kosten anderer Betreuungsformen ist vorerst nur in Ansätzen möglich, da bei der Kostenermittlung bei anderen Kinderbetreuungsformen andere Berechnungsparameter zugrunde gelegt werden bzw. nicht ausreichend expliziert werden, um eine unmittelbare Vergleichbarkeit zu ermöglichen. Beispielsweise sind in der vorliegenden Tagespflege-Modellrechnung die Kosten für eine erste Grundqualifizierung der Tagesmütter von 160 Unterrichtsstunden in die Platzkosten eingerechnet, während bei den Betriebskosten für Krippen der Kostenfaktor „Grundqualifizierung des Personals" nicht enthalten ist. Auch die Zurechnung der Kosten für die fachliche Begleitung der pädagogischen Fachkräfte sowie der gesamten Investitionskosten im Einrichtungsbereich muss berücksichtigt werden. In der Tendenz lässt sich gegenwärtig jedoch festhalten, dass ein qualitativ gut ausgestatteter Tagespflegeplatz sich unter dem Strich immer noch als günstiger erweist als ein Krippenplatz. Erst aus einer genauen Struktur- und Kostenanalyse heraus wäre allerdings ein gültiger Kostenvergleich zwischen den verschiedenen Betreuungsformen möglich.

Hinsichtlich der Situation der Tagesmütter zeigen die Ausführungen in Abschnitt 12.1.1 (vgl. auch Kap. 10), dass eine eigenständige Absicherung der Modelltagesmutter auch auf der Basis einer überdurchschnittlich hohen Auslastung erst ansatzweise gelingt, d. h. wenn günstige Voraussetzungen vorliegen. Dies könnte etwa dann der Fall sein,

- wenn eine geeignete Grundausstattung sowie geeignete Räumlichkeiten mietfrei zur Verfügung stehen,
- wenn die BfA feststellt, dass im Einzelfall keine Rentenversicherungspflicht vorliegt, oder
- wenn die Tagesmutter die Voraussetzungen zur Gründung einer Ich-AG nachweisen und entsprechende Fördermittel nutzen kann (vgl. Kap. 11).

Sofern eine Tagesmutter bei einer fachlich zumutbaren Zahl von Kindern im Falle einer ganztägigen Beschäftigung ein existenzsicherndes Einkommen erzielen können soll, ist deshalb ein Stundensatz von 4 Euro pro Kind als Richtgröße anzusehen. Gleichzeitig erreichen die Platzkosten auf der Basis eines Stundensatzes von 4 Euro jedoch eine Größenordnung, die für Eltern eine erhebliche finanzielle Belastung darstellt und die diese in den meisten Fällen nicht mehr ohne öffentliche Unterstützung finanzieren können. Hierdurch werden die engen Grenzen der Verdienstmöglichkeiten von Tagesmüttern deutlich. Eine öffentliche Förderung von qualifizierter Tagespflege erscheint daher unabdingbar, um die finanzielle Belastung der Eltern auf eine zumutbare Größe zu reduzieren und zugleich den Tagesmüttern ein angemessenes Einkommen zu eröffnen.

12.2 Kostenszenarien für den Ausbau der qualifizierten Tagespflege für unter Dreijährige

Im vorangegangenen Abschnitt wurde aufgezeigt, welche Kosten für eine fachlich adäquate Tagespflege entstehen. Nachfolgend gilt es darzustellen, welche Kosten insgesamt bei einer Umsetzung dieser fachlich adäquaten Tagespflege entstehen würden und welche zusätzlichen Ausgaben auf die öffentliche Hand zukämen. Dabei sollen allerdings nicht nur das Kostenszenario des DJI, sondern auch andere Varianten berücksichtigt werden, damit die Folgen der unterschiedlichen Szenarien nachvollziehbar bleiben.

Das nachfolgende Rechenverfahren zur Bestimmung der öffentlichen Ausgaben orientiert sich, um die Anschlussfähigkeit zu gewährleisten, an dem Verfahren, das im Referentenentwurf zum Tagesbetreuungsausbaugesetz (TAG) vom 02.04.2004 Anwendung findet. Insofern werden folgende Prämissen für die Kostenszenarien übernommen:

- Die Kostenszenarien beziehen sich ausschließlich auf die westlichen Bundesländer einschließlich Berlin.
- Die Kostenszenarien des zusätzlichen Ausbaus beziehen sich auf die Zielperspektive 2010, die auch von der Bundesregierung angestrebt wird. Somit sind demographische Veränderungen und zu erwartende Preissteigerungen einzurechnen.
- Die Kostenszenarien beschränken sich auf den quantitativen und qualitativen Ausbau der Tagespflege für unter Dreijährige.

Zur Abschätzung der öffentlichen Ausgaben sind zunächst Entscheidungen darüber notwendig, wie hoch die durchschnittlichen Platzkosten, je nach Qualitätsstandard, anzusetzen sind, wie stark das Angebot für unter Dreijährige insgesamt ausgebaut werden soll und welchen Anteil die Tagespflege daran haben könnte. Alle Prognosen leiden unter der Schwierigkeit, dass Annahmen gesetzt werden müssen. Wir gehen dabei als Rechengrundlage von einer Zielperspektive einer bedarfsgerechten Kinderbetreuung aus. Der Bedarf an Betreuung wird im Wesentlichen extrapoliert aus der mütterlichen Erwerbsquote und der damit einhergehenden Arbeitszeit. Auf dieser Basis gehen wir derzeit von einem bedarfsorientierten Angebot von ca. 17 % aus; selbstverständlich muss bedacht werden, dass in den kommenden Jahren andere Entwicklungen möglich sind. Darüber hinaus wird erwartet, dass 30 % des angestrebten Gesamtangebots durch Tagespflegeverhältnisse, die anderen 70 % durch institutionelle Angebote abgedeckt werden sollen. Neben diesen Annahmen werden noch weitere, prinzipiell denkbare Varianten dargestellt, die sich unterscheiden bezüglich

- der durchschnittlichen Platzkosten der Tagespflege sowie
- des Anteils der Tagespflege am bedarfsorientierten Angebot.

Zur Bestimmung der zu erwartenden Ausgaben der öffentlichen Hand sind darüber hinaus noch folgende Faktoren zu berücksichtigen:

- die demographische Entwicklung,
- die Preissteigerung,
- die Teilzeitnutzung der Angebote,
- die Elternbeiträge,
- die bisherigen Kosten für laufende Tagespflegeverhältnisse.

Berücksichtigt werden müsste ferner, dass sich durch die Nutzung bestehender und neu zu schaffender arbeitsmarktpolitischer Instrumente die Kosten innerhalb des Jugendhilfesystems für die Gewinnung zusätzlicher Tagesmütter gegebenenfalls reduzieren könnten. Diese Potentiale können jedoch zur Zeit nicht quantifiziert werden und fließen deshalb in die Berechnungen nicht mit ein.

12.2.1 Grundannahmen und Berechnungsfaktoren

Platzkosten

Um den Vergleich der angestrebten qualifizierten Tagespflege mit der aktuellen Situation darzustellen, werden zunächst die bisherigen Platzkosten für die Tagespflege aufgeführt, die auf den Empfehlungen des Deutschen Vereins für private öffentliche Fürsorge basieren. Für die Tagespflege werden 60 % der Regelsätze für die Vollzeitpflege (zurzeit 606 Euro monatlich) angesetzt. Dies entspricht Kosten in Höhe von 360 Euro monatlich bzw. 4.320 Euro pro Jahr (Status-quo-Variante).[5]

Eine weitere, darüber hinausgehende Variante wurde vom BMFSFJ vorgelegt. Sie liegt dem Referentenentwurf zum Tagesbetreuungsausbaugesetz vom 02.04.2004 zugrunde und beinhaltet Infrastrukturkosten für die fachliche Begleitung von Tagesmüttern und sieht eine bessere Vergütung von Tagesmüttern vor. Diese Modellrechnung kommt zu dem Ergebnis, dass bei einer

---

5 Wird wie bei den folgenden Varianten ebenfalls eine monatliche Anzahl von 160 Betreuungsstunden unterstellt, so ergibt sich ein Stundensatz der Tagesmutter pro Tageskind von 2,25 Euro.

Inanspruchnahme von 160 Betreuungsstunden pro Monat für einen Tagespflegeplatz Gesamtkosten in Höhe von 596 Euro anzusetzen sind. Somit ergeben sich jährliche Kosten pro Platz in Höhe von 7.152 Euro; der Stundensatz der Tagesmutter pro Kind liegt bei dieser Variante bei 3 Euro.

Eine dritte Variante wurde im Rahmen dieses Gutachtens vorgestellt (DJI-Variante). Die Zusammensetzung der Sollkosten für einen qualifizierten Tagespflegeplatz in der im Gutachten ausgeführten Form ist im Abschnitt 12.1 ausführlich erläutert worden. Die Modellrechnung des DJI kommt zu dem Ergebnis, dass für einen Tagespflegeplatz monatliche Gesamtkosten in Höhe von 813,50 Euro bei einer Inanspruchnahme von 160 Betreuungsstunden pro Monat anzusetzen sind. Somit ergeben sich jährliche Kosten in Höhe von 9.762,00 Euro pro Platz; der Stundensatz der Tagesmutter pro Kind liegt bei dieser Variante bei 4 Euro.

Weiterhin wird in die Betrachtung die Variante des Tagesmütter-Bundesverbandes aufgenommen, die davon ausgeht, dass die Tagesmütter sozialversicherungspflichtig beschäftigt und vergleichbar BAT VII eingestuft werden; darin enthalten sind Infrastrukturkosten analog zum DJI-Ansatz. Der Tagesmütter-Bundesverband rechnet bei dieser Variante mit monatlichen Kosten von 1.059 Euro bzw. von jährlich 12.078 Euro (Verbands-Variante).[6] Daraus ergeben sich unterschiedliche Szenarien (vgl. Tabelle 12.1).

Tabelle 12.1: Zusammensetzung der Kostenbestandteile der vier Platzkostenvarianten

	Betriebskosten der Tagesmutter	Kosten der Erziehung Tagesmutter	Kosten Tagesmutter (Summe Spalten 1+2)	Kosten der fachlichen Begleitung (Infrastrukturkosten)	Platzkosten insgesamt
	1	2	3	4	5
Status-quo-Variante	246	117	363	0	363
BMFSFJ-Variante	246	234	480	116	596
DJI-Variante	246	394	640	173	813
Verbands-Variante	246	640	886	173	1.059

Annahmen zum Betreuungsbedarf für unter Dreijährige

Für die Berechnung der Kostenszenarien wird für 2010 als eine erste Orientierungsmarke von einem erwerbsabhängigen Bedarf von rund 17 % ausgegangen.

---

6 Wird wie bei den vorigen Varianten ebenfalls eine monatliche Anzahl von 160 Betreuungsstunden unterstellt, so ergibt sich ein Stundensatz der Tagesmutter pro Tageskind von 5,50 Euro.

(a) *Anteil der Tagespflege an den Betreuungsangeboten*: Dabei stellt sich die Frage, in welchem prozentualen Umfang dieses Betreuungsangebot durch Tagespflege abgedeckt werden soll. Einerseits kann sich – wie aus der Praxis berichtet wird – das Problem stellen, ob sich genügend Tagesmütter finden lassen; andererseits ist bei einer erheblichen Verbesserung der Rahmenbedingungen zu erwarten, dass sich mehr Frauen und eventuell auch einige Männer für die Tätigkeit als Tagespflegeperson interessieren werden. Um dieser Unsicherheit gerecht zu werden, werden in die Modellrechnungen zwei Varianten aufgenommen. Die erste Variante geht von einem Anteil der Tagespflege von 30 % an allen Angeboten für unter Dreijährige aus (plus 70 % Einrichtungsplätze), die zweite Variante von 40 % (plus 60 % Einrichtungsplätze).

(b) *Übersicht der Varianten*: Durch die verschiedenen Ausgangsfaktoren ergeben sich nunmehr zwei unterschiedliche Betreuungsszenarien, bei denen entweder 30 oder 40 % in Form von Tagespflege erbracht werden. Diese zwei Inanspruchnahmeszenarien sind dann ihrerseits für die vier Platzkostenvarianten zu berechnen. Somit ergeben sich insgesamt acht Möglichkeiten (vgl. Tabelle 12.2).

Tabelle 12.2: Übersicht der unterschiedlichen Kostenvarianten

	Tagespflegeanteil von 30 %	Tagespflegeanteil von 40 %
Status-quo-Variante	(1)	(2)
BMFSFJ-Variante	(3)	(4)
DJI-Variante	(5)	(6)
Verbands-Variante	(7)	(8)

(c) *Berücksichtigung der demographischen Entwicklung*: Die Bevölkerungsvorausberechnungen des Statistischen Bundesamtes gehen davon aus, dass die Anzahl der geborenen Kinder auch in den westlichen Bundesländern in den nächsten Jahren merklich zurückgehen wird. Dies hängt primär nicht damit zusammen, dass Frauen im Durchschnitt weniger Kinder bekommen (Geburtenrate), sondern damit, dass aufgrund des demographischen Einbruchs Mitte der 1960er Jahre die Anzahl der Frauen im gebärfähigen Alter merklich abnimmt. Die Anzahl der unter Dreijährigen wird voraussichtlich bis zum Jahr 2010 aus Sicht des Jahres 2002 um 11 % zurückgehen (vgl. Tabelle 12.3).

Tabelle 12.3: Vorausberechnete Entwicklung der unter Dreijährigen in den westlichen Bundesländern einschließlich Berlin (31.12.2002 bis 31.12.2012)

	unter Dreijährige	Veränderung (kumulativ)	
	abs.	abs.	in %
31.12.2002	1.944.700		
31.12.2003	1.896.800	−47.900	−2,5
31.12.2004	1.869.200	−75.500	−3,9
31.12.2005	1.835.700	−109.000	−5,6
31.12.2006	1.804.000	−140.700	−7,2
31.12.2007	1.779.600	−165.100	−8,5
31.12.2008	1.761.500	−183.200	−9,4
31.12.2009	1.749.200	−195.500	−10,1
31.12.2010	1.739.700	−205.000	−10,5
31.12.2011	1.734.800	−209.900	−10,8
31.12.2012	1.732.300	−212.400	−10,9

Quelle: Statistisches Bundesamt: Bevölkerung Deutschlands von 2002 bis 2050. 10. koordinierte Bevölkerungsvorausberechnung. Länderergebnisse (Variante 4: mittlere Lebenserwartung; Zuwanderungssaldo +100.000), Wiesbaden 2004

Die Berücksichtigung der demographischen Entwicklung ist deshalb notwendig, weil der Ausbau der Betreuungsangebote für unter Dreijährige erst in den nächsten Jahren in den westlichen Bundesländern sukzessive erfolgen soll. Im Modell wird von einem bedarfsorientierten Angebot an Betreuungsplätzen für ca. 17 % der unter Dreijährigen bis 2010 ausgegangen. Die nachfolgenden Berechnungen beziehen sich daher auf die Zielperspektive 2010.

(d) *Faktoren für die Bestimmung der zu erwartenden Ausgaben der öffentlichen Hand*: Die bisher benannten Ausgangsgrößen beziehen sich auf die Brutto-Betriebskosten. Fragt man allerdings danach, welche Ausgaben auf die öffentlichen Haushalte zukommen werden, sind noch folgende Faktoren zu berücksichtigen:
- *Preissteigerung* zwischen 2004 und 2010: 9 % (es wird von einer jährlichen Preissteigerung von 1,5 % ausgegangen).
- *Teilzeitnutzung*: In den westlichen Bundesländern ist zu erwarten, dass die Angebote nicht ausschließlich als Ganztagsangebote in Anspruch genommen werden, da es sich bei der Erwerbstätigkeit von Frauen mit Kleinstkindern gemäß Mikrozensus stärker um Teilzeittätigkeiten handelt. Es wird geschätzt, dass ca. die Hälfte der unter Dreijährigen ein Angebot im Umfang von unter 6 Stunden und die andere Hälfte der unter Dreijährigen von 6 Stunden und mehr wahrnehmen wird.
  Bei einer Inanspruchnahme mit einem geringeren Stundenumfang ist davon auszugehen, dass sich die Kosten ebenfalls reduzieren. Schätzungen lassen erwarten, dass die Kosten für alle Plätze bei der o. g. zeitli-

chen Inanspruchnahme um ca. 10% niedriger ausfallen im Vergleich zu den Kosten für den Fall, dass alle Plätze als Ganztagsplätze in Anspruch genommen werden.
- Bezüglich der *Elternbeiträge* mit Blick auf die Angebote für unter Dreijährige wird im Referentenentwurf von einer Gleichstellung mit den Angeboten in Kindergärten ausgegangen. Für diese belaufen sich die Elternbeiträge gemäß Auswertungen der Kinder- und Jugendhilfestatistik zu Ausgaben und Einnahmen der Jugendhilfe auf ca. 20% der Bruttokosten. Da Elternbeiträge in der Regel sozial gestaffelt sind, müssen die Kommunen für den Differenzbetrag aufkommen. Daher wird der reale Anteil der Eltern an der Finanzierung auf 15% geschätzt; dieser Anteil wird ebenso für die Tagespflege zugrunde gelegt.
- Berücksichtigung der *höheren Kosten* für vorhandene Tagespflegeverhältnisse, die von der öffentlichen Hand finanziert werden. Für die vorhandenen Tagespflegeverhältnisse wird davon ausgegangen, dass von der öffentlichen Hand der halbe Rentenversicherungsbeitrag (31 Euro pro Monat) und der Unfallversicherungsbeitrag (60 Euro pro Jahr) übernommen werden. Nach Schätzungen auf der Grundlage der amtlichen Statistik „Ausgaben und Einahmen für die Kinder- und Jugendhilfe" und des Familiensurveys wird davon ausgegangen, dass ca. 27.000 Tagespflegen zurzeit schon öffentlich finanziert werden. Somit ergeben sich für diese Tagespflegeverhältnisse zusätzliche Ausgaben der öffentlichen Hand für Renten- und Unfallversicherungsbeiträge von 11,7 Mio. Euro. Kosten für die Vermittlung werden für diese „Altfälle" nicht angesetzt.

Die Abschätzung der öffentlich finanzierten Tagespflegeverhältnisse erfolgt durch folgende Überlegung: In der Statistik werden nur die Bruttoausgaben der Kommunen für diese Leistungen erfasst. Mit Hilfe dieser nachgewiesenen Ausgaben kann man jedoch zumindest näherungsweise die Anzahl der Tagespflegeverhältnisse bestimmen. Der Regelsatz für eine Tagespflege im Umfang von 8 bis unter 10 Stunden beläuft sich zurzeit auf 4.320 Euro jährlich (360 Euro monatlich). Nach den Schätzungen des Familiensurveys, die jedoch auf einer äußerst geringen Fallzahl beruhen, beläuft sich die durchschnittliche Inanspruchnahme der Tagesmütter allerdings nur auf 14 Stunden in der Woche. Es wird hier davon ausgegangen, dass die durchschnittlichen Ausgaben der öffentlichen Hand bei etwas mehr als der Hälfte des Regelsatzes liegen (Berechnungsgröße 202 Euro pro Tagespflege). Als weiterer Punkt ist zu berücksichtigen, dass sich diese Tagespflegeverhältnisse auf die gesamte Altersgruppe der unter Sechsjährigen und nicht nur auf die unter Dreijährigen beziehen. Aussagen aus dem Familiensurvey lassen wiederum vermuten, dass von den Tagespflegeverhältnissen für Kinder unter sechs Jahren ca. 70% von Kindern unter drei Jahren in Anspruch genommen werden. Nach entsprechenden Schätzungen würden demnach zurzeit ca. 27.000 Tagespflegeverhältnisse über das Jugendamt finanziert. Für die Flächenländer ergibt sich bei dieser Rechnung eine Versorgungsquote öffentlich finanzierter Tagespflegeverhältnisse von 1,0 % und bei den Stadtstaaten von 5,7 % der unter Dreijährigen (vgl. Tabelle 12.4); insgesamt bedeutet dies eine Versorgungsquote von 1,4 % in den westlichen Bundesländern.

Tabelle 12.4: Abschätzung der öffentlich finanzierten Tagespflegeverhältnisse (2002; westliche Bundesländer)

	Ausgaben für Tagespflege im Jahr 2002 [in Euro]	Tagespflegeverhältnisse auf der Basis geschätzter Durchschnittsausgaben für unter Sechsjährige[1]	darunter: für unter Dreijährige[2]	unter Dreijährige am 31.12.2002	Versorgungsquote
Schleswig-Holstein	3.649.000	1.508	1.056	79.072	1,3
Hamburg	8.190.559	3.386	2.370	46.272	5,1
Niedersachsen	9.037.000	3.736	2.615	230.276	1,1
Bremen	1.618.131	669	468	17.056	2,7
Nordrhein-Westfalen	18.871.000	7.801	5.460	508.181	1,1
Hessen	5.343.000	2.209	1.546	171.074	0,9
Rheinland-Pfalz	3.531.000	1.460	1.022	110.173	0,9
Baden-Württemberg	14.715.616	6.083	4.258	310.818	1,4
Bayern	6.985.000	2.887	2.021	354.562	0,6
Saarland	1.194.000	494	345	24.804	1,4
Berlin	19.481.023	8.053	5.637	85.666	6,6
Zusammen	92.615.329	38.283	26.798	1.937.954	1,4
Flächenstaaten	63.325.616	26.176	18.323	1.788.960	1,0
Stadtstaaten	29.289.713	12.107	8.475	148.994	5,7

1 Geschätzte Durchschnittsausgaben der öffentlichen Hand in Höhe von 202 Euro monatlich.
2 Geschätzt auf der Basis des DJI-Familiensurveys.
Quelle: Statistisches Bundesamt: Statistik der Jugendhilfe, Ausgaben und Einnahmen der öffentlichen Jugendhilfe, Bonn 2004

12.2.2 Berechnung der unterschiedlichen Kostenszenarien

Aus den Grundannahmen ergeben sich wie oben dargestellt acht verschiedene Kosten-Varianten, die sich einerseits aus den vier Platzkostenvarianten und andererseits aus dem Anteil der Tagespflege am angestrebten Angebot ergeben. Zur Bestimmung der Kosten jeder einzelnen Variante sind folgende Rechenschritte notwendig:

(1) Grundlage für die Zielgröße ist in jeder Variante die Anzahl der unter Dreijährigen im Jahre 2010. In der 10. koordinierten Bevölkerungsvorausberechnung des Statistischen Bundesamtes wird erwartet (vgl. Variante 4 in Tab. 12.3), dass Ende 2010 1.739.700 unter Dreijährige in den westlichen Bundesländern einschließlich Berlin leben werden. Im Rahmen der gegebenen politischen Möglichkeiten und finanziellen Rahmenbedingun-

gen kann man von einem bedarfsorientierten Angebot von ca. 17% Betreuungsplätzen für unter Dreijährige bis Ende 2010 ausgehen. Da bereits knapp 4% an Angeboten in Einrichtungen und öffentliche finanzierte Tagespflege vorhanden sind, wären demnach noch ca. 228.000 Angebote in Einrichtungen und öffentlich finanzierter Tagespflege zu schaffen.
(2) Zur Bestimmung der Anzahl der anzustrebenden Tagespflegeverhältnisse müssen von dem Bedarfsergebnis 30% bzw. 40% berechnet werden.
(3) Das Ergebnis wird dann mit den Bruttoplatzkosten je nach Variante multipliziert. Da es zwischen den Ländern unterschiedliche Ausgangsgrößen bei den vorhandenen Tagespflegeverhältnissen gibt, müssen diese Berechnungen länderspezifisch durchgeführt werden (vgl. Tabelle 12.5).

Tabelle 12.5: Berechnungsbeispiel für die Kostenvariante 5 (westliche Bundesländer einschl. Berlin)*

	Unter Dreijährige am 31.12.2010	Zusätzlich zu schaffende Angebote für unter Dreijährige**	davon: in Einrichtungen 70%	davon: in Tagespflege 30%	Laufende Brutto-Kosten für neue Tagespflegeverhältnisse (9.762 Euro)
Schleswig-Holstein	69.000	8.847	6.193	2.654	25.910.144
Hamburg	45.000	5.850	4.095	1.755	17.132.310
Niedersachsen	192.300	25.053	17.537	7.516	73.370.919
Bremen	16.800	2.184	1.529	655	6.396.062
NRW	449.600	61.002	42.701	18.301	178.651.014
Hessen	148.300	17.199	12.039	5.160	50.369.753
Rheinland-Pfalz	99.600	12.865	9.006	3.860	37.677.230
Baden-Württemberg	290.800	37.898	26.529	11.369	110.987.029
Bayern	324.500	44.081	30.857	13.224	129.096.729
Saarland	22.800	2.448	1.714	734	7.169.096
Berlin	81.000	10.530	7.371	3.159	30.838.158
Westl. Bundesländer	**1.739.700**	**227.958**	**159.570**	**68.387**	**667.598.443**

* Platzkosten: DJI-Variante, 9.762 Euro jährlich: bedarfsorientiertes Angebot in 2010: ca. 17% der unter Dreijährigen; Anteil der Tagespflege am Gesamtangebot für unter Dreijährige: 30%
** Die zusätzlich zu schaffenden Angebote ergeben ein bedarfsorientiertes Angebot von ca. 13%. Mit den vorhandenen Plätzen würde ein Gesamtangebot von ca. 17% erreicht.

Zur Bestimmung der zu erwartenden Ausgaben der öffentlichen Haushalte sind in einem weiteren Schritt je Variante die Kostensteigerungen bis zum Jahre 2010 zu addieren, die Teilzeitnutzung und die Elternbeiträge abzuziehen sowie die Mehrkosten für die vorhandenen Tagespflegeverhältnisse zu addieren (Tabelle 12.6). Somit ergibt sich z. B. für die Variante 5 (Platzkosten: DJI-Variante, 9.762 Euro jährlich; Anteil der Tagespflege am Gesamtangebot für unter Dreijährige: 30%), dass die öffentlichen Haushalte ab 2010 jährlich mit zusätzlich 568,4 Mio. Euro belastet würden. Hierbei ist zu betonen, dass es sich nur um die Mehrkosten für den Anteil der Tagespflege handelt. Der Ausbau des Angebotes in Einrichtungen würde darüber hinaus noch weitere Kosten verursachen, deren Berechnung aber hier nicht Gegenstand ist.

Tabelle 12.6: Berechnungsbeispiel der Ausgaben der öffentlichen Hand für die Kostenvariante 5 (DJI-Variante; westliche Bundesländer einschl. Berlin)

Brutto-Ausgaben	667.598.443 €
zuzüglich 9 % Preissteigerung zwischen 2004 und 2010	60.083.860 €
Brutto-Ausgaben in 2010	727.682.303 €
Teilzeitnutzung: um 10 % geringere Kosten	72.768.230 €
Erwartete Bruttobetriebskosten	654.914.073 €
Abzüglich des Anteils der Eltern an der Finanzierung von 15 % der Bruttokosten	98.237.111 €
Nettokosten der öffentlichen Hand für die zusätzlichen Tagespflegen	556.676.962 €
Zuzüglich der Mehrausgaben für die Anpassung der vohandenen Tagespflegeverhältnisse	11.700.000 €
Mehrausgaben der öffentlichen Hand ab dem Jahre 2010	**568.376.962 €**

Der beschriebene Rechenweg wurde für alle acht entwickelten Varianten durchgerechnet. Dabei wurde grundsätzlich unterschieden, ob der Anteil der Anteil der Tagespflege an den Angeboten für unter Dreijährige 30 % oder 40 % beträgt. Die zwei Varianten gehen somit von einer unterschiedlich hohen Anzahl von erwarteten Tagespflegeverhältnissen aus. Die Anzahl liegt infolgedessen entweder bei 68.387 oder 91.183 (= Anzahl der zu betreuenden Kinder; vgl. Tabelle 12.7).

Tabelle 12.7: Anzahl der zusätzlich zu schaffenden Tagespflegeverhältnisse und der zusätzlich benötigten Tagesmütter, je nach Versorgungsvariante am 31.12.2010 (westliche Bundesländer)

	Tagespflegeanteil von 30 %	Tagespflegeanteil von 40 %
Anzahl der zusätzlichen Tagespflegeverhältnisse	68.387	91.183
Bedarf an Tagesmüttern bei		
... 1,5 Kindern pro Tagesmutter	45.592	60.789
... 2 Kindern pro Tagesmutter	34.194	45.592
... 4 Kindern pro Tagesmutter	17.097	22.796

Diese unterschiedlichen Versorgungsszenarien werden in einem weiteren Schritt mit den vier Platzkostenvarianten (Status-quo-, BMFSFJ-, DJI- und Verbands-Variante) berechnet. Auf eine differenzierte Darstellung jeder einzelnen Variante – wie in Tabelle 12.5 und Tabelle 12.6 – wird an dieser Stelle verzichtet. In Tabelle 12.8 werden die jeweils zu erwartenden zusätzlichen Ausgaben für die öffentliche Hand ausgewiesen. Die öffentlichen Ausgaben für die Varianten, die von einem Anteil der Tagespflege von 30 % an den Angeboten für unter Dreijährige ausgehen, liegen je nach Platzkostenvariante zwischen 246 Mio. Euro und 736 Mio. Euro (= 68.387 Tagespflegeverhältnisse). Bei einem Anteil von 40 % bewegt sich das Spektrum der zusätzlichen öffentlichen Ausgaben zwischen 328 Mio. Euro und 978 Mio. Euro (= 91.183 Tagespflegeverhältnisse).

Tabelle 12.8: Öffentliche Mehrausgaben für die Tagespflege nach verschiedenen Angebots- und Platzkostenvarianten im Jahre 2010 (westliche Bundesländer)

	Tagespflegeanteil von 30 %	Tagespflegeanteil von 40 %
Status-Quo-Variante (4.320 € jährl.)	246.347.518 €	328.463.358 €
BMFSFJ-Variante (7.152 € jährl.)	419.542.003 €	555.489.337 €
DJI-Variante (9.762 € jährl.)	568.376.962 €	753.935.949 €
Verbands-Variante (12.708 € jährl.)	736.372.283 €	977.929.711 €

Die dargestellten Berechnungen geben die Zielperspektive der jeweiligen Variante im Jahre 2010 wieder. Würde der Ausbau im Jahre 2005 beginnen, könnte ein Szenario darin bestehen, dass die Angebote linear ausgebaut würden und damit die zusätzlichen öffentlichen Ausgaben auch jährlich linear steigen. Die jährliche Ausgabensteigerung zwischen Anfang 2005 und Ende 2010 würde sich dann auf 1/6 der Ausgaben im Jahre 2010 belaufen. Der Übersichtlichkeit halber werden in der Tabelle nur die jährlichen Zunahmen wiedergegeben (vgl. Tabelle 12.9).

Tabelle 12.9: Zunahme der öffentliche Ausgaben pro Jahr, um im Jahre 2010 die entsprechende Zielperspektive zu erreichen (westliche Bundesländer)

	Tagespflegeanteil von 30 %	Tagespflegeanteil von 40 %
Status-Quo-Variante (4.320 € jährl.)	41.057.920 €	54.743.893 €
BMFSFJ-Variante (7.152 € jährl.)	69.923.667 €	92.581.556 €
DJI-Variante (9.762 € jährl.)	94.729.494 €	125.655.992 €
Verbands-Variante (12.708 € jährl.)	122.728.714 €	162.988.285 €

Der Übersicht halber werden verschiedene Kostenansätze und -szenarien aufgezeigt. Aufgrund der oben genannten Annahmen zum bedarfsorientierten Angebot an Betreuungsplätzen und dem jeweiligen Anteil der Tagespflege stellt u. E. die Variante 5 aus dem dargestellten Spektrum die relevante Kostenvariante für eine qualifizierte Tagespflege dar. Für diese würde sich folgende lineare Ausgabensteigerung ergeben (vgl. Tabelle 12.10).

Tabelle 12.10: Jährliche öffentliche Ausgaben für Variante 5 (DJI-Variante)

Jahr	Ausgaben in Euro am 31.12. des jeweiligen Jahres
2005	94.729.494 €
2006	189.458.987 €
2007	284.188.481 €
2008	378.917.975 €
2009	473.647.468 €
2010	568.376.962 €

Für den Kostenanteil auf Seiten der Eltern bedeutet dies: Wird analog der Modellrechnung des Referentenentwurfs ein Elternanteil von 15 % der Brutto-Platzkosten angesetzt, so kostet ein öffentlich geförderter Tagespflegeplatz auf Basis der DJI-Variante für die Eltern im Schnitt monatlich 122 Euro.[7] Dies stellt aus Sicht der Eltern in jedem Fall eine erhebliche finanzielle Entlastung und dementsprechend eine deutliche Verbesserung dar.

Für die Anzahl der zusätzlich benötigten Tagesmütter ergibt sich Folgendes: Im Rahmen des Ausbauszenarios der Variante 5 soll die Anzahl der Tagespflegeplätze von heute 1,4 % der unter Dreijährigen (ca. 27.000 Plätze) auf 6 % der unter Dreijährigen (= 95.387 Plätze) im Jahr 2010 in den westlichen Bundesländern erhöht werden. Das bedeutet mehr als eine Verdreifachung gegenüber 2002. Je nachdem, wie viele Kinder durchschnittlich von einer Tagesmutter betreut werden (1,5 bis 2 Tageskinder), werden zwischen 34.000 und 45.000 neue Tagesmütter benötigt (vgl. Tabelle 12.7). Nimmt man eine – eher unwahrscheinliche – durchgängige Verberuflichung bei allen neu zu gewinnenden Tagesmüttern an (mit durchschnittlich 4 Tageskindern pro Tagesmutter), so würden ca. 17.000 zusätzliche Tagespflegepersonen benötigt.

Die gegenwärtig ins Auge gefassten zusätzlichen 1,5 Milliarden Euro pro Jahr, die den Kommunen ab 2005 zur Verfügung stehen sollen, werden den allergrößten Teil der hier zugrunde gelegten Kosten für einen qualitativ angemessenen Ausbau der Tagespflege abdecken, um das Ziel eines bedarfsorientierten Angebots an Betreuungsplätzen für rund 17 % der unter Dreijährigen im Jahre 2010 zu erreichen. Dies wäre, gemessen an den gegenwärtigen Ausgangszahlen, ein gewaltiger Schritt nach vorne und eine nachhaltige Verbesserung der Kinderbetreuung in Deutschland. Mit Blick auf die schwierigen finanziellen Rahmenbedingungen und die hier in den Modellrechnungen zugrunde gelegten Annahmen müssen hinsichtlich weitergehender Berechnungen nachfolgende Gesichtspunkte beachtet werden:

- In Anbetracht der bisher kaum realisierten Grundqualifizierung der gegenwärtigen Tagesmütter wird sich eine durchgängige Qualifizierung der Tagespflege nicht auf einen Schlag realisieren lassen. Wenn aber die öffentlichen Zuschüsse an den Grad der Qualifikation gekoppelt werden sollen, würden die Kosten vor Ort zunächst einmal unter den angenommenen Werten liegen.
- Sofern – zumindest kurzfristig – ein größerer Teil der Tagespflege lediglich in Form von geringfügiger Tätigkeit und Minijobs, also als Zuverdienst realisiert wird, werden sich die Kosten ebenfalls etwas reduzieren.
- Bis heute wissen wir viel zu wenig über den konkreten täglichen Stundenbedarf an Tagespflege. Vor allem bei den jüngsten Kindern ist davon auszugehen, dass der konkrete Bedarf pro Tag und Woche nur langsam ansteigt.

---

7 Zum Vergleich: Status-quo-Variante 54,54 €, BMFSFJ-Variante 89,40 €, Verbands-Variante 158,85 €.

Auch dies könnte zu einer weiteren finanziellen Entlastung gegenüber den hochgerechneten Kosten führen.
- Sofern Möglichkeiten realisiert werden könnten, dass im Rahmen einer Kooperation von Jugendämtern und Jobcentern ein spezielles Qualifizierungsprogramm für Arbeitsuchende und einschlägig vorqualifizierte Personen entwickelt wird, könnten auch diese, dann extern anfallenden Kosten aus der Modellrechnung herausgerechnet werden.
- Ungeklärt ist bislang in der gesamten Debatte, wie in Sachen Ausbau der Kinderbetreuung für unter Dreijährige mit den östlichen Bundesländern umgegangen werden soll. Ganz offenkundig sind dort die Versorgungsquoten deutlich höher als im Westen, sodass unstrittig im Moment keine vergleichbaren Ausbauanstrengungen notwendig sind. Ob dies allerdings rechtfertigt, die gesamten Mittel zur Verbesserung der Lage bedarfsabhängig auf die westlichen Bundesländer zu verteilen, ist eine ganz andere Frage. Auf jeden Fall sollte es in den nächsten Jahren zu einer Angleichung von Angebot und Nachfrage in Sachen Kinderbetreuung in Ost und West kommen.
- Alle Berechnungen, auch die in der Begründung zum Referentenentwurf, beziehen sich auf das Zieljahr 2010. Erst zu diesem Zeitpunkt würde die angestrebte Ausbaustufe eines bedarfsorientierten Angebotes von rund 17 % für unter Dreijährige erreicht, sofern in den Bundesländern und vor Ort nicht zusätzliche Anstrengungen unternommen werden. Dies würde jedoch bedeuten, dass bis dahin die entsprechenden Kosten für die Kommunen nicht in vollem Umfang anfallen bzw. in dieser Phase für den Aufbau der Infrastruktur genutzt werden können.

Trotz der auf den ersten Blick scheinbar hohen Kosten, die sich für den Ausbau der Tagespflege ergeben, muss berücksichtigt werden, dass Kinderbetreuung in Tagespflege im Vergleich zu Kinderbetreuung in Einrichtungen in jedem Fall kostengünstiger ausfällt. Wenn man von derzeitigen Berechnungen ausgeht, so erweist sich die Tagespflege bis zu 30 % günstiger als ein vergleichbares Platzangebot in Einrichtungen, wobei die zusätzlich anfallenden Investitions- und Ausbildungskosten im Einrichtungsbereich noch gar nicht berücksichtigt sind.

Der quantitative und qualitative Ausbau der Kinderbetreuung in Westdeutschland ist weder zum Nulltarif noch zu Billigtarifen zu haben. Das ist allen Beteiligten klar. Es wird noch mehr Anstrengung als bisher bedürfen, hierfür präzise Kostenberechnungen und stimmige Finanzierungskonzepte vorzulegen. Bislang bewegt sich die wissenschaftliche und politische Debatte auf wenig gesichertem Boden, gleicht Deutschland in diesem Punkt eher einem Entwicklungsland. Wer plant und ausbauen will – und das bei leeren Kassen –, muss zu praktikablen Regelungen des Ausbaus kommen. Es muss auf Basis einer transparenten Datenlage, die es dringend zu schaffen gilt, kalkuliert werden. Hierzu ist erst ein Ansatz gemacht.

12.3 Finanzierungsaspekte in der Tagespflege

Die dargestellten Bedarfsszenarien dokumentieren die bislang eklatante Unterausstattung im Bereich der Tagespflege. Was die Finanzierungsseite der Tagespflege betrifft, so stellt sich die derzeitige Situation folgendermaßen dar (vgl. Schumann 2003):

- Auf der Ebene der *Kommunen* besteht die Problematik darin, dass Tagespflege kein verbindliches und damit für die Eltern verlässliches Angebot darstellt. Freiwillige Leistungen stehen angesichts der angespannten Haushaltslage als Erstes zur Disposition, was meist ein zu geringes Angebot an Plätzen in der Tagespflege und somit mangelnde Planungssicherheit für die beteiligten Akteure zur Folge hat.
- Auf *Länderebene* mangelt es teilweise an Ausführungsbestimmungen (vgl. Kap. 3), in denen auch verbindliche finanzielle Regelungen zur Tagespflege getroffen werden könnten, etwa bei der Unterstützung von Trägern, von Tagesmüttern (z.B. Zuschuss zur Altersvorsorge). Die Vergabe von Landesmitteln ist häufig an eine kommunale Komplementärfinanzierung gebunden; insofern könnten entsprechende Länderinitiativen der Tagespflege wichtige Impulse geben.
- Obwohl die unmittelbare Zuständigkeit für die Bereitstellung von Mitteln für die Kinderbetreuung nicht beim *Bund* liegt, wird inzwischen erwartet, dass sich der Bund über seine Anregungskompetenz (z.B. in Form von Modellprojekten) hinaus an den anstehenden Aufgaben des Ausbaus einer qualifizierten Kinderbetreuung direkt oder indirekt beteiligt. Derzeit werden von der Bundesregierung 1,5 Milliarden Euro für den Ausbau der Kinderbetreuung für unter Dreijährige in Aussicht gestellt. Dabei muss allerdings beachtet werden, dass die Verteilung der finanziellen Belastungen nicht auf Bundesebene verhandelt und entschieden wird. Hier endet die Kompetenz des Bundes. Im Hinblick auf die arbeitsmarktpolitischen Initiativen der Bundesgesetze für moderne Dienstleistungen am Arbeitsmarkt sind zusätzliche Impulse hilfreich (vgl. Kap. 11).
- Die *freien Träger* können sich in der Regel nur in sehr begrenztem Umfang mit Eigenmitteln an der Finanzierung beteiligen, u.a. weil es sich in der Tagespflege bislang meist um kleinere Träger (z.B. Vereine) und weniger um große Wohlfahrtsverbände handelt.
- Bei dem weit überwiegenden Teil der Betreuungsverhältnisse in Tagespflege sind aktuell die *Eltern* Selbstzahler. Sie tragen die finanzielle Belastung ohne Unterstützung der öffentlichen Hand (bis zu 600 Euro pro Platz). Tagespflege ist aus Sicht der Eltern die teuerste Betreuungsform. Hier ist eine Ungleichbehandlung festzustellen im Vergleich zu Betreuungsangeboten in Kindertageseinrichtungen, bei denen von den Eltern anteilige Teilnahmebeiträge/Gebühren erhoben werden. Die Beitragsgestaltung sollte daher für den Bereich der Tagespflege so angepasst werden, dass Eltern nur noch einen einkommensabhängigen Beitrag leisten müssen (§§ 90/91

SGB VIII). Der aktuelle Referentenentwurf des BMFSFJ sieht diesbezüglich eine Anpassung in der Hinsicht vor, dass die Erhebung der Elternbeiträge für die Tagespflege nicht mehr nach § 91, sondern nach § 90 geregelt werden soll. Diese Regelung ist als Kann-Bestimmung vorgesehen. Insofern kann von einer konsequenten flächendeckenden Umsetzung im Interesse der Eltern nicht automatisch ausgegangen werden; auch hier tragen Länder und Kommunen einen erheblichen Teil der Verantwortung.
- *Unternehmen* unterstützen gut verdienende MitarbeiterInnen, die ihre Kinder in Tagespflege betreuen lassen wollen, am ehesten durch Übernahme von Vermittlungsgebühren privatgewerblicher Agenturen.
- *Privatgewerbliche Agenturen* arbeiten in der Regel auf Basis von Vermittlungsgebühren im Fall einer erfolgreichen Vermittlung, die sie bei Eltern bzw. deren Arbeitgebern erheben, sofern Kooperationsbeziehungen bestehen.

Für die Finanzierung der Kindertagespflege lassen sich demnach verschiedene Erfordernisse ableiten. Schumann (2003) fasst die Aussagen der Fachpraxis in fünf Merkmalen eines anzustrebenden Finanzierungskonzepts für die Tagespflege zusammen:

(a) Es müssen Mittel in ausreichendem Umfang zur Verfügung stehen, und es müssen geeignete Verteilungsmechanismen dafür vor Ort gegeben sein, damit qualifizierte Tagespflegeplätze angeboten werden können (vgl. Modellrechnung).
(b) Die Finanzierung muss längerfristig gesichert sein, damit eine Planungssicherheit für Eltern, Träger und Tagesmütter hergestellt werden kann.
(c) Der Aufwand für die Mittelbeschaffung auf Seiten der Träger muss in vertretbarem Rahmen bleiben.
(d) Die finanziellen Mittel müssen Chancengleichheit sicherstellen in dem Sinne, dass für alle Kinder – unabhängig von ihrer sozialen Herkunft – qualifizierte Tagespflegeplätze angeboten werden.
(e) Die Förderung der Elternbeiträge muss in der Tagespflege so gestaffelt werden, dass Eltern für einen qualifizierten Tagespflegeplatz oder den Platz in institutioneller Kindertagesbetreuung den gleichen Beitrag zu entrichten haben.

Die Tagespflege ist – analog zu Kindertageseinrichtungen – eine öffentliche Aufgabe entsprechend SGB VIII. Daraus leitet sich eine Verpflichtung der öffentlichen Jugendhilfe ab, zum Wohl der betroffenen Kinder qualifizierte Tagespflegeplätze in bedarfsgerechtem Umfang zur Verfügung zu stellen und zu finanzieren. Weitergehende Fragen der Erschließung zusätzlicher Finanzierungsquellen unterscheiden sich für die Tagespflege nicht grundlegend von der Problematik im Bereich der Kindertageseinrichtungen.

Kinderbetreuung kann nicht nur als Kostenfaktor, sondern muss vor allem als Zukunftsinvestition verstanden werden. Sie ist eine Investition in Bildungsleistungen und Persönlichkeitsentwicklung, auch im Hinblick auf das zukünftige Arbeitskräfteangebot. Mehr und bessere Kinderbetreuung liefert auch einen Beitrag zur Geschlechtergleichheit im Hinblick auf die gesellschaftlichen und beruflichen Partizipationschancen von Müttern und Vätern. Die Kosten müssen deshalb zu den positiven Auswirkungen in Relation gesetzt werden (vgl. Bock 1997). Fthenakis stellt fest, „dass fehlende Investitionen im vorschulischen Bereich und in der außerschulischen Betreuung zum massiven Anstieg der Sozialkosten führen. Kosten gibt es also in jedem Fall. Wenn nicht im Bildungs-, dann im Sozialetat, und Politiker wären gut beraten, diese Kosten in die Bildung und nicht nachträglich in die soziale Restaurierung zu investieren" (Fthenakis 2000: 14). Dafür sind neue Prioritätensetzungen, eine Überwindung kurzfristiger Planungsperspektiven zugunsten längerfristiger Zeithorizonte und die Überwindung eines engen „Ressortdenkens" notwendig.

Zusammenfassung

Die notwendigen Schritte des quantitativen und qualitativen Ausbaus der Kinderbetreuung haben unübersehbar finanzielle Auswirkungen. Um diese einigermaßen quantifizieren zu können, werden die Kosten eines qualifizierten Tagespflegeplatzes entsprechend den im Gutachten ausgeführten Qualitätsstandards ermittelt.

Dabei fallen einerseits die Kosten an, die auf Seiten der Tagesmutter entstehen, sowie andererseits die mit der fachlichen Begleitung einhergehenden Infrastrukturkosten. Mit Blick auf die Tagesmütter ergibt sich ein Betreuungsgeld von 640 Euro pro Monat für eine ganztägige Tagespflege, wobei die häufig genutzten Teilzeitplätze geringere Kosten verursachen. Hinzu kommen Kosten für die Infrastruktur in Höhe von 173,50 Euro pro Platz, so dass unter dem Strich 813,50 Euro für einen Tagespflegeplatz pro Monat anfallen (inklusive einer 160-Stunden-Ausbildung). Dabei werden pro Kind und Stunde 4 Euro zugrunde gelegt; hiermit wäre bei vier ganztägig betreuten Kindern eine existenzsichernde Tätigkeit für eine Tagesmutter möglich.

Andere dargestellte Platzkostenvarianten mit unterschiedlichen Ausstattungsstandards kommen zu monatlichen Platzkosten in Höhe von 360 Euro bis 1.059 Euro, wobei die Variante des BMFSFJ mit 596 Euro bereits eine Verbesserung gegenüber der Jetztsituation darstellt. Ein direkter Vergleich mit den Kosten anderer Betreuungsformen würde erst aus einer genauen Struktur- und Kostenanalyse heraus realisierbar, da bei der Kostenermittlung bei anderen Kinderbetreuungsformen andere Berechnungsparameter zugrunde gelegt werden bzw. nicht ausreichend expliziert werden, um eine unmittelbare Vergleichbarkeit zu ermöglichen. In der Tendenz lässt sich gegenwärtig festhalten, dass ein qualitativ gut ausgestatteter Tagespflegeplatz immer noch kostengünstiger ist als ein Krippenplatz.

Die Kostenszenarien für den Auf- und Ausbau einer qualifizierten Tagespflege für unter Dreijährige zeigen, dass dieser mit Mehraufwendungen für die öffentlichen Haushalte verbunden ist. Allerdings ergeben sich sehr unterschiedliche Ausgabenszenarien, je nachdem, von welchen Ausgangsgrößen und Zielperspektiven ausgegangen wird. Aufgrund vorliegender Berechnungen und entsprechender Annahmen ergeben sich acht Szenarien. Bei einem Ausbau des bedarfsorientierten Betreuungsangebotes bis 2010 für ca. 17% der unter Dreijährigen mit einem 30%igen Anteil der Tagespflege am Gesamtangebot für unter Dreijährige ergeben sich je nach zugrunde gelegter Platzkostenvariante zu erwartende zusätzliche öffentliche Ausgaben zwischen 246 Mio. und 736 Mio. Euro ab dem Jahr 2010, deren Verteilung allerdings auf kommunaler Ebene erst noch geregelt werden müsste. Die im Gutachten vertretene Platzkostenvariante erzeugt zu erwartende öffentliche Mehrausgaben in Höhe von 568 Mio. Euro.

Die Tagespflege ist – analog zu Kindertageseinrichtungen – eine öffentliche Aufgabe entsprechend SGB VIII. Daraus leitet sich eine Verpflichtung der öffentlichen Jugendhilfe ab, zum Wohl der betroffenen Kinder qualifizierte Tagespflegeplätze in bedarfsgerechtem Umfang zur Verfügung zu stellen und zu finanzieren. Bei dem weit überwiegenden Teil der Betreuungsverhältnisse in Tagespflege sind bisher die Eltern Selbstzahler, tragen also häufig die finanzielle Belastung ohne Unterstützung der öffentlichen Hand. Obwohl ein Tagespflegeplatz mit Blick auf die Gesamtkosten günstiger ist als ein vergleichbarer Platz in einer Kindertageseinrichtung, ist sie aus Sicht der Eltern dennoch die teuerste Betreuungsform. Hieraus ergibt sich eine Ungleichbehandlung.

Empfehlungen

12 | 01
Notwendig ist eine eindeutige Priorisierung eines Ausbaus der öffentlichen Kinderbetreuung unter Einbeziehung der Kindertagespflege als öffentlich geförderter Betreuungsform.

12 | 02
Es müssen – je nach Kostenszenario – Mittel in ausreichendem Umfang zur Verfügung gestellt werden, die auch längerfristig verfügbar sein müssen.

12 | 03
Die Elternbeiträge für die Tagespflege sollten einkommensabhängig und so gestaltet sein, dass sie den Beiträgen für einen institutionellen Platz im gleichen zeitlichen Umfang entsprechen.

12 | 04
Kostenbetrachtungen im Bereich der Kinderbetreuung in Tagespflege sind unter dem Blickwinkel der Zukunftsinvestition zu verstehen und müssen daher zu kurz- und langfristigen positiven Auswirkungen in diversen gesellschaftlichen Bereichen in Relation gesetzt werden.

Von der Tagespflege zur Familientagesbetreuung

Perspektiven eines quantitativen und qualitativen Ausbaus

13

Von der Tagespflege zur Familientagesbetreuung

Perspektiven eines quantitativen und qualitativen Ausbaus

Die Tagespflege steht an einem Wendepunkt. Wenn sie als ein mengenmäßig relevantes Angebot im Zuge des Ausbaus der Tagesbetreuung für unter Dreijährige zu einer fachlich ernsthaften und für die Eltern verlässlichen Alternative zu institutionellen Kinderbetreuungsangeboten und dabei perspektivisch ein auch qualitativ gleichwertiges Angebot werden soll, muss sie aus ihrem wenig konturierten Nischendasein herausgeführt und mit Blick auf ihre Unzulänglichkeiten nachhaltig weiterentwickelt werden. In den gegenwärtigen unbestimmten Formen haftet der Tagespflege vielfach der Makel fehlender Transparenz, mangelnder Fachlichkeit, unzulänglicher Ausstattung und Qualität, inakzeptabler Honorierung und zu geringer Stabilität an. Zu sehr variiert gegenwärtig die Tagespflege zwischen einem diffusen Angebot in der Grauzone familiennaher Kinderbetreuungsangebote, einer so genannten „Schlichtbetreuung", und einem beeindruckenden örtlichen Engagement einzelner Initiativen und kleiner Trägergruppen, die als „Leuchttürme" aber vielfach relativ unverbunden zum Gesamtsystem der öffentlich regulierten Kinderbetreuung in Deutschland in der Landschaft stehen.

Wenn in Zukunft ein ausgebautes System einer „Familientagesbetreuung" zu einem verlässlichen Baustein im Rahmen des öffentlichen Kindertagesbetreuungsangebots – insbesondere für unter Dreijährige – werden soll, dann muss sie deutlich an fachlicher Kontur, an personeller Kontinuität und an organisatorischem Profil gewinnen. Deshalb soll abschließend, gewissermaßen als Synthese aus den Überlegungen in den vorangegangenen Kapiteln, eine konzeptionelle Gesamtidee formuliert werden, wo die Reise hingehen soll, wie die „Tagespflege" oder besser: die „Familientagesbetreuung" der Zukunft aussehen könnte. Dabei muss das hier skizzierte Konzept über den Ertrag der vorigen Kapitel zugleich hinausweisen, will es – zumindest in Konturen – ein zukunftsfähiges Konzept der Familientagesbetreuung aufzeigen.

13.1 Ausgangslage

Beobachtungen in der Praxis und wissenschaftliche Begleitungen von Praxis zeigen, dass an verschiedenen Stellen eine verlässliche, qualitativ hochwertige Betreuung, Bildung und Erziehung in der Tagespflege angeboten wird. Diese wird ermöglicht im Rahmen eines besonderen Engagements von Tagespflegepersonen ebenso wie von einzelnen lokalen, freien oder öffentlichen Trägern. Sie wird nicht selten auch getragen von Selbsthilfeeinrichtungen mit stark ehrenamtlichen Strukturen.

Die vorliegenden Praxiserfahrungen und die leider nur wenigen im engeren Sinne wissenschaftlich gesicherten Daten zeigen jedoch auch, dass die Tagespflege in ihrer gegenwärtigen Form eine auf weite Strecken strukturell ungesicherte und hinsichtlich ihrer pädagogischen Qualität zweifelhafte Form der Tagesbetreuung von Kindern darstellt. Die Bedingungen, die im ersten großen Modellprojekt des BMFSFJ bereits in der zweiten Hälfte der 1970er Jahre, also vor annähernd drei Jahrzehnten, als konstitutiv für eine qualitativ gute Tagespflege angesehen wurden, wurden in der Folgezeit als in sich kohärente Rahmung an keiner Stelle in Deutschland implementiert.

Die gegenwärtige Situation der Tagespflege in Deutschland muss einerseits zweifelsfrei den Ausgangspunkt bilden für die Entwicklung eines neuen Systems der Tagespflege, das den anstehenden Herausforderungen gerecht wird. Andererseits ist aber ebenso offensichtlich, dass das gegenwärtige System nachhaltiger Veränderungen bedarf. Ein verbessertes Tagespflegesystem muss quantitativ in der Lage sein, einen substantiellen Beitrag zur Betreuung, Bildung und Erziehung von Kindern unter drei Jahren in öffentlicher Verantwortung zu leisten, und qualitativ so angelegt und gesichert sein, dass Eltern und Öffentlichkeit die Qualität zugesichert werden kann, die von einem solchen öffentlich verantworteten System erwartet werden muss.

13.2 Grundzüge einer künftigen Familientagesbetreuung

Im Folgenden sollen die Grundzüge eines solchen Systems vorgestellt werden. Im abschließenden Abschnitt „Umsetzung" werden Schritte für den Übergang von der jetzigen Ausgangslage hin zu einem leistungsfähigen System der Tagespflege benannt. Wir gehen davon aus, dass ein umfassend gestaltetes System der Tagespflege aus vier Teilsystemen besteht:

- einem *Nachfragesystem*, in dem sich die Bedarfe und Erwartungen von Eltern und Kindern der Vertrauensdienstleistung Tagespflege ausdrücken;
- einem *Angebotssystem*, das Verfügbarkeit, Umfang, Verlässlichkeit und Qualität der Tagespflege in einem lokalen Rahmen umfasst;
- einem *lokalen Steuerungssystem*, das die quantitativen und qualitativen Notwendigkeiten des lokalen Nachfragesystems angemessen feststellt und ein darauf abgestimmtes Angebotssystem entwickelt, das gewährleistet, dass Tagespflege als Vertrauensdienstleistung in einem der Nachfrage angemessenen quantitativen Umfang und in einer pädagogischen Qualitätsstandards entsprechenden Form bereitgestellt wird;

- einem *überregionalen, auf Landes- und Bundesebene ansetzenden Steuerungssystem*, das sich rechtlicher und finanzieller Steuerungselemente im Hinblick auf die lokale Ebene bedient und richtungslenkende, politisch verantwortete Rahmenvorgaben macht.

Der Zusammenhang der vier Teilsysteme ist in der Abbildung „Tagespflegesystem" dargestellt (vgl. Abb. 13.1).

Abbildung 13.1: Das Tagespflegesystem und seine vier Teilsysteme

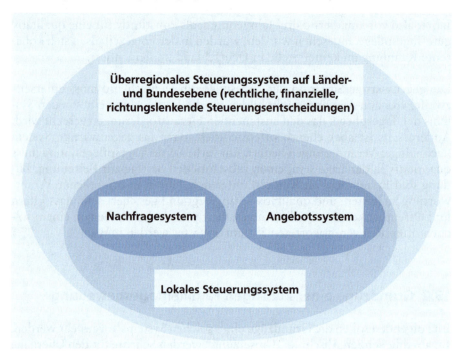

Die *Nachfrage* nach Tagespflege artikuliert sich auf der lokalen Ebene; sie kann deshalb auch nur durch ein *Angebot* auf der lokalen Ebene angemessen befriedigt werden.

Die damit angesprochene Aufgabe der Systemsteuerung, d. h. der Bedarfsfeststellung und der Bereitstellung angemessener Angebote, muss deshalb ebenfalls auf der lokalen Ebene geleistet werden. Ordnungspolitisch sind für diese Aufgaben die örtlichen Träger der Jugendhilfe, die Jugendämter der Kreise und der kreisfreien Städte zuständig. Die Zuständigkeit ist dabei differenziert zu betrachten: Sie bezieht sich auf das Gesamtgefüge der lokalen Steuerungsaufgaben; einzelne dafür erforderliche Elemente können dabei allerdings durchaus von anderen Stellen erbracht werden (z. B. Bereitstellung von Tagespflegeangeboten durch andere Träger).

Alle Aufgaben der lokalen Steuerung erfolgen unter den Vorgaben der überregionalen Steuerung auf Länder- und Bundesebene. Die lokalen Steuerungssysteme sind dementsprechend in einen überregionalen Regelungszusammenhang eingebettet und von diesem beeinflusst.

13.3 Das Nachfragesystem

Die Tagespflege als eine spezifische Form der Betreuung, Bildung und Erziehung von jungen Kindern stellt eine öffentlich verantwortete und öffentlich geförderte pädagogische Dienstleistung dar. Für Eltern, die die Inanspruchnahme einer solchen Dienstleistung im eigenen (familien- und erwerbsbedingten) Lebenszusammenhang und im Prozess des Aufwachsens ihres Kindes erwägen bzw. planen, ergeben sich Informations-, Beratungs- und Planungsbedarfe zumindest im Hinblick auf die folgenden Punkte:

1. *Anspruchsberechtigung:* Solange die Tagespflege nicht von allen Eltern mit Kindern in einem bestimmten Lebensalter in Anspruch genommen werden kann, muss in einer für Eltern handhabbaren Weise definiert sein, unter welchen Bedingungen die Jugendhilfeadministration ihnen und ihrem Kind den Anspruch auf einen Tagespflegeplatz (oder einen Platz im Rahmen eines institutionellen Angebots) zuerkennt; dies gilt auch mit Blick auf den zeitlichen Umfang der Tagespflege. Eltern benötigen Rahmenbedingungen, die Planungssicherheit bieten; hierfür ist der Nutzen eines konditionierten Rechtsanspruchs zu diskutieren.
Empfehlung: Die Voraussetzungen für die Anspruchsberechtigung müssen auf Jugendamtsebene klar und auch für Eltern zweifelsfrei formuliert sein. Sollen sie für Eltern Planungssicherheit und Erwartbarkeit zur Folge haben, so dürfen sie nicht nach Angebotslage oder sonstigen Bedingungen frei interpretierbar sein oder generell in einer Zone von Unbestimmtheit belassen werden. Die Regelungen für die Inanspruchnahme müssen für Eltern und sonstige Interessierte frei und leicht zugänglich sein.

2. *Planungshorizont:* Eltern als Nachfrager planen die Tagespflege ihres Kindes als Element im zukünftigen Familienzusammenhang und im Gesamtprozess der Betreuung, Bildung und Erziehung ihres Kindes. Um verlässlich planen zu können, benötigen sie eine möglichst präzise Information darüber, innerhalb welches Zeitrahmens ihnen eine geeignete Tagespflegestelle bereitgestellt werden kann.
Empfehlung: Das Jugendamt sollte in der Lage sein, nachfragenden und anspruchsberechtigten Eltern einen geeigneten Platz in einer Zeitspanne von nicht mehr als drei Monaten anzubieten.

3. *Kostensicherheit:* Eltern als Nachfrager müssen wissen, in welchem Umfang sie sich bei der aktuellen bzw. bei einer zu erwartenden Einkommenssituation an den Kosten der Tagespflege zu beteiligen haben.
Empfehlung: Die Elternbeiträge für die Tagespflege sollten einkommensabhängig und so gestaltet sein, dass sie den Beiträgen für einen institutionellen Platz im gleichen zeitlichen Umfang entsprechen.

4. *Leistungssicherheit:* Eltern als Nachfrager benötigen eine verlässliche Information darüber, inwieweit sie mit einer Leistung sicher rechnen können, auch mit einer Anpassung an einen eventuell veränderten Bedarf für das Kind. Dies schließt insbesondere Informationen über den voraussichtlichen Bestand einer Tagespflegestelle ein, über Vertretung bei Krankheit und Urlaub der Tagespflegeperson, über Möglichkeiten der zeitlichen Ausweitung oder Kürzung des Tagespflegeverhältnisses und über Möglichkeiten bei unerwarteten und flexiblen Betreuungsbedarfen.
Empfehlung: Das Jugendamt sollte in einer allgemeinen Form über die hier gültigen (oder auch intendierten) Regelungen informieren und diese Gesichtspunkte in einem Beratungsgespräch klären.

5. *Pädagogische Qualität/Verbraucherschutz*: Die Dienstleistung Tagespflege gehört nicht zu den Erfahrungsgütern. Ihre Qualität, besonders im Hinblick auf die Förderung des Kindes, kann von Eltern zumeist nicht aus eigener Vorerfahrung beurteilt werden. Effekte, die von unzureichender pädagogischer Qualität ausgehen, sind oft erst später erkennbar und meist irreversibel. Die Tagespflege stellt in diesem Sinne eine Vertrauensdienstleistung dar. Eltern benötigen daher in Wahrnehmung des ihnen vom Grundgesetz verbrieften Rechts und der Pflicht zur Erziehung ihres Kindes eine verlässliche Information über die pädagogischen Qualität der ihnen angebotenen Tagespflege.
Empfehlung: Das Jugendamt informiert die Eltern darüber, inwiefern die Tagespflegestellen im Hinblick auf ihre Eignung ausgewählt wurden, welche Maßnahmen zur pädagogische Qualifizierung und zum tätigkeitsbegleitenden Qualifikationserhalt ergriffen wurden und werden und welche Formen der Qualitätsentwicklung und -sicherung praktiziert werden.

6. *Beratung:* Eltern wissen, dass sie mit der Aufnahme eines Tagespflegeverhältnisses für sich und ihr Kind ein neues und mit Unwägbarkeiten versehenes Arrangement anstreben. Dies geschieht mit einem Gegenüber, mit dem sie zum Wohl des Kindes und im Interesse der eigenen Lebenslage eng kooperieren müssen, dessen Leistungsmöglichkeiten und spezifische Bedingungen aber zumeist unbekannt sind bzw. nicht genau vorhergesagt werden können. Sie erwarten daher eine Unterstützung bei Abklärungen im Vorfeld und eine begleitende Beratung im Prozess, sofern diese erforderlich wird.

Empfehlung: Das Jugendamt muss entsprechende Beratungsdienste sicherstellen. Vor dem Zustandekommen eines Tagespflegeverhältnisses sollte – im Sinne eines Regelverfahrens – eine Beratung der nachfragenden Eltern vorgenommen werden und dann eine gemeinsame Beratung der nachfragenden Eltern und der ins Auge gefassten Tagespflegestelle. Für Eltern muss auch nach Beginn eines Tagespflegeverhältnisses jederzeit eine fachkundige Beratung ansprechbar sein.

Zusammenfassung: Die Tagespflege eines Kindes ist eine öffentlich verantwortete und öffentlich mitfinanzierte Vertrauensdienstleistung. Eltern als potentielle Nachfrager dieser Dienstleistung müssen wissen, unter welchen persönlichen Bedingungen sie einen Anspruch auf diese Leistung (einschließlich ihres zeitlichen Umfangs) haben, in welchem Zeitraum nach erklärter Inanspruchnahme sie mit der Bereitstellung rechnen können, welche Kostenbeteiligung sie zu erbringen haben, mit welcher Leistungssicherheit auch bei seltenen und unvorhergesehenen Ereignissen sie rechnen können (z. B. Urlaub, Krankheit der Tagespflegeperson, eigener veränderter Betreuungsbedarf), von welchem pädagogischen Qualitätsniveau der Dienstleistung im Interesse ihres Kindes sie ausgehen können und auf welche Form der vorbereitenden und begleitenden Beratung und Unterstützung sie zurückgreifen können.

Zu empfehlen wäre deshalb, dass in jedem Jugendamtsbezirk diese Informationen in verlässlicher Form allen interessierten Bürgerinnen und Bürgern als Broschüre sowie im Internetforum zur Verfügung gestellt werden. Die Internetpräsenz ist besonders im Hinblick auf die Mobilität von jungen Familien erforderlich. Sie sollte neben der reinen Information auch Möglichkeiten interaktiven Kontakts mit dem Jugendamt oder der von ihm beauftragten Kontaktstelle sicherstellen und ein Kontaktforum für Eltern mit Kindern in Tagespflege bereitstellen (Chatroom).

13.4 Das Angebotssystem

Dem Nachfragesystem muss ein Angebotssystem gegenüberstehen, das prinzipiell in der Lage ist, den Bedarfen der Nachfrager sowie den Qualitätsanforderungen eines öffentlich verantworteten Angebots von Betreuung, Bildung und Erziehung zu entsprechen. Bei einem solchen Angebotssystem sind insbesondere die folgenden Punkte zu beachten:

1. *Hinreichend stabile Anbietersituation:* Anbieter von Tagespflege werden nur dann einen Anreiz haben, in hinreichender Zahl und mit akzeptabler Dauer ihre Leistung anzubieten, wenn damit eine der Leistung angemessene Entlohnung verbunden ist und übliche Standards sozialer Absicherung gegeben sind. Diese Konditionen können prinzipiell sowohl im Rahmen

einer freiberuflichen Tätigkeit als auch im Rahmen eines Anstellungsverhältnisses bei einem Träger erreicht werden.
Empfehlung: Die Arbeitsverhältnisse von Tagespflegestellen sollten so gestaltet werden, dass zwischen freiberuflicher Tätigkeit und einem Anstellungsverhältnis gewählt werden kann. Die Entlohnung sollte so gestaltet werden, dass bei Erreichen eines definierten pädagogischen Ausbildungsstandes und bei einer Vollzeitbetreuung von vier Kindern zumindest das Einkommen einer einfach qualifizierten Fachkraft, die im Rahmen von institutioneller Betreuung, Bildung und Erziehung tätig ist, erreicht werden kann.

2. *Qualifikation und Qualifikationsanreiz:* Die Tagespflegetätigkeit ist bislang kein Beruf, der von Anfang geplant oder angestrebt wird. Er ergibt sich vielmehr als Option in bestimmten Lebenszusammenhängen. Daher ist es einerseits unrealistisch, in diesem Stadium alternativlos auf ein Ausbildungs- und Qualifizierungsmodell zu setzen, das die gesamte Qualifikation als Vorleistung vor Aufnahme der Tagespflegetätigkeit definiert. Andererseits ist die Qualifikation der Tagespflegeperson ein unerlässliches Element für eine pädagogisch verantwortbare Tätigkeit.
Empfehlung: Als Eingangsvoraussetzung für die Aufnahme einer Tagespflegetätigkeit ist eine Grundqualifizierung im Umfang von 160–200 Stunden vorzusehen. Daran schließt sich ein tätigkeitsbegleitendes, gestaffeltes Weiterqualifizierungsprogramm im Gesamtumfang von bis zu 1.600 Stunden, wie das in ähnlicher Weise in Österreich geplant ist, mit der folgenden Doppelperspektive an:
   (a) Mit dem Erreichen bestimmter Stufen in der tätigkeitsbegleitenden Weiterqualifizierung erhöht sich schrittweise die Entlohnung für die Tagespflegetätigkeit. Damit besteht ein Anreiz zur Weiterqualifikation für Tagespflegepersonen.
   (b) Mit dem erfolgreichen Abschluss des tätigkeitsbegleitenden Weiterqualifizierungsprogramms wird ein anschlussfähiger Abschluss für eine pädagogische Tätigkeit im institutionellen Rahmen erreicht.

3. *Tagespflegetätigkeit in einem kohärenten lokalen System:* Die Tagespflege stellt eine Vertrauensdienstleistung dar, die nur dann verlässlich und qualifiziert angeboten werden kann, wenn der einzelne Anbieter – gleichgültig, ob angestellt oder freiberuflich tätig – in ein System kollegialer Vertretung eingebunden ist (bei Urlaub, Krankheit und sonstigen außergewöhnlichen Ereignissen).
Empfehlung: Die öffentliche Mitfinanzierung eines Tagespflegeverhältnisses ist an die Voraussetzung gebunden, dass die Tagespflegeperson vertraglich in ein Netzwerk eingebunden ist und sich aktiv und verlässlich an einem lokalen Vertretungssystem beteiligt.

4. *Fachberatung und Vernetzung von Tagespflegepersonen auf lokaler Ebene:*
   Die Tagespflegeperson bietet eine Vertrauensdienstleistung an, allerdings in einem Feld, das aufgrund potentiell unterschiedlicher normativer Orientierungen aller Beteiligten konfliktanfällig ist. Konflikte bergen die Gefahr frühzeitigen Abbruchs von Tagespflegeverhältnissen zum Nachteil aller Beteiligten – Kinder, Eltern, Tagespflegeperson – in sich.
   Empfehlung: Es wird empfohlen, alle Tagespflegepersonen in ein zu beratendes Netzwerk von Tagespflegepersonen einzubinden und individuelle Fachberatung auf Anfrage oder bei sonst erkennbarem Bedarf vorzuhalten. Die Einbindung in ein fachliches Netzwerk und die Beratung sind Bestandteil öffentlicher Förderung und unabhängig vom Anstellungsstatus. Hierfür bedarf es einer Person, die innerhalb dieses Fachdienstes die spezifische Aufgabe als Fachberaterin wahrnimmt; dies kann u. U. in Verbindung mit einer Zuständigkeit für Kindertageseinrichtungen geschehen.

5. *Regelmäßige Qualitätskontrolle und dokumentierter Qualitätsnachweis:*
   Eignungsauswahl, Qualifizierung, Netzwerkeinbindung und Beratung machen pädagogische Qualität in der Tagespflege wahrscheinlich, können sie aber nicht automatisch sicherstellen. Daher bedarf es der unabhängigen Qualitätsfeststellung in regelmäßigen Abständen.
   Empfehlung: Die öffentliche Mitfinanzierung von Tagespflegeverhältnissen wird an die Bereitschaft der Tagespflegeperson gebunden, die Qualität der Vertrauensdienstleistung Tagespflege in wiederkehrenden Abständen von unabhängiger Stelle feststellen zu lassen und gegebenenfalls Mängel mit Hilfe von Beratung und Nachqualifizierungsangeboten zu beheben.

13.5 Das lokale Steuerungssystem

Aus verschiedenen Gründen erscheint es unwahrscheinlich, dass Angebot und Nachfrage qualitativ guter Tagespflege über ein Marktmodell in ein Gleichgewicht gebracht werden können, besonders wenn man davon ausgeht, dass jedes Kind im gegebenen Fall einen Anspruch auf qualitativ gute Tagespflege hat. Es bedarf daher einer lokalen Steuerungsinstanz, die die mit der Tagespflege verbundenen quantitativen und qualitativen Aufgaben wahrnimmt. Ordnungspolitisch liegen diese Aufgaben bei den örtlichen Trägern der Jugendhilfe. Dabei müssen folgende übergreifende Aufgaben unterschieden werden:

- differenzierte Ermittlung des Bedarfs an Tagespflege;
- Erschließung eines hinreichenden Anbieterpotentials an Tagespflege;
- Vermittlung von Tagespflegeverhältnissen nach fachlichen Standards;
- Qualifizierung und tätigkeitsbezogene Begleitung von Tagespflegepersonen;

- Aufbau eines Tagespflegenetzwerks mit Vertretungsmöglichkeiten sowie Verbindung der Tagespflege mit institutionellen Formen der Betreuung, Bildung und Erziehung von jungen Kindern;
- unabhängige Qualitätsüberprüfung;
- Finanzierung des Tagespflegesystems.

Es ist offensichtlich, dass diese heterogenen Aufgabenstellungen für die Jugendämter die Gefahr des kompromittierenden Kompromisses in sich bergen, indem sich z. B. die Ermittlung des Bedarfs an dem wahrgenommenen Anbieterpotential oder den Finanzierungsmöglichkeiten orientiert, die Qualifizierung und tätigkeitsbezogene Fachbegleitung eher „nach Kräften" als nach fachlich als notwendig erkannten Standards erfolgt, unabhängige Qualitätsüberprüfung unterbleibt, weil sie z. B. unverantwortbare Mängel aufdecken könnte, oder ernsthafte Maßnahmen der Qualitätsüberprüfung überhaupt unterbleiben, weil sie selbst oder ihre vermuteten Konsequenzen als nicht finanzierbar erscheinen.

Die folgenden Empfehlungen sind darauf gerichtet, Interessenkonflikte durch Verfahrensoffenlegung und teilweise Aufgabenauslagerung transparent und bearbeitbar zu machen und auf diese Weise zu einer verbesserten Systemsteuerung beizutragen.

1. *Transparente Bedarfsermittlung:* Die Bedarfsermittlung und die Planung gehören nach § 80 SGB VIII zu den Pflichtaufgaben der örtlichen Träger der Jugendhilfe. Es ist bekannt, dass ihre Ergebnisse in Abhängigkeit von den eingesetzten Verfahren variieren können. Die Ergebnisse der Bedarfsermittlung haben ihrerseits erhebliche Folgewirkungen z. B. für Angebotsplanung, Rekrutierungs- und Qualifizierungsmaßnahmen sowie Finanzierung.
Empfehlung: Es sollten fachlich anerkannte und sozialwissenschaftlich haltbare Verfahren der Ermittlung des Tagespflegebedarfs eingesetzt werden. Diese Bedarfsermittlung muss sozialräumlich hinreichend differenziert erfolgen und sich auf beides beziehen: auf Tagespflege und auf institutionelle Formen der Betreuung, Bildung und Erziehung junger Kinder und damit dem Wunsch- und Wahlrecht der Eltern entsprechen (§ 5 SGB VIII). Besonders in der in den alten Bundesländern anstehenden Aufbauphase eines Bildungs- und Betreuungssystems für unter Dreijährige sollten die Bedarfsermittlungen in enger Periodizität erfolgen (etwa jährlich).
Über Kriterien und Form der Bedarfsermittlung sollte nicht nur vor den kommunalpolitischen Gremien Rechenschaft abgelegt werden. Vielmehr sollten diese als integraler Bestandteil der Internetpräsentation des lokalen Tagespflegesystems interessierten Eltern und der Öffentlichkeit zugänglich gemacht und auch in entsprechenden Statistiken ausgewiesen werden.

2. *Standards für Qualifizierung und tätigkeitsbezogene Fachbegleitung von Tagespflegepersonen:* Gegenwärtig bestehen große Unterschiede darin, wie Tagespflegepersonen auf ihre Tätigkeit vorbereitet werden, ob und, wenn ja, welche tätigkeitsbegleitende Qualifizierung sie erhalten, welche Beratungsinfrastruktur ihnen im Bedarfsfall zur Verfügung steht und wie sie untereinander – auch im Hinblick auf Vertretungsmöglichkeiten – vernetzt sind. Zwischen Bundesländern und im interkommunalen Vergleich einsetzbare Standards gibt es nicht; auch werden sich solche nicht von selbst herstellen. Andererseits haben Kinder und Eltern unabhängig von ihrem Wohnort einen Anspruch auf vergleichbare Qualität; auch wird ein flächendeckendes Tagespflegesystem nur dann erreichbar sein, wenn es überall auf einem vertretbaren Qualitätsniveau angeboten werden kann.
Empfehlung: Da im gegenwärtigen Ordnungsrahmen auf Bundes-, Länder- und kommunaler Ebene keine Instanz erkennbar ist, die fachlich begründete Standards setzen könnte, wird die Einrichtung einer mit Vertreterinnen und Vertretern aus Wissenschaft und Fachpraxis besetzten Kommission empfohlen, die die Aufgabe hat, entsprechende Standards zu erarbeiten. Diese werden den Jugendämtern als Empfehlungen zur Verfügung gestellt. Die Empfehlungen sollten sich auch darauf beziehen, wie die lokalen Tagespflegeangebote mit den institutionellen Angeboten der Betreuung, Bildung und Erziehung von Kindern im frühen Kindesalter verbunden werden können. Eine solche Kommission sollte vom BMFSFJ möglichst unverzüglich eingesetzt werden.

3. *Unabhängige Qualitätsprüfung:* Die Tagespflege ist nach vorliegenden Erkenntnissen die Form öffentlich verantworteter Betreuung, Bildung und Erziehung von jungen Kindern mit der im Durchschnitt geringsten Qualität und der größten Streuung in der Qualität. Die Gründe hierfür liegen einerseits in den bisher nur unzureichend ausgeschöpften Steuerungsmöglichkeiten. Andererseits sind prinzipielle Begrenzungen der Steuerung bei einem Betreuungssettings zu erwarten, das in zentralen Elementen wie räumlichen und ausstattungsbezogenen Bedingungen, beruflicher Orientierung und Lebensplanung der pädagogisch Handelnden und Kontextverankerung (Privathaushalt) nicht primär auf die Betreuung, Bildung und Erziehung von jungen Kindern ausgelegt ist, sondern in erster Linie anderen Funktionen dient.
Empfehlung: Aufgrund der bei der Tagespflege stärker als bei den Formen institutioneller Betreuung gegebenen Begrenzungen der Inputsteuerung (Rahmenbedingungen) sollte diese durch eine entsprechende Outputsteuerung (Ergebnisse) ergänzt werden, bei der die Qualität der pädagogischen Dienstleistung direkt Gegenstand der Prüfung ist. Vorgeschlagen wird die Einführung eines pädagogischen Gütesiegels für Tagespflegestellen mit folgenden Elementen und Charakteristika:

- Fokus auf die Evaluation von Prozessqualität und Strukturqualität in der einzelnen Tagespflegestelle;
- Qualitätsfeststellung aufgrund direkter Beobachtung/Erhebung in der Tagespflegestelle durch unabhängigen externen Evaluator;
- Stufung bei der ausgewiesenen Qualität (z. B. fünf Stufen) von „Basisqualität" bis zu „ausgezeichneter Qualität";
- Außenausweis der erreichten Qualitätsstufe;
- zeitlich begrenzte Gültigkeit/Erneuerungsnotwendigkeit in definierten Abständen;
- Qualitätsfeststellung für Gütesiegel als Grundlage für Qualitätsverbesserung.

Das Gütesiegel soll von einer unabhängigen Instanz nach überregional gültigen Standards vergeben werden. Hierzu bietet sich an, eine „Stiftung Tagespflege" zu gründen, die die Kriterien für die Vergabe des Gütesiegels entwickelt (und auch deren Weiterentwicklung betreibt), die für die Verleihung des Gütesiegels erforderlichen Evaluationen durchführt und die Vergabe des Gütesiegels verantwortet.

Dem Gütesiegel kommen mehrere Funktionen zu: Es dient dem Verbraucherschutz, indem es individuell Qualität zusichert, es informiert das lokale Steuerungssystem über Stärken und Schwächen der Tagespflegestellen, es ermöglicht gezielte (diagnoseorientierte) Ansätze der Qualitätsverbesserung und kann auch für Zwecke des Qualitätsmonitorings auf überregionaler Ebene eingesetzt werden. Der Einstieg in ein Gütesiegelsystem kann auf der Basis von Freiwilligkeit erfolgen.

4. *Finanzierung:* Im Rahmen der bisherigen Unterfinanzierung lässt sich ein quantitativ und qualitativ zureichendes Tagespflegesystem nicht realisieren. Es bedarf hierzu angemessener, politisch verantworteter Grundentscheidungen. Innerhalb eines solchen (neuen) Rahmens sollten jedoch auf der Ebene des lokalen Steuerungssystems zwei Gestaltungselemente Berücksichtigung finden.

Empfehlung: Es sollte auf der kommunalen Ebene sichergestellt werden, dass – erstens – die fachliche Verantwortlichkeit für Aufbau, Erhalt und Verbesserung des lokalen Tagespflegesystems von der Finanzierungsverantwortung getrennt wird. Es muss vermieden werden, dass Qualitätsaspekte in Abhängigkeit von variierenden Finanzgegebenheiten definiert werden. Im Sinne eines weiteren Gestaltungselementes sollte – zweitens – die öffentliche Finanzierung der Tagespflege so ausgelegt sein, dass über die Finanzierung ein Anreiz zur Qualitätsverbesserung gegeben ist. Konkret sollten Tagespflegestellen mit Gütesiegel einen höheren öffentlichen Zuschuss erhalten als solche ohne Gütesiegel. Der höhere öffentliche Zuschuss sollte darüber hinaus entsprechend der ermittelten Qualitätsstufe im Gütesiegel gestaffelt sein, damit bei den Tagespflegestellen ein Anreiz für Qualitätsverbesserung gesetzt wird.

13.6 Das überregionale Steuerungssystem

Die Tagespflege wird als pädagogische Dienstleistung bürgernah am Ort angeboten. Bedarf, Angebot, Qualitätssicherung – letztere unter Zuhilfenahme externer Qualitätsprüfung durch Gütesiegel – können in einem lokalen Steuerungssystem ermittelt bzw. gestaltet werden. Dieses ist seinerseits in landesrechtliche Regelungen bzw. über diese in die bundesgesetzlichen Bestimmungen des SGB VIII eingebunden.

1. *Steuerungsdefizite:* Die gegebene bundes- und landesrechtliche Steuerung der kommunalen Tagespflegesysteme hat sich in der bisherigen Form in der Praxis insofern als zu schwach erwiesen, als eine generelle Unterentwicklung der Tagespflegesysteme in den meisten Kommunen und dazu enorme Unterschiede unverkennbar sind. Es ist nicht zu erwarten, dass die bislang vorgesehenen rechtlichen Regelungen des Tagesbetreuungsausbaugesetzes (TAG) und die gegebenenfalls nachfolgenden landesrechtlichen Regelungen hier grundlegende Veränderungen bewirken.
Empfehlung: Vor diesem Hintergrund empfiehlt es sich, ein zusätzliches modernes Instrument für die überregionale Steuerung einzusetzen, das der Akkreditierung. Danach könnten die lokalen Steuerungssysteme für die Tagespflege, wenn sie angemessene Lösungen für die aufgeführten Funktionen der Bedarfsermittlung, der Angebotsbereitstellung, der Qualitätssicherung und der Qualitätsüberprüfung bereitstellen, von einer unabhängigen Instanz akkreditiert werden. Die Akkreditierung ersetzt dabei nicht die Einbindung des lokalen Systems in die rechtlichen Verpflichtungen, sondern ist als zusätzliches Instrument der Qualitätssicherung in einem umfassenden Sinne zu verstehen. Akkreditierte lokale Systeme der Tagespflege verdeutlichen den nachfragenden Eltern die besonderen kommunalen Anstrengungen und stellen Ausweis und Auszeichnung im interkommunalen Wettbewerb dar. Die Akkreditierungsstelle könnte – wie das pädagogische Gütesiegel – einer „Stiftung Tagespflege" angeschlossen sein, so dass dieser eine Doppelfunktion zukäme: über ein Gütesiegel die Qualität der einzelnen Tagespflegestelle und über ein Akkreditierungsangebot die Funktionstüchtigkeit lokaler Tagespflegesysteme zu stimulieren und zu sichern.

2. *Systemmonitoring:* Eine politisch verantwortete Steuerung eines komplexen Systems wie der Tagespflege bedarf einer entsprechenden Grundlage. Gegenwärtig fehlen jedoch selbst einfachste Basisinformationen. So ist beispielsweise zurzeit unbekannt, wie viele Tagespflegestellen oder Tagespflegeverhältnisse bestehen. Dies gilt auch für die öffentlich geförderte Tagespflege.
Empfehlung: Die Erfassung von Angebot und Art der Tagespflege, verbunden mit weiteren Grundmerkmalen aller öffentlich geförderten Tagespflegesysteme, sollte in die Kinder- und Jugendhilfestatistik aufgenom-

men werden. Besonders für die bevorstehende 5- bis 10-jährige Auf- und Ausbauphase des Tagespflegesystems sollte ein Berichtssystem auf Stichprobenbasis eingerichtet werden, mit dem über die für Aufbau und Entfaltung des Tagespflegesystems zentralen Elemente und Entwicklungen in jährlicher Periodizität berichtet wird.

3. *Systeminnovation:* Der breite Auf- und Ausbau eines Tagespflegesystems im intendierten Sinne kann nicht allein über gesetzliche Vorschriften, administrative Regelungen und die Bereitstellung entsprechender finanzieller Ressourcen bewirkt werden. Dies gilt umso mehr, als für viele der mit dem Gesamtvorhaben verbundenen Teilaufgaben angemessene und übertragbare Lösungen zu entwickeln und zu erproben sind. Dies kann überwiegend auch nicht durch kleine örtliche Initiativen allein erreicht werden, so bedeutsam diese im Einzelfall sein mögen.
Empfehlung: Vor diesem Hintergrund ist es unerlässlich, dass auf der Ebene der überregionalen Steuerung ausreichend Mittel für Entwicklungs-, Erprobungs- und Forschungsprojekte bereitgestellt werden, die Aufbau und Entwicklung des angestrebten Tagespflegesystems überhaupt erst ermöglichen. Dies gilt insbesondere mit Blick auf die Realisierungsmöglichkeiten sowie die Erschließung einer ausreichend großen Zahl zusätzlich zu qualifizierender Tagespflegepersonen bei vorerst nicht sonderlich attraktiven Rahmenbedingungen.

13.7 Umsetzungsschritte

Das Gesamtkonzept, wie es hier vorgeschlagen wird, kann selbstverständlich nicht in einem Schub realisiert werden. Die Umsetzung muss am bestehenden System der Tagespflege ansetzen, dieses systematisch dort weiterentwickeln, wo dies möglich ist, und gleichzeitig jene Schritte konsequent einleiten, die zur Weiterentwicklung und zu einem neuen qualitativen Standard der Tagespflege notwendig sind. Um dies Zug um Zug realisieren zu können, ist es unabdingbar, dass in naher Zukunft das Wissen über die Tagespflege systematisch verbessert wird, d. h. dass nicht nur durch empirische Studien, durch eine neu aufzubauende Statistik und durch regelmäßig zu erhebende Berichtsdaten Ausmaß und Entwicklung der Tagespflege systematisch beobachtet und analysiert werden, sondern dass auch die Möglichkeiten einer verbesserten, möglichst wenig störanfälligen Organisation, einer nachhaltig verbesserten, anschlussfähigen Qualifizierung wie auch die Möglichkeiten geeigneter Beschäftigungsverhältnisse für Tagespflegepersonen untersucht und erprobt werden. Insoweit sollte die Zeit genutzt werden, um anhand eines systematischen Forschungs- und Entwicklungsprogramms jene offen gebliebenen Fragen besser beantworten zu können, die aufgrund der jahrelang stiefmütterlich behandelten Tagespflege bislang nicht geklärt sind.

Darüber hinaus müssen folgende Umsetzungsschritte konsequent getan werden, wenn das Ziel einer qualitativ angemessenen Tagespflege bzw. Familientagesbetreuung spätestens in den nächsten fünf bis zehn Jahren erreicht werden soll:

- Es sollte seitens des fachlich zuständigen Bundesministeriums eine Kommission zur Erarbeitung überregionaler Standards eingerichtet werden (vgl. Abschnitt 13.5, Nr. 2).
- Es sollten modellhafte Ausbildungs- und Qualifizierungskonzepte entwickelt und erprobt werden, die perspektivisch auch zu einer Verbindung mit den vorhandenen Ausbildungen im Bereich des Sozial- und Erziehungswesens führen.
- Es sollten Vorbereitungen zum Aufbau einer „Stiftung Tagespflege" eingeleitet werden, damit die Instrumente der Akkreditierung und des Gütesiegels aufgebaut werden können.
- Es sollten Modellversuche zur Erprobung der Akkreditierung eingeführt werden, die die Möglichkeiten und Grenzen derartiger Systeme unter Feldbedingungen überprüfen und dadurch Rückschlüsse liefern, die gegebenenfalls zu Modifikationen führen.
- Es sollten ebenfalls Erfahrungen mit der Einführung eines Gütesiegels in ausgewählten Kommunen bzw. Regionen gesammelt werden, um bislang ungeklärte Fragen wie Praktikabilität, Akzeptanz, Kosten und Nebenwirkungen beantworten zu können.
- Es sollte ein systematisch aufeinander aufbauendes Stufensystem des Ausbaus der Tagespflege in Deutschland geschaffen werden, das gleichzeitig die quantitative Ausweitung und die qualitative Verbesserung der Tagespflege im Blick hat.
- Es sollte ein Internetportal aufgebaut werden, das die Weiterentwicklung der Tagespflege begleitet.

Das Bundesministerium wird klären müssen, in welcher Form und welcher Intensität es dieses Konzept fördern und vorantreiben kann. Es könnte immerhin der Beginn einer Zukunft einer öffentlich regulierten und qualifizierten Kinderbetreuung im Privathaushalt sein, die dann auch einen neuen Namen verdient: Familientagesbetreuung.

Literatur

A

Alt, C.: Wandel familialer Lebensverhältnisse minderjähriger Kinder in Zeiten der Pluralisierung. In: Bien, W./Marbach, J. H. (Hg.): Partnerschaft und Familiengründung. Ergebnisse der dritten Welle des Familien-Survey. Opladen 2003, S. 219–244

Andres, B.: Frauen zwischen privater und öffentlicher Mütterlichkeit. In: Klewitz, M./Schildmann, U./Wobbe, T. (Hg.): Frauenberufe – hausarbeitsnah? Zur Erziehungs-, Bildungs- und Versorgungsarbeit von Frauen. Pfaffenweiler 1989, S. 219–243

Andres, B.: Pädagogische Standards in der Tagespflege: Zur Qualität einer Betreuungsumwelt zwischen familialer Privatheit und öffentlichem Angebot. In: Krauß, G. (Hg.): Perspektiven der Kindertagespflege. Nürnberg 1997, S. 13–29

Arbeitsgruppe Tagesmütter: Das Modellprojekt Tagesmütter – Abschlussbericht der wissenschaftlichen Begleitung. In: Bundesministerium für Jugend, Familie und Gesundheit, Band 85. Stuttgart 1980

B

Badinter, E.: Die Mutterliebe. Geschichte eines Gefühls vom 17. Jahrhundert bis heute. München 1981

Baethge, M. u. a.: Bildung und soziale Strukturierung. Kapitel II.4. In: Soziologisches Forschungsinstitut (SOFI) (Hg.): Berichterstattung zur sozio-ökonomischen Entwicklung in Deutschland Arbeit und Lebensweisen. Erster Bericht. Göttingen 2004, S. 95–127

Balser, I./Helbig, P./Hahn, K./Limbach-Perl, M./Kallert, H.: Qualitätsentwicklung in der Tagespflege. Arbeitsergebnisse des Fachkolloquiums „Kinderbetreuung in Tagespflege" an der Universität Frankfurt/M. In: Arbeitskreis zur Förderung von Pflegekindern e. V. (Hg.): Qualität in der Tagespflege – Tagespflege mit Qualität. Berlin 2001, S. 33–49

Baumert, J. u. a. (Hg.): PISA 2000: Basiskompetenzen von Schülerinnen und Schülern im internationalen Vergleich. Opladen 2001

Bayer, H./Bauereiss, R.: Amtliche Statistik als Basis für die Darstellung regionaler Unterschiede in den Ressourcen für den Kinderalltag. In: Leu, H.-R. (Hg.): Sozialberichterstattung zu Lebenslagen von Kindern. Opladen 2002, S. 205–255

Bayerisches Staatsministerium für Arbeit und Sozialordnung, Familie, Frauen und Gesundheit (BStMASFFG) (Hg.): Alkohol. Eine Information der Bayerischen Staatsregierung. München 1997

Becker, K.: Tagespflege in Mecklenburg-Vorpommern. Rechtliche Grundlagen und Bestimmungen. In: Zeitschrift für Tagesmütter und -väter, (2003) 3, S. 16–17

Begründung des Referentenentwurfs: Entwurf eines Gesetzes zum qualitätsorientierten und bedarfsgerechten Ausbau der Tagesbetreuung und zur Weiterentwicklung der Kinder- und Jugendhilfe (Tagesbetreuungsausbaugesetz – TAG) – Begründung, BMFSFJ–511, Stand 02. April 2004, vervielf. Manuskript. Berlin 2004

Behringer, L./Jurczyk, K.: Umgang mit Offenheit. Methoden und Orientierungen in der Lebensführung von JournalistInnen. In: Projektgruppe Alltägliche Lebensführung (Hg.): Alltägliche Lebensführung. Arrangements zwischen Traditionalität und Modernisierung. Opladen 1995, S. 71–120

Beneke, D.: Nationale Qualitätsinitiative im System der Tageseinrichtungen für Kinder. In: e+s Nachrichten, (2002) 2, S. 3–5

Bergdolt, D./Högel, K.: Tagesmütter, Haushaltshilfe, Au-pairs. Beck-Rechtsberater. München 2000

Bertelsmann Stiftung: Vereinbarkeit von Familie und Beruf. Benchmarking Deutschland Aktuell. Gütersloh 2002

Berthold, E.: Selbst bestimmen, was läuft. Qualitätsentwicklung nach IQUE – ein Rückblick. In: klein & groß, (2002) 5, S. 34–36

Bielenski, H./Bosch, G./Wagner, A.: Wie die Europäer arbeiten wollen. Erwerbs- und Arbeitszeitwünsche in 16 Ländern. Frankfurt/M. 2002

Bien, W.: Eigeninteresse und Solidarität. Beziehungen in modernen Mehrgenerationenfamilien. Opladen 1994

Bien, W./Marbach, J.H. (Hg.): Partnerschaft und Familiengründung. Ergebnisse der dritten Welle des Familien-Survey. Opladen 2003

Birg, H./Flöthmann, E.J.: Analyse und Prognose der Fertilitätsentwicklung in den alten und neuen Bundesländern. Bielefeld 1993

Bissinger, S./Böllert, K./Liebig, R./Lüders, C./Marquard, P./Rauschenbach, T.: Grundlagen der Kinder- und Jugendhilfe. In: Sachverständigenkommission 11. Kinder- und Jugendbericht (Hg.): Strukturen der Kinder- und Jugendhilfe, Band 1. München 2002, S. 9–104

Blüml, H.: Rahmenbedingungen qualifizierter Tagespflege. In: Bundesministerium für Familie, Senioren, Frauen und Jugend (Hg.): Kinderbetreuung in Tagespflege. Tagesmütter-Handbuch. Stuttgart, Berlin, Köln 1996, S. 605–637

Blüml, H./Erler, G./Frauenknecht, B./Gudat, U./Permien, H./Rommelspacher, B./Schumann, M./Stich, J.: Das Modellprojekt „Tagesmütter" – Abschlussbericht der wissenschaftlichen Begleitung, Band 85 der Schriftenreihe des Bundesministers für Jugend, Familie und Gesundheit. Stuttgart, Berlin, Köln 1980

Bock, K.: Sind Kinder unser höchstes Gut? Kosten und Nutzen der Elementarerziehung. In: Welt des Kindes, (1997) 2, S. 36–42

Bock-Famulla, K.: Organisationsformen und Kostenaspekte qualifizierter Kindertagespflege unter besonderer Berücksichtigung der Situation in Dänemark. Expertise im Auftrag des Deutschen Jugendinstituts (unveröff.). München 2003

Bönninghausen, I. von: Blick voraus im Zorn. Die Zukunft der Arbeit muss weiblicher werden. In: Publik Forum, (2004) 4, S. 8–9

Bornstein, M.H.: Parenting Infants. In: Bornstein, M.H. (Hg.): Handbook Parenting. Vol. 1: Children and Parenting. Mahwah 2. Aufl. 2002, S. 3–44

Bos, W. u.a. (Hg.): Erste Ergebnisse aus IGLU. Schülerleistungen am Ende der vierten Jahrgangsstufe im internationalen Vergleich. Münster 2003

Bostelmann, A: Die Praxis schläft nicht. Ein Bildungs- und Erziehungsprogramm aus der Berliner Praxis. In: klein & groß, (2004) 1, S. 12–17

Brähler, E./Stöbel-Richter, Y.: Familienfeindlicher Zeitgeist? Vortrag auf dem 26. Symposium für Juristen und Ärzte – Reproduktionsmedizin: Umstrittene Grenzziehung, Februar 2002

Brake, A./Büchner, P.: Bildungsort Familie: Die Transmission von kulturellem und sozialem Kapital im Mehrgenerationenzusammenhang. In: Zeitschrift für Erziehungswissenschaft, (2003) 4, S. 618–638

Broberg, A.G./Hwang, C.P./Lamb, M.E./Bookstein, F.L.: Factors related to verbal abilities in Swedish preschoolers. In: British Journal of Develvopmental Psychology, (1990) 8, S. 335–349

Bryk, M./Siegel, P.T.: Meine Mutter verursachte meine Krankheiten: Die Geschichte eines Opfers des Münchhausen-by-proxy-Syndroms. In: Kindesmisshandlung und -vernachlässigung, (2002) 4, S. 17–32

Büchel, F./Spieß, K.: Form der Kinderbetreuung und Arbeitsmarktverhalten von Müttern in Ost- und Westdeutschland. Stuttgart, Berlin, Köln 2002

Bundesarbeitsgemeinschaft der Freien Wohlfahrtsverbände: Eckpunkte für ein Angebot der BAG FW, auf lokaler Ebene die Infrastruktur für einen qualifizierten Ausbau der Tagespflege sicherzustellen. In: Forum Jugendhilfe, (2004) 1, S. 41

Bundesministerium für Bildung und Forschung (BMBF): Zusammenfassung der wesentlichen Aussagen der OECD-Studie „Bildung auf einen Blick 2003" vom 16.9.2003. www.bmbf.de/press/934.php

Bundesministerium für Familie, Senioren, Frauen und Jugend (BMFSFJ) (Hg.): Fünfter Familienbericht. Familien und Familienpolitik im geeinten Deutschland – Zukunft des Humanvermögens. Bonn 1995

Bundesministerium für Familie, Senioren, Frauen und Jugend (BMFSFJ) (Hg.): Kinderbetreuung in Tagespflege. Tagesmütter-Handbuch. Stuttgart, Berlin, Köln 1996, S. 129–146

Bundesministerium für Familie, Senioren, Frauen und Jugend (BMFSFJ) (Hg.): Elfter Kinder- und Jugendbericht. Bonn 2001a

Bundesministerium für Familie, Senioren, Frauen und Jugend (BMFSFJ): Untersuchung zur gesundheitlichen Situation von Frauen in Deutschland. Schriftenreihe des BMFSFJ, Band 209. Stuttgart, Berlin, Köln 2001b

Bundesministerium für Familie, Senioren, Frauen und Jugend (BMFSFJ) (Hg.): Betrieblich unterstützte Kinderbetreuung. Konzepte und Beispiele. Bonn 2002 a
Bundesministerium für Familie, Senioren, Frauen und Jugend (BMFSFJ) (Hg.): Elfter Kinder- und Jugendbericht. Bericht über die Lebenssituation junger Menschen und die Leistungen der Kinder und Jugendhilfe in Deutschland. Berlin 2002 b
Bundesministerium für Familie, Senioren, Frauen und Jugend (BMFSFJ) (Hg.): Die bildungspolitische Bedeutung der Familie – Folgerungen aus der PISA- Studie. Schriftenreihe des BMFSFJ, Band 224. Stuttgart, Berlin, Köln 2002 c
Bundesministerium für Familie, Senioren, Frauen und Jugend (BMFSFJ) (Hg.): Auf den Anfang kommt es an! Perspektiven zur Weiterentwicklung des Systems der Tageseinrichtungen für Kinder in Deutschland. Weinheim 2003
Bundesministerium für Jugend, Familie, Gesundheit (BMJFG) (Hg.): Das Modellprojekt „Tagesmütter". Abschlussbericht der wissenschaftlichen Begleitung. Stuttgart, Berlin, Köln 1980
Bundestagsdrucksache 15/2580 vom 3.3.2004
Bundestagsdrucksache 15/2651 vom 9.3.2004
Bundestagsdrucksache 15/2697 vom 11.3.2004
Bundesverband für Kinderbetreuung in Tagespflege e. V.: Fachliche Empfehlungen zur Tagespflege. Meerbusch 2002
Bundesvereinigung Evangelischer Tageseinrichtungen für Kinder e. V., Fachverband im Diakonischen Werk der EKD (Hg.): Tagesbetreuung für Kinder unter drei Jahren. „Positionen". Bremen 1996

C

Clarke-Stewart, K. A./Vandell, D. L./Burchinal, M./O'Brien, M./McCartney, K.: Do regulable features of child care homes affect children's development? In: Early Childhood Research Quarterly, (2002) 17, S. 52–86

D

Deutscher Bundestag: Enquête-Kommission – Demographischer Wandel. Herausforderungen unserer älter werdenden Gesellschaft an den Einzelnen und die Politik. Berlin 2002
Deutscher Verein für öffentliche und private Fürsorge: Fachtagung am 23.–25.04.2001 zum Thema: Träger steuern Kindertageseinrichtungen. Modelle und Fragen der Qualitätsentwicklung. Tagungsmaterialien. Frankfurt/M. 2001
Deutsches Jugendinstitut (Hg.): Familienunterstützende Kinderbetreuungsangebote. Eine Recherche zu alternativen Angebotsformen. München 2002 a
Deutsches Jugendinstitut: Zahlenspiegel. Daten zu Tageseinrichtungen für Kinder. Kindertageseinrichtungen in Stadtteilen mit besonderem Entwicklungsbedarf. München 2002 b
Deutsches Jugendinstitut (Hg.): Familie – Kinder – Beruf. Familienunterstützende Kinderbetreuungsangebote in der Praxis. München 2003
Dill, G.: Nationalsozialistische Säuglingspflege. Stuttgart 1999
Dingeldey, I.: Das deutsche System der Ehegattenbesteuerung im europäischen Vergleich. In: WSI Mitteilungen, (2002) 55, S. 154–160.
Dorbritz, J./Schwarz, K.: Kinderlosigkeit in Deutschland – ein Massenphänomen? In: Zeitschrift für Bevölkerungswissenschaft, (1996) 22, S. 231–261
Dorner-Müller, C.: Tagesgroßpflege – der Weg in die Selbständigkeit. Eine Konzeptionshilfe. In: Zeitschrift für Tagesmütter und -väter, (1999) 3, S. 8–11
Dorner-Müller, C.: Tagesmutter außer Haus. Auf was Kinderfrauen achten sollten. In: Zeitschrift für Tagesmütter und -väter, (2000) 4, S. 16–18
Dorner-Müller, C.: Vernünftig vorsorgen. Warum eine private Unfallversicherung für Tageskinder wichtig ist. In: Zeitschrift für Tagesmütter und -väter, (2001 a) 1, S. 16–17
Dorner-Müller, C.: Da scheiden sich die Geister. Ist die Tagespflege eine sozialversicherungspflichtige Tätigkeit oder nicht? In: Zeitschrift für Tagesmütter und -väter, (2001 b) 3, S. 14–17
Dorner-Müller, C.: Für den Krankheitsfall. Zum Krankenversicherungsschutz von Tagesmüttern und Kinderfrauen. In: Zeitschrift für Tagesmütter und -väter, (2001 c) 3, S. 14–15
Dorner-Müller, C.: Die neue Minijob-Regelung. Auswirkungen der ‚Hartz- Kommission' auf die Tagespflege. In: Zeitschrift für Tagesmütter und -väter, (2003 a) 2, S. 24–27
Dorner-Müller, C.: Existenzgründung in der Tagespflege. In: Zeitschrift für Tagesmütter und -väter, (2003 b) 4, S. 24–25

Dornes, M.: Der kompetente Säugling. Die präverbale Entwicklung des Menschen. Frankfurt/M. 1993
Dreier, A.: Was tut der Wind, wenn er nicht weht? Begegnungen mit der Kleinkindpädagogik in Reggio Emilia. Neuwied 1999

E

Eberling, M. u. a.: Prekäre Balancen. Flexible Arbeitszeiten zwischen betrieblicher Regulierung und individuellen Ansprüchen. Düsseldorf 2004
Einselen, D.: Der Landesverband Baden-Württemberg als Motor eines Netzwerkes der Tagesmüttervereine. In: Zeitschrift für Tagesmütter und -väter, (2002) 3, S. 7
Engelbrech, G./Jungkunst, M.: Wie bringt man Beruf und Kinder unter einen Hut? IAB-Kurzbericht. Nürnberg 2001
Engstler, H./Menning, S.: Die Familie im Spiegel der amtlichen Statistik. Lebensformen, Familienstrukturen, wirtschaftliche Situation der Familien und familiendemographische Entwicklung in Deutschland. Bundesministerium für Familie, Senioren, Frauen und Jugend erweit. Neuaufl. Berlin 2003 a und www.destatis.de. 2003 b
Erdmann, A.: Qualität und Qualifizierung – eins geht nicht ohne das andere. Vier Ansätze für ein Qualitätsmanagement im Kindertagesstättenbereich im Vergleich. In: KiTa spezial, (1999) 3, S. 15–20
Erler, G.: Betriebliches Engagement in der privaten Kinderbetreuung und der Tagespflege. In: Bundesministerium für Familie, Senioren, Frauen und Jugend (Hg.): Kinderbetreuung in Tagespflege. Tagesmütter-Handbuch. Stuttgart, Berlin, Köln 1996, S. 569–593

F

Fendrich, S./Schilling, M.: Informelle Betreuungssettings in der außerfamilialen Kinderbetreuung. In: (Hg.): Statistisches Bundesamt. Alltag in Deutschland – Analysen zur Zeitverwendung. Wiesbaden 2004 (Band im Erscheinen)
Frankfurter Agentur für Innovation und Forschung (FAIF): Konzeption Tageselternbörse Bensheim. www.faif.de
Fthenakis, W. E.: Wohin mit Erziehung und Bildung unserer Kinder? In: klein & groß, (2000) 6, S. 6–14
Fthenakis, W. E.: In der Erprobung. Der Bayerische Bildungs- und Erziehungsplan für Kinder in Tageseinrichtungen. In: klein & groß, (2004) 1, S. 7–9
Fthenakis, W. E./Hanssen, K./Oberhuemer, P./Schreyer, I. (Hg.): Träger zeigen Profil. Qualitätshandbuch für Träger von Kindertageseinrichtungen. Weinheim 2003
Fthenakis, W. E./Kalicki, B./Peitz, G.: Paare werden Eltern. Die Ergebnisse der LBS-Familienstudie. Opladen 2002
Fuchs, J./Thon, M.: Potentialprojektion bis 2040. Nach 2010 sinkt das Angebot an Arbeitskräften. IAB Kurzbericht. Nürnberg 1999
Fuchs, M.: Hausfamilien. Nähe und Distanz in unilokalen Mehrgenerationenkontexten. Opladen 2003

G

Gather, C./Geissler, B./Rerrich, M. S. (Hg.): Weltmarkt Privathaushalt. Bezahlte Haushaltsarbeit im globalen Wandel. Münster 2002
Gerstenmaier, J./Mandl, H.: Wissenserwerb unter konstruktivistischer Perspektive. In: Ludwig-Maximilians-Universität, Lehrstuhl für Empirische Pädagogik und Pädagogische Psychologie (Hg.): Forschungsbericht Nr. 33. München 1994
Gerszonowicz, E.: Zur Situation der Familientagespflege in der Bundesrepublik Deutschland. Expertise im Rahmen des DJI-Projekts „Entwicklung und Evaluation curricularer Elemente zur Qualifizierung von Tagespflegepersonen" (unveröff.). München 2000
Gerszonowicz, E.: Förderung von Kindern in Tagespflege. Good-practice-Ansätze in den Bundesländern Berlin und Brandenburg. Expertise im Rahmen des DJI-Projekts „Kinderbetreuung in Tagespflege. Auf- und Ausbau eines qualifizierten Angebots" (unveröff.). München 2002 a
Gerszonowicz, E.: Endlich Ruhe – bis zum nächsten Mal. Tagespflege als Hilfe zur Erziehung. In: Zeitschrift für Tagesmütter und -väter, (2002 b) 1, S. 10–12

Gerszonowicz, E.: Ein Jahr Forum Tagespflege – Eine Zwischenbilanz. In: Pflegekinder, (2003) 2, S. 15–22

Gerszonowicz, E.: Mit der Tagespflege sparen + an der Tagespflege sparen = Ersparnis hoch zwei. In: Pflegekinder, (2003) 1, S. 58–59

Gerszonowicz, E.: Tagesgroßpflege – ein zukunftsweisendes Konzept der Förderung von Kindern? Expertise im Rahmen des DJI-Gutachtens zur zukunftsorientierten Entwicklung der Tagespflege (unveröff.). München 2004

Gerull, P.: Zertifizierung sozialer Dienstleistungen: Vorsicht Mogelpackung! In: Theorie und Praxis der Sozialpädagogik, (2002) 10, S. 22–23

Giebeler, C.: Die Qualitätsdiskussion in Kindertageseinrichtungen aus ökonomischer Sicht. In: Becker-Textor, I./Textor, M. R. (Hg.): SGB VIII – Online-Handbuch. www.sgbiii.de/S101.html

Goelman, H./Pence, A. R.: Effects of child care, family and individual characteristics on children's language development: The Victria Day Care Research Project. In: Phillips, D. A. (Hg.): Quality in child care. Washington D. C. 1987, S. 89–104

Grimm, H.: Spezifische Störung der Sprachentwicklung. In: Oerter, R./Montada, L. (Hg.): Entwicklungspsychologie. Weinheim 1998, S. 943–953

Groß, H./Prekuhl, U./Thoben, C.: Arbeitszeitstrukturen im Wandel. Minister für Arbeit, Gesundheit und Soziales des Landes NRW (Hg.): Arbeitszeit '87. Düsseldorf 1987

Groß, P./Munz, E.: Arbeitszeit '99. Arbeitszeitformen und -wünsche der Beschäftigten mit Spezialteil zu Arbeitszeitkonten. Köln 2000

Grünheid, E.: Junge Frauen in Deutschland – Hohe Ausbildung contra Kinder? In: Bundesinstitut für Bevölkerungsforschung (BiB) (Hg.): BiB-Mitteilungen, (2003) 1, S. 9–15

Gudat, U.: Kinder bei der Tagesmutter: Frühkindliche Fremdbetreuung und sozial-emotionale Entwicklung. München 1982

H

Haak, J.: Zwei Ich-AG für acht Kinder. In: Berliner Zeitung vom 29.10.2003

Hagemann, U./Kreß, B./Seehausen, H.: Betrieb und Kinderbetreuung. Kooperation zwischen Jugendhilfe und Wirtschaft. Opladen 1999

Hahlen, J.: Kindertagesbetreuung in Deutschland. Pressekonferenz des Statistischen Bundesamts am 16. März 2004. www.destatis.de

Hammer, V.: Kinder, Kinder, Kinder – Kinderbetreuung in Einelternfamilien. In: Verband alleinerziehender Mütter und Väter, Bundesverband e. V. (Hg.): Informationen für Einelternfamilien, (2003) 4, S. 1–4

Harms, T./Clifford, R. M.: Family Day Care Rating Scale. New York 1991

Haus der Familie und Ev. Kindertagesstättenwerk Flensburg: Tagesmütter und Tagesväter für Flensburg. Projektinformation. Flensburg o. J.

Hausen, K.: Die Polarisierung der Geschlechtscharaktere – eine Spiegelung der Dissoziation von Erwerbs- und Familienleben. In: Conze, W. (Hg.): Sozialgeschichte der Familie in der Neuzeit. Stuttgart 1976

Henze, K.: Schulkinder in Tagespflege. In: Bundesministerium für Familie, Senioren, Frauen und Jugend (Hg.): Kinderbetreuung in Tagespflege. Tagesmütter-Handbuch. Stuttgart, Berlin, Köln 1996, S. 237–250

Hermann-Stojanov, I.: Familiales Zeitmanagement in der Bürgergesellschaft – ein Frauenproblem? In: Rinderspacher, J. P. (Hg.): Zeit für alles – Zeit für nichts? Die Bürgergesellschaft und ihr Zeitverbrauch. Bochum 2001

Honegger, C.: Die Ordnung der Geschlechter. Die Wissenschaft vom Menschen und das Weib. Frankfurt/M. 1991

Horenkamp, D.: Erste Tagesmutter als ‚Ich-AG' in Lippstadt. In: Landschaftsverband Westfalen-Lippe (Hg.): Jugendhilfe Info, (2003) 3, S. 16

Howes, C./Stewart, P.: Child's Play with adults, toys and peers: An examination of family and child care influences. In: Developmental Psychology, (1987) 23, S. 423–430

Hurrelmann, K.: Seele in Not. Kindsein in Deutschland. Psychosomatische und mentale Störungen bei Kindern und Jugendlichen nehmen zu. Gefragt sind nicht nur neue Medikamente sondern vor allem kompetente Eltern. In: Publik-Forum, (2002) 8, S. 8–10

J

Jaeckel, M.: Mütterzentren und Gesellschaft. München 2001
Jampert, K./Janke, D./Peucker, C./Zehnbauer, A.: Familie, Kinder, Beruf. Familienunterstützende Kinderbetreuungsangebote in der Praxis. München 2003
Janke, D./Jampert, K./Zehnbauer, A./Berg-Lupper, U.: Familienunterstützende Kinderbetreuungsangebote. Eine Recherche zu alternativen Angebotsformen. München 2002
Juul, J.: Das kompetente Kind. Reinbek bei Hamburg 1997

K

Karlsson, M.: Familientagespflege in Europa. Bericht für das Netzwerk Kinderbetreuung und andere Maßnahmen zur Vereinbarkeit von Beruf und Familie der Europäischen Kommission, Brüssel. Meerbusch 1995
Karlsson, M.: Qualitätsaspekte der Tagespflege in Europa. In: Familien für Kinder gGmbH (Hg.): Pflegekinder, (2002) 2, S. 35–41
Karsten, M.E./Zimmermann, A.: Konzeptionelle, organisatorische und curriculare Neustrukturierung der schulberuflichen Ausbildung zur Erzieherin. Bericht der Wissenschaftlichen Begleitung des Schulversuches an der Ev. Fachschule für Sozialpädagogik des Stephansstift. Hannover 2000
Keimeleder, L.: Ergebnisse der Erhebungen an den Modellorten. In: Keimeleder, L./Schumann, M./Stempinski, S./Weiß, K.: Fortbildung für Tagesmütter. Konzepte – Inhalte – Methoden. Opladen 2001, S. 25–71
Keimeleder, L.: Was ist „qualifizierte" Tagespflege? Vortrag auf der Fachtagung „Auf- und Ausbau einer qualifizierten Kindertagespflege" am 16.10.2003 in Frankfurt/M. www.dji.de/kindertagespflege
Keimeleder, L./Schumann, M./Stempinski, S./Weiß, K.: Fortbildung für Tagesmütter. Konzepte – Inhalte – Methoden. Opladen 2001
Kierspe-Goldern, C.: „Und bist du nicht willig ..." Wiederkehr der „Schwarzen Pädagogik". In: Goldner, C. (Hg.): Der Wille zum Schicksal. Wien 2003, S. 191–202
Kindler, H.: Väter und Kinder. Langzeitstudien über väterliche Fürsorge und die sozioemotionale Entwicklung von Kindern. Weinheim, München 2002
Kirstein, A.: Die Rasselbande macht weiter. Familiendienste – unkompliziert, flexibel und kompetent. In: klein & groß, (2000) 7–8, S. 33–34
Klitzing von, K.: Frühe Entwicklung im Längsschnitt: Von der Beziehungswelt der Eltern zur Vorstellungswelt des Kindes. In: Psyche, (2002) 9, S. 887
Knatz, B./Dodier, B.: Hilfe aus dem Netz. Theorie und Praxis der Beratung per E-mail. Reihe: Leben lernen 164. Stuttgart 2003
Koalitionsvertrag (2002): Erneuerung – Gerechtigkeit – Nachhaltigkeit. Koalitionsvertrag zwischen der Sozialdemokratischen Partei Deutschlands und Bündnis 90/Die Grünen vom 16. Okt. 2002. Berlin 2002
Kommunale Stelle für Verwaltungsvereinfachung – KGST: Outputorientierte Steuerung in der Jugendhilfe 1994
Kontos, S.: The ecology of family day care. In: Early Childhood Research Quarterly, (1994) 9, S. 87–110
Kramer, C.: Verkehrsverhalten, Wegezeiten und Mobilität. Vortrag zum Workshop „Zeit(organisation) und Familien" am 15. und 16. Januar 2004 in Gießen
Krappmann, L.: Sozialisation in der Gruppe der Gleichaltrigen. In: Hurrelmann, K./Ulich, D. (Hg.): Neues Handbuch der Sozialisationsforschung. Weinheim 1991, S. 355–375
Krauß, G./Zauter, S.: Kindertagespflege in Hamburg. Grunddaten der Tagespflegeverhältnisse und Faktoren der Zufriedenheit und Stabilität. Hamburg 1993
Kronberger Kreis für Qualitätsentwicklung in Kindertageseinrichtungen (Hg.): Qualität im Dialog entwickeln – Wie Kindertageseinrichtungen besser werden. Seelze 1998

L

Laewen, H.-J./Andres, B. (Hg.): Forscher, Künstler, Konstrukteure. Werkstattbuch zum Bildungsauftrag in Kindertageseinrichtungen. Neuwied 2002 a
Laewen, H.-J./Andres, B. (Hg.): Bildung und Erziehung in der frühen Kindheit. Bausteine zum Bildungsauftrag von Kindertageseinrichtungen. Weinheim 2002 b

Laewen, H.-J. / Hédervári, E. / Andres, B.: Forschungsbericht zur Stabilität von Tagespflegestellen und Pflegeverhältnissen in Berlin (West). INFANS- Forschungsbericht. Berlin 1991

Lakies, T.: Rechtsgrundlagen der Tagespflege. In: Bundesministerium für Familie, Senioren, Frauen und Jugend (Hg.): Kinderbetreuung in Tagespflege. Tagesmütter-Handbuch. Stuttgart, Berlin, Köln 1996, S. 53–77

Lakies, T.: Rechtliche Perspektiven der Kindertagespflege. In: Jugendhilfe, (1999) 37, S. 22–35

Lamb, M. E. / Sternberg, K. J.: Tagesbetreuung. In: Keller, H. (Hg.): Handbuch der Kleinkindforschung. Berlin 1989, S. 587–608

Landeshauptstadt München, Sozialreferat (Hg.): Eltern-Kind-Initiativen in München – ein Baustein der Familienselbsthilfe. München 1999

Landeshauptstadt München, Referat für Umwelt und Gesundheit (Hg.): Neues aus Umwelt und Gesundheit, (2000) 2

Landesvereinigung für Kinderbetreuung in Tagespflege NRW (Hg.): Betreuung, Bildung, Erziehung brauchen Qualität. Bergkamen 2004

Lange, A. / Lauterbach, W.: Die gesellschaftliche Relevanz multilokaler Mehrgenerationenfamilien. In: Zeitschrift für Soziologie der Erziehung und Sozialisation, (1998) 18, S. 227–249

Leu, H. R.: Anerkennungsmuster als ‚soziales Kapital' von Familien. In: Diskurs, (1997) 1, S. 32–39

Liegle, L.: Sollte es einen Elternführerschein geben? In: Neue Sammlung. Zeitschrift für Erziehung und Gesellschaft, (2003) 2, S. 135–149

Lightfoot, C. / Valsiner, J.: Parental belief systems under the influence: Social guidance of the construction of personal culture. In: Sigel, I. E. / McGillicuddy-DeLisi, A. V. / Goodnow, J. J. (Hg.): Parental belief systems: The psychological consequences for children. Hillsdale, NJ 1992

Löhr, H. (1991): Kinderwunsch und Kinderzahl. In: Bertram, H. (Hg.): Die Familie in Westdeutschland. DJI-Familien-Survey. Opladen 1991, S. 461–496

Lutter, E.: Fahrplan Familienpädagogik. Berufsbildung und Berufsausbildung für Tagesmütter und Pflegeeltern. Eine Dokumentation des EU-Projektes „Cinderella". Wien 1999

Lutter, E.: Zur Entwicklung eines Berufsbildes ‚Tagesmutter/Tagesvater' bzw. ‚Familienpädagogin' in Österreich – unter besonderer Berücksichtigung der Übertragbarkeit auf die Situation in Deutschland. Expertise im Auftrag des Deutschen Jugendinstituts (unveröff). München 2003

M

Marbach, J.: Familiale Lebensformen im Wandel. In: Bien, W. / Marbach, J. (Hg.): Partnerschaft und Familiengründung. Ergebnisse der dritten Welle des Familien-Survey. Opladen 2003, S. 141–187

McKinsey / Stern / T-Online: Perspektive Deutschland. Projektbericht zur größten Online-Umfrage Deutschlands, 2002. www.Perspektive-Deutschland.de

Meifort, B.: Die ‚einfachen' Tätigkeiten – Anforderungen und Qualifizierungserfordernisse aus der Sicht der Berufsbildungsforschung. In: Friedrich-Ebert-Stiftung (Hg.): Gering Qualifizierte – Verlierer am Arbeitsmarkt?! Konzepte und Erfahrungen aus der Praxis. Bonn 2003, S. 27–46

Merchel, J.: Trägerstrukturen in der sozialen Arbeit. Weinheim, München 2003

Meulemann, H.: Geht immer noch „Privat vor Katastrophe"? Familie und Selbstbestimmung in West- und Ostdeutschland 1991–1996. In: Soziale Welt, (1998) 49, S. 253–274

Modigliani, K.: ‚Who Says What is Quality?' Setting Childcare Standards with Respect for Cultural Differences. In: Mooney, A. / Statham, J. (Hg.): Family Day Care. International Perspectives on Policy, Practice and Quality. London 2003, S. 215–233

Montada, L.: Die geistige Entwicklung aus der Sicht Jean Piagets. In: Oerter, R. / Montada, L. (Hg.): Entwicklungspsychologie. Weinheim 1998, S. 518–560

Münder, J.: Finanzierung von Tageseinrichtungen für Kinder zwischen Zuwendungen und entgeltlichen Verträgen. In: Bundesvereinigung Evangelischer Tageseinrichtungen für Kinder e. V., Fachverband im Diakonischen Werk der EKD (Hg.): Finanzierung evangelischer Tageseinrichtungen für Kinder. Positionen. Bremen 1996, S. 11–25

Münder, J. u. a.: Frankfurter Lehr- und Praxiskommentar zum KJHG. Münster 1998

Münder, J. u. a.: Frankfurter Kommentar zum SGB VIII: Kinder- und Jugendhilfe. Weinheim 4. Aufl. 2003

N

National Institute of Child Health and Human Development (NICHD): Families matter – even for kids in child care. In: Journal of Developmental & Behavioral Pediatrics, (2003) 24, S. 58–62

National Institute of Child Health and Human Development (NICHD): Child care and children's peer interaction at 24 and 36 months: The NICHD Study of Early Child Care. In: Child Development, (2001) 72, S. 1478–1500

Niedergesäß, B.: Umdenken bei der Betreuung unter Dreijähriger. Das „kompetente" Kind braucht andere Angebote. In: Theorie und Praxis der Sozialpädagogik, (2003) 6, S. 39–41

O

Oerter, R.: Kindheit. In: Oerter, R./Montada, L. (Hg.): Entwicklungspsychologie. Weinheim 1998, S. 249–309

Oerter, R. /Montada, L. (Hg.): Entwicklungspsychologie. Weinheim 1998

Olk, T.: Zur Lebenswirklichkeit und sozialen Lage von Kindern und Familien. In: Jurczyk, K./Olk, T./Zeiher, H. (Hg.): German Childrens's Welfare between Economy and Ideology. Trondheim 2004 (im Erscheinen)

P

Paterak, H.: Institutionelle Früherziehung im Spannungsfeld zwischen normativem Familienmodell und gesellschaftlicher Realität. Münster, New York, Heidelberg 1999

Petrie, P.: Fostering infant development in the family day care home. Draft paper for Berlin conference on early childhood care and education (vervielf. Manuskript). Berlin 1984

Pettinger, R.: Familientagesbetreuung in einigen europäischen Ländern im Vergleich. In: Bundesministerium für Familie, Senioren, Frauen und Jugend (Hg.): Kinderbetreuung in Tagespflege. Tagesmütter-Handbuch. Stuttgart, Berlin, Köln 1996, S. 129–146

Piaget, J.: Nachahmung, Spiel und Traum. Stuttgart 1990

Pikler, E.: Laßt mir Zeit. Die selbständige Bewegungsentwicklung des Kindes bis zum freien Gehen. Untersuchungsergebnisse, Aufsätze und Vorträge aus dem Nachlaß zusammengestellt und überarbeitet von A. Tardos. München 1988

Pikler, E.: Miteinander vertraut werden. Erfahrungen und Gedanken zur Pflege von Säuglingen und Kleinkindern. Freiamt 1994

Pothmann, J.: Statistisches Bundesamt: Statistik der Kinder- und Jugendhilfe versch. Jahrgänge – Hilfen zur Erziehung außerhalb des Elternhauses; eigene Berechnungen. Dortmund 2004

Pötzl, N. F.: Zurück zur Härte? In: Spiegel special, (1997) 12, S. 16–17

Preissing, C.: Interview „Der Entwurf im Gespräch". Das Berliner Bildungsprogramm in Kindertageseinrichtungen. In: klein & groß, (2003) 11, S. 8–17

Promberger, M./Böhm, S./Heyder, T./Pamer, S./Strauß, K.: Hochflexible Arbeitszeiten in der Industrie. Chancen, Risiken und Grenzen für Beschäftigte. Berlin 2002

R

Rabe-Kleberg, U.: Verantwortlichkeit und Macht. Ein Beitrag zum Verhältnis von Geschlecht und Beruf angesichts der Krise traditioneller Frauenberufe. Bielefeld 1993

Rabeneck, J.: Kooperation in der Jugendhilfe unter dem Fokus der Neuen Steuerungsmodelle. In: Becker-Textor, I./Textor, M. R. (Hg.): SGB VIII – Online-Handbuch, 2001 a. www.SGBVIII.de/S64.htm

Rabeneck, J.: Kooperation und Wettbewerb – Was bedeuten Konflikte für die Zusammenarbeit zwischen den Trägern der Jugendhilfe? In: Becker-Textor, I./Textor, M. R. (Hg.): SGB VIII – Online-Handbuch, 2001 b. www.SGBVIII.de/S65.htm

Rauh, H.: Frühe Kindheit. In: Oerter, R. /Montada, L. (Hg.): Entwicklungspsychologie. Weinheim 1998, S. 167–248

Rauschenbach, T.: Dienste am Menschen – Motor oder Sand im Getriebe des Arbeitsmarktes? In: neue praxis, (1999) 2, S. 130–146

Rauschenbach, T.: Bildung, Betreuung und Erziehung – aus empirischer Perspektive. In: Arbeitsgemeinschaft für Jugendhilfe (Hg.): Kindertagesstätten zahlen sich aus. Dokumentation der Fachtagung. Berlin 2003, S. 67–82

Rauschenbach, T. u. a.: Non-formale und informelle Bildung im Kindes- und Jugendalter. Konzeptionelle Grundlagen für einen Nationalen Bildungsbericht. Berlin 2004

Rauschenbach, T./Schilling, M.: Suche: Motivierte Spitzenkraft – Biete: Befristete Teilzeitstelle. In: Rauschenbach, T./Schilling, M. (Hg.): Kinder- und Jugendhilfereport I. Münster 2001, S. 143–162

Referentenentwurf: Entwurf eines Gesetzes zum qualitätsorientierten und bedarfsgerechten Ausbau der Tagesbetreuung und zur Weiterentwicklung der Kinder- und Jugendhilfe (Tagesbetreuungsausbaugesetz – TAG), BMFSFJ–511, Stand 02. April 2004 (vervielfält. Manuskript). Berlin 2004

Reichert-Garschhammer, E.: Steuerung und Weiterentwicklung des Systems der Tageseinrichtungen. In: Bundesministerium für Familie, Senioren, Frauen und Jugend (Hg.): Auf den Anfang kommt es an! Perspektiven zur Weiterentwicklung des Systems der Tageseinrichtungen für Kinder in Deutschland. Weinheim 2003, S. 233–328

Reismann, H.: Adressatenbeteiligung in der Jugendhilfeplanung: Von der guten Absicht zur strukturellen Absicherung. In: Becker-Textor, I./Textor, M. R. (Hg.): SGB VIII – Online-Handbuch, 2000. www.SGBVIII.de/S53.htm

Rinderspacher, J. P. (Hg.): Zeit für alles – Zeit für nichts? Die Bürgergesellschaft und ihr Zeitverbrauch. Bochum 2003

Roth, G.: Sendemanuskript vom 11.12.1997. In: Forum der Wissenschaft. Radio Bremen

Rürup, B./Gruescu, S.: Nachhaltige Familienpolitik im Interesse einer aktiven Bevölkerungsentwicklung. Gutachten für das BMFSFJ. Berlin 2003

Rutschky, Katharina (Hg.): Schwarze Pädagogik. Quellen zur Naturgeschichte der bürgerlichen Erziehung. Frankfurt/M. 1997

S

Santen van, E.: Anspruch und Wirklichkeit – Jugendhilfeplanung in der Bundesrepublik Deutschland. In: Bendit, R./Erler, W./Nieborg, S./Schäfer, H. (Hg.): Kinder- und Jugendkriminaliät: Strategien der Prävention und Intervention in Deutschland und den Niederlanden. Opladen 2000, S. 198–205

Santen van, E./Mamier, J./Pluto, L./Seckinger, M./Zink, G.: Kinder- und Jugendhilfe in Bewegung – Aktion oder Reaktion? Eine empirische Analyse. München 2003

Santen van, E./Seckinger, M.: Entwicklungen in der Tagespflege. In: Deutsches Jugendinstitut (Hg.): Zahlenspiegel. Daten zu Tageseinrichtungen für Kinder. München 2002, S. 151–161

Schäfer, C.: Die Einkommenssituation von erwerbstätigen Frauen. In: Engelbrech, G. (Hg.): Arbeitsmarktchancen für Frauen. Beiträge zur Arbeitsmarkt- und Berufsforschung des IAB, Band 258. Nürnberg 2002

Schäfer, G.: Frühkindliche Bildungsprozesse. In: Neue Sammlung, (1999) 2, S. 213–226

Schäfer, G. (Hg.): Bildung beginnt mit der Geburt. Weinheim 2003

Scheunpflug, A.: Biologische Grundlagen des Lernens. Berlin 2001

Schiemann, C.: Pflegeelternschule/Tagespflege – Erziehungshilfe in Tagespflege. In: Bundesministerium für Familie, Senioren, Frauen und Jugend (Hg.): Kinderbetreuung in Tagespflege. Tagesmütter-Handbuch. Stuttgart, Berlin, Köln 1996, S. 251–256

Schneewind, K.: Kleine Kinder in Deutschland. Was sie und ihre Eltern brauchen. In: Schlippe, A. v./Lösche, G./Hawellek, C. (Hg.): Frühkindliche Lebenswelten und Erziehungsberatung. Die Chancen der Anfang. Münster 2001, S. 124–150

Schneewind, K.: Freiheit in Grenzen – die zentrale Botschaft zur Stärkung elterlicher Erziehungskompetenz. Vortrag, gehalten am 18.6.2002 an der Ludwig-Maximilians-Universität München

Schneider, K.: Dialog mit der Fachverwandtschaft: Tagespflege und institutionelle Tagesbetreuung. In: Deutsches Jugendinstitut (Hg.): Kinderbetreuung in Tagespflege. Tagesmütter-Handbuch. Stuttgart, Berlin, Köln 1996, S. 549–567

Schneider, W./Büttner, G.: Entwicklung des Gedächtnisses. In: Oerter, R./Montada, L. (Hg.): Entwicklungspsychologie. Weinheim 1998, S. 654–701

Schoch, F.: Kompetenz- und Finanzierungsfragen für (Tages-) Einrichtungen „zwischen" Schule und Jugendhilfe. In: Zentralblatt für Jugendrecht, (2003) 8–9, S. 301–310

Schumann, M.: Neuere Entwicklungen in der Kindertagespflege – Konsequenzen für die Qualifizierung dieses Betreuungs- und Förderungsangebots. In: Zentralblatt für Jugendrecht, (1996) 12, S. 477–483

Schumann, M.: Qualität in der Tagespflege – alte Fragen neu gestellt. In: Merchel, J. (Hg.): Qualität in der Jugendhilfe. Kriterien und Bewertungsmöglichkeiten. Münster 1998, S. 202–220

Schumann, M.: Wie kann eine qualifizierte Tagespflege finanziert werden? Vortrag auf der Fachtagung „Auf- und Ausbau einer qualifizierten Kindertagespflege" am 16.10.2003 in Frankfurt/M. www.dji.de/kindertagespflege

Schwarz, K.: Aspekte der Geburtenentwicklung in Deutschland gestern, heute und bis zum Jahr 2050. BiB-Mitteilungen: Informationen aus dem Bundesinstitut für Bevölkerungsforschung beim Statistischen Bundesamt. Wiesbaden 2002, S. 16–18

Seckinger, M./Santen, E. van: Tagesmütter. Empirische Daten zur Tagespflege in Deutschland. In: Soziale Arbeit, (2000) 4, S. 144–149

Sell, S.: Die beiden Welten der Kita- Qualitätsdiskussion oder Warum sich die Politik zurückhält. In: Theorie und Praxis der Sozialpädagogik, (2002) 10, S. 27–29

Sennett, R.: Der flexible Mensch. Die Kultur des neuen Kapitalismus. Berlin 1998

Sevenhuijsen, S.: A Third way? Moralities, ethics and families. An approach through the ethic of care. In: Carling A./Duncan, S./Edwards, R. (Hg.): Analysing Families. Morality and rationality in policy and practice. London 2002, S. 129–144

Sick, H.: Wie frau sich bettet. Wege zum Wohlstand im Alter. München 4. Aufl. 1999

Singer, W.: Was kann ein Mensch wann lernen? Vortrag anlässlich des ersten Werkstattgesprächs der Initiative „McKinsey bildet" in der Deutschen Bibliothek. Frankfurt/M. 2001. http://mpih-frankfurt.mpg.de/de/global/np/mckinsey.htm

Sleebos, J.E.: Low fertility rates in OECD countries: facts and policy responses. OECD social, employment and migration working papers no. 15. Paris 2003

Sodian, B.: Entwicklung bereichsspezifischen Wissens. In: Oerter, R./Montada, L. (Hg.): Entwicklungspsychologie. Weinheim 1998, S. 622–653

Spieß, K./Büchel, F./Frick, J.: Kinderbetreuung in West- und Ostdeutschland: Sozioökonomischer Hintergrund entscheidend. In: DIW-Wochenbericht, (2002) 31

Spieß, K./Tietze, W.: Qualitätssicherung in Kindertageseinrichtungen. Gründe, Anforderungen und Umsetzungsüberlegungen für ein Gütesiegel. In: Zeitschrift für Erziehungswissenschaft, (2002) 1, S. 139–162

Spitzer, M.: Lernen – Gehirnforschung und die Schule des Lebens. Heidelberg, Berlin 2002

Stadt Siegen, Der Bürgermeister: Bericht Service-Stelle Kinderbetreuung Januar 2003 bis Dezember 2003. Siegen 2004

Städtetag Nordrhein-Westfalen: Empfehlungen und Hinweise zur Tagespflege nach § 23 SGB VIII. Düsseldorf 2000

Statistisches Bundesamt (Hg.): Statistik der Kinder- und Jugendhilfe, Arbeitsunterlage. Berichtsjahr 2002. Wiesbaden 2003

Statistisches Bundesamt (Hg.): Leben und Arbeiten in Deutschland. Ergebnisse des Mikrozensus 2002. Wiesbaden 2003. www.destatis.de

Statistisches Bundesamt (Hg.): Statistisches Jahrbuch der BRD 2003. Wiesbaden 2003

Statistisches Bundesamt (Hg.): Kindertagesbetreuung in Deutschland. Einrichtungen, Plätze, Personal und Kosten 1990 bis 2002. Wiesbaden 2004a. www.destatis.de

Statistisches Bundesamt: Pressemitteilung vom 21. Januar 2004b. www.destatis.de/presse/deutsch/pm2004/p0330031.htm

Statistisches Bundesamt: Statistiken der Kinder- und Jugendhilfe. Tageseinrichtungen für Kinder am 31.12.2002. Wiesbaden 2004c

Stempinski, S.: Beruf Tagesmutter?! Zwischen traditioneller Mutterrolle und professionellem Berufsverständnis. In: Zeitschrift für Tagesmütter und -väter, (2003a) 3, S. 2–5

Stempinski S.: Was kostet ein qualifizierter Tagespflegeplatz? Vortrag auf der Fachtagung „Auf- und Ausbau einer qualifizierten Kindertagespflege" am 16.10.2003b. Frankfurt/M. 2003b. www.dji.de/kindertagespflege

Stich, J.: Die Tagesmütter – ihre Erfahrungen im Modellprojekt. In: Blüml, H./Erler, G./Frauenknecht, B./Gudat, U./Permien, H./Rommelspacher, B./Schumann, M./Stich, J.: Das Modellprojekt „Tagesmütter" – Abschlussbericht der wissenschaftlichen Begleitung. Band 85 der Schriftenreihe des Bundesministers für Jugend, Familie und Gesundheit. Stuttgart, Berlin, Köln 1980, S. 99–146

Stöbe-Blossey, S.: Arbeitszeit und Kinderbetreuung: Ergebnisse einer Repräsentativbefragung in NRW. In: Institut Arbeit und Technik, IAT-Report, (2004) 1 und http://iat-info.iatge.de/aktuell/veroeff/2004/stoebe01.pdf

Stranz, G.: Freie Jugendhilfe und Tagespflege. In: Bundesministerium für Familie, Senioren, Frauen und Jugend (Hg.): Kinderbetreuung in Tagespflege. Tagsmütter-Handbuch. Stuttgart 4. Aufl. 1998, S. 499–525

Stranz, G.: Tagespflege nach § 23 SGB VIII. In: Becker-Textor, I./Textor, M.R. (Hg.): SGB VIII – Online-Handbuch, gekürzte Fassung ohne Fußnoten und Anhang, Erstveröffentlichung. Stuttgart 1995. www.sgbiii.de/S6a.html

Strätz, R.: Ergebnisse der neurobiologischen Forschung – Teil 1 bis Teil 3. In: KiTA aktuell, (2003) 9, S. 232

Süddeutsche Zeitung: Bedarf an Tagesmüttern und -vätern ist in München nach wie vor groß. Stadt sucht und vermittelt Tageseltern. 30.03.2004

Szymenderski, P.: Zwei Welten? Leben und Arbeiten in Ost- und Westdeutschland. Arbeitspapier Nr. 1. München 2004

T

Tagesmütter-Bundesverband für Kinderbetreuung in Tagespflege e.V. (Hg.): Rechtsgrundlagen zur Kinderbetreuung in Tagespflege für Multiplikatoren, Tagespflegepersonen und Eltern. Meerbusch 2002a

Tagesmütter-Bundesverband für Kinderbetreuung in Tagespflege e.V. (Hg.): Fachliche Empfehlungen zur Tagespflege. Meerbusch 2002b

Tagesmütter-Bundesverband für Kinderbetreuung in Tagespflege e.V. (Hg.): Neuregelungen für die Tagespflege durch die Gesetze für die moderne Dienstleistung am Arbeitsmarkt. In: tagesmütter Infopost Doppel-Ausgabe, (2003), S. 1–7

Tagesmütter-Bundesverband für Kinderbetreuung in Tagespflege: Family day care in European Union. Empfehlung, recommendation, recommandation. Meerbusch 2004

Textor, M.R.: Familientagespflege. In: Fthenakis, W.E./Textor, M.R. (Hg.): Qualität von Kinderbetreuung. Konzepte, Forschungsergebnisse, internationaler Vergleich. Weinheim 1998, S. 75–85

Textor, M.R.: Weiterqualifizierung von Jugendamtsmitarbeiter/innen zu Fragen der Kindertagesbetreuung: Auswertung der Umfrage vom März 2000. In: Becker-Textor, I./Textor, M.R. (Hg.): SGB VIII – Online-Handbuch 2000. www.SGBVIII.de/S20.htm

Textor, M.R.: Aufgaben, Probleme und Wünsche kommunaler Fachberater/innen und Kindergartenaufsichten. In: Becker-Textor, I./Textor, M.R. (Hg.): SGB VIII – Online-Handbuch 2001. www.SGBVIII.de/S21.htm

Textor, M.R.: Der Kindergarten sucht eine Heimat. Ein Plädoyer für die Abschaffung von § 22 SGB VIII. In: Zentralblatt für Jugendrecht, (2003) 8–9, S. 310–313

The World Bank: World Development Indicators. Washington, DC 2001

Thompson, R.A.: Early Sociopersonality Development. In: Damon, W. (Reihen-Hg.)/Eisenberg, N. (Band-Hg.): Handbook of Child Psychology, Band 3: Social, Emotional, and Personality Development. New York 5. Aufl. 1998, S. 25–104

Thüringer Ministerium für Soziales, Familie und Gesundheit/Thüringer Kultusministerium (Hg.): Leitlinien frühkindlicher Bildung. Erfurt 2003

Tietze, W.: Betreuungsalltag. Kindergarten – Oma – Nachbarin. In: Welt des Kindes, (1990) 5, S. 12–15

Tietze, W.: Die Tagespflege-Skala (TAS). In: Arbeitskreis zur Förderung von Pflegekindern e.V. (Hg.): Qualität in der Tagespflege – Tagespflege mit Qualität. Tagungsdokumentation. Berlin 2001, S. 50–59

Tietze, W.: Warum wir ein Gütesiegel brauchen. In: Theorie und Praxis der Sozialpädagogik, (2002) 10, S. 20–21

Tietze, W.: Bildung und Erziehung von Kindern unter drei Jahren in der Tagespflege. Expertise (unveröff.). Berlin 2004

Tietze, W./Pattloch, D./Schlecht, D./Braukhane, K.: Pädagogische Qualität in Tagespflegestellen im Land Brandenburg. Abschlussbericht. Berlin 2003

Tietze, W./Roßbach H.-G.: Die Betreuung von Kindern im vorschulischen Alter. In: Zeitschrift für Pädagogik, (1991) 4, S. 555–579

Tietze, W./Roßbach, H.-G./Roitsch, K.: Betreuungsangebote für Kinder im vorschulischen Alter. Stuttgart, Berlin, Köln 1993

Tietze, W./Schuster, M./Roßbach, H.-G.: Woran misst man einen guten Kindergarten? Dortmunder Wissenschaftler/innen fragen die Autoren der 1. Kindergarten-Einschätz-Skala in Deutschland: Was ist für Sie ein guter Kindergarten? In: klein & groß, (1998) 5, S. 12–20
Tietze, W./Viernickel, S. (Hg.): Pädagogische Qualität in Tageseinrichtungen für Kinder. Ein nationaler Kriterienkatalog. Weinheim 2002
Tölke, A./Diewald, M.: Berufsbiographische Unsicherheit und der Übergang zur Elternschaft bei Männern. In: Bien, W./Marbach, J. (Hg.): Partnerschaft und Familiengründung. Ergebnisse der dritten Welle des Familien-Survey. Opladen 2003, S. 349–384
Treffpunkt Tagespflege – Kinderbrücke. Konzeption. Wiesbaden 2002
Trimpin, U./Bauer, H.: Der Tagesmütter-Bundesverband für Kinderbetreuung in Tagespflege e. V. In: Bundesministerium für Familie, Senioren, Frauen und Jugend (Hg.): Kinderbetreuung in Tagespflege. Tagesmütter-Handbuch. Stuttgart, Berlin, Köln 1996, S. 527–549
Tronto, J.: Demokratie als fürsorgliche Praxis. In: Feministische Studien, (1982), S. 25–42
Tschöpe-Scheffler, S.: Elternkurse auf dem Prüfstand. Opladen 2003

V

Valsiner, J.: Culture and human development: A co-constructionist perspective. In: Van Geert, L. P./Mos, L. P./Baker, W. J. (Hg.): Annuals of theoretical psychology. New York 1994
Veil, M.: Kinderbetreuungskulturen in Europa: Schweden, Frankreich, Deutschland. In: Aus Politik und Zeitgeschichte B–44, (2003) 53, S. 12–22
Verband Deutscher Rentenversicherungsträger: Geringfügig Beschäftigte (400-Euro-Jobs) und Niedriglohn-Jobs (bis 800 Euro). Versicherung, Beiträge, Leistungen. Eine Information Ihrer Rentenversicherung. Berlin 2004
Vierheller, I.: Anfangssituationen und Tätigkeitsfelder des Landesverbands Hessen. In: Zeitschrift für Tagesmütter und -väter, (2002) 3, S. 5–6
Vierheller, I.: Rechtsprobleme und Rechtsfragen in der Tagespflege. Lösungen und Antworten. Ein Überblick. Maintal 4. Aufl. 2003 a
Vierheller, I.: Die rechtliche Situation in der Tagespflege. Situation, Probleme und Lösungsmöglichkeiten. Expertise im Auftrag des Deutschen Jugendinstituts (unveröff.). München 2003 b
Vierheller, I.: Tagesmütter im Anstellungsverhältnis bei einem Träger – eine Variante mit Entwicklungsperspektiven für die Tagespflege in Deutschland? Möglichkeiten, Probleme und Perspektiven. Expertise im Auftrag des Deutschen Jugendinstituts (unveröff.). München 2004
Völschow, Y.: Qualität in der Kinderbetreuung durch Tagespflege. In: Feldhaus, M./Logemann, N./Schlegel, M. (Hg.): Blickrichtung Familie. Vielfalt eines Forschungsgegenstandes. Würzburg 2003
Voß, G. G./Pongratz, H. J.: Der Arbeitskraftunternehmer. Eine Grundform der ‚Ware Arbeitskraft'? In: Kölner Zeitschrift für Soziologie und Sozialpsychologie, (1998) 50, S. 131–159

W

Watermann, L.: Tagespflege – eine gemeinsame Aufgabe für die Träger der öffentlichen und freien Jugendhilfe. In: Wunderlich, T./Kauermann-Walter, J.: Tagespflege, eine Aufgabe des Caritasverbandes und seiner Fachverbände. Dokumentation der Fachtagung vom 19.–21. Februar 1997. Freiburg 1997, S. 43–55
Weinkopf, C.: Minijobs und ihre Schattenseiten. Eigene Existenzsicherung in weiter Ferne. In: DGB-Infobrief, (2003) 4, S. 15–16
Weinkopf, C.: Chancen und Grenzen des Einsatzes neuer arbeitsmarktpolitischer Instrumente im Bereich der Kindertagespflege. Expertise im Auftrag des Deutschen Jugendinstitut (unveröff.). München 2004
Weiß K.: Was bedeutet Qualität im Hinblick auf die fachliche Begleitung in der Kindertagespflege? Vortrag auf der Fachtagung „Auf- und Ausbau einer qualifizierten Kindertagespflege" am 16.10.2003 in Frankfurt/M. www.dji.de/kindertagespflege
Weiß, K./Stempinski, S./Schumann, M./Keimeleder, L.: Qualifizierung in der Kindertagespflege. Das DJI-Curriculum „Fortbildung von Tagesmüttern". Seelze 2002
Werum, A.: Beratungsprojekt: Erarbeitung von Kooperationsmöglichkeiten zwischen einer Modell-Kindertagesstätte und Tagesmüttern. Hausarbeit zur Weiterbildung zur Beraterin für Personal- und Organisationsentwicklung im behördlichen Bereich beim ISS Frankfurt/M. 2004

Wiesner, R.: Konkurrenz, Wettbewerb, Vergabe und Rechtsanspruch auf Leistungen. In: Evangelische Jugendhilfe, (2002) 1, S. 34–41

Wiesner, R.: Aktuelle Entwicklung in der Tagespflege. In: Pflegekinder, (2003a) 2, S. 4–10

Wiesner, R.: Die Förderung von Kindern in Tageseinrichtungen und die Einheit der Jugendhilfe. In: Zentralblatt für Jugendrecht, (2003b) 8–9, S. 293–300

Wiesner, R./Mörsberger, T./Oberloskamp, H./Struck, J.: SGB VIII. Kinder- und Jugendhilfe. München 2. überarb. Aufl. 2000

Wischnewski, B.: Alles unter einem Dach. Der Tagesmütter-Bundesverband stellt sich vor. In: Zeitschrift für Tagesmütter und -väter, (2002) 3, S. 2–4

Wunderlich, T.: Qualität von deutschen Kindergärten. In: KTK-Aktuell, (1989) 4, S. 1–3

Wunderlich, T.: Tagespflege – eine Aufgabe der Caritas. In: Wunderlich, T./Kauermann-Walter, J. (Hg.): Tagespflege, eine Aufgabe des Caritasverbandes und seiner Fachverbände. Dokumentation der Fachtagung vom 19.–21. Februar 1997. Freiburg 1997, S. 111–119

Y

Youniss, J.: Soziale Konstruktion und psychische Entwicklung. Frankfurt/M. 1994

Z

Zeißler, A./FAIF: Kinder- und Familienfreundliches Bensheim. Information für Fachinteressierte. www.familienzentrum-bensheim.de

Züchner, I.: Die Entwicklung der sozialen Berufe – quantitative Befunde und qualitative Schlussfolgerungen. In: Nachrichtendienst des Deutschen Vereins für öffentliche und private Fürsorge, (2003) 11, S. 454–463

Abbildungsverzeichnis

Abbildung 1.1:	Platz-Kind-Relationen bei Krippenplätzen (1990/91 bis 2002)	16
Abbildung 1.2:	Zusammengefasste Geburtenziffer je Frau der 15- bis 44-jährigen Frauen	26
Abbildung 1.3:	Formen der Betreuung von unter Dreijährigen	32
Abbildung 1.4:	Neuordnung öffentlich regulierter Tagespflege im System der Betreuung von Kindern	42
Abbildung 2.1:	Schnittstellen zwischen Tagespflege und anderen, formellen und informellen Betreuungsformen	56
Abbildung 2.2:	Formen der Tagespflege und Modus des Zustandekommens	61
Abbildung 7.1:	Tagespflege im Internet: Stärken und Schwächen	205
Abbildung 12.1:	Modellrechnung Kosten für einen qualifizierten Tagespflegeplatz	320
Abbildung 13.1:	Das Tagespflegesystem und seine vier Teilsysteme	346

Tabellenverzeichnis

Tabelle 1.1:	Erwerbsbeteiligung von Müttern mit unter dreijährigen Kindern	20
Tabelle 1.2:	Realisiertes Erwerbsmuster in Paarhaushalten mit Kindern unter 6 Jahren (1998)	22
Tabelle 1.3:	Gewünschtes Erwerbsmuster in Paarhaushalten mit Kindern unter 6 Jahren (1998)	23
Tabelle 1.4:	Betreuung von Kindern im Alter von 0–3 Jahren (Familiensurvey DJI 2000)	35
Tabelle 2.1:	Charakteristika verschiedener Formen der Tagespflege und angrenzender Betreuungsangebote	58
Tabelle 2.2:	Übersicht über die Vorschriften in den Bundesländern zur erlaubnispflichtigen Tagespflege/Tagesgroßpflege	70
Tabelle 4.1:	Entwicklung der Kinder- und Jugendhilfeausgaben für Leistungen gem. § 23 SGB VIII „Tagespflege"	111
Tabelle 4.2:	Betreuungsquoten durch Tagespflege	118
Tabelle 4.3:	Motive von Tagesmüttern	124
Tabelle 4.4:	Altersverteilung der Kinder in Tagespflege	127
Tabelle 9.1:	Modell-Beispiele für die Kooperation von Tagespflege mit anderen Anbietern	252
Tabelle 10.1:	Vergleichende Übersicht: Selbständigenstatus versus sozialversicherungspflichtiger Angestelltenstatus von Tagesmüttern	272
Tabelle 11.1:	Ausgewählte Inhalte der Gesetze für moderne Dienstleistungen am Arbeitsmarkt	300
Tabelle 12.1:	Zusammensetzung der Kostenbestandteile der vier Platzkostenvarianten	326
Tabelle 12.2:	Übersicht der unterschiedlichen Kostenvarianten	327
Tabelle 12.3:	Vorausberechnete Entwicklung der unter Dreijährigen in den westlichen Bundesländern einschließlich Berlin (31.12.2002 bis 31.12.2012)	328
Tabelle 12.4:	Abschätzung der Anzahl der öffentlich finanzierten Tagespflegeverhältnisse im Jahre 2002	330
Tabelle 12.5:	Berechnungsbeispiel für die Kostenvariante 5	331
Tabelle 12.6:	Berechnungsbeispiel der Ausgaben der öffentlichen Hand für die Kostenvariante 5	332
Tabelle 12.7:	Anzahl der zu schaffenden Tagespflegeverhältnisse, je nach Versorgungsvariante am 31.12.2010	332
Tabelle 12.8:	Öffentliche Ausgaben für die Tagespflege nach verschiedenen Versorgungs- und Platzkosten-Varianten im Jahre 2010	333
Tabelle 12.9:	Zunahme der öffentlichen Ausgaben pro Jahr, um im Jahre 2010 die entsprechende Zielperspektive zu erreichen	333
Tabelle 12.10:	Jährliche öffentliche Ausgaben für Variante 5 (DJI-Variante)	333